AF534251

S. FISCHER

Werner Hamacher

Sprachgerechtigkeit

S. FISCHER

Erschienen bei S. FISCHER

Satz: Pinkuin Satz und Datentechnik, Berlin
Druck und Bindung: CPI books GmbH, Leck
Printed in Germany
ISBN 978-3-10-032459-7

Inhalt

Dike – Sprachgerechtigkeit 7
Vom Recht, Rechte zu haben. *Menschenrechte; Marx und Arendt* 50
Vom Recht, Rechte nicht zu gebrauchen. *Menschenrechte und Urteilsstruktur* 93
Recht *oder* Leben. *Zur Logik der Rede vom »Recht auf Leben«* 127
Authoritas, non veritas, facit legem. (Hobbes) 149
Recht auf Scheidung vom Recht (Milton) 161
Rechte. Glauben. Centologie. *Mendelssohns* Jerusalem *und Hamanns* Golgotha und Scheblimini 194
Recht ist eine Form. Bloßes Reden keine (Kant) 254
Das Recht im Spiegel. *Bemerkungen zu einem Satz von Pierre Legendre* 267
Freistätte – Zum Recht auf Forschung und Bildung 283
Kein Schweigeasyl – Bestechlichkeit ist keine Hoffnung (Celan) 323
The one right no one ever has 336

Editorische Notiz 363
Anmerkungen 370

Dike – Sprachgerechtigkeit

»... Sprache [ist] die Mater der Gerechtigkeit.«[1]
(Walter Benjamin)

Gerechtigkeit ist Sprache. In diese Abbreviatur lässt sich das Axiom fassen, dem seit mehr als zwei Jahrtausenden das Nachdenken über Gerechtigkeit folgt. Seine Implikationen sind bis heute nicht entfaltet worden; seine Konsequenzen unabsehbar. Die Grenze der Auslegbarkeit dieses Satzes wird deutlich, sobald er umgekehrt wird und lautet: Sprache ist Gerechtigkeit, denn an ihm wird deutlich, dass damit eine sprachliche Äußerung – und zwar eine Aussage, die eine Behauptung, eine Versicherung und eine Definition darstellt – über die Sprache überhaupt gemacht ist, eine solche also, die zunächst sich selbst bestimmt, sich selbst aber als eine andere, durch sie allererst bestimmte bestimmt. Wenn sich Sprache und Gerechtigkeit im einen wie im anderen Satz aufeinander verwiesen zeigen, dann zeigen sie nicht zunächst ihre Selbigkeit, sie zeigen ihre Verweisungsbedürftigkeit, ihren Verweisungsanspruch, und da dieser selbst auf einen wiederum bloß sprachlichen Horizont beschränkt ist, ihre schlichte Verwiesenheit auf ein Anderes, an das sie sich halten könnten, wenn es ihnen denn erlaubte, an ihm – und sei's unter der Vorgabe der Selbigkeit oder der Selbstheit – einen definiten und definitorischen Halt zu finden. Dass Gerechtigkeit Sprache ist, besagt, dass sie jeweils gesprochen, auf Sprache angewiesen und derart selbst eine Verweisung ist, noch bevor sie in der Sprache das Ziel ihrer Verweisung erreicht. Es besagt: Gerechtigkeit ist ein Signifikant, und zwar ein solcher, dessen Signifikat in nichts anderem als in diesem Signifizieren beruht. Sie ist, diese Gerechtigkeit, Verweisung auf das Verweisen selbst. Rückt die Sprache in die Position der Gerechtigkeit, so wird an ihr das Skandalon ihrer Verwiesenheit nicht weniger deutlich, dass sie – und zwar sie, die Sprache überhaupt und nicht erst ihre einzelnen Elemente – Signifikat ist, Verweisung und Anweisung, also Angewiesenheit auf Anderes, als sie ist. Sie erst gibt, was sie nicht hat, und sie gibt, indem sie verweist auf das, was sie selbst nicht ist. Ihr Sein hat also den Sinn der Übergabe, es ist Über- und Hinübersein, Transitivität, die hinausgeht auf das, was unter dem Namen der Gerechtigkeit, seinerseits nichts anderes als eben diese Transitivität, schiere Verweisung sein kann. Wenn es Sprache gibt, dann jeweils zunächst als Verweisung auf das Verweisen; wenn Gerechtigkeit, dann als das, was gibt, dass es etwas gibt – das Geben, das Glück –, weil es es selbst nicht gibt. Gerechtigkeit ist Sprache, weil sie gibt, dass es etwas überhaupt geben kann, ohne dass sie selbst dieses Etwas gäbe. Sie ist also – und deshalb ist sie Sprache und deshalb noch vor dem Sein und jenseits des Seins eines Seienden – außerhalb des Seins. Niemand könnte sagen, dass sie *ist*; aber niemand bestreiten, dass (es) sie gibt.

Die Implikationen des Axioms, dass Gerechtigkeit Sprache ist, lassen sich am besten ermessen, wenn es dort aufgesucht wird, wo es zum ersten Mal dargelegt wurde. Dort ist es in einem anderen Idiom, weniger bestimmt, aber genauer bestimmbar, in dem Satz zu fassen: *Díke* ist *logos*. Der einschlägige Text des Aristoteles – der Schluss der Einleitung zu seiner »Politeia«, 1253a – enthält nicht diese, sondern die andere Formel: dass *díke* Entscheidung sei, lässt aber keinen Zweifel daran, dass diese Entscheidung – *krísis* – nicht anders als sprachlich verfasst sein kann. In dieser definitorischen Bestimmung kulminiert die Darlegung der Identität von Miteinanderleben und Miteinanderreden, von *polis* und *logos*, und die Charakterisierung des Lebewesens, das wesentlich als Gemeinschaftswesen, als *zoon politikón*, existiert und sich, in eins damit, durch Sprache auszeichnet, als *zoon logon echon.* Nur als sprechendes und mit Anderen sprechendes Lebewesen ist der Mensch ein Wesen, das in einer Gemeinschaft mit Anderen lebt, deshalb ist das Leben des Menschen jeweils sprachliches und plurales Leben zugleich; es ist Leben vermöge der Sprache und in ihrem Horizont und ist mit Anderen geteiltes, weil ihnen und von ihnen mitgeteiltes, mit ihnen zusammen offengelegtes und mit ihnen gemeinsam – ob im Streit oder im Frieden – ersprochenes Leben. Der Mensch ist nicht ein Gemeinschafts-, er ist ein Sprachgemeinschaftswesen, und sein Leben ist, anders als jedes andere, ein Leben aus Sprache.

Für Aristoteles unterscheidet er sich von den ihm zunächst verwandten Lebewesen, den Tieren, dadurch, dass er zu einer sprachlichen und gesellschaftlichen Synthesis fähig ist, die das bloß gegebene und vorfindliche Leben nicht bloß erhält, sondern es mit dem zusammenführt, was ihm zugutekommt und zu einem guten Leben macht. Während die Tiere, welche in Herden, Scharen und Schwärmen zusammenleben, nur durch die *phoné*, die stimmliche Verlautung, ihren Schmerz und ihre Lust einander anzeigen (*semaínein allélois*), ist der *logos*, die Sprache, über die allein Menschen verfügen, dazu bestimmt, das ihnen Zuträgliche und Schädliche offenzulegen: *ho dè lógos epi tou deloun esti to sympheron kai to blaberón* (1253a15). Der *logos*, von dem in dieser entscheidenden, doch selten beachteten Charakterisierung der menschlichen Sprache die Rede ist, ist *logos delotikós*, offenlegende, klarstellende und deutlich machende Mitteilung an Andere, in der sichtbar wird, was dem Leben in der Gemeinschaft und dem Leben der Gemeinschaft selbst zuträglich (*sympheron*) und was verderblich und sogar tödlich (*blaberón*) ist. Erst in der Sprache also wird etwas offenbar und kenntlich, das nicht auf isolierte Einzelwahrnehmungen beschränkt ist, sondern auf Wahrnehmungs- und somit Lebenszusammenhänge umgreift. Zeigt die Mitteilung in Tiergruppen bloß an, *dass* dem Leben etwas widerfährt, so bekundet die Sprache darüber hinaus, *was* ihm widerfährt und was daran von der Art ist, dass es auf seine Verbesserung oder Verschlechterung hinwirkt. Im Unterschied zur Kommunikation unter Tieren, die bloße Reizwahrnehmungen signalisiert, legt die Sprache, und zwar ausschließlich die menschliche, demnach Wahrnehmungen offen, in denen das gemeinschaftliche Leben in ein Verhältnis zu sich als einem anderen, entweder gesteigerten und erweiterten oder verminderten und beschädigten Leben tritt, in dem es also nicht bloß Leben, sondern Lebensbewegung, und nicht bloß erlittene, sondern bedachte, frei gewählte und bewusst regulierte Lebensbewegung ist. Wirkt die animalische Stimme bloß als Informantin über das Befinden in einzelnen Lebensmomenten, so fasst die Sprache solche Momente zu Lebenskomplexen zusammen und bezieht sie auf die Möglichkeiten des Lebens insgesamt, es selbst zu bleiben, sich zu intensivieren oder zu verfallen. Die Sprache informiert nicht über das Leben, sondern bildet es zu einem sprachlich bestimmten, von der Sprache erfassten und von ihr geleiteten Leben aus. Sie ist nicht Information über Lebenszustände, sondern Formierung der Lebensbewegung überhaupt. Sie ist für Aristoteles somit dasjenige ausgezeichnete Verhältnis, in dem extreme Verhältnisse des Lebens zu sich selbst und zu seinem Verschwinden offengelegt, und zwar in der Weise offengelegt werden, dass damit zugleich die Entscheidung über diese Lebensverhältnisse freigestellt wird. Sie bezeichnet also nie bloß ein Verhältnis *zwischen* Lebensverhältnissen, ohne zugleich ein solches *zu* diesen Verhältnissen zu bezeichnen. Sie ist das gesellschaftliche Leben selbst, aber zugleich im Abstand zu ihm und zu sich immer auch eine solche Freigabe des Miteinanderlebens und Miteinanderredens, die ihm die Wahl und die Verwerfung dieses Lebens und Redens ermöglicht. Offenlegung und Freistellung des Miteinanderseins in der Sprache geht der *logos delotikós* über den bloßen Bestand von Leben und Reden jeweils hinaus und bietet deshalb die einzige Instanz, die dem gemeinschaftlichen Leben nicht nur einen Zugang zu sich, sondern eine freie Entscheidung für oder gegen sich gewährt. Sprache bildet für Aristoteles demnach dasjenige Selbstverhältnis eines Seins mit Anderen aus, in dem es sich selbst sowohl treffen wie auch verfehlen kann.

Dass der Mensch zugleich durch sein Leben mit Anderen und durch Sprache ausgezeichnet sei, diese kanonisch gewordene Definition ist nur eine unzureichende formale Charakteristik seines Wesens. Sie wird von Aristoteles präzisiert durch die nähere Bestimmung, dass die Sprache und das von ihr strukturierte Leben des Menschen ihn befähigt, in ein Verhältnis zu dieser Sprache und zu diesem Leben zu treten, dieses Selbstverhältnis offenzulegen und es in eins damit seiner Wahl und seiner Entscheidung freizustellen. Wenn die Gemeinschaft, wie Aristoteles erklärt, um des Lebens (*zen*) willen entsteht, so erhält sie sich und hat Bestand allein um des guten Lebens (*eu zen*) willen (1252b30). Vom bloßen Leben (*zen mónon*) hebt sich das gute als dasjenige Leben ab, das durch eigene Entscheidung gewähltes (*zen katà prohaíresin*), von ihm selbst bestimmtes, in ihm selbst begründetes, durch es selbst geleitetes: autarkes Leben ist (1280a31; 1280b34). Gut, und das heißt vollkommen, ist das Miteinanderleben und Miteinanderreden allein als solches Leben-Reden, das sich als Verhältnis zu sich selbst bestimmt, sich also im Hinblick auf sich als ein anderes, steigerungs- und verminderungsfähiges erfasst und jeweils aus der Distanz zu sich als das Leben, das es ist, ergreift oder vergreift. Damit ist aber gesagt, dass Leben und Reden mit Anderen jeweils in der Alternative zwischen einem auto-teleologischen Leben einerseits und einem ateleologischen und alogischen andererseits steht.

Deshalb wird der delotische Logos charakterisiert als derjenige, der das Zuträgliche und das Verderbliche und, so fährt Aristoteles in seiner Charakteristik fort, *folglich* das Gerechte und Ungerechte offenzulegen bestimmt ist – *epi tou deloun esti to symphéron kai to blaberón, hóste kai to díkaion kai to ádikon* (1253a15). Das *díkaion* wird durch diese präzisierende Parallelkonstruktion als Komplement des *symphéron*, des Zuträglichen und Zukommenden, gedeutet, und es kann so deshalb gedeutet werden, weil *díkaion* in der Bedeutung von ›gemäß‹, ›zugehörig‹, ›in der Weise von‹ gebraucht werden konnte. Bei Pindar heißt es *lykoio díkan* – ›gleich einem Wolf‹ –, bei Aischylos *díkan hydatos* – ›wie ein Strom‹ –;[2] *díke* besagt zunächst ›nach der Art, der Weise, dem Brauch von etwas oder jemandem‹, hat also den Sinn des Gemäßen, Angemessenen, Zugehörigen und deshalb Gehörigen, Geeigneten, mithin dessen, was im Sinne einer Sache oder Person ist, es ihr recht macht und insofern das Rechte und Richtige für sie ist. Fern von allen Vorstellungen eines gesatzten Rechts und abstrakter Verhaltens- und Entscheidungsregeln besagen *díkaion* und *díke* zunächst: das einer jeweiligen Sache Zukommende, für sie, ihren Bestand und ihr Gedeihen Geeignete. Im *díkaion* sieht Aristoteles also das *symphéron* nur verdeutlicht, denn das Gemäße und Richtige ist es als das, was dem sprachlichen Miteinanderleben zuträglich ist; und er sieht es zu einem Rechten und weiterhin Rechtsförmigen entfaltet, weil dieses Rechte das ist, was dem sprachlich strukturierten Leben zugutekommt, es zu einem Guten und sogar zum höchsten Gut des guten Lebens erhebt. Mit dem *díkaion* wählt Aristoteles aber zugleich dasjenige Wort der griechischen Sprache, das nicht nur das Rechte im Sinne des Gehörigen und Gemäßen bedeutet, sondern überdies noch in die Bedeutung von Recht als formeller Satzung hinüberspielt. Ihm steht mit dem *adikón* das gegenüber, was von der Sprache zwar gleichfalls erschlossen, aber als Ungemäßes, Ungeeignetes und Unrechtes für das Leben der Gemeinschaft schädigend und tödlich wirkt – ein von der Sprache erschlossenes Widersprachliches.

Wie es Rechtes und Unrechtes für Menschen allein vermöge der Sprache gibt, so kann zwischen beiden allein die Sprache unterscheiden, und allein sie kann zu einer Entscheidung zwischen beiden führen. Aristoteles lässt keinen Zweifel daran, dass selbst das Verderblichste noch der von der Sprache geleiteten Denkfähigkeit (de anim. 428a13) und eines Wirkvermögens bedarf, das ohne Sprache nicht auskommt. *Die Ungerechtigkeit* (adikía), so schreibt er, *ist am fürchterlichsten, wenn sie Waffen hat; der Mensch aber hat die natürlichen Waffen in Händen durch sein angeborenes Denkvermögen* (phronesis) *und seine Tatkraft* (areté), *Waffen, die am allermeisten dazu geeignet sind, zu den entgegengesetzten Zwecken zu dienen. Daher ist er ohne Tugend* (areté) *das ruchloseste und wildeste der Lebewesen (…).* (1253a37)[3] Die Sprache und die von ihr eröffneten Fähigkeiten allein, so ist damit gesagt, vermögen nicht sicherzustellen, dass das für das Leben der Einzelnen und der Gemeinschaft Zuträgliche und Rechte gewählt wird. Erst die Polis, die vollendete Sprachgemeinschaft, in der sich das Miteinanderleben durchgängig als Miteinanderreden bestimmt, ist der Ort des Gerechtigkeitspraxis – der *dikaiosyne* –, und zwar deshalb, so fährt Aristoteles in seiner Überlegung fort, weil Gerechtigkeit – *díke* – die institutionelle Ordnung der Polis ist und als diese Ordnung die Entscheidung zugunsten dessen darstellt, was dem Miteinanderleben zuträglich und für es das Rechte ist: *díke tou dikaíou krísis.*[4]

Díke ist *krisis* –: *díke* ist Entscheidung, und zwar Entscheidung zugunsten des Rechten und Entscheidung sowohl *des* Rechten wie *aus* dem Rechten und im Hinblick auf es (*tou dikaíou*). Die höchste Instanz des sprachlichen Miteinanderlebens trifft nicht nur die *Unter*scheidung zwischen dem, was für dieses Leben geeignet und was für es ungeeignet ist; sie beruht vielmehr zur Gänze in der *Ent*scheidung für das, was dem sprachlichen Leben zugutekommt und deshalb das Gute ist; sie ist Entscheidung für das Rechte und somit selber das Rechte; sie ist die auf Dauer – nämlich auf die Lebensdauer des rechten Lebens – gerichtete Entscheidung und als solche die Gerechtigkeit selbst als höchste sprachliche Instanz und höchste im emphatischen Sinn politische Institution. *Díke* als Entscheidung ist das Summum des Miteinanderredens und Miteinanderlebens, und als dieses Summum ist sie das gute, das ebenso politische wie sprachliche, das polito-logische Leben *kat exochen*.

Mit dieser Bestimmung ist die von Aristoteles behauptete und seither kanonisierte Identität von *polis* und *logos* präzisiert und in dem einen Begriff der *dike* zusammengezogen. *Dike* ist als Ordnung der politischen Gemeinschaft (*politikés koinonías táxis*) das Summum der Sprache, durch die Menschen gesellschaftliche Wesen und durch die sie Menschen sind, und als Struktur des gemeinschaftlichen Lebens ist *dike* die fundierende Sprache, die diesem Leben Halt, Konsistenz und Dauer gewährt. Sie, die Gerechtigkeit, die spätestens seit Hesiod für die Griechen sowohl höchster Ordnungsbegriff wie Name einer Gottheit – einer Tochter des Zeus – war, ist für Aristoteles der philosophische Name für die Gesellschaftlichkeit der Gesellschaft und die Sprachlichkeit der Sprache. Denn wenn Gerechtigkeit sich dadurch auszeichnet, dass sie für das Miteinanderleben als Miteinanderreden spricht, dann ist sie diejenige Sprache, die für die Sprache, zu ihren Gunsten und um der Sprache willen spricht. Allein indem sie für die Sprache spricht, als ihre Fürsprecherin, Anwältin und Advokatin handelt, spricht und handelt sie für die Gemeinschaft der Sprechenden, für ihren fortwährenden Zusammenhalt, ihr Leben und somit das Leben aller, die sich in ihr über ihr Leben, das ihm Zukommende und Zugutekommende verständigen. Sie spricht, denn als Gerechtigkeit ist sie die Sprache dieses Sprechens, für sich selbst. Gerechtigkeit ist die eigentliche Garantin der Autarkie, der Selbstgenügsamkeit einer durch Sprache sich konstituierenden und durch Sprache sich selbst regulierenden Gesellschaft. Deshalb ist Gerechtigkeit, wie sie sich in der Entscheidung, im Urteil und Richtspruch vollzieht, die lauterste Gestalt der Sprache, die reinste, weil sich selbst reinigende Gestalt der Gemeinschaft und die vollkommene, nämlich ausnahmslos sich selbst als ihren Zweck verwirklichende politische Praxis. Und deshalb gilt, was Aristoteles vom Gründer der ersten politischen Gemeinschaften sagt:

dass er Urheber des höchsten Gutes war (*magíston ágathon aítios*; 1253a31), a fortiori von der Gerechtigkeit. Sie ist das Gute, das für sich selbst einsteht, die Selbstbegründung des Guten, der Vollzug des Lebens in Gemeinschaft mit Anderen und mithin der Vollzug eines Lebens, das sich selbst deutlich, offen und freigestellt ist. Sie ist der maßgebende Grund des politischen als des sprachlichen Lebens, und wie sein Grund so auch seine *entelecheía*, sein Sich-selbst-in-seiner-Bestimmung-Halten. Im V. Buch der »Nikomachischen Ethik«, das zur Gänze der Analyse der Gerechtigkeit gewidmet ist, wird sie als vollkommene Trefflichkeit in ihrer unmittelbaren Anwendung charakterisiert, von der die Gemeinschaft und das Leben in ihr zusammengehalten wird und deshalb als oberstes Gut apostrophiert werden kann und als »erstaunlicher denn der Abend- und der Morgenstern« (1129b29).

Gerechtigkeit, sofern sie in der Entscheidung für das Miteinanderleben im Reden beruht, ist Sprache. Da sie Entscheidung nicht allein für das bloße Leben, sondern für das gute ist, und da dieses gute Leben sich als das sprachlich konstituierte der Polis-Gemeinschaft verwirklicht, ist sie jeweils Entscheidung für die Sprache dieser Gemeinschaft und als sprachlich verfasste Entscheidung jeweils Entscheidung für die Sprache selbst, ihr Leben und die Steigerung und Erweiterung dieses Lebens. Als Entscheidung für das diesem Leben Zuträgliche ist Gerechtigkeit wesentlich Gerechtigkeit für das der Sprache Zukommende und Zugutekommende, das ihr Zusagende. Gerechtigkeit ist Sprachgerechtigkeit.

Mit der Trias von Sprache, politischer Gemeinschaft und Gerechtigkeit bezeichnet Aristoteles nicht drei isolierte Instanzen, durch die menschliche Existenz charakterisiert ist, sondern ein apriorisches Geflecht koextensiver Verhältnisse, deren jedes das andere impliziert: voraussetzt und fordert. Sprache gibt es nur als Sprache mit Anderen, die Gemeinschaft mit Anderen kann sich frei zu sich selbst nur verhalten, indem sie sich als freie Entscheidung für das Miteinanderleben im Miteinanderreden, also als Sprache für die Sprache und somit als Sprachgerechtigkeit betätigt. ›Sprachgerechtigkeit‹ ist die kommentierende Übersetzung von *díke*, die im aristotelischen Text als Kondensat von Sprache, Gemeinschaft und Entscheidung dieser sprachlichen Gemeinschaft für sich selbst figuriert. In ihr, und in ihr allein, steht das redende Miteinanderleben zu sich selbst, steht für sich selbst und erhält sich in seinem Selbstverhältnis als Autarkie: Selbstbegründung, Selbstleitung und Selbstzweck. Gerechtigkeit ist also unter allen Umständen jeweils Sprachgerechtigkeit in dem dreifachen Sinn, dass sie der Sprachlichkeit der Gesellschaft gerecht wird; dass darin die Sprache ihrer eigenen Faktizität gerecht wird, indem sie für sich, ihren Bestand und Fortbestand spricht; und dass sie Gerechtigkeit im Sinn der Entscheidung übt, die von der urteilenden Sprache zugunsten ihrerseits sprachlich strukturierter Handlungen und Verhältnisse getroffen wird. Gerechtigkeit ist demnach Sprache; aber sie ist nicht eine Sprache unter anderen; sie ist die Sprache der Sprache überhaupt, Sprache für die Sprache und um ihres guten, ihres Fort- und Überlebens willen: Sie ist die für die Sprache entscheidende Sprache. Als Vollzug einer *krísis*, die allein an ihr selbst ihr Kriterium hat, als Entscheidung der Sprache für die Sprache, als ihre Entscheidung *an* sich und *für* sich, ist Gerechtigkeit nicht nur eine Tugend, Tauglichkeit oder Trefflichkeit, sie ist die Bewegung selbst, in der sich das Leben der Gesellschaft in allen seinen Elementen kontinuierlich und seine Kohärenz immer aufs Neue erzeugend sprachlich selber bewegt, fasst und erhält. Sprachgerechtigkeit als die für die Sprache entscheidende Sprache, *díke* als *krísis* ist die eigentliche gesellschaftliche Archisynthesis, die Kopula, in der sich die Gemeinschaft mit sich selber verbindet, und die Prädikation, mit der sich das Leben als Reden mit Anderen Existenz zuspricht. Sie also ist das eigentliche Mit und die Mitte des Miteinander, die das Sein ist, der ontologische Nukleus, den Aristoteles als *eu zen*, als vollkommenes Leben, bezeichnet.

Der Gedanke einer Gerechtigkeit, die wesentlich Sprachgerechtigkeit ist, hat sich im Gefolge der aristotelischen Philosophie trotz aller Umbildungen, Akzentverschiebungen und Übermalungen durch das christliche Mittelalter und die frühe Neuzeit bis in die jüngste Moderne erhalten, ob als Vernunft- oder Naturrecht, voluntative, utilitaristische oder dezisionistische Gerechtigkeit, als Fairness, Kommunikations- und Argumentationsgerechtigkeit, Selbstlegitimation im Medium der Verfahrensrationalität, Gerechtigkeit als Optimierungs-, Maximierungs- oder Stabilisierungsprozedur. Immer liegt diesen Konzeptionen ein – nur selten eigens bedachter – Begriff von Sprache als fundierender Vermittlungshandlung zugrunde, immer wird diese Sprache als Ratio der gesellschaftlichen Synthesis, der Sozialisierung angesetzt, immer, ob auf theologischem oder egologischem, dialogischem oder mediologischem Boden, als kollektivierende oder universalisierende Verhaltensweise oder schlicht als dasjenige Grundverhältnis gedacht oder ungedacht supponiert, in dem das, was ist, in seinem Bestand befestigt, erweitert und gesteigert wird. Gerechtigkeit fungiert dabei regelmäßig als ontologische Zentralagentur einer kollektiven Selbstsicherung und Selbstversicherung, einer Autarkie und Autonomie, die sich praktisch wie theoretisch gegen ihre Hinfälligkeit, ihre Geschichtlichkeit, ihre endogene Korruptibilität verwahrt. Sein hat den Sinn von Gerechtsein, Gerechtsein den von Entscheidendsein, dieses den Sinn eines Seins *für* sich und *zu* sich selbst –: Wenn aber die apriorische Bestimmung der Gerechtigkeit in der gesamten metaphysischen Tradition darin gelegen ist, das Sein als Selbstsein und Selbstgerechtsein zu wahren und alle Anfechtungen, denen es ausgesetzt ist, abzuwehren, dann fragt sich – und diese Frage wird umso dringlicher, je lauter der Chor jener Selbstversicherungen anschwillt –, was es mit dem Abgewehrten, dem Ungerechten und Unrechten, dem Unzuträglichen und Bedrohlichen auf sich hat und wie dessen Sinn, einen Sinn nicht zu verstatten, mit dem Sinn sprachlichgesellschaftlichen Selbstseins interferiert. Wenn Gerechtigkeit in der philosophischen Tradition Konsistenz im Miteinandersein besagt, dann fragt sich – und dies schon, um dieser Gerechtigkeit selber gerecht zu werden –, ob auch nur ihr Begriff selbst die von ihm reklamierte Konsistenz erreicht oder nicht vielmehr mit Verwerfungen operiert, die seine Einheit zerfällen und just das in ihn hineintragen, was er abzuwehren bestimmt ist. Die Frage ist zunächst an die kanonischen Texte dieser Denktradition zu richten, allen voran an denjenigen des Aristoteles, der zusammen mit demjenigen Platons für sie, bewusst oder nicht, maßgeblich war.

Es sind vornehmlich drei Bemerkungen, die vom aristotelischen Gerechtigkeitsbegriff herausgefordert werden. Der Befund, die politische Ontologie des Aristoteles sei logozentrisch, weil Gerechtigkeit in ihrer Mitte steht und diese durchgängig von sprachlichen Relationen determiniert sei, verschlägt nicht viel, solange die interne Struktur dieses Logos, des Miteinandersprechens und seiner verschiedenen Funktionen nicht geklärt ist. Es sind aber zwei deutlich voneinander unterschiedene sprachliche Funktionen, aus denen Aristoteles seinen Gerechtigkeitsbegriff gewinnt. Der delotische Logos legt frei und macht klar, was dem Leben der Einzelnen wie der Gemeinschaft zuträglich und was ihm verderblich ist; der kritische Logos dagegen greift aus den dargelegten Alternativen eine heraus, trifft eine Entscheidung und fällt ein Urteil zugunsten dessen, was durch die Entscheidung selbst als für das Leben und Reden zuträglich, geeignet und in diesem Sinne gerecht definiert ist. Während die Sprache als offenlegende Mitteilung sowohl das Zuträgliche als auch das Schädigende (*symphéron kai blaberón*) in seiner Eigenart zugänglich macht, entscheidet der Logos als *krísis tou dikaíou* für das Zuträgliche und scheidet das Schädliche aus. Anders als der delotische Logos, der neutral darlegt, was lebensförderlich und was tödlich ist, selegiert und privilegiert der kritische, indem er Partei für das Handeln des Lebendigen und damit für sich selbst ergreift. Seine Entscheidung beruht zwar auf der Eröffnung, die der bloß darlegenden Sprache zu verdanken ist, schließt aber diese Eröffnung ab und verwirft mit der nicht gewählten Alternative zugleich die Eröffnungsstruktur des delotischen Logos insgesamt. Mit der Entscheidung ist die Ermöglichung dieser Entscheidung in der entscheidungslos freilegenden Sprache weggedrängt und dem Vergessen überlassen. *Und zwar nicht gelegentlich, sondern stets: strukturell.* Der kritische Logos, als den Aristoteles die Praxis der Gerechtigkeit definiert, mag also die für die Sprache entscheidende Sprache, die für das Leben entscheidende Lebensäußerung und als solche die höchste Tätigkeit des Miteinanderlebens und somit der Politik sein, aber er kann sie nur sein, indem er dem delotischen Logos, auf dem er beruht, seinerseits nicht gerecht wird. Gerechtigkeit wird, als Entscheidung gedacht, ihren eigenen sprachlichen Prämissen nicht gerecht. Bestimmt, das Miteinanderreden zu sichern, redet sie selbst in der Entscheidung zwar jeweils *mit* der unentschiedenen, präferenzlosen, neutralen Sprache der Darlegung, aber nur so, dass sie *gegen* sie redet, sie abdrängt und verleugnet. Die Sprache der Gerechtigkeit – die Entscheidungssprache, die die Gerechtigkeit selbst ist – wird also sich selbst nicht gerecht: Sie kann Gerechtigkeit nur sein, weil sie Un-Gerechtigkeit der Sprache gegen die Sprache ist. In der Disjunktion dieser beiden für jede Gemeinschaft konstitutiven, aber heterogenen Sprachstrukturen, der delotischen und der kritischen, findet der von Cicero überlieferte Satz: *summum ius summa iniuria* eine Bedeutung, die ihn nicht zur Warnung vor einer vermeidbaren prozeduralen Pedanterie verharmlost. Die höchste Sprachgerechtigkeit ist, just weil in ihr die Entscheidungsfunktion der Sprache gegenüber ihrer bloßen Offenlegungsfunktion privilegiert wird, die höchste Sprach*un*gerechtigkeit.

Die zweite Bemerkung, die der aristotelische Gerechtigkeitsbegriff herausfordert, betrifft den Handlungs- und Bewirkungscharakter der Entscheidung zwischen Lebensförderlichem und Schädlichem.

Die dritte Auffälligkeit des aristotelischen Gerechtigkeitsbegriffs liegt nicht in der Disjunktion zwischen Darlegung und Entscheidung, sondern in der Entscheidung allein. Es ist nämlich zweifelhaft, ob sie überhaupt Entscheidung sein kann. Mit dem Ausdruck *krísis* gebraucht Aristoteles einen Begriff, der in der zeitgenössischen Rechtsterminologie für die Fällung eines Urteils stand, für einen bewussten, gewollten, auf Prüfung und Abwägung beruhenden Akt also, der das Schädigende vom Förderlichen sondert. Nun ist aber jedes Schädigende, Abträgliche oder Verderbliche von der Art, dass es nicht nur das Leben und Reden der Gemeinschaft, sondern damit zugleich auch sich selbst schädigt. Aus diesem Grund kann es, wie Aristoteles darlegt, selbst nie die Quelle eines Urteils sein: Da das Schlechte schlecht für sich selbst ist, hat es gar kein eigentliches Selbst. Das Verderbliche verdirbt jedes Selbst und verdirbt von selbst; das Vergehen vergeht von selbst. Das ist sein ontologischer Status. Die Entscheidung ist demnach bloß die Exekutorin des meontologischen Prozesses, der sich am Schlechten, am Unrechten, Lebensunrechten abspielt – sie ist also gar keine Entscheidung, nicht bewusst, willentlich, bedacht und erwogen, sondern bloß die Fortsetzung eines naturwüchsigen Prozesses, der sich in der Sprache erklärt.

Da Gerechtigkeit von Aristoteles und seinen Nachfolgern nie bloß als Zustand und konstante Eigenschaft, sondern als Vollzug der Entscheidung für das Gerechte gedacht wird, ergibt sich erst aus der gerechten Handlung das, was gerecht ist, erst aus dem Urteilsspruch das, was als gutes Leben gelten kann, und erst aus dem gesamten System der Deliberationen und Dezisionen das politische Leben als das selbstgewählte, vollkommene, glückliche Leben. Nur das als gutes Leben beurteilte Leben ist das lebensgerechte, das entscheidungsgerechte Leben. Da aber erst die Entscheidung das Rechte und das Unrechte als extreme Möglichkeiten des Lebens definiert und jenseits von Einzelerfahrungen als Rechtes oder Unrechtes für die gesamte Gemeinschaft konstituiert, muss von der Entscheidung gelten, dass sie mit jedem Rechten zugleich auch das ihm entgegenstehende Unrechte als solches konstituiert. Erst mit der *díke* und ihrer *krísis* kommen das Übel und der Tod, erst mit der Sprache der Entscheidung kommen der Zerfall der Gemeinschaft und das Versagen ihrer Sprache als frei zur Wahl gestellte Phänomene in die Welt des politischen Lebens. Erst mit der Sprache – und, genauer, der Sprache der Entscheidung, des Urteils und seiner Exekution – gewinnt das Unrichtige, Lebensunangemessene, das Unrechte und Ungerechte als solches Kontur, wird zu einer gesellschaftlichen und zu einer Wirklichkeit jedes Einzelnen und wird als Zerstörung (jeder Identifikationsmöglichkeit) identifiziert. Die freie Entscheidung, die umsichtig ausgesprochene Präferenz, die *prohairesis*, die Aristoteles zum Kriterium des wahrhaft politischen, des guten Lebens erklärt, wäre nur eine unfreie und also keine Entscheidung, wenn sie nicht mit dem Gerechten zugleich auch das von ihr verworfene Ungerechte allererst als solches deutlich machte, als besondere Wirklichkeit auszeichnete und als das, was es ›ist‹, nämlich als Vernichtung des Seins, verurteilte. Das Vermögen zur Gerechtigkeit, das in der Entscheidung für das Gerechte an sein Ziel kommt, muss immer auch das Vermögen zur Ungerechtigkeit und damit zur Zerstörung jedes Vermögens und weiterhin des Seins überhaupt sein. Unmittelbar vor seiner Erhebung der *díke* zur höchsten politischen, sprach- und gemeinschaftskonstitutiven Instanz schreibt deshalb Aristoteles: *Die Ungerechtigkeit* (adikía) *ist am fürchterlichsten, wenn sie Waffen hat; der Mensch aber hat die natürlichen Waffen in Händen durch seine angeborene Denkkraft* (phronesis) *und Tatkraft* (areté), *Waffen, die am besten dazu geeignet sind, den entgegengesetzten Zwecken zu dienen. Und daher ist er ohne Tugend* (areté) *das ruchloseste und wildeste der Lebewesen.* (1253a35) Der Mensch, so ist damit gesagt, ist nicht nur ein zerstörerisches, er ist das zerstörerischste, das noch sein eigenes und das Leben und Reden seiner Menschengemeinschaft verwüstende Lebewesen, weil – nicht aber obwohl – er das einzige zu einem vollkommenen, glücklichen, selbstgewählten und somit lebensgerechten Leben befähigte Lebewesen ist. Er ist dieses sowohl selbstmörderische als auch selbstgenügsame Wesen, weil er mit jener Denkkraft und Tatkraft ausgestattet ist, die ihn zu beidem: zur höchsten Gerechtigkeit und zur niedrigsten Ungerechtigkeit, disponieren. Er hat das Vermögen zum Tod, weil er das zur Sprache hat. In der bedeutenden Bewegungslehre seiner »Metaphysik« bindet Aristoteles das Prinzip jedes Übergangs vom Möglichen zum Wirklichen, vom Vermögen zu seiner Zweckbestimmung in der Verwirklichung an die Doppelwendigkeit jedes Vermögens, zu seiner Verwirklichung und ebenso deren Gegenteil tauglich zu sein: *Was als vermögend bezeichnet wird, das hat auch das Vermögen zum Entgegensetzten* (dynatòn tanantía). (1051a6) Jedes endliche Vermögen muss deshalb im Hinblick auf dieselbe Sache zugleich Unvermögen – *dynamis adynamía* – sein (1046a31) und kann in seiner Betätigung und noch im Ziel seiner Bestimmung nicht ohne die Möglichkeit seines Wegfalls, seiner *stéresis*, seiner Verunmöglichung, auskommen.[5] Wenn Aristoteles dem Menschen die Vermögen zur Gerechtigkeit, Einsicht und Tatkraft allein mit der Kautel zuspricht, sie seien zugleich die Vermögen zur fürchterlichsten Ungerechtigkeit, so muss die abschließende Erhebung der Gerechtigkeit zum Prinzip und zur eigentlichen Form, zum Wesen – *ousía* – der Politik und des unter ihrem Regime blühenden glücklichen Lebens die Struktur der Gerechtigkeit simplifizieren, ihren Anteil an der koordinierten Ungerechtigkeit verleugnen und sie auf eine Gerechtigkeit reduzieren, die, ohne es offen einzugestehen, ihren eigenen Implikaten nicht gerecht wird. Gerechtigkeit, wie Aristoteles sie mit den definitorischen Sätzen bestimmt, in denen das Programm seiner Politik und somit seiner Ethik kulminiert, ist eine Gerechtigkeit, die der Ungerechtigkeit nicht gerecht wird, die dem in ihr selbst nicht gerecht wird, was als Ungerechtes von ihr selbst erzeugt, von ihr reproduziert und promulgiert wird.

Dieser Gerechtigkeit kann nicht entgegengehalten werden, dass sie das Unrechte nicht, wie sie es stets zu tun versucht oder doch zu tun beansprucht, eliminiert; wohl aber, dass sie ihm nicht gerecht wird, wenn immer sie sich als Entscheidung für das Rechte, Richtige und Gerechte definiert. Gerechtigkeit wird, so gedacht, nur als Ungerechtigkeit *gegen* die Ungerechtigkeit gedacht, nicht als Gerechtigkeit auch *für* sie, die aus ihr selbst, der Gerechtigkeit, nicht weggedacht werden kann, und auch von Aristoteles, wie seine Formulierung vom Menschen als dem schlechthin ungerechten Wesen bezeugt, nicht konsequent von ihr ferngehalten wird. Gegen seine eigene polis- und politikkonforme Stilisierung der Gerechtigkeit zu einer Entscheidung für das unzweideutig Rechte fordert diese Formulierung einen Begriff von Gerechtigkeit, der nicht weniger eine Entscheidung für das Unrechte im Rechten, für die Ungerechtigkeit in der Gerechtigkeit, für das strukturelle Unvermögen zu einer gerechten Entscheidung einschließt – und somit in jedem Urteil offenlegt und zur Sprache bringt, dass es nicht der Gerechtigkeit entspricht, ihr selbst nicht gerecht wird und somit ein unauflöslich paradoxes, gegen sich selbst gewandtes und sich selbst suspendierendes Urteil sein muss. Gerechtigkeit ist so lange ungerecht, wie sie ihrer eigenen Ungerechtigkeit – ihrer Endlichkeit – nicht gerecht wird. Ihr gerecht zu werden kann ihr aber nur gelingen, indem sie sich nicht nur als Entscheidung für das Rechte, nicht als Entscheidung für ihre eigene Gerechtigkeit, nicht als Autarkie, Selbstbegründung, Selbstleitung und Selbst-Gerechtigkeit, sondern darin immer zugleich auch als Entscheidung für ihr Anderes, für das Andere noch *ihres* Anderen und somit als Entscheidung für ihr Entscheidungsunvermögen versteht und betätigt. Sie hat, um ihr selbst und auch dem ihr Entgegengesetzten gerecht zu werden, ihre kritische Sprache um die delotische zu erweitern, die Sprache der Entscheidung um die der Offenlegung und Freigabe: einer Freigabe auch des Anderen der Gerechtigkeit, die nur münden kann in einer anderen Gerechtigkeit, in einer, die noch frei wäre von ihr selbst, ihrem Begriff, ihrer Stabilisierungs- und Substanzialisierungsfunktion. Einer Gerechtigkeit frei von Kollektivierungsaufträgen, Überlieferungsidealisierungen, Konsistenzzwängen; einer freien Gerechtigkeit, die mehr wäre als Entscheidung, Urteil, teleologische Tat. Erst sie kann ohne Verkürzungen dem gerecht werden, was Aristoteles als das Menschliche charakterisiert: dem Miteinanderleben im offenlegenden Miteinanderreden über das, was zuträglich, *und* über das, was schädlich ist, ohne das eine *oder* das andere zu wählen. Sprachgerecht, wie sie es müsste, um auch nur ihrem Begriff zu entsprechen, kann Gerechtigkeit erst sein, wenn sie nicht bloß eine Gerechtigkeit der Selektion und der Segregation, sondern der – wenn auch paradoxen – Kombination und – wenn auch aporetischen – Extension wird.

Der Mensch ist nicht nur ein sterbliches, er ist das schlechthin sterbliche, nicht nur ein tödliches, sondern das tödlichste Lebewesen – aber nicht obwohl, sondern weil er über das Vermögen zur Gerechtigkeit verfügt. Dieses Vermögen ist ihm in der Denkkraft (*phronesis*) und der Tatkraft (*areté*) gegeben, den beiden Stammvermögen, aus denen die Gerechtigkeit hervorgeht, den beiden aber auch, die zugleich die Mittel der ihr entgegengesetzten Ungerechtigkeit, der fürchterlichsten, sind. Diese Ungerechtigkeit ist ihm aber nicht etwa eigen, *obwohl* er gerecht sein kann, sondern *weil* er es dem Vermögen nach ist.

Was also von der Gerechtigkeit – der Entscheidung – abgewehrt wird, ist nicht der Tod, sondern der frei bedachte und durch seine Freilegung zugleich entfesselte Tod des Miteinanderlebens und Miteinanderredens. Mit der Sprache und der durch sie gewonnenen Gerechtigkeitsfähigkeit ist dem Menschen zugleich die Fähigkeit zu einer Ungerechtigkeit, Falschheit und Schädlichkeit gegeben, wie sie im Bereich der bloßen animalischen *phoné* nicht ihresgleichen hat.

Die dritte Bemerkung zur Gerechtigkeit als Entscheidung betrifft den Anspruch, diese Entscheidung sei überhaupt eine genuin sprachliche, sei eine Entscheidung, die im Miteinanderreden und aus der konzentrierten Macht der Gemeinsamkeit einer Sprache gefällt werde. Dass Gerechtigkeit in einem Urteilsspruch – der *krísis* – liegen soll, diese Privilegierung einer bestimmten Sprachfunktion über mögliche andere findet ihren einzigen Grund in der Einheit und Ungeteiltheit, durch die sich die Urteilsfunktion der Sprache gegenüber ihrer bloßen Darlegungs- und ihrer Forderungsfunktion abheben soll. Gerechtigkeit muss Entscheidung sein, weil allein die Entscheidung ein jeweils einziger und mit sich einiger Akt – nicht ein Vermögen zur Handlung, sondern der Handlungsvollzug selbst – ist und weil somit allein ihre jeweils aktuelle Gegenwart der Einheit und Selbstgenügsamkeit des Guten entspricht. Was dagegen uneins, vielstrebig und inkohärent ist, kann keiner Entscheidung fähig sein, kann sich und seinem Sein nicht gerecht werden und wird deshalb vom Urteil der Gerechtigkeit als Schlechtes ausgeschieden. Die »Nikomachische Ethik« definiert mit einer Verszeile: *Das Edle ist einfach, vielfältig das Schlechte.* (1106b35) In der »Eudemischen Ethik« heißt es zur Selbstbeziehung, die den Guten wie das Gute auszeichnet, und zur konträren Selbst- und Seinswidrigkeit des Schlechten: *Sofern aber der Mensch einer und unteilbar ist, ist er sich selbst Gegenstand des Strebens. Von solcher Art ist der Gute, das heißt, der auf Grund der Tugend Befreundete, während der Schlechte nicht Einer ist, sondern Viele, und am selben Tag ein anderer und zerfahren* (emplektos) – und zwar so zerfahren und von sich selber verschieden, dass *er sich selbst tötet* (1240b15-28).[6] Schlecht ist demnach, was seine Existenz zersplittert und vernichtet. Das Schlechte kann nicht entscheiden, weil es nicht schon für sich selbst entschieden ist; über es kann andererseits nicht entschieden werden, weil es kein mit sich einiger Gegenstand ist; über es braucht aber auch nicht entschieden zu werden, weil es, jeder Entscheidung voraus, ein ihm eigenes Sein schon verfehlt hat und deshalb nicht im strengen Sinn *ist* und zu sein nicht vermag. Wie das dem Leben Verderbliche und dem Sein Abträgliche, das *blaberón*, von dem Aristoteles in der »Politik« spricht, muss es als das für sein Sein Unrichtige und deshalb Unrechte, als *adikón*, abgetan werden. Als Unvermögen zu sein müsste es vom Richtspruch der *díke* getroffen werden. Doch dessen Entscheidung, es solle nicht sein, könnte in ihm nur treffen, was nicht ist und zu sein nicht bestrebt ist: Sie könnte nur treffen, was sich nicht antreffen lässt. Was also zerteilt, inkohärent und suizidär dem Sein und noch dem Vermögen dazu entgleitet, scheidet aus dem Bezirk möglicher Gegenstände der Entscheidung aus, weil ohne kohärenten Gegenstand eine Entscheidung nicht möglich ist. Für diese, die *prohairesis* – und somit für die von ihr geleitete *krísis* –, gilt nach der definitorischen Bestimmung in der »Nikomachischen Ethik«: *durchweg kann Gegenstand der Entscheidung nur das sein, was in unserer eigenen Macht steht.* (1111b10) In der Macht der Entscheidung steht aber allein diese in sich einige Entscheidung selbst, nie jedoch das von ihr Nichtgewählte, nie das Mannigfaltige, nicht für sich selbst Entschiedene und einer Entscheidung Unfähige. *Prohairesis* – die vorzuggebende Wahl, die Präferenz – ist Entscheidung allein für die Tat der Entscheidung; sie *gibt* sich selbst die Präferenz und *ist* diese Präferenz, indem sie sich von der zerfahrenen Un-tat des Schlechten und Ungerechten zurückzieht. Als Setzungsmacht konstituiert sie sich, sofern sie sich von der Ohnmacht, dem Handlungs- und Entscheidungsunvermögen des Vielen absetzt.

Die Entscheidung kann also nur verfehlen, was sich selbst verfehlt. Sie kann dem sich selbst nicht Gerechten nicht gerecht werden. Ihre Selbstvergegenwärtigung erzeugt gemäß der Selbstbeziehung, die die *physis* auszeichnet, als *entelecheia* – als Sich-in-seiner-Bestimmung-Haben –, die reine Form aller Formen, die *morphé*, das *eidos* und die *ousía* des Lebens (Physik 193b11-19) und ist als diese autoteleologische Form das politische Leben selbst. Der Grund und das leitende Prinzip (die *arché*) des Handelns, so definiert die »Nikomachische Ethik«, ist die Entscheidung; deren Grund wiederum das Verlangen (*orexis*) in Einheit mit der zusammenhaltenden Rede (*logos*) –: Die in der Sprache und ihrer Bewegung zu sich fundierte Entscheidung macht demnach sowohl den Grund wie das Ziel (*telos*) des politischen Handelns aus. Das dem Leben der Gemeinschaft gerechte Handeln definiert sich mithin als die allein durch sich selbst bedingte, von sich geleitete und in sich selbst resultierende Entscheidung (1139a4-5). Als entscheidendes und rechtsprechendes Mitglied des Gemeinwesens ist dementsprechend auch der Bürger der Polis – der *polites* – definiert: *Der Bürger schlechthin lässt sich durch nichts anderes bestimmen, als dadurch, dass er am Richten* (krisis) *und an der Regierung* (arché) *teilnimmt.* (Politik 1275a22) Die herrschende und die richtende Gewalt (*arché kritiké*) macht den Staatsbürger aus, und die Versammlung der über einander und über sich selbst entscheidenden Bürger macht den Staat zum Ort des sich selbst regierenden Lebens, der *zoe autarkeia* (1275b20).

Entscheidung also ist die Grundstruktur des politischen, des Miteinander-Lebens im Miteinanderreden, weil sich in ihrer Sprache die Grundstruktur der *physis* als reines Selbstverhältnis artikuliert. In ihr kommt die *physis* zur Sprache; in ihr vollendet die Sprache die Bewegung der *physis* als einer Bewegung zu sich; in ihr wird das physische zum physio-logischen Leben. Der Satz, der der Erklärung des Aristoteles, allein der Mensch habe Sprache, unmittelbar vorangeht: dass die *physis* nichts ohne Zweck tut (1253a9), lässt sich nur so verstehen, dass das Telos der Naturbewegung in der Hervorbringung einer Gestalt ihrer Selbstbeziehung liegt, dass diese Selbstbeziehung in der Beziehung der sprechenden Lebewesen zueinander beruht und dass in der Entscheidung für das jeweils Gerechte diese Selbstbeziehung in der Weise kulminiert, dass in ihr die höchste, die Gemeinschaft der Sprechenden über sich selbst und für sich selbst das Rechte in der Form des Rechts spricht. Sich auf sich selbst zu beziehen, seinem eigenen Sein zuträglich zu sein, ist aber die fundamentale Weise, in der etwas überhaupt sich selbst gerecht werden kann. Wenn also die Grundstruktur der Polis von der Gerechtigkeit determiniert ist, so ist diese Gerechtigkeit ihrerseits determiniert von der Auto-Teleologie der *physis.* Sie ist wesentlich Selbst-Gerechtigkeit dessen, was ist, in seiner Bewegung zu sich selbst als einer Gestalt seiner Erhaltung und Vollkommenheit. Selbstaneignung, Selbstentsprechung, Selbstgenügsamkeit, wie sie in der Bewegtheit der *physis* zu sich als ihrem Zweck vorgezeichnet ist, kommt aber nicht im delotischen Logos, der nur darlegt, was zuträglich und was unzuträglich ist, sondern erst in der Sprache der Entscheidung an ihr Ende, da erst sie die Entscheidung für das sprachliche Leben in ihr selbst trifft und damit das Paradigma der Autarkie der *physis* erfüllt. In der *krísis* erreicht die *physis* ihre höchste Bestimmung. In der *díke* spricht die *physis* für sich, weil sie in ihr nicht nur über sich spricht, sondern als sie selbst spricht und sich erspricht. Gerechtigkeit, wie Aristoteles sie maßgeblich für die politische Philosophie bestimmt hat, ist die Selbsterzeugung, die Selbstvergegenwärtigung und Selbstvervollkommnung der Natur im politischen Gemeinwesen. Sie ist die Naturalisierung der Sprache. Aber nicht der Sprache der offenen Darlegung, sondern allein der Sprache der Entscheidung.

Durch die Privilegierung – die Selbstprivilegierung – der Entscheidung wird nicht nur die freilegende Sprache, auf die sie angewiesen bleibt, es wird überdies die ateleologische, die selbst- und seinswidrige Sprache, die der neutralen Freilegung folgt, abgedrängt und eliminiert. Wenn Aristoteles in den Sätzen, die der Deklaration der Gerechtigkeit als der leitenden Instanz der politischen Gemeinwesens vorausgehen, betont, der Mensch könne sowohl das gerechteste wie auch das ungerechteste unter allen Lebewesen sein, so ist damit gesagt, er könne beides allein aufgrund seiner Sprach- und näherhin seiner Urteilsfähigkeit sein. Erst die Sprache eröffnet den Zugang zu dem, was dem Leben förderlich, und zu dem, was ihm verderblich ist; erst die Sprache also und mit ihr das Denken ist die Eröffnung dessen, was im Bereich der *physis* hervorgeht und was aus ihm verschwindet. Sprache, und sie allein, ist der Weg zum expliziten Nicht der Natur, zum Nicht ihres Wesens, zu dem, was im Seienden seinem Sein abträglich und anders als *ist.* Allein weil die Natur sich mit der Sprache gegeben hat, was anders ist als sie und was als ihr Zusatz die Gerechtigkeit, aber als ihr Abzug das schlechthin Ungerechte des Nichtseins bewirkt, ist der Mensch entweder das Beste oder das Schlechteste unter den Lebewesen: das beste, wenn es vermöge der Verschiedenheit von der Natur die Bewegung ihrer Selbstvergegenwärtigung durch Steigerung bewahrt, das schlechteste dagegen, wenn es sie durch Entgegenwärtigung vermindert und vernichtet. Nur ein Wesen, das der Sprache fähig ist, kann die Ordnung der Natur zu erfüllen unfähig sein; es trotz dieses Vermögens zum Unvermögen in den autotelischen Gang der Natur zurückzulenken, dazu ist die Entscheidung der Gerechtigkeit bestimmt. Das Schlechte ist ein sprachliches Geschehen, das Gute eines der *physis.*

Díke ist *physis*, und *physis díke.* Aristoteles lässt keinen Zweifel daran, dass die Sprache dem Menschen von Natur (*physei*) gegeben ist, und keinen daran, dass im Richtspruch der *díke* die Selbstvergegenwärtigung der *physis* in der Polis kulminiert (1282b15-16). Aber die Entscheidung, die sie trifft, ist gegenstandslos und ohne einen Adressaten, der ihr entsprechen könnte. Sie ist keine Wahl zwischen alternativen Möglichkeiten, denn im Nichtsein und dem Unvermögen zu sein kann sie nichts antreffen, das sich freiwillig und bedacht wählen ließe –: Sich selbst Unrecht tun ist, so insistiert Aristoteles, niemals ein freiwilliger Akt (NE 1136b1-8, 1138a4-30) und somit keine Handlungsoption, die eine Gemeinschaft gegen sich selbst oder eines ihrer Mitglieder wählen könnte. Die Entscheidung, die ausschließlich als Entscheidung für sich, um willen und zugunsten dieser Entscheidung selbst getroffen werden kann, vollzieht sich als unbedingte Selbstbestätigung und Selbstbeständigung im Sinne einer *physis*, die jeweils allein sich selbst erstrebt und Anderes als sich nicht erstreben kann. Sie ist taub gegenüber jeder anderen als der jeweils vorbestimmten Möglichkeit, als instantane Verwirklichung ihres Telos taub zuallernächst gegenüber der Möglichkeit, diejenige Entscheidung nicht zu sein, die sie ist. In ihr als dem Akt der absoluten Selbstvergegenwärtigung ist die Sprache nicht, wie im delotischen Logos, Offenlegung und Freistellung anderer Möglichkeiten, nicht ein Reden mit dem Verschiedenen und dem Verscheiden, mit dem Vergehenden und dem Vergehen gegen die Ansprüche der Gegenwart und des Wesens, sondern Einstimmung in ein Gesetz, das allein sie selbst *in actu* sich gibt und erfüllt. Dieses Gesetz der Selbstgebung und Selbsterfüllung kann, der Autotelie der *physis* gemäß, nur ein solches sein, unter dem Richtspruch und Exekution, Sprache und die Gewalt ihrer Wirklichkeit ununterscheidbar eines sind. Wenn in der Entscheidung ein Vermögen zur Entscheidung seine Bestimmung erreicht, so hat diese Bestimmung, einmal erreicht, nicht das Vermögen, eine andere zu sein. Diese Bestimmung des politischen, des Rechts- und des Naturprozesses, dieses Telos, ist keiner anderen Bestimmung und also keiner Entscheidung fähig. Sie ist, weil sie Entscheidung bereits ist, unvermögend zu einer Entscheidung.

Gerechtigkeit, so ist damit gesagt, *ist.* Von ihr mag die Rede sein, doch immer nur, nachdem sie ihren Spruch schon gefällt hat oder bevor sie eine Entscheidung trifft, die jede Rede von ihr neutralisiert. Politik, wie Aristoteles sie versteht und wie sie in seinem Gefolge für weit über zwei Jahrtausende verbindlich wurde, definiert sich als *Dikekratie,* diese als *Krisokratie* und weiterhin als *Zoe- und Ontokratie.* Aber die Krisis in Permanenz, die für die politische Gesellschaft konstitutiv ist, ist eine Krisis auch in dem Sinn, dass sie die Gesellschaft erst durch ihre Zerspaltung erzeugt und erhält: ihre Spaltung in die, die sie jeweils ist, und diejenige, die nicht zu bestehen und nicht zu bleiben, sondern anders zu sein und anders *als* zu sein bestrebt ist. Die aristotelische *díke* muss um ihrer Seinstüchtigkeit willen zurückfallen in die undurchdringliche Einzigkeit, mit der die *díke* des parmenideischen Lehrgedichts das Privileg des Seins sichert, dass es sei, und das Missgeschick des Nichtseins befestigt, eben nicht zu sein. Sie ist eine Tautologie. Doch weil sie, auto-teleologisch und tautologisch, einzig das Gesetz ihrer Anwesenheit erfüllt, kann sie so wenig mit Anderem wie von ihm, so wenig mit sich als möglichem Anderen wie von sich als kontingentem und revidierbarem Urteil sprechen. Da sie in nichts anderem als in der Entscheidung für die Entscheidung beruhen kann, muss sie, jeder Wahlmöglichkeit beraubt, entscheidungsunfähig sein. Deshalb bleibt in der aristotelischen Formel für die Gerechtigkeit das Unrechte und Ungerechte ungenannt: *díke tou dikaíou krísis* – Gerechtigkeit ist Entscheidung in Bezug auf das Gerechte, vermöge des Gerechten und für das Gerechte. Vor dem Sprach- und Seinswidrigen, das *sie* ins Verstummen ziehen könnte, da es anders ist als es selbst, muss sie selber verstummen. Indem sie aber mit diesem Anderen, das von keiner Entscheidung betroffen werden könnte, nicht spricht, kontrahiert sie das Miteinandersprechen, das sich in ihr sichern sollte, auf ein Sprechen ohne Andere, ohne Möglichkeiten und ohne die Möglichkeit, Möglichkeiten zu verfehlen, die den Menschen, und ihn allein, zum *ruchlosesten und wildesten der Lebewesen* disponiert (1253a35).

Die Sprache der Entscheidung, eine monologische, monophysische, kollektive Geste, in der die Gemeinschaft der Polis ihr Sein sichert, ist die Sprache der Entsprachlichung. *Díke* ist Diktat, das jeden Widerspruch in ihr und jeden Widerspruch gegen sie zum Verstummen bringt. Da ihr nicht freisteht, anders zu entscheiden, als sie es jeweils tut, und nicht freisteht, keine Entscheidung zu sein, steht es ihr auch nicht frei, zu entscheiden. Als Entscheidung, die jeweils immediat für sich selbst schon entschieden ist, kann sie nur notwendig sein und nur die Notwendigkeit ihres und jedes Seins bekräftigen. Dass sie aber notwendig ist, macht das sprachliche Geschehen der Entscheidung zu einem Ereignis der physischen Welt; dass sie jeweils eine und nur eine einzige ist, in der sich die Einheit der Natur mit sich selbst konzentriert, zieht das Mitein*ander*reden auf den einen Punkt eines stummen Gesprächs mit sich selbst zusammen; dass sie als absolute Selbstvergegenwärtigung des Lebens jede Beziehung zum Nichtmehr- und zum Nochnicht-Leben abbricht, macht sie zur Reduktion aller Erfahrungen auf die einzige der Anwesenheit. Mit der Möglichkeit, anders und somit allererst freie – gegenüber sich selbst und von sich selbst freie – Entscheidung zu sein, fällt also jede sprachliche Dimension für das Leben mit Anderen, mit anderem Leben und mit anderem als dem jeweils gegenwärtigen Leben, fällt somit jeder Anspruch, die Autarkie des guten Lebens in der Rede mit Anderen und somit in der Rede mit anderen Redenden und mit Anderem als der Rede zu verwirklichen, dahin. Die Entscheidung spricht nicht *mit* Anderen; sie spricht *über* sie und *von* ihnen so, dass deren Antwort nicht eigens verwehrt werden muss, um wirkungslos zu bleiben. Entscheidungen, so ist damit gesagt, legen Stummzonen in das Miteinanderreden und um es. Da aber die gesamte Sphäre der Polis von Entscheidungen strukturiert, von ihnen getragen und durchgängig belebt gedacht wird und da Gerechtigkeit die irreduzible Generalform politischer Entscheidung darstellen soll, kann das von ihr promulgierte autarke Leben ein solches Leben sein, das in seiner Selbstvergegenwärtigung gegenüber allem, das in diese Vergegenwärtigung nicht einbezogen ist, verstummt. Es spricht, aber statt aller und also zu niemandem; es lebt, aber als selbstgenügsamer Organismus und also ohne Andere, einsam. Die Gemeinschaft, die von der Gerechtigkeit verbürgt ist, ist jeweils im strikten Wortsinn *eine* und eine *einzige* Gemeinschaft und also eine Gemeinschaft ohne Gemeinschaft, sei es der internen des Miteinanderredens in seinen weitesten, nichtantizipierbaren Möglichkeiten, sei es der externen des

Redens mit Anderen, die seiner Entscheidungssphäre nicht angehören. Sie ist eine Gemeinschaft ohne Gemeinschaft mit dem Gemeinschaftslosen und Gemeinschaftsunfähigen. Gerechtigkeit, die Fundamentalstruktur des Politischen, ist, als Entscheidung definiert, physische, autotelische Zoo- und Ontodizee in Permanenz. Aber das Sein, das sich in ihr durch sich selbst legitimiert, ist nicht sprachliches Sein im gesamten Umfang seiner Implikationen, sondern nur das auf seinen Dezisions- und Exekutionscharakter verkürzte, das homogenisierte sprachliche Sein, nicht Sein mit Anderen und nicht Sein mit der Möglichkeit, anderes als das Gegenwärtigsein zu wählen; es ist nur die Gewalt der Gegenwärtigkeit der *physis*, der alles, was sie nicht ist, zur Unwirklichkeit wird und die als Ende in sich selbst keine Sprache für Anderes finden kann. Da sie in der Entscheidung autark und autotelisch strukturiert ist, kann die Sprache der Gerechtigkeit nur eine physikalisierte, eine entsprachlichte Sprache sein. *Physis télos estin* –: Der gesamte Bereich der politischen, der sprach- und der lebenspolitischen Organisation ist auf einem Sprechakt errichtet, der, weil er reiner Akt der für sich selbst entscheidenden Sprache ist, stumm und undurchdringlich alles abwehren muss, was nicht in seinen Richtspruch einstimmt. Gerechtigkeit ist, so verstanden, die in Selbstgenügsamkeit sprachlose *Geste* / Sprache. Weil der Begriff der Entscheidungsgerechtigkeit physikozentrisch ist, nur deshalb ist er logozentrisch.

Die Disjunktion vom Sein – und die Disjunktion *im* Sein –, die von der Sprache betrieben wird, ist in der Sprache der Entscheidung, und in ihr allein, revoziert: Als Entscheidung konvertiert sie in das ungetrübte Selbstsein der Physis, vergisst ihre Sprachlichkeit und behauptet ihre Autarkie. Aber Sprache ist nicht autark. Sie ist konstitutiv auf Anderes verwiesen, ist nur als Verweisung auf Anderes und mithin nur in der Entfernung zum Sein – dem ihren wie jedem – und kann in dieser Verweisung keinen gesicherten Index für den Bestand und die Beständigkeit dessen bieten, worauf und woher, und nicht einmal dafür bieten, *dass* sie verweist. Sie kann es so wenig, dass noch das absolute Privileg der Selbstvergegenwärtigung, das sie sich in der Entscheidung erteilt, das Privileg nicht des Selbstseins, sondern der Restriktion ihres Seins auf den einzigen Punkt ihres Verschwindens darstellt. In der Entscheidung für die Entscheidung wird nichts anderes gesagt, als dass nichts Anderes gesagt wird, dass dieses Gesagtsein Macht hat und als diese Macht unbedürftig, aber auch unfähig ist, in ein Verhältnis zu Anderem und damit in ein Verhältnis zu sich selbst zu treten. Die Faszination, die die Entscheidung auf alle Ontologien des Politischen ausgeübt hat und auszuüben nicht aufhört, geht davon aus, dass schieres Dasein in ihr mit seinem Verschwinden gebündelt ist: das Beste mit dem Schlechtesten.

Was also von der Gerechtigkeit bleibt – und was bleibt, da sie sich ausschließlich auf ihr Bleiben, auf die Fortdauer ihrer Entscheidungs- und darin ihrer Selbstbeziehungsform richtet –, ist also bloß die Selbst-Gerechtigkeit einer Macht, die über kein Kriterium verfügt, das ihr erlauben könnte, darüber zu entscheiden, ob die Physis, deren Gesetz sie erfüllt, nicht ihrerseits endlich, misslungen, verfehlt und deshalb außerstande ist, die Bedingungen ihres eigenen Daseins zu erhalten. In ihre eigene Gegenwärtigkeit eingeschlossen, fehlt ihr, wie jede Möglichkeit überhaupt, insbesondere die Möglichkeit, sich zu anderen Sprach- und Zeiterfahrungen in ein Verhältnis zu setzen. Damit fehlt ihr aber auch das Vermögen, einen erfüllten von einem defizienten Modus des Sprechens zu sondern; und damit die Fähigkeit, sich selbst als Modus der Perfektion zu begreifen und zu vollziehen. Da jede von ihr gefällte Entscheidung immer auch ein Zeugnis des Entscheidungsunvermögens sein muss, durch das sich das Lebens- und Sprachabträgliche auszeichnet, muss jede auch ein Rückfall nicht nur in die animalische *phoné*, die bloß Schmerz und Lust anzeigt, und nicht nur in das bloße Leben des vegetabilischen Daseins, sondern muss ein Rezidiv in ein Leben sein können, das sich nicht auf sich selbst bezieht, sondern, uneins mit sich und zerfahren, auf Anderes als Leben und Anderes als diejenige Sprache, die allein ein selbstbestimmtes und somit vollkommenes Leben gewähren könnte. Wenn die Entscheidung nicht unterscheiden, geschweige denn *ent*scheiden kann zwischen dem, was in ihr Physis, und dem, was Sprache ist, muss sie, ihr selbst unbewusst und höchst paradox, offen sein auf eine andere Physis als die, die das Programm ihrer Selbstvergegenwärtigung immer schon zu erfüllen im Begriff ist, und offen auf eine Sprache, die sich, anders als die der Entscheidung und des Urteils, nicht als Exekutivorgan des Totalitarismus der Selbstverwirklichung betätigt.

Physis télos estín (1252b33) – die Natur ist das Ziel, und sie ist das Ziel, weil sie sich selbst zum Ziel hat, darin sich selbst gerecht wird und nichts anderes als die Gerechtigkeit ist. Mit der Tilgung jedes Andersseins aus der Autarkie der Gemeinschaft betreibt die Gerechtigkeit die Physikalisierung der Sprache, ihre Entsprachlichung und die Dissoziation der in ihr sprechenden Gemeinschaft. Da sie die Sprache mit der Natur homogenisiert, das Mit-Anderen auf ein Mit-sich-selbst der rechtsprechenden Instanz zurückführt und das Auseinander der Zeit auf die eine beständige Anwesenheit ihrer selbst als Gesetz und Urteilsvollzug reduziert, kann sie nicht anders als dem Miteinanderreden und -leben unangemessen, sprach- und seinswidrig, gesellschaftsabträglich zu sein. (Als Entscheidung definiert, spaltet die Gerechtigkeit just jene Gemeinschaft, die sich in ihr rein zu sich selbst verhalten soll, von sich ab, wird ihrer eigenen Bestimmung, ihrer Sprachlichkeit, ihrer Gesellschaftlichkeit und der Pluralität ihrer Elemente und Zeiten nicht gerecht und verfehlt – ob sie es überschießt oder hinter ihm zurückbleibt – ihr eigenes Telos, ihr Aus- und Für-sich-selbst-Sein.) Die Garantin einer gemeinsamen Sprache redet monologisch allein ihre eigene. Die Garantin der Gemeinschaft löst die Gemeinschaft mit der Gemeinschaft auf. Gerechtigkeit kann dem, was in ihr selbst ungerecht ist, nicht gerecht werden. Und dieses Nicht-Können gehört nicht einmal zu ihren Vermögen, wie doch die aristotelische Dynamislehre es für jede Bewegung fordert, sondern muss, als immediat Wirkliches, blanke Notwendigkeit und also das Unvermögen zu ihrem Unvermögen sein. Die Gegenwart der Gerechtigkeit ist in eins ihre Un-Möglichkeit. In diesem, und nicht im Sinn einer Klage über pedantische Gesetzesauslegungen, gilt der von Cicero zitierte Merksatz: *summum ius summa iniuria* (de officiis I 33). Da sie keiner anderen Gerechtigkeit und keiner Ungerechtigkeit gerecht werden kann, muss Entscheidungsgerechtigkeit höchste Ungerechtigkeit sein.

Gerechtigkeit wird sich selbst nicht und wird dem nicht gerecht, was sie nicht ist.

Damit ist über die Gerechtigkeit und die von ihr geleiteten Rechtssetzungs- und Rechtsprechungspraktiken etwas gesagt, das sie selbst, auf die Sprache der Entscheidung beschränkt, schlechterdings nicht sagen kann, das sie aber auch nicht daran hindern kann, alles von ihr Bestimmte stumm zu begleiten. Gerechtigkeit kann nur in einer Entscheidung liegen, die noch ihrem eigenen Entscheidungsunvermögen gerecht wird. Sie kann nur in der Verabschiedung der Entscheidung liegen; nur in einer Krisis, die die *krísis* selber auseinandertreibt; in der Verweigerung oder der Aussetzung des Urteils; in einer Sprache, die mit ihrem Vergehen spricht, im Dissenz mit ihrem Sein, in ihren Zerfahrenheiten und dem, was in ihr und jedem ihrer Akte handlungslos, unbedenkbar und ihrer Willkür enthoben, unverträglich mit jedem Vertrag der Entscheidung zwischen Sprechen und Stummheit entgleitet. Gerechtigkeit kann nur die sein, die noch dem schlechthin Gerechtigkeitsunfähigen, dem, was das Miteinanderleben und Miteinanderreden verweigert, stört und abbricht, gerecht wird: dem Sprachlosen und Leblosen, dem, was nicht ist, niemals war und vielleicht nie sein wird. Nur dann ist sie geschichtsfähig, nur dann eine Gerechtigkeit nach den unbestimmten Maßen des Endlichen und nur dann menschlich und der menschlichen Sprache, die nicht nur zum Ungerechten, sondern Ungerechtesten fähig ist, gemäß.

Die drei Bemerkungen, die vom aristotelischen Begriff der Gerechtigkeit als *krísis* herausgefordert werden, führen mit verschiedenen Akzenten zum gleichen Befund: Die Sprache trennt von der Physis, indem sie an ihr das Zuträgliche vom Schädigenden scheidet, und trennt damit zugleich das Seinsgerechte vom Seinswidrigen. Sie stellt frei, das eine oder das andere zu wählen, und ist deshalb dasjenige Verhältnis, durch das die Sprechenden einander ihr Leben nicht mehr als bloß natürliches Dasein empfangen, sondern als sprachliches Phänomen, als plurale, variable und durch sie selbst zerstörbare Existenz einander gewähren oder entziehen. Mit der Sprache erschließt sich das natürliche Leben als endliches, die Endlichkeit und Vernichtbarkeit des Lebens *als* endliches und vernichtbares, als *blaberón* und *ádikon*; mit ihr zugleich auch die Zerstörbarkeit und Endlichkeit der Sprache selbst. Sosehr Sprache Offenlegung und Freistellung von extremen Wahlmöglichkeiten ist, so muss die Entscheidung, die in ihr gefällt wird, jede Offenheit und Freiheit verschließen und gerade dort, wo sie Entscheidung für den Entscheidungscharakter der Sprache ist, Entscheidung für die Verschließung der Sprache gegen andere Modi des Sprechens sein. Die Sprache trennt also von der Natur, aber sie trennt sich auch von sich selbst; stellt sich gegen die Physis und gegen sich selbst als Physis; stellt sich gegen sich selbst als Sprache und entscheidet für sich selbst derart, dass sie in dieser Entscheidung selber zur Physis kommutiert. Sie ist immer das, was zu sein sie nicht bestimmt ist; und ist immer wieder – von sich und Anderem – zu dem bestimmt, was zu sein sie nicht vermag. Sie ist ein Verhältnis zum Nichtsein; und ist – transitiv – ihr Nichtsein. Bestimmt, unbestimmt zu sein, lässt sie sich dazu bestimmen, ein Äußerstes an Bestimmtheit zu erreichen, und wird in der Entscheidung zu genau dem, was weiterer Bestimmungen bedarf.

Wenn die Sprache Entdeckung eines Nicht – einer Insuffizienz, eines Mangels, einer Selbstverfehlung – im Gegebenen ist, dann muss sie dieses Nicht auch in dem von ihr selbst Gegebenen, dem Gesetzten, Gewohnten und Überlieferten entdecken. Gerechtigkeit, die sich als sprachliche Entscheidung über Rechtes und Unrechtes definiert, muss an sich selbst entdecken, dass sie dem nicht gerecht wird, was an ihr selbst ungerecht ist. Sie kann Gerechtigkeit nur sein, wenn sie gerecht gegenüber dem Unrechten und noch gegenüber dem Gerechtigkeitsunfähigen ist. Aristoteles hat diese paradoxe Verfassung einer als Entscheidung definierten Gerechtigkeit nicht unbedacht gelassen. Dem Gerechtigkeitsbegriff, in dem die Einleitung zu seiner »Politik« kulminiert, hat er in anderen Schriften einen Begriff an die Seite gestellt, der die Insuffizienz kompensieren soll, die jede Entscheidungsgerechtigkeit aushöhlt. Deren Mangel nämlich liegt in der Allgemeinheit der Gesetze, die der politischen Entscheidung entspringen, und in der Unfähigkeit dieser Entscheidung, zugleich eine Entscheidung für die Gemeinschaft und für ihre einzelnen Mitglieder zu sein. Die Unvollkommenheit der Form des vollkommenen Lebens kann nur von einer weiteren Gerechtigkeit behoben werden, die nicht nach Gesetzen verfährt und nicht von der Entscheidung determiniert ist, die diese Gesetze begründet und ihre Anwendung leitet. Diese Komplementärgerechtigkeit heißt *epieíkeia*, das Gehörige, weil sie, gleich dem *dikaion*, einer Handlung oder einem Sachverhalt das Zugehörige, ihm Zukommende und Angemessene bietet. Wenn *díke* das Gute ist, auf das sich das Miteinanderreden und -leben der politischen Gemeinschaft richtet, dann ist *epieíkeia* die Güte dieses Guten, die *equitas*, die Angemessenheit, die der Gerechtigkeit zu Hilfe kommen, ihr assistieren und sie ergänzen muss, um ihre Verwirklichung möglich zu machen. Sie ist ein Zusatz zur Gerechtigkeit, der sie erst zu dem macht, was sie zu sein hat, aber ihre Prinzipien allesamt außer Kraft setzt.

Als Berichtigung (*epanorthoun*) des Richtigen geht dieser Zusatz zum Guten über die Gerechtigkeit hinaus, deren Maßgaben in geschriebenen und ungeschriebenen Gesetzen kodifiziert sind, geht vor die inkriminierte Handlung zurück und bedenkt ihre Absicht, geht über das Einzelgeschehnis hinaus und bedenkt seine Zusammenhänge, wendet sich von dem Jetzt (*nyn*) des Beschuldigten den anderen Zeiten seines Lebens zu und erkennt einem jeden zu, dass er nicht als Fall unter eine allgemeine Regel subsumiert werden kann, sondern als Einzelner beurteilt werden muss, dem keine Regel und keine Allgemeinheit entsprechen. Wenn die Gerechtigkeit mit einer Entscheidung operiert, die ein für alle Mal gilt, weil sie eine Handlung zur Regel für alle Handlungen und die eine Zeit der Anwesenheit zum Modell für alle Zeiten erhebt, lässt die berichtigte Gerechtigkeit von der Privilegierung der Einheit und Allgemeinheit ab und gibt dem nach, was dieser Allgemeinheit nicht zugehört, von keiner Regel erfasst werden kann und unter keine Entscheidung fällt, die nach der Maßgabe des Gesetzes getroffen wird. Sie gibt dem nach, geht auf das ein und entspricht dem, was nicht die Zeitform des Jetzt hat und sich somit auch der Handlungsform der Entscheidung entzieht. Billigkeit füllt also die Lücke, die das Recht lässt, und behebt den Fehler, den jede Entscheidung begehen muss, die allein für das Seinsgerechte und nicht auch für das Ungerechte gefällt wird.

Billigkeit, so schreibt Aristoteles am Ende des ersten Buchs seiner »Rhetorik«, erträgt die Ungerechtigkeit und hält sie aus (*anéchestai adikoúmenon*); sie führt einen Streit eher durch die Rede (*lógo*) als durch eine Tat (*ergo*) an sein Ende (1374b18-19). Damit ist gesagt, dass im üblichen Rechtsverfahren vor einem Tribunal der Richtspruch seiner Exekution in der Tat gleichkommt und die Differenz zwischen dem Urteil und seiner Vollstreckung in der Strafe belanglos ist: Unter der Herrschaft der Entscheidungsgerechtigkeit ist die Sprache selbst schon Akt und als Akt die Exekution des einen und allgemeinen politischen Gesetzes, das seinerseits unfähig ist, dem einzelnen Streitfall und den darin zur Sprache kommenden Besonderheiten gerecht zu werden. Um der Gerechtigkeit willen muss also der Immediatismus, der zwischen Entscheidung, Gesetz, Richtspruch und Vollstreckung regiert, aufgelöst werden, die Entscheidung muss suspendiert, das Gesetz ausgesetzt, der Richtspruch in ein Gespräch der Streitparteien verwandelt und die Vollstreckung in den Verlauf dieses Gespräches verlegt werden. Wenn Billigkeit eher durch die Sprache als durch die Tat erreicht wird, dann muss die Allgemeinheit des Rechts singularisiert, das eine physikalistische Regime der vollstreckenden Tat muss von der Pluralität der Sprachen im Parteienstreit abgelöst werden, und die Auseinandersetzung um Recht und Unrecht kann allein durch die Rede beiden, dem Rechten wie dem Unrechten, gerecht werden. Dass Billigkeit, die berichtigte Gerechtigkeit, Ungerechtigkeit aushält und erträgt, besagt somit zum einen, dass Gerechtigkeit von der Entscheidung *über* den Parteienstreit ans Reden der Parteien *im* Streit und somit an dessen fortwährende Unentschiedenheit übergeht; es besagt zum anderen, dass Gerechtigkeit aus der Fusion von Sprache und Akt im Urteil an das urteilslose, wenngleich kontroverse Sprechen mit Anderen übergeht; und besagt zum Dritten, dass die im Miteinanderreden anhängige Entscheidung von mindestens zweien und dass sie so getroffen wird, dass sie nicht nur plurale Entscheidung für Eines, sondern Entscheidung für das, wofür die eine und die andere Partei nicht entscheidet, somit Entscheidung gegen das Prinzip der Entscheidung, zugleich Entscheidung und Nicht-Entscheidung sowohl für die Gerechtigkeit als auch für die Ungerechtigkeit – und somit für die Entscheidungsoffenheit – ist. Indem das Gespräch mit dem jeweils Anderen konzediert, dass dieser im Recht sein kann, gibt es einer doppelten und sich selbst widersprechenden Gerechtigkeit Raum, einer solchen Gerechtigkeit also, die sich selbst als Ungerechtigkeit gegenübertritt und sich zu dieser Ungerechtigkeit gerecht verhält. Diese sich derart selbst widersprechende und sich zugleich selbst entsprechende Gerechtigkeit ist jene Billigkeit, von der Aristoteles sagt, sie halte das Ungerechte aus –: das Ungerechte, das dem Anderen ein Gerechtes ist, und das Ungerechte, das für jeden deshalb noch in seiner eigenen Gerechtigkeit liegen muss, aber auch das Ungerechte, das für den Dritten – den Zeugen, Schlichter oder Vermittler – im Kompromiss zwischen zwei konfligierenden Ansprüchen liegen muss.

Die berichtigte Gerechtigkeit ist also für Aristoteles die aus der Entscheidung und deren Vollstreckung in das Miteinanderreden, das mit Anderen und anders als Andere Reden, in das deshalb anders als *selbst* Reden verlegte, in das geteilte und deshalb von sich selbst verschiedene Entscheiden gelegte Gerechtigkeit; sie ist durchgängig sprachliche, deshalb plurale, deshalb strukturell pluriprädikative und also antiprädikative Gerechtigkeit und die einzige, die der Ungerechtigkeit – ihrer und jeder – gerecht wird, indem sie davon ablässt, nur eine und eine einzige zu sein.

Die Billigkeit, Gehörigkeit, Angemessenheit, diese höchste Gerechtigkeit, kann nicht Angemessenheit an ein vorgesetztes allgemeines Maß, sie muss vielmehr Angemessenheit an ein jeweils neu zu bestimmendes, weil allein im Reden mit Anderen bestimmbares und erst im Verlauf dieses Redens zu gewinnendes Maß sein und überdies ein solches, das dem Unbemessbaren, weil Konsenzunfähigen, Raum gibt. Damit ist die entscheidende Prämisse der Entscheidungs- und der Gesetzesgerechtigkeit aufgegeben, dass in ihr die Bewegung der Physis in der Form ihrer Selbstbeziehung zur Vollendung, die Bewegung des Lebens in der Form des vollkommenen, glücklichen Lebens an sein Ziel und das Geschehen des Seins im Selbstsein zu seiner gewollten und frei gewählten Bestimmung gelange. In der »Physik« schreibt Aristoteles, die Natur ist der Weg des Werdens zur Natur, und das Ziel dieses Wegs ist die Form (*morphé*) (193b13-18). Wenn die Natur ihre vollendete Selbstbeziehung in der Gestalt eines Lebewesens oder seiner Gemeinschaft erreicht, so erreicht die Natur des Miteinanderlebens und -redens in der Polis ihre Selbstbeziehung in der Form der Gerechtigkeit als Entscheidung, die für sich selbst, das in ihr verbürgte Leben und die in ihr gegenwärtige Sprache spricht, oder sie erreicht diese Selbstbeziehung in der Form des Gesetzes (*nomos*), in der die einmal getroffene Entscheidung auf Dauer für alle weiteren Entscheidungen gilt. Die Selbstbeziehung – die Autoteleologie und Autarkie – der Physis, die Sprache und Leben der politischen Gemeinschaft regiert, wird in der berichtigten Gerechtigkeit von einer Beziehung auf Andere abgelöst, die nicht in einer Form, nicht in der Form der Selbstbestimmtheit und Selbstfundiertheit und nicht in der Form der Selbstgegenwärtigkeit der Rede und des Miteinanderlebens mündet. Kein Gesetz kann die unbegrenzt vielen (*apeiron*) Einzelfälle und ihre unendlichen (*aóriston*) Bestimmungen umfassen, um ihnen eine beurteilungsfähige Form zu geben und sie in den Grenzen dieser Form aufeinander zu beziehen (Rhetorik 1374a31-34). Es kann für diese Fälle, die nicht Fälle unter einer Regel sind, keine maßsetzende Gerechtigkeit geben, sondern nur jene Billigkeit, die einräumt, dass diesen unendlichen und also unbestimmbaren Besonderheiten kein Maß je entsprechen kann. Ausdrücklich betont die »Nikomachische Ethik«, dass dem Unbestimmten nur Unbestimmtes als Maß zukommt – *aorístou aóristos kanón* – und dass also die allgemeine Setzungs- und Selbstvergegenwärtigungsform der Gerechtigkeit in einer unendlichen, jede Allgemeinheit überschreitenden Anzahl von Fällen einer formlosen Anschmiegung ans Formlose weichen muss (1137b29-30). Dem Formlosen kommt als – paradoxe – Form allein das Formlose zu, dem Indefiniten als – aoristische – Bestimmung allein das seinerseits Indefinite. Damit ist die Form, als die sich die Physis noch in der selbstbestimmten Sprache der Entscheidung und des Gesetzes behauptet, nicht schlechtweg aus dem Kanon der Gerechtigkeit eliminiert, denn auch die Billigkeit, die dem Formlosen nachgibt, ist Gerechtigkeit und folgt dem

Formprinzip, dem sie untersteht; damit ist aber die Form und mit ihr das *eidos* und die *ousía*, die beständige Gestalt und das bleibende Wesen, von dem her bestimmt, was sie nicht ist, und auf das hin bestimmt, was sie selbst nicht sein kann: aus der Abwesenheit der Form, der Gestalt und des Wesens und auf deren – und also auf ihre eigene – Abwesenheit hin. Sie ist indefinite Form des Indefiniten, somit Form der Formenvakanz und jenes Wegseins des Seienden und seines Wesens, das für Aristoteles als *stéresis* stets irgendwie, aber unbestimmt wie, Gestalt ist – *stéresis eidós pós estin* (Physik 193b19-20). Form der Formermangelung kann sie aber nur sein, sofern sie aus ihrer Abwesenheit hervorgeht und nichts als dieser Hervorgang – und in diesem Sinne *physis* – aus ihrem Nichtsein ist, sich als das Nichtsein ebendieses Nichtseins definiert und sich derart zur Form der Formgebung bestimmt. Die Form der Formgebung aber muss selbst zugleich formlos, sie muss Form und Nicht-Form, immer an der Form, aber doch ohne Form, muss also, da sie formativ, ad-formativ und a-formativ sein kann, und wird nur so, afformativ, der voraussetzungslose Anfang jeder Form, jeder Gestalt und jeden Wesens sein.

Wenn dem Unbestimmten allein das Unbestimmte ein Maßstab ist – *aorístou aóristos kanón* –, dann ist das in diesem Maß ermessene Unbestimmte als das gewonnen, was es ist, und zugleich als das, was es nicht ist; und das Maß des Unbestimmten ist dann zugleich Maßbestimmung und, dem unermessbaren Unbestimmten entsprechend, ohne Maß. Dieses Mittlere zwischen Maß und Nicht-Maß charakterisiert Aristoteles als *epieikés*, als das Angemessene, Gehörige, Schickliche und als die höchste Gerechtigkeit, von der die Fehler der Entscheidungs- und der Gesetzes-Gerechtigkeit korrigiert werden und auf der in letzter Instanz nicht nur die Rechtsverwaltung, sondern das gesamte Miteinanderreden und -leben jeder politischen Gemeinschaft, also jede menschliche Gemeinschaft überhaupt und die Menschlichkeit des Menschen beruht. Als diese höchste muss sie zugleich auch die fundierende Gerechtigkeit, als fundierende muss sie, ohne auf vorgesetzte Kriterien bauen zu können, die Bewegung des Fundierens und als diese die Erzeugung des Gerechten als eines Grundes sein. Sie muss also noch vor jedem Grund das sein, was ihn erst Grund sein lässt. Die Gerechtigkeit, die sich in der Entscheidung äußert und im Gesetz stabilisiert, kommt dafür nicht in Betracht, da sie allein die Form der Allgemeinheit und Beständigkeit, der Selbigkeit und Selbstgegenwärtigkeit erzeugt und keinen Zugang zu dem eröffnet, was diese Form selbst erst erlaubt, und keinen zu dem, was von dieser Form nicht erfasst ist. Es ist ihr Fehler, dass sie Abweichungen von ihrer Regel in keine sprachliche Form bringen kann, und ihre Verfehlung, den Verfehlungen gegen ihre Form nicht entsprechen zu können. Im Gerechtigkeitskapitel der »Nikomachischen Ethik« schreibt Aristoteles deshalb, die Aporie des Angemessenen liege darin, dass es zwar gerecht, doch nicht dem Maß des Gesetzes gerecht sei. Die Ursache dafür liege darin, dass das Gesetz unumgänglich allgemein ist, in einigen Dingen aber nicht in allgemeiner Weise gesprochen (*eipein*) werden kann. Der Fehler (*hamártema*) liege weder im Gesetz noch beim Gesetzgeber, sondern in der Natur der Sache (*physei tou prágmatós*). Derart sei nämlich jeweils der Stoff des Handelns (*prakton hyle*) (1137b10 f.). Der Fehler, der es unmöglich macht, nach dem Gesetz Recht zu sprechen, liegt demnach in dem Naturstoff des praktischen Handelns, der durch keine Form bestimmt und deshalb regelunfähig ist. So gerecht das Gesetz auch sein mag, es kann immer nur einer Form, aber eben deshalb unmöglich auch dem Handeln in seiner amorphen, begriffsresistenten Stofflichkeit gerecht werden. Wie sich in diesem Argumentationsgang zwei Begriffe der Gerechtigkeit gegeneinander abheben, so auch zwei Begriffe der *physis* –: der eine, in dem sie Selbstbestimmtheit in der Form, der andere, in dem sie indefinite und keiner formalen Selbstbestimmung fähige Handlungsmaterie ist. Ist die eine zu sehr Form, als dass sie dem Stoff des praktischen Lebens entsprechen könnte, so ist die andere ebendieser Stoff, dem keine Form entsprechen kann. Die Fuge zwischen der stofffernen Form und dem formlosen Stoff der Handlungen soll von der berichtigten Gerechtigkeit geschlossen werden, um die doppelte *physis* zu einer integralen Vereinigungsbewegung und die miteinander Lebenden zur lückenlosen Gemeinschaft der Polis zu versammeln. Doch diese Fuge kann nur geschlossen werden, wenn zunächst die Form selbst aus dem Formfremden, das Urmaß aller Bestimmungen aus dem Maßlosen, der Kanon der Gerechtigkeit aus der Entsprechung zwischen zwei Indefiniten gewonnen wird.

Aorístou aóristos kanón –: Die Wendung aus dem Unmöglichen ins Wirkliche, die mit dieser Charakterisierung der Billigkeit angezeigt ist, gewinnt ihre harte Kontur erst auf dem Hintergrund jener anderen Unmöglichkeit, von der die Gesetzes-Gerechtigkeit betroffen ist. Wenn sich diese nach geschriebenen Gesetzen richtet, so bemerkt Aristoteles in der »Rhetorik«, dann erscheint sie bloß als wahr und zuträglich (*alethés te kai symphéron*), ist es aber nicht. Das geschriebene Gesetz ist also kein Gesetz, denn es tut nicht das Werk (*ergon*) des Gesetzes (1375b3-4). Diese dramatisch zugespitzte Erklärung gibt nicht nur eine Anweisung zur taktischen Argumentation vor Gericht, sondern beansprucht, die Wahrheit über die Unwahrheit, Unzuträglichkeit und Ungerechtigkeit jeder richterlichen Entscheidung zu sagen, die auf geschriebenen Gesetzen beruht. Sie bescheidet sich nicht damit, die Unvermeidlichkeit von Lücken und punktuellen Insuffizienzen des Rechts zu vermerken, sondern konstatiert ohne Einschränkung, kodifiziertes Recht insgesamt sei untauglich, gerechte Verhältnisse herbeizuführen, und sei deshalb Komplize der Ungerechtigkeit, die es zu bekämpfen vorgibt. Dasjenige Gesetz dagegen, das allein gerecht und billig sein kann, ist für Aristoteles das ungeschriebene des allgemeinen Gebrauchs, wie er *katà physin* – entsprechend der Natur – und unberührt von politischen Wandlungen geübt wird (1375a27ff.). Der Begriff der Physis, den Aristoteles in diesem Zusammenhang gebraucht, umfasst nun aber allen anderen voran den Bereich der Toten und des Todes, also genau denjenigen, der jeder Selbstbestimmung in einem autarken Miteinanderleben entzogen ist und keine Regelung nach den Prinzipien begrifflicher Allgemeinheit erlaubt.

Das gewichtigste Beispiel, das Aristoteles für die strukturelle Borniertheit gesatzten Rechts und für die Richtigkeit ›natürlicher‹ Bräuche anführt, ist dem Disput zwischen Antigone und Kreon in der sophokleischen Tragödie entnommen, in dem sich Antigone, um die Bestattung der Leiche ihres Bruder zu rechtfertigen, auf Gesetze beruft, die nicht von Menschen gemacht sind, keinem Willensentschluss entspringen, keiner Zeit angehören und von denen *niemand weiß, woher sie sind gekommen.*[7] Er zitiert die Antigone-Verse: *Denn nicht seit jetzt noch gestern, immer leben die … / Aus Furcht vor eines Menschen Willen wollt' ich mich am Recht der Götter nicht vergehn* … (1375b1-2) Was von der Dike der Toten gefordert wird, ist ein Verhältnis, das keinem politischen Gesetz zugänglich ist, ohne das es aber weder ein solches Gesetz noch eine politische Gemeinschaft geben kann –: ein Verhältnis zu dem, was keiner Entscheidung unterliegt, von keinem Willen gelenkt, von keinem Wissen erfasst und in keine Form des gemeinsamen Lebens gebracht werden kann; ein Verhältnis, genauer, zum Toten und zum Tod als zu dem, wozu ein kognitives, voluntatives und prädikatives Verhältnis unmöglich ist. Unter dem Gesetz des Kreon bleibt der Tote ein Unbestimmtes, ein *aóristos,* und muss zu einem vom Gesetz Ausgeschlossenen, Geächteten und Verbotenen erklärt werden. Nach dem Gesetz der Toten dagegen, das Antigone verteidigt und das Aristoteles als Billigkeit, Brauch und der Physis gemäß charakterisiert, ist der Tote nicht ein Unbestimmter, sondern ein zu genau Bestimmter, aoristisch Singulärer, als dass er vom allgemeinen politischen Gesetz erfasst werden könnte, wohl aber ein solcher, der von einer vor- und außer-politischen, ihrerseits also aoristischen, singulären Geste berührt werden kann. Diese einzige Geste, mit der Antigone den Toten mit Staub bedeckt, ist die Geste einer Gerechtigkeit, die keinem vorgesetzten Maß folgt, sondern ein Maß erst erfindet, indem sie sich als einzige zu einem Einzigen verhält. Sie ist der Kanon der berichtigten Gerechtigkeit, die sich als Indefinites einem Indefiniten anschmiegt, *aorístou aóristos kanón*. Das Verhältnis, das mit Antigones Geste eröffnet und mit ihren Worten bekräftigt wird, ist nicht nur ein Verhältnis zu einem Gesetzlosen, einem Staatsfeind und Brudermörder, einem Kriegsverbrecher und Zerstörer der familialen und gesellschaftlichen Sitten, es ist ein Verhältnis zu dem, das seinerseits kein Verhältnis eingehen, keines erhalten, keins auch nur gewahren kann: ein Verhältnis zum Verhältnislosen, zu einer nicht-autotelischen, nicht-autarken Physis, einem Leblosen, Toten, in dem nicht nur das *eu zen*, das glückliche Leben der Gemeinschaft, sondern jedes Leben überhaupt vergangen ist. Mit ihm macht sich Antigone in ihrer Geste gemein, ihm redet sie im Disput mit Kreon, dem Statthalter der Gesetzlichkeit, das Wort. Sich gemein zu machen mit dem, das keiner Gemeinschaft angehört, und dem das Wort zu reden, das keiner Sprache fähig ist, darin liegt die Gerechtigkeit, die Antigone übt – sie liegt in einem Verhältnis zu dem, das nicht ist und nicht werden kann, und deshalb in einem Verhalten, das selbst in jedem Sinn ein Vergehen ist und keinen Bestand hat. Ohne jede Vorschrift, kann es selbst nicht zur Vorschrift für ein allgemeines Verhalten dienen und heißt deshalb *ágraphon*, ungeschrieben. Seine Gerechtigkeit ist einmalig, weil es Verhalten zu keinem anderen Mal, keinem vorgängigen und keinem folgenden, sondern allein zu einem Keinmal, einem Nicht-Wesen, Unbegrifflichen, Unbestimmten ist. In diesem Sinn kann von ihr gelten, dass sie eine Gerechtigkeit ist, die die Ungerechtigkeit aushält. Als unbestimmte Bestimmung eines Unbestimmten ist sie die freie Mitte zwischen Bestimmtheit und Unbestimmtheit, die unbedingte, von allen Maßen unabhängige Maßgabe.

Mit dieser Anmessung an das von keinem Maß Begrenzte,

an eine nicht-autotelische, nicht-autarke Physis, an ein Nicht-Lebendiges, wird der Horizont des Maßes eröffnet. Das Naturrecht ist Totenrecht. Es ist Recht vor und außerhalb des Skopus des Rechts, des Horizonts des Seienden und seiner Selbstanmessung, ein Maß ohne Maß, eine erste Urmaßbestimmung; ein infinites Urteil, mit dem ein Term, ein Maß, ein Recht allererst erfunden wird. Gerechtigkeit gibt es nur dort, wo sie dem unabschätzbar Unrichtigen, wie die Richtschnur den unregelmäßig vorspringenden Steinen einer Mauer, nachgibt. Es gibt sie nur, wo sie sich von jedem Maß, das die Rechtsprechung selbst geben kann, zurückhält. Erst dieses Verhalten, diese *epoché* der Gerechtigkeit, bringt sie in ein Verhältnis zu Anderem und macht sie gerecht. Erst die Sprachlichkeit und, genauer, die Mehrsprachlichkeit befreit die Gerechtigkeit von dem Zwang, eine und eine einzige, allgemeine und allgegenwärtige zu sein, und befreit sie damit von ihrem Unvermögen, der Singularität von Handlungen und Geschehnissen, von Sachverhalten und Verhältnissen zu dem, was nicht gegenwärtig ist, zu entsprechen. Die Billigkeit, die dem voneinander und von sich selbst Verschiedenen entspricht, ist die von der Gerechtigkeit befreite Gerechtigkeit. Sie spricht nicht die Sprache der Entscheidung, sondern der Entscheidungsoffenheit.

Die Entscheidung kann also nur eine Aporie sein. Zum einen ist sie das Summum der Sprache, des Miteinanderredens und -lebens, das sich selbst bestätigt und verstetigt, die höchste Form der Politik und das höchste Gut (Pol III 12, 1282b15 sq), zum anderen unfrei, gegenstandslos, möglichkeitsfern und jedem Reden mit Anderen, jeder Politizität entrückt. Die Gerechtigkeit, die sich als Entscheidung definiert, wird dem Reden mit Anderen, mit anderen möglichen und anderen wirklichen Entscheidungen, sie wird dem Unentschiedenen und dem Unentscheidbaren nicht gerecht – und wird dem, was in ihr selbst deshalb ungerecht ist, nicht gerecht. Die Sprache der

Entscheidung spricht *über* Andere, sie spricht nicht *mit* ihnen. Indem sie das Ende des Miteinanderredens markiert, lässt sie die Gemeinschaft an just derjenigen Stelle verstummen, an der sie nichts als Sprache sein soll. Indem sie das Miteinanderleben aus Sprache für beendet erklärt, statuiert die *krísis* den Tod der Gemeinschaft. Sie ist Urteil, Gewalt der Physis, Faktum, Fatum; kontraktes Ereignis des Seins ohne jenen Abstand zu sich, der sie zu einem Geschehen der Pluralität des politischen Seins öffnen und auf Andere und Anderes als Sein offenhalten könnte.

Vom Recht, Rechte zu haben
Menschenrechte; Marx und Arendt

1.

Es war den Klassikern der politischen Theorie unvorstellbar, dass jemand außerhalb der *polis* ein Mensch sein könnte. Mensch war ein jeder nur vermöge einer Gesellschaft, und eine Gesellschaft konnte nur diejenige sein, die ihre Kohärenz, ihre Dauer und ihre Unabhängigkeit von anderen Gesellschaften gleichen oder anderen Typs durch Gesetze und Rechte sicherte und als verfasste Gesellschaft ein politisches Gemeinwesen bildete. Die daraus resultierende Definition des Aristoteles, der Mensch sei essentiell ein politisches Lebewesen – ein *zoon politikon* –, wurde in historischem Maßstab zum ersten Mal problematisch mit der Ausbreitung einer Religion, die sich nicht als politische Theokratie und nicht als Religion politischer Tugenden und Observanzen verstand, sondern definitorisch ihre Indifferenz und ihre strukturelle Neutralität gegenüber den politischen Angelegenheiten deklarierte. *Nobis […] nec ulla magis res aliena quam publica. Unam omnium rem publicam agnoscimus, mundum* – diese beiden Sätze aus dem »Apologeticum« des Tertullian aus dem Jahr 197: dass den Christen nichts fremder sei als die öffentlichen Angelegenheiten des römischen Imperiums, dass sie vielmehr ausschließlich eine einzige öffentliche Sache, nämlich die Welt insgesamt, anerkennten, waren nicht nur eine Beteuerung der Harmlosigkeit einer regional- und imperialpolitisch desinteressierten Sekte, sie enthielten zugleich eine Unabhängigkeitserklärung gegenüber der Prärogative des Politischen und führten eine Unterscheidung in die Wesensbestimmung des Menschen ein, die seither nicht aufgehört hat, die politischen und theologischen Geschicke der europäischen wie aller anderen Kulturen zu beunruhigen.[1] Dass den Christen die *res publica* und somit die Politik von Stadt und Weltstaat fremd, dagegen die einzige allen gemeinsame Sache, die Welt, wichtig sei, bedeutete nicht weniger, als dass der Mensch fortan nicht nur ein politisches, sondern überdies und vor allem ein weltgesellschaftliches Wesen war. Er konnte sich zur staatlichen Gesellschaft neutral verhalten, weil er sich durch seine Teilnahme an einer anders als staatlich verfassten Gesellschaft definiert fühlte.

Gesellschaft war damit zu derjenigen Sphäre geworden, die die Möglichkeit der Indifferenz gegenüber der politischen Gesellschaft gewähren konnte. Dass die Gemeinschaft der Gläubigen sich in der *ecclesia* als einer *civitas* und weiterhin nach dem Modell des *imperiums* organisierte, war sekundär gegenüber der Distinktion zwischen politischer und Glaubensgemeinschaft, zwischen *res publica* und *res intima*, Staatsverfassung und psychischer Partizipation. Der Schnitt zwischen Öffentlichkeit und Innerlichkeit ging umso tiefer, als die christlichen Apostel und Katecheten ihr Evangelium als ein »katholisches« und also universelles proklamierten, das in der ganzen Welt – *hólo to kósmo*[2] – ohne Rücksicht auf politische, ethnische oder ritualgesetzliche Besonderheiten gelten sollte. Ihre Religion war nicht die Zivilreligion der Bürger eines Stadtstaates, einer Staatsnation oder eines transnationalen Imperiums, sie trat vielmehr mit dem Anspruch auf, eine Religion des Menschen im Allgemeinen und der Göttlichkeit dieses allgemeinen Menschen zu sein. Sie stellte sich als allumfassende anthropo-theologische Korporation dar, für die politische Einzelgebilde so lange irrelevant bleiben konnten, wie von ihnen keine Bedrohung ihrer internen Allgemeinheit ausging.

Dass die Universalitätsansprüche des Glaubens – und zwar eines Glaubens, der als erster auf der inneren Gesellschaftlichkeit des Glaubens beharrte – in den häretischen und Reformationsbewegungen des Christentums nicht weniger als in seinen dogmatisierenden und orthodoxen Tendenzen dennoch zu einem eigenen Typ einer durchgängig politisch determinierten Gesellschaft geführt haben, wird an der folgenreichsten unter den Reformbewegungen, der protestantischen, deutlich. Sie hat auf dem Weg eines paradoxen Konformismus zu den demokratischen Revolutionen des 16. bis 18. Jahrhunderts beigetragen und ihr Prinzip der universellen Gleichheit – der Gesellschaftsunmittelbarkeit – der Einzelnen in den Formen der modernen Demokratien durchgesetzt, die noch heute dominieren.[3] Die großen politischen Theorien der Neuzeit sind politische Theologien eines Demokratismus protestantischer Provenienz. Das wird deutlich an Hobbes' Konstruktion eines *Christian Common-wealth* und deutlicher an den verfassungstheoretischen Entwürfen von Rousseau und von Kant; die Allianz zwischen protestantischem Christentum und nachrevolutionären politischen Strukturen wird von Hegel geschichtstheologisch und rechtslogisch systematisiert und von Tocqueville an den Verhältnissen in Nordamerika beschrieben; und diese Allianz ist die Basis für die Polemik, die Marx in seiner immer noch skandalisierenden kleinen Schrift »Zur Judenfrage« 1844 gegen die Staatstheologie der politischen Emanzipation des Bürgertums richtet.

2.

Marx geht davon aus, das fundamentale *Postulat des Christentums* sei die *Souveränetät des Menschen*, und er folgt weitgehend dem Argumentationsschema Feuerbachs, wenn er diesen als souverän postulierten Menschen in der zeitgenössischen politischen Organisation als bloßes *Phantasiegebild* und als *Traum* erkennt, dem erst gesellschaftliche Umbildungen zur Verwirklichung verhelfen können: *Christlich ist die politische Demokratie*, so schreibt er in »Zur Judenfrage«, *indem in ihr der Mensch, nicht nur ein Mensch, sondern jeder Mensch, als* souveränes, *als höchstes Wesen gilt, aber der Mensch in seiner unkultivirten, unsocialen Erscheinung, der Mensch in seiner zufälligen Existenz, wie er geht und steht, der Mensch, wie er [...] unter die Herrschaft unmenschlicher Verhältnisse und Elemente gegeben ist, mit einem Wort, der Mensch, der noch kein* wirkliches *Gattungswesen ist.*[4] Es gilt Marx als ausgemacht, dass das Christentum jeden Menschen – jeden einzelnen, sofern er bloß Mensch ist – zum *höchsten Wesen* für den Menschen erhoben hat, auch wenn das historische Christentum diese Erhebung durch die Förderung *unmenschlicher Verhältnisse* nicht bloß beschränkt, sondern unter sein eigenes Niveau gesenkt hat. Die politische Demokratie ist strukturell christlich, und die Souveränität – soll heißen: die Göttlichkeit – des Menschen *ist in der Demokratie [...] weltliche Maxime.* Damit ist gesagt, dass für Marx das Christentum nicht eine unter einer Vielzahl historischer oder potentieller Religionen, sondern dass sie von *universalreligiöser Bedeutung*, dass sie also die Religion aller Religionen, die Religion der Religiosität überhaupt und somit diejenige Form der Relationalität ist, in der allein sich der Mensch, jeder einzelne *in seiner zufälligen Existenz*, als Gesellschafts- und Gattungswesen realisieren kann. Das Christentum erweist sich als Form universaler Relationalität, indem es als sein politisches Korrelat die Demokratie erzeugt, und die Demokratie beweist ihre Christlichkeit, *indem sie die verschiedenartigste Weltanschauung in der Form des Christenthums sich neben einander gruppirt, noch mehr dadurch, daß es an andere nicht einmal die Forderung des Christenthums, sondern nur noch der Religion überhaupt, irgendeiner Religion stellt [...].* Da Demokratie die politische Form der Christlichkeit ist, kann sie darauf verzichten, die christliche Religion als Staatsreligion zu fordern, und muss sogar die strukturelle Deprivilegierung des Christentums zu einer bloßen Konfession neben gleichwertigen anderen betreiben. Innerhalb der Demokratie als der politisch gewordenen Universalreligion kann jede Einzelreligion nur Privatsache sein, der Staat aber ist Objekt, Medium und Form des einzig verbleibenden religiösen: des demokratischen Kultus. Der *vollendete christliche Staat*, betont deshalb Marx, ist der *atheistische* Staat, der *demokratische* Staat.[5] Die Säkularisierung des Christentums wird nicht durch die Verstaatlichung von Kirchengütern, sondern durch die Verstaatlichung der Souveränität des Menschen und die Übertragung seiner Vorrechte an die staatlich verbürgten Grundrechte vollzogen. Säkularisierung ist rigorose Politisierung und Juridifizierung des *höchsten Wesens*, das der Mensch für den Menschen ist. *Die Vollendung des christlichen Staats ist der Staat, der sich als Staat bekennt und von der Religion seiner Glieder abstrahirt.*[6] Weil der Staat aber von der Religion der Einzelnen absehen und ihre fortwährende Religionsbedürftigkeit erhalten muss, so fährt Marx in seinem Argumentationsgang fort, ist die Emanzipation der Religion mit der Erklärung der Staats- und Menschenrechte zwar vollzogen, aber sie ist bloß als formale, als organisationstechnische und juridische Emanzipation *zum* Staat vollzogen; sie ist, in diesem Sinn, eine bloß *politische* – und zwar staatspolitische –, aber noch keine *gesellschaftliche* Emanzipation. Nachdem die Religion sich *zum* demokratischen Staat emanzipiert hat und dabei in jeder Hinsicht zu einer bloßen Formalität geworden ist, muss sie auf eine Emanzipation *vom* Staat, *von* der politischen Demokratie und *von* der Religion selbst dringen, um die Schranke zu überwinden, die sie gegen ihre eigene Gesellschaftlichkeit errichtet hat.

Die christliche Distinktion, von Tertullian in seinem »Apologeticum« deklariert, herrscht also, nach Marx, auch noch dort, wo die *res publica* nicht mehr *res aliena*, sondern wo sie *res publica christiana* und in der Form der politischen Demokratie der Tendenz nach universell geworden ist. Es ist diese Distinktion und, wie Marx prägnanter schreibt, die *Diremption* zwischen politischer und durchgängig gesellschaftlicher Gesellschaft, wodurch die Religion ›Demokratie‹ in ein Institut der Zerreißung aller jener Relationen verwandelt wird, die die Menschlichkeit des Menschen ausmachen. Die strukturell christliche Demokratie kennt nur den vom Menschen *entfremdeten* Menschen, den von sich als Gesellschaftswesen getrennten und dem je anderen Menschen entgegengesetzten Menschen – sie kennt, noch in ihrer Universalität, den Menschen nur als einen Menschen-gegen-Menschen.

Den Nachweis für diese Diagnose liefert Marx in seiner Analyse der französischen »Déclaration des droits de l'homme et du citoyen« von 1791 und 1793 und der Konstitutionen von Pennsylvania und von New Hampshire aus den Jahren 1776 und 1784. In ihnen allen wird das Privileg des Glaubens, der freien Ausübung eines religiösen Kultes und der Gewissens- und Meinungsfreiheit explizit als Menschenrecht oder als Konsequenz eines Menschenrechts, der Freiheit, anerkannt. Aber dieses Menschenrecht ist nichts anderes als ein Staatsbürgerrecht, es ist das Recht der Mitglieder einer politischen Gesellschaft, die alle von ihr gesicherten Rechte explizit oder kaum kaschiert als Eigentumsrechte behandelt. Der Doppeltitel *droits de l'homme et du citoyen* ist pleonastisch, die von ihm deklarierte doppelte Zuschreibung zirkulär: Sie definiert den Menschen durch den Staatsbürger und bestimmt ihn also nicht als gesellschaftliches, sondern als politisches, nicht als soziales, sondern als staatliches Wesen; sie bestimmt überdies die Bestimmtheit des Menschen, Mensch zu sein, als verfassungsrechtliche Setzung eines Staates, der sich mit seinem Konstitutions- zugleich ein Selbstdefinitionsrecht zuschreibt und aus diesem Akt einer ursprünglichen Selbstaneignung durch die Grundlegung aller Rechte auch für seine Mitglieder das Grundrecht auf Eigentum ableiten muss. Da der Staat die Struktur eines selbstkonstitutiven Ego beansprucht und da diese Selbstkonstitution die Form der Grundrechtssetzung hat, kann kein Recht, sofern es Recht ist, eine andere Struktur als die eines egologischen Eigen-Rechtes und eines egoistischen Eigentumsrechtes haben. Marx geht auf diese Grundstruktur der Selbstkonstitution des Staates im Eigentumsrecht nicht ein, er setzt aber ihre Paradoxien in allen seinen Analysen voraus. Der Staat definiert sich durch das Recht, und da er sich durch das Recht zunächst selbst definiert, muss er Eigentumsstaat sein und seine Bürger müssen durch Eigentum und Besitz, sie müssen durch das Privileg der Ökonomie und durch ökonomische Privilegien bestimmt sein. Die von Marx vorgelegten Erläuterungen machen deutlich, dass nicht nur die von den nordamerikanischen und französischen Verfassungen deklarierten *sogenannten Menschenrechte*, sondern auch das von ihnen definierte Staatsbürgertum, *dass also der citoyen zum Diener des egoistischen homme erklärt, die Sphäre, in welcher der Mensch sich als Gemeinwesen verhält, unter die Sphäre, in welcher er sich als Theilwesen verhält, degradiert, endlich nicht der Mensch als citoyen, sondern als bourgeois für den eigentlichen und wahren Menschen genommen wird.*[7] Der präsumtive Humanismus der modernen demokratischen Politik ist *de facto* ein struktureller Anti-Humanismus und essentialistisch maskierter Partikularismus.

Marx zitiert aus der »Déclaration des droits de l'homme et du citoyen« von 1793 – der radikalsten, wie er sie nennt – den zweiten Artikel: *Ces droits etc. (les droits naturels et impréscriptibles) sont: l'égalité, la liberté, la sûreté, la propriété.* Er fährt mit dem Zitat der Freiheitsdefinition aus Artikel 6 fort: *La liberté est le pouvoir qui appartient à l'homme de faire tout ce qui ne nuit pas aux droit d'autrui.* Und er kommentiert: *das Menschenrecht der Freiheit basirt nicht auf der Verbindung des Menschen mit dem Menschen, sondern vielmehr auf der Absonderung des Menschen von dem Menschen. Es ist das Recht dieser Absonderung, das Recht des beschränkten, auf sich beschränkten Individuums.* Die Diagnose, die Marx an diesen Kommentar der bürgerlichen Freiheitsrechtsdefinition knüpft, lautet ebenso trocken wie zwingend: Die bürgerliche Gesellschaft *läßt jeden Menschen im anderen Menschen nicht die Verwirklichung, sondern vielmehr die Schranke seiner Freiheit finden.*[8] Das Wort »Freiheit«, wie es von den amerikanischen und französischen Menschenrechtserklärungen durch seinen Kontext definiert wird, kann nur als Antonym, als Gegen-, vor allem aber als Fassadenbegriff dessen verstanden werden, was vom Begriff »Freiheit« gemeinhin benannt wird. Geredet wird von »Freiheit«, gemeint und zugesichert wird aber nicht ihre Wirklichkeit, sondern ihre Beschränkung. Als ein ohne Einschränkung geltendes Recht wird die unbehinderte Realisierung der für Menschen konstitutiven Gesellschaftlichkeit erklärt; gemeint und zugesichert wird von diesem Recht aber allein die Beschneidung dieses Rechtes, seine Einschränkung auf das Eigentumsrecht, die Bevorrechtigung der Rechtsbeschränkung und damit die auf Dauer gestellte Verhinderung der deklarierten integralen Gesellschaftlichkeit. Der *andere Mensch – l'autrui –*, dessen Freiheit diese Rechtsbeschränkung zu schützen behauptet, ist der *andere* allein als der abgesonderte und ausgesonderte Mensch, der juristisch nur als Träger von Eigentumsinteressen, nicht aber als Träger von Gemeinschaftsansprüchen in Betracht kommt. Die Schranke, die Marx in der Klausel: *tout ce qui ne nuit pas aux droit d'autrui* erkennt, wird nicht von natürlichen Eigenschaften, sondern von dem artifiziellen Recht aufgerichtet, das jedem nach Willkür und Gutdünken (*à son gré*) mit seinem Eigentum zu schalten erlaubt – mit der Konsequenz, dass die Menschenrechte an privaten Gütern und Freiheiten einen jeden zum Konkurrenten und damit zum prinzipiell legitimen Feind jedes anderen Menschen, zum Feind des Menschen als Gesellschaftswesen und zum Feind mithin seiner selbst disponieren.

Da in den Menschen- und Bürgerrechtserklärungen das Verhältnis zum *anderen Menschen* stets nur negativ als Ausschluss der Schädigung, nie aber positiv als wechselseitige Förderung im Genuss des Gemeinsamen bestimmt ist, wird in ihnen die Verhältnisblockade und der Beziehungsentzug zum Definitionskriterium der Gesellschaftlichkeit und damit der Menschlichkeit des Menschen erhoben. Die bürgerliche Gesellschaft, wie sie sich in diesen Deklarationen selbst bestimmt, ist eine Gesellschaft aus der Negation der Gesellschaft. Sie erklärt normativ, dass sie als eine Gesellschaft gegen die Gesellschaft strukturiert ist, dass sie eine Assoziation dissoziierter und sich fortlaufend weiter dissoziierender Egoismen, dass sie also ein paradoxer Desozialisierungsverband ist, der allein durch konkurrierende Eigentums- und Profitinteressen zusammengehalten wird. Diese paradoxe Gesellschaft legt sich in ihrer Selbst-Deklaration konsequent darauf fest, dass sie nur als Mittel zur Konservierung angeblich naturgegebener Egoismen dient. In diesem Sinn versteht Marx den Artikel 2 von 1791, in dem es heißt: *Le but de toute association politique est la conservation des droits naturels et impréscriptibles de l'homme.*[9] Die demokratische Gesellschaft definiert sich in diesem Satz als Fortsetzung der Natur mit politischen Mitteln, als Erhaltung des *bellum omnium contra omnes* der Hobbes'schen Naturkonstruktion und somit als Erhaltung nicht nur eines vor-gesellschaftlichen, sondern gegen-gesellschaftlichen Zustandes.[10] In der demokratischen Naturreligion, deren Riten in den Bürger- und Menschenrechten kodifiziert sind, realisiert sich nicht *das Wesen der Gemeinschaft, sondern das Wesen des Unterschieds. Sie ist zum Ausdruck der Trennung des Menschen von seinem Gemeinwesen, von sich und den andern Menschen geworden* [...].[11]

Im Zentrum dieser Politik des *Unterschieds*, der Schranke und der Differenz, die das Eigentum setzt, in der Mitte dieser Politik der Dissoziation muss als Hüter der Verfassung, Hüter der ›Natur‹ und Hüter des Unterschieds der Gesellschaft von der Gesellschaft die Polizei stehen. Sie hat die doppelte Aufgabe, die Elemente der Gesellschaft mit allen Mitteln des Rechtsstaats voneinander zu sondern und sie zugleich mit ebendiesen Mitteln zusammenzuhalten, indem sie ihnen die Sicherheit – *la sûreté* – bietet, eine Gesellschaft allein vermöge der Distanz zur Gesellschaft bilden zu können. *Die Sicherheit ist der höchste sociale Begriff der bürgerlichen Gesellschaft, der Begriff der Polizei* [...].[12] In der Polizei als dem höchsten sozialen Institut der bürgerlichen und der Menschenrechts-Gesellschaft treten alle drei politischen Funktionen des Staates zusammen – die legislative, die jurisdiktive und die exekutive – und definieren die politische als die durchgängig polizierte Gesellschaft.[13] Sie stellt sicher, *dass die ganze Gesellschaft nur da ist, um jedem ihrer Glieder die Erhaltung seiner Person, seiner Rechte und seines Eigenthums zu garantiren.* Mit diesem Satz ist die Verwandlung der Gesellschaft aus dem einzigen Grund und Zweck des Staates in ein bloßes Instrument dieses Staates charakterisiert. Wenn die Gesellschaft *nur da ist, um* die Erhaltung des Eigentums und der Eigenständigkeit ihrer Mitglieder zu sichern, dann ist sie zu einer Funktion des Staates und seiner Rechtsmittel herabgesetzt; sie ist nicht mehr der Grund von Rechten, die die Gesellschaftlichkeit der Gesellschaft ermöglichen und fördern, sondern ein Mittel von Rechten, die diese Gesellschaftlichkeit unterbinden. Derart zu einer Funktion des Staates geworden, kann die Gesellschaft nur eine Gesellschaft gegen sich selbst, eine Gesellschaftsverhinderungs-Gesellschaft und ein Verband zur Durchsetzung generalisierter Asozialität sein. Dass die Gesellschaft durchgängig verstaatlicht, juridifiziert und poliziert ist, besagt, dass in ihr *das Wesen des Unterschieds* eines jeden von jedem Anderen und von sich selbst zur politischen Maxime erhoben ist und dass die Gesellschaft sich darin erschöpft, die Essentialisierung der Differenz von der Gesellschaft zu betreiben. Gesellschaftliche Institutionen, allen voran die Menschen- und Bürgerrechte, sind Stabilisatoren dieser Differenz. Sie sind also, höchst paradox, Stabilisatoren der progressiven Dissoziation.

Wenn die Gesellschaft – die Quelle jeder Legitimation – selbst legitimationsbedürftig geworden ist und wenn die einzige Legitimationsinstanz, vor der die Gesellschaft ihre Existenz verantworten kann, in dem Zweck, für den allein sie *da ist*, nämlich in der Sicherung jedes Einzelnen und seiner Sonderinteressen – *seiner* Person, *seiner* Rechte, *seines* Eigentums – gelegen ist, dann kann diese Gesellschaft nur eine

Selbstsicherungsagentur sein und jeder Einzelne muss in der Pflicht stehen, den allgemeinen Staatsdienst am Seinen zu stützen. Dann muss jeder aber auch das Recht haben, diesen Dienst am Grundrecht auf das Seine und seinen Unterschied von allem Anderen zu verrichten, er muss also das Recht auf Rechtssicherheit und somit das Recht auf Rechte überhaupt haben und sich durch dieses Recht definieren. Das ›Recht auf Rechte‹ ist die von Marx nicht gebrauchte, aber von seiner Kritik implizierte zirkuläre Formel für die auto-teleologische Struktur des Rechtes im Eigentums- und Selbstsicherungsstaat und in jeder Gesellschaft, die zur Funktion eines solchen Staates geworden ist. Die Formel ›Recht auf Rechte‹ charakterisiert zugleich den Menschen als Funktion der Selbstsicherung, die er sich mit den Menschenrechten schafft, und somit als Funktion der staatlich garantierten und polizeilich verwalteten Rechtmäßigkeit seiner Existenz. Menschenrechte besagt: Existenzrechte für Rechtssubjekte dann und nur dann, wenn sie als Rechtssubjekte Träger derjenigen Funktionen sind, die ihnen mit den Attributen der Freiheit, der Gleichheit, der Sicherheit und, allen voran, des Eigentums beigelegt werden. Das Recht auf diese Rechte kommt ihnen allein mit diesen Rechten selbst zu; es definiert das Rechtssubjekt als Funktionssubjekt und den Menschen als Funktionär seiner Rechte. Derart verbürgt es zwar Rechte, aber es verbürgt in ihnen keine anderen als die staatsbürgerlichen – und also keine Gesellschaft.

Die universellen Menschenrechte – Gleichheit, Freiheit, Sicherheit, Eigentum – sind, wie Marx sie liest, die Rechte des generalisierten Polizisten, die jeder Einzelne auf sich selbst und alle Anderen anwenden muss, um der Mensch der demokratisch-christlichen, der gegen-gesellschaftlich-atheistischen, der paradoxen Gesellschaft sein zu können. Auf der Basis dieser Menschenrechte kann Politik nur eine nationale und internationale Polizei-Politik sein, die die Gesellschaft in ökonomisch Privilegierte einerseits und Unterprivilegierte andererseits zerspalten, ihre Asymmetrien steigern und die mit ihnen wachsende gesellschaftliche Desintegration zugleich stabilisieren muss. Aber, so will es die Marx'sche Prognose, nur so lange stabilisieren kann, bis auch die Stabilisierungsinstitute selbst – das Rechtssystem, das mit ihm gesetzte Eigentumsprivileg, die zur Staatsgesellschaft verallgemeinerte Polizei – im Zug der von ihnen geförderten Desintegration zerfallen.

Die Prognose dieses Zerfalls und einer sie begleitenden Transformation der bloß politischen in eine gesellschaftliche Gesellschaft folgte einer Logik, die Marx für im emphatischen Sinn wissenschaftlich hielt. Mit wissenschaftlichen Prognosen ist es schlecht verträglich, dass ihre Erfüllung ausbleibt. Aber unerfüllte Prognosen lassen keinen Schluss auf die Untriftigkeit der Analysen zu, die ihnen zugrunde liegen.

3.

Die *sogenannten Menschenrechte*,[14] so zeigt Marx, sichern das Gegenteil dessen, was sie zu sichern behaupten. Sie sichern nicht die Gleichheit, sondern nur die juristische Äquivalenz, und diese unter Prämissen, durch die sie dem Zufall überlassen werden; sie sichern formell das Eigentum aller, aber sichern es so, dass das Eigentum Weniger privilegiert wird und in einem solchen Maß maximiert werden kann, dass es den Gleichheitsgrundsatz notwendig verletzt; sie sichern nicht die Freiheit, sondern die Freiheit eines Eigentums, das die Freiheit sowohl der Eigner wie mehr noch aller Anderen beschränkt und tendentiell zerstört; sie sichern nicht die Gesellschaftlichkeit der Gesellschaft, sondern ihre Segregation und Dissoziation; und sie sichern nicht die Sicherheit, sondern bloß ihren Anschein und darüber hinaus ihren mal beschleunigten, mal gebremsten Kollaps. Die Menschenrechte sind, auch wenn sie interne Konsistenz suggerieren, paradoxe Gebilde: Sie sind

Rechte-gegen-Rechte, gesellschaftliche Institute gegen gesellschaftliche Integration.

Dennoch markieren ihre Deklaration und Implementierung in der Sicht von Marx eine neue *Entwicklungsstufe des menschlichen Geistes*,[15] und zwar nicht obwohl, sondern gerade weil sie das Recht als relativ autonome Institution von der Gesellschaft absetzen und damit die Möglichkeit eröffnen, es einem anderen als dem ruinösen Gebrauch zuzuführen, auf den es als bloßes Eigentumsrecht beschränkt ist. Der Agent dieser Ablösung des Rechts und der Politik von der Gesellschaft, der Ablösung des juridisch-politischen Menschen vom gesellschaftlichen Menschen ist *das Postulat des Christenthums, die Souveränetät des Menschen*, durch die er sich von allen traditionalen Bestimmungen seiner Menschlichkeit abzuheben beginnt.[16] Es ist die christliche Maxime der Unabhängigkeit des Menschen von normativen Vorgaben, die, zur politischen Maxime der Demokratie geworden, alle *nationalen, natürlichen, sittlichen, theoretischen Verhältnisse dem Menschen äußerlich macht*,[17] alle historisch variablen Elemente aus seiner politischen Selbstdefinition entfernt und ihn derart zum ersten Mal befähigt, sich ohne Einschränkungen überhaupt als politisches Wesen zu bestimmen. Dieser Prozess lässt sich, in Anlehnung an Husserls Begriff der phänomenologischen Reduktion, als juridisch-politische Reduktion, als Reduktion des Menschen auf seine Funktion innerhalb eines staatlich verfassten Gemeinwesens, als seine Reduktion auf ein auto-politisches Wesen charakterisieren. Mit der bürgerlichen Gesellschaft tritt dieser Prozess in eine Phase, in der sich die politische Welt von den Normen ihrer Vorgeschichte trennt und in der sich *die Menschenwelt in eine Welt atomistischer feindlich sich gegenüberstehender Individuen* auflöst.[18] Damit hat für Marx das politische Potential der christlichen Maxime von der Souveränität des Menschen seine Grenze erreicht. Da diese Souveränität die des isolierten, nicht aber die des gesellschaftlichen Menschen ist, kann die politische Reduktion, die von der christlichen Maxime geleitet wird, nur eine egologische Reduktion, sie kann nur die Reduktion auf den egoistischen Menschen des Eigentumsrechtes und somit nur die auf den gespaltenen, von seiner eigenen Gesellschaftlichkeit abgespaltenen, nur die Reduktion auf den ego-politischen und deshalb asozialen Menschen sein: *Die Spaltung des Menschen in den öffentlichen und in den Privatmenschen [...] ist die* Vollendung *der politischen Emancipation, die also die wirkliche Religiosität des Menschen eben so wenig aufhebt, als aufzuheben strebt.*[19] Da die Souveränitätsmaxime des Christentums aber mit der Etablierung der Freiheitsrechte des Individuums in den demokratischen Nationalstaaten nicht nur vollendet, sondern an ihr Ende gelangt ist, reicht sie nicht aus, um über die *politische* hinweg zur *gesellschaftlichen Emancipation* weiterzuleiten. Sie und die mit ihr verbundenen Rechte werden zur Fessel für jeden Schritt, der zur Sozialisierung und Humanisierung des Menschen führen könnte.

Die Welt, die durch diese Rechte erzeugt wird, ist keine gemeinschaftliche Welt, sondern ein bloßes Aggregat *atomistischer* Individuen, die durch keine prästabilierte Harmonie zusammengehalten, sondern durch Feindschaft auseinandergetrieben werden; jeder Einzelne kein Individuum, sondern gespalten *in den öffentlichen und in den Privatmenschen*; die Menschenwelt ein Chaos konkurrierender Eigentumsinteressen, aber kein gesellschaftlicher Kosmos. Die Säkularisierung des Christentums zum demokratischen Staat ist vom Bürgertum im Zuge der Französischen Revolution vollzogen worden; für die fällige Säkularisierung dieser Säkularisierung, die erst mit der Sozialisierung der Politik gelingen könnte, gibt es innerhalb der durchpolitisierten und juridifizierten Gesellschaft keinen Anhalt. Zwar berufen sich die Demokratien darauf, dass ihren Freiheitsrechten universalistische Prinzipien zugrunde liegen, aber diese Prinzipien sind solche des universell egoistischen, von seiner eigenen Universalität abgespaltenen Menschen, der sich, nach christlichem Muster, als Mensch-*ge-*

gen-den-Menschen, aber nicht als universell gesellschaftlicher Mensch, nicht als Mensch-*für*-Menschen definiert. Universell ist nur die Spaltung vom Universellen –: Sie ist das Prinzip der Politik und der Menschenrechte, weil sie das Prinzip ihrer empirisch-transzendentalen Gottheit, des Geldes, ist. Marx, der dieses Prinzip *das Wesen des Unterschieds* nennt,[20] hat daran festgehalten, dass das Kapital als Medium und Agent asymmetrischer sozialer Differenzierung aufhören würde, die Gesellschaft zu einer ausschließlich politischen und diese politische zu einer asozialen Gesellschaft zu machen. Er ist dafür eingetreten, dass dieses *Wesen des Unterschieds* für das *Wesen der Gemeinschaft* brauchbar gemacht würde. Was aber aus dem *Wesen* – dem des Unterschieds wie dem der Gemeinschaft – und aus seinem Unwesen noch wird, ist unbestimmt, und diese Unbestimmtheit gehört zur Lage der Gesellschaften noch anderthalb Jahrhunderte nach den Marx'schen Analysen.

Zu dieser Lage gehören aber auch die Erfahrungen mit den Menschenrechten, die anderthalb Jahrhunderte nach ihrer ersten Deklaration eingesetzt haben. Die Tatsache, dass sie zugleich als Menschen- und Bürgerrechte gefasst waren, war in dem Umstand begründet, dass Menschenrechte allein durch Bürgerrechte deklariert und allein durch Bürgerrechte garantiert werden konnten, die von Nationalstaaten in ihre Verfassungen aufgenommen wurden. Die Folgen dieser rechtslogischen Allianz konnten wenig mehr als ein Jahrhundert nach der Polemik »Zur Judenfrage« von Hannah Arendt 1951 in ihrem Buch »The Origins of Totalitarianism« beschrieben werden. Wer staatenlos ist, so lautet dort ihr Befund, ist auch rechtlos. Menschenrechte – auch noch die 1948 von den Vereinten Nationen formulierten – werden als unveräußerlich bestimmt, um ihre Geltung von historisch-empirischen Instanzen und ihren opportunistischen Handlungsprinzipien unabhängig zu halten und sie allein der Konstanz des gott- oder naturgegebenen menschlichen Wesens anzuvertrauen. Andererseits werden die Menschenrechte ausschließlich der Souveränität ebensolcher historischer Nationalstaaten unterstellt, die den Anspruch erheben, innerhalb ihrer Grenzen den Standard dessen definieren zu können, was ein Mensch ist, weil sie sich selbst als partikulare Repräsentanten der Menschheit insgesamt darstellen. Die *de jure* ebenso unveräußerlichen wie unabhängigen Menschenrechte sind also *de facto* von äußerlichen, kontingenten Garantiemächten abhängig und ihrer Willkür ausgesetzt: einer Willkür, die prinzipiell darauf hinwirken kann, jedes dieser Rechte außer Kraft zu setzen. Darin liegt die unaufhebbare Paradoxie der Menschenrechte, die Hannah Arendt von den *perplexities of the rights of man*, von den *Aporien* und vom *Ende der Menschenrechte* sprechen lässt.[21]

Der Verlust der Menschenrechte, der durch ihre strukturelle Fusion mit nationalstaatlichen Bürgerrechten von Anfang an programmiert war, ist spätestens seit dem Beginn des Ersten Weltkriegs zu einem politischen Massenphänomen geworden. Durch Denaturalisierungsgesetze, partielle oder vollständige Aberkennung von Bürgerrechten, Vertreibungen und Deportationen, erzwungene Auswanderungen und die Verweigerung von Asylrechten, allesamt verfügt und betrieben von souveränen Nationalstaaten, sind Millionen von Staatenlosen und also Bürgerrechtslosen und also Menschenrechtslosen in eine Welt gestoßen worden, die ihnen keine politische oder juristische Instanz bot, vor der sie ihre unveräußerlichen Rechte hätten einklagen können. Rechtsentzugsgesetze wurden nach einer von Arendt zusammengestellten Liste erlassen in Frankreich 1915, Portugal 1916, Russland 1921, Belgien 1922, Italien 1926, Ägypten 1926 und Türkei 1928, Frankreich 1927, Deutschland und Österreich 1933.[22] Nachdem sie ihrer Staatsbürgerrechte beraubt waren, konnte den Staaten- und somit Rechtlosen auch das Menschenrecht auf Leben entzogen und ihre Ermordung organisiert werden. Arendt erklärt die Möglichkeit dieser Wendung der Nationalstaaten gegen die von ihnen akzeptierten Menschenrechte damit, dass eine transnationale Garantiemacht für diese Rechte fehlte, impliziert dabei aber die weitergehende Erklärung, dass diese Perversion den Menschenrechten selbst inhärent ist. Nicht nur wurden die Denationalisierungs- und Denaturalisierungsgesetze von denselben Instanzen erlassen, die auch die Menschenrechte in ihre Verfassungen aufgenommen hatten, ohne dass dieser Widerspruch juristische oder politische Konsequenzen gehabt hätte. Die Menschenrechte selbst sanktionierten diesen flagranten Widerspruch, indem sie als Eigentums- und Sicherungsrechte prinzipiell jeden, auch jeden präsumtiven Angriff auf die privatpersönliche oder nationalstaatliche ›Integrität‹ abzuwehren und dieses völlig imaginäre Konstrukt der ›Integrität‹ durch die Entrechtung aller ›schädlichen‹ oder ›bedrohlichen‹ Individuen und Gruppen sicherzustellen erlaubten. Der Entzug der Bürgerrechte und der damit einhergehende Entzug der Menschenrechte konnte nicht nur aufgrund kontingenter politischer Situationen legalisiert, er konnte durch die Menschenrechte selbst legitimiert werden.

Die Autoren der »Allgemeinen Erklärung der Menschenrechte« von 1948 werden nicht die ersten Völkerrechtsjuristen gewesen sein, denen die Fragilität ihrer Erklärungen bewusst war; aber sie dürften zu den ersten gehört haben, denen ihre Pervertierbarkeit deutlich vor Augen stand. Sie haben als 30sten und letzten Artikel in die Erklärung den Satz aufgenommen: *Keine Bestimmung der vorliegenden Erklärung darf so ausgelegt werden, daß sich daraus für einen Staat, eine Gruppe oder eine Person irgendein Recht ergibt, eine Tätigkeit auszuüben oder eine Handlung zu setzen, welche auf die Vernichtung der in dieser Erklärung angeführten Rechte und Freiheiten abzielen.*[23] Diese hermeneutische Schutzbestimmung geht von der Möglichkeit aus, dass jedes einzelne Menschenrecht zur Vernichtung der Menschenrechte benutzt werden kann und dass es eine Sache allein ihrer Auslegung und ihrer politischen und organisatorischen Anwendung, dass es also die Sache anderer als bloß juristischer Instanzen ist, den *double bind* der Menschenrechte nicht suizidär werden zu lassen. Die

Menschenrechte, so sagt dieser Artikel, können selbst dann, wenn sie von ihren Unterzeichnern befürwortet und formell bekräftigt werden, nicht verhindern, dass sie zur Vernichtung ebendieser Rechte gebraucht werden, nur ergibt sich aus ihnen nicht das Recht, diese Vernichtung des Rechtes als Recht darzustellen. Mit diesem Artikel wird die prinzipielle Ohnmacht der Menschenrechtsordnung und dieses Artikels selbst eingeräumt. Es ist damit dem ›guten Willen‹ und der politischen Opportunität, es ist, in deutlicheren Worten, den Eigentums-, Sicherheits- und zu Staatsinteressen generalisierten Privatinteressen überlassen, Menschenrechte zum Maß politischer Entscheidungen zu machen oder sie zu missachten oder sie zu verwerfen: Es sind immer die Menschenrechte selbst, die jeden beliebigen Umgang mit ihnen legitimieren können. An den Denaturalisierungsgesetzen der zwanziger und dreißiger Jahre, auf die Arendt hinweist, zeigt sich, dass die Ausbürgerung von Menschen aus ihren politischen Gesellschaften eins ist mit ihrer Ausstoßung aus der Menschheit. Am prekären Status von Kriegs- und Hungerflüchtlingen, gewaltsam Vertriebenen und politischen Emigranten zeigt sich auch nach der Menschenrechtserklärung von 1948 weltweit nicht weniger drastisch, dass die Menschenrechte und ihre jeweiligen nationalstaatlichen Spezifizierungen unfähig sind, selbst ihren krassesten Missbrauch auch nur einzuschränken.[24] Damit haben sich die höchsten Rechtsinstitute, die bisher von Menschen ersonnen worden sind, als untauglich erwiesen, das, was ›Mensch‹ heißen kann, zu umgrenzen und zu schützen.

4.

Hannah Arendt weist jede Hoffnung auf eine Korrektur der kodifizierten Menschenrechte durch den Fortschritt der juristischen Kultur, durch supranationale Instanzen oder durch eine Weltregierung zurück. Nachdem sie von den angeblichen Fundamentalrechten Distanz bezogen und die konkreteren Begriffe des Handlungs- und des Meinungsrechts als die politisch und sozial entscheidenden eingeführt hat, schreibt sie: *Daß es so etwas gibt wie ein Recht, Rechte zu haben – und dies ist gleichbedeutend damit, in einem Beziehungssystem zu leben, in dem man aufgrund von Handlungen und Meinungen beurteilt wird –, wissen wir erst, seitdem Millionen von Menschen aufgetaucht sind, die dieses Recht verloren haben und zufolge der neuen globalen Organisation der Welt nicht imstande sind, es wiederzugewinnen. Dieses Übel hat so wenig etwas mit den uns aus der Geschichte bekannten Übeln von Unterdrückung, Tyrannei oder Barbarei zu tun (und widersteht daher auch allen humanitären Heilungsmethoden), daß es sogar möglich war, weil es keinen »unzivilisierten« Flecken Erde mehr gibt, weil wir, ob wir wollen oder nicht, in der Tat in »einer Welt«* [englisch: One World] *leben. Nur weil die Völker der Erde trotz aller bestehenden Konflikte sich bereits als ein Menschengeschlecht etabliert haben, konnte der Verlust der Heimat und des politischen Status identisch werden mit der Ausstoßung aus der Menschheit überhaupt.*[25] Um die weitreichenden Implikationen dieser für Arendt entscheidenden Überlegungen deutlich werden zu lassen, sind mindestens drei Bemerkungen nötig:

1. – Die *Ausstoßung aus der Menschheit*, von der hier die Rede ist, kann nur verstanden werden als diejenige juristisch-administrative und politische Operation beziehungsweise fortwährende Operationsmöglichkeit, mit der die Logik der Menschenrechte zu ihrer letzten Konsequenz und an ihr Ende gebracht wird, sobald diese Rechte als Rechte aller Menschen und somit als Rechte der einen Menschheit in der juridisch ›zivilisierten‹ Einen Welt realisierbar – und damit zugleich zerstörbar – werden. Die Menschenrechte sind an ihr Ende gekommen, weil sie nur in einer gemeinsamen Welt aller Menschen gelten können, aber diese Welt, die eine einzige, homogene und geschlossene ist, bietet kein Weltrecht und

kein Recht auf eine Welt, sondern allein ein Aggregat von Staatsbürgerrechten, die als Sicherheitsrechte die Ausstoßung aus jedem Staate der Welt und damit die Ausstoßung aus der menschlichen Welt überhaupt erlauben. Nur diese Eine Welt kann die Eine Menschheit sichern, aber diese Eine Welt kann sie auch aus den Grenzen ihres Begriffs ausschließen, sie für juristisch inexistent erklären und sie vernichten. Jeder ›Heimatvertriebene‹ ist in einer Welt, deren Rechtsvorstellungen von Staats- und Menschenrechten geleitet sind, ein Weltvertriebener. Aber auch jeder, der noch nicht vertrieben ist, kann unter dem Gesetz der Einen Welt nur als strukturell Weltloser leben. Die juridische Zivilisierung, die in der lückenlosen Juridifizierung der Welt kulminiert, lässt keinen Ort mehr frei, an dem der Verlust der Bürgerrechte nicht den der Menschenrechte mit sich zöge – also keinen, an dem es ohne Bürgerrechte Menschenrechte überhaupt noch gibt. Während ihre abstrakten Begriffe eine Welt für Menschen garantieren sollten, haben sie dazu beigetragen, abstrakte Menschen ohne Welt und eine abstrakte Welt ohne Menschen zu erzeugen.

Arendt hat aus ihren Beobachtungen erst spät und auch dann nur zögernd die Konsequenz gezogen, vom *Ende der Menschenrechte* zu reden.[26] Der Aufsatz, in dem sie zum ersten Mal relativ systematisch ihre Überlegungen zum Menschenrecht dargelegt hat, wurde 1946, zum Teil als Antwort auf einen Entwurf von Hermann Broch zu einer »International Bill of Rights«, geschrieben, 1949 auf Englisch unter dem Titel »The Rights of Man: What are They?« und im gleichen Jahr auf Deutsch unter dem Titel »Es gibt nur ein einziges Menschenrecht« publiziert.[27] Dieser Aufsatz ist fast zur Gänze in das Schlusskapitel des zweiten Teils ihrer Totalitarismus-Studie eingegangen, einschließlich der oben zitierten Passage über das Recht, Rechte zu haben, und über die Eliminierung dieses Rechts durch die »Eine Welt«, in der kein ›unzivilisierter‹ Flecken Erde mehr erlaubt, es zu fordern. Auffälligerweise enthält das Buchkapitel aber vom vierten und letzten Teil ihres Aufsatzes nur noch einzelne Partien, es enthält nicht mehr dessen programmatischen Ausblick auf eine Restitution des einen und einzigen, aber verlorenen Menschenrechts, sondern verschärft nur die Beschreibung der Aporien und des Endes der Menschenrechte, von denen Titel und Untertitel im Buch sprechen. Der Satz, der den letzten Teil der Einzelstudie eröffnet: *Der Begriff der Menschenrechte kann aufs neue sinnvoll werden* [...], findet in der Buchfassung keinerlei Entsprechung, und die Konklusion, die der Aufsatz an seinem Ende zieht, entfällt im Buchkapitel: Es ist nicht mehr davon die Rede, dass das einzige Menschenrecht die Rechte des Staatsbürgers *transzendiert* und dass es *somit* das einzige Recht sei, *das von einer Gemeinschaft der Nationen, und nur von ihr, garantiert werden kann.*[28] Dieser Schluss, der ohnehin von zweifelhafter Stringenz ist, scheitert an der kruden Tatsache, dass selbst eine *Gemeinschaft von Nationen* nicht mehr ist als eine Gemeinschaft von *Nationen* und nicht mehr als eine *Gemeinschaft*, die nach den juridischen Prämissen von Staaten operiert.

An Hermann Broch, der ebenfalls fortfuhr, sich mit dem Status der Menschenrechte zu befassen, schrieb Arendt drei Jahre nach der Abfassung ihres Artikels, im Juni 1949, als sie an der Schlussredaktion ihres Totalitarismus-Buchs arbeitete: *... ich persönlich glaube nicht mehr daran, [dass die Menschenrechte »angeboren« sind] habe dementsprechend meine Menschenrechte vollkommen umgeschrieben mit aller gebührenden Vorsicht.*[29] Vor der Umarbeitung ihres Aufsatzes zum Buchkapitel müssen ihr also Zweifel an der Garantiemacht einer *politischen Gemeinschaft* und einer *Gemeinschaft der Nationen* gekommen sein, und diese Zweifel können nur in der Konsequenz ihrer Bemerkung über die *Eine Welt* gelegen haben, die keine Gewähr, sondern die äußerste Gefahr für das Recht, Rechte zu haben, darstellt. Arendts Umarbeitung bestand also im Wesentlichen darin, ihre bereits im Aufsatz ausgesprochene Einsicht in das Ende und den Verlust der Menschenrechte in der ›zivilisierten‹ Einen Welt ernst zu nehmen, die hohen Erwartungen an eine supranationale Institution aufzugeben und der Transzendenz des einen Menschenrechts über die Menschenrechte einen völlig anderen Sinn zu geben, nämlich nicht mehr den vertikalen einer höheren Autorität der höheren Gemeinschaft der Nationen, sondern den horizontalen der Transzendenz in eine Zukunft, in der das eine und einzige Menschenrecht durchgesetzt werden könnte. Statt von der Zuversicht, dieses *einzige Menschenrecht* könne in einer *Gemeinschaft von Nationen* einen Garanten finden, spricht das Buchkapitel nur noch von Vorbehalten gegen deren politisches Äquivalent, das »*world government*«. Zwar hält Arendt eine Weltregierung für möglich, macht aber gegen die Vorstellungen der *idealistischen Verbände*, die sie propagieren, geltend: … *es ist durchaus denkbar und liegt sogar im Bereich praktisch politischer Möglichkeiten, daß eines Tages ein bis ins letzte durchorganisiertes, mechanisiertes Menschengeschlecht auf höchst demokratische Weise, nämlich durch Majoritätsbeschluß, entscheidet, daß es für die Menschheit im ganzen besser ist, gewisse Teile derselben zu liquidieren.*[30] Ein demokratischer Weltbürgerstaat wäre, kurzum, nichts als die institutionelle Konkretisierung der informell bereits herrschenden *globalen Organisation* der Einen Welt, die jeden ihrer Bewohner aus ihren Grenzen ausschließen kann und die sich auch künftig jederzeit und allerorten auf universelle Rechte und demokratische Prinzipien berufen kann, um eine solche Universalexklusion zu rechtfertigen. Es gilt also der Satz, der schon im frühen Menschenrechts-Essay das Dilemma von Grundrechten beschreibt und in der Totalitarismus-Studie wiederholt wird: *Nur weil die Völker der Erde […] sich bereits als ein Menschengeschlecht etabliert haben, konnte der Verlust der Heimat und des politischen Status identisch werden mit der Ausstoßung aus der Menschheit überhaupt.*[31] In dem Augenblick, in dem sich zum ersten Mal in der neueren Geschichte ein weder naturalistisch noch substanzialistisch begründetes Recht gezeigt hat,

hat sich dieses eine und einzige *Recht, Rechte zu haben*, als das paradoxe Vorrecht erwiesen, keines zu haben.

Arendt lässt keinen Zweifel daran, dass *nicht nur diese oder jene Zivilisation auf dem Spiele steht, sondern die Zivilisation der gesamten Menschheit*, da die eine *globale, durchgängig verwebte zivilisatorische Welt Barbaren aus sich selbst produzierte* und zu produzieren nicht aufhört.[32] Sie lässt ebenso wenig einen Zweifel daran, dass angesichts universell gewordener Rechtlosigkeit ein *neues Gesetz auf Erden* vonnöten ist, das sie als *neues politisches Prinzip* und *Garantie* für *menschliche Würde* charakterisiert.[33] Sie lässt aber offen, in welchem Sinn überhaupt noch von einem solchen politischen Gesetz, einem Prinzip und einer Garantie die Rede sein kann unter strukturellen Bedingungen, von denen sie selbst zeigt, dass sie nur ein Gesetz der Entpolitisierung, ein Prinzip des Prinzipienbruchs und eine Garantie der universellen Unversicherbarkeit zulassen. Umso dringlicher ist die nähere Bestimmung dessen, was sie als das einzige Menschenrecht und als *Recht, Rechte zu haben*, bezeichnet; umso dringlicher auch, den Verlierer dieses Rechtes zu bestimmen, den einzigen, dem eine erneute Anwartschaft auf es zukommen, und dem einzigen, der dieses verlorene Recht – oder ein anderes, unverlorenes – definieren könnte.

2. – Das einzige Menschenrecht, das Arendt als irreduzibel und genuin politisch anerkennt, ist das Recht, *im Zusammenleben durch Sprechen, und nicht durch Gewalt, die Angelegenheiten des menschlichen und vor allem des öffentlichen Lebens zu regeln.*[34] Seine formelle Charakterisierung als *Recht, Rechte zu haben*, hat bei Politik- und Rechtstheoretikern zu exegetischen Unsicherheiten geführt, die sich schon deshalb nicht leicht beheben ließen, weil sie, Arendts Sicht der Sache entsprechend, zweideutig ist.[35] Unstrittig ist nur, dass dieses eine und einzige Menschenrecht in keinem der überlieferten Rechtskataloge enthalten sein konnte, weil diese Kataloge sämtlich von der Natur- oder Gottgegebenheit, nicht aber von der Gesetztheit,

Entscheidungsabhängigkeit und somit der Kontingenz des Rechtes ausgehen. Recht wurde nicht als Resultat politischer Deliberation, sondern als deren Voraussetzung gedacht. Erst mit der Inversion des traditionell konzipierten Begründungsverhältnisses zwischen Recht und Politik wurde deutlich, dass Rechte nur deshalb gesetzt werden konnten, weil es ein vorgängiges ›Recht‹ auf Rechtsetzung gab und dieses ›Recht‹ in nichts anderem als der menschlichen Fähigkeit beruhte, gemeinsam – und in diesem Sinne politisch – über die politische Ordnung eines Gemeinwesens Entscheidungen zu treffen. Die Formel vom *Recht, Rechte zu haben,* besagt für Arendt also zunächst, dass Politik – und genauer: der Anspruch auf Politik, die Forderung, es möge so etwas wie Politik geben – allen Rechten vorausgeht. Die Formel besagt aber auch, dass dieser Anspruch, es solle Politik geben, seinerseits als Rechtsanspruch gedeutet werden kann, an Entscheidungen über die Ordnung eines gemeinsamen Lebens teilzunehmen. Das damit reklamierte ›Recht‹ ist somit nach Status und Struktur als transzendentales Vor-Recht charakterisiert und durch dessen Zweideutigkeit gekennzeichnet, der Reihe der empirischen Rechte, die es transzendental strukturiert und begründet, selber noch anzugehören. Diese Zweideutigkeit wird in Arendts Formel an der doppelten Verwendung des Rechtsbegriffs evident, der sich zum einen auf einen rechtsförmigen Anspruch, zum anderen auf bereits gesatztes Recht bezieht. Zwischen diesen beiden Begriffen vermittelt eine von Arendt offenbar nicht bemerkte, zumindest aber nicht kommentierte Teleologie, die den Anspruch alternativlos und unfrei auf Rechtssatzungen bezieht, so dass der Eindruck eines Zwangsverhältnisses zwischen jenem ›Recht‹ und diesen Rechten unvermeidlich wird und der Fehlschluss naheliegt, es handle sich bei diesem Verhältnis um einen autoteleologischen Zirkel. Wird das *Recht, Rechte zu haben,* ausschließlich nach seiner Rechtsförmigkeit verstanden und als Programm für nichts anderes als Rechte gedeutet, dann muss mit dem Verlust jenes

Rechtes auch jeder Anspruch auf Politik und jeder, der über die Form des Politischen hinausgeht oder von ihm abweicht, erlöschen. Allein wenn die teleologische Beziehung zwischen Ansprüchen und Rechten, die Arendt in ihrer Formel privilegiert, aufgelöst wird, kann eine Gesellschaftlichkeit zumindest denkbar werden, die nicht mit derjenigen gemeinsame Sache macht, die sich an Rechte verloren hat und mit diesen Rechten selber verloren worden ist. Eine Chance für Politik, für eine Änderung der Politik und für etwas anderes als Politik gibt es nur dann, wenn der Anspruch auf Rechte sich nicht auf Rechte beschränkt, sich von der Rechtsform nicht absorbieren und sich von ihr nicht korrumpieren lässt.

Das *Recht, Rechte zu haben,* wie Arendt es versteht, ist ein ›Recht‹ vor allen Rechten, weil es identisch ist mit dem Vermögen zu Entscheidungen über gemeinsames Handeln bei der Errichtung von Rechtsordnungen der Gemeinsamkeit. Da Rechte und die von ihnen geordneten Gesellschaften sich Entscheidungen verdanken, können diese Entscheidungen nicht ihrerseits dem Bereich von Rechten angehören. Wenn über eine gemeinsame Welt entschieden wird, muss alles, was zu dieser Welt gehört, Ergebnis und darf nicht Bedingung gemeinsamer Deliberationen sein. Deshalb kann das ›Recht‹ auf Rechte weder auf naturwüchsige Eigenschaften gegründet noch von vorgegebenen moralischen Vorstellungen geleitet oder in logischen Kategorien präformiert sein. Sie alle würden dadurch zu Bedingungen jenes seinerseits unbedingten ›Rechtes‹, die gesellschaftliche und politische Welt durch gemeinsames sprachliches Handeln jeweils neu, zum ersten Mal und also unabhängig von Vorbestimmungen zu definieren.

Selbst die jüngste Menschenrechtserklärung kann deshalb der Struktur dessen, was Arendt als *Recht, Rechte zu haben,* bezeichnet, nicht genügen. Auch sie geht noch von einer sowohl deskriptiven wie präskriptiven Definition dessen aus, was ein Mensch – von Natur oder seinem Wesen nach – ist oder zu sein hat und welche spezifischen Rechte er aufgrund dieses Seins oder Sollens beanspruchen kann. In der Erklärung von 1948, die Arendt nicht ausdrücklich erwähnt, aber zum Zeitpunkt der Schlussredaktion ihres Buches gekannt haben dürfte, heißt es in diesem Sinn: *Alle Menschen sind frei und gleich an Würde und Rechten geboren.* Und: *Jeder Mensch hat das Recht auf Leben, Freiheit und Sicherheit der Person.*[36] Im Unterschied zu diesen Geburtsrechten ist Arendts ›Recht‹ im denkbar striktesten Wortsinn ein Vor-Recht vor allen positiven und allen Naturrechten, in dem offengelassen ist, *was* ein Mensch sei, *wer* er sei und welche Rechte ihm zukommen. Jede vorgegebene, vom vagen Begriff der Naturmacht oder von bestimmten historisch-kulturellen Instanzen und Gewohnheiten geleitete Definition des Menschen und seiner Rechte täte dem ›Recht‹, Rechte zu haben, Abbruch, weil es durch jede solche Definition an Prädikate, Eigenschaften und Paradigmen gebunden würde, die die vom ›Recht‹ bezeichnete Bestimmungsfähigkeit widersinnig unter Rechte stellen und damit zunichtemachen müssten. Zu solchen definitorischen Restriktionen gehören nicht nur die Begriffe der Naturwüchsigkeit und der Herkunft, des natürlichen Lebens und seiner Sicherheit, sondern auch diejenigen der Person, der Allheit und der Gleichheit, da sie sämtlich auf gegebene Bestände, moralische Prinzipien oder Verstandeskategorien Anspruch erheben, ohne diesen Anspruch selbst als dasjenige zur Geltung zu bringen, was jenen Begriffen voran- und über ihre Definitionskraft hinausgeht. Noch der Begriff der Würde, den Hermann Broch ins Zentrum seiner »Bemerkungen« zu einer »International Bill of Rights« stellt, dem die UN-Deklaration eine prominente Stelle einräumt und auf den auch Arendt im Vorwort zur ersten amerikanischen Ausgabe ihres Totalitarismus-Buches nicht verzichtet,[37] wird von Arendt als ein Begriff *recht fragwürdiger Art* bezeichnet, weil er allein die ›Natur‹ des Menschen definiert, dazu aber vom menschlichen Bestimmungsvermögen, von seiner Pluralität und Geschichtsoffenheit absehen muss.[38] Jede vorgegebene Bestimmung des Menschen kann sein ›Recht‹, Rechte zu haben und zur Menschheit zu gehören, nur einschränken und *a limine* widerrufen, da erst die noch nicht gegebene Menschheit und ihre Menschlichkeit bestimmen könnten, was oder wer ein Mensch ist und welche Bedeutung und Reichweite seine Rechte haben.

Dass die Existenz des *Rechtes, Rechte zu haben,* nicht mit seiner bloßen Gegebenheit und noch weniger mit seiner Rechtsgeltung verwechselt werden darf, geht daraus hervor, dass es sich erst mit seinem Verlust zeigt. *Daß es so etwas gibt wie ein Recht, Rechte zu haben [...], wissen wir erst, seitdem Millionen von Menschen [...] dieses Recht verloren haben.*[39] ›Recht‹ ist es nicht als positiv vorgegebenes, sondern als aktuell für eine jeweilige Zukunft aufgegebenes – nur als solches kann es in jedem einzelnen Fall und deshalb auch massenhaft verwehrt werden, ohne dass der mit ihm erhobene Anspruch prinzipiell für nichtig erklärt werden könnte. Zur Minimaldefinition des ›Rechtes‹ auf Rechte gehört also zunächst, dass es nur als Anspruch auf die Zukunft und Anspruch dieser Zukunft selbst – künftiger Generationen und künftiger menschlicher Möglichkeiten – wahrzunehmen ist. Es ist ›Recht‹ nur als Rechtsermöglichungsrecht. Da es aber selbst keines der von ihm ermöglichten positiven Rechte sein kann, kann es seinen Ermöglichungssinn nur wahren, indem es in allen aus ihm entlassenen Rechten die Möglichkeit offenhält, von weiteren Rechten abgelöst zu werden, und muss deshalb auch die Möglichkeit wahren, sich in keinem positiven Recht zu manifestieren. Das *Recht, Rechte zu haben,* darf also nicht missverstanden werden als Zwang, Rechte zu haben; es muss, um dieses ›Recht‹ bleiben zu können, als ein solches gedacht und gebraucht werden, das sich in keinem positiven Recht und keiner Rechtsreihe, so lang sie auch sei, erschöpft, und muss deshalb auch die Weigerung oder das Unvermögen umfassen, Rechte zu fordern, zu setzen und zu gebrauchen. Auf Rechte lässt sich dieses ›Recht‹ nicht reduzieren, in Rechten kann es sich nie zur Gänze konkretisieren. Die einzige irreduzible Wirklichkeit, auf die es

Anspruch erhebt, liegt in diesem Anspruch selbst, Rechte zu haben, sie fallen zu lassen oder auf sie zu verzichten.

Anders als alle auf Rechte gegründete Ansprüche kann derjenige, der *das Recht, Rechte zu haben,* ausmacht, nicht der eines Rechtssubjekts, er kann kein subjektives oder objektives Recht, sondern nur ein solches Vor-Recht sein, das Sprechenden die Möglichkeit gewährt, sich als Subjekte und zunächst als Einzelne in einem strukturell variablen Verhältnis zu Anderen zu bestimmen und von ihnen bestimmen zu lassen. Als proto-politisches ›Recht‹ ist es ein infra-subjektiver, ein prä-singulärer Anspruch auf eine Gemeinschaft, in der jeder erst durch das Sprechen mit Anderen und das Hören auf sie zu einem Subjekt von Entscheidungen und Urteilen würde. Da dieser Anspruch auf Rechte über jede bereits bekannte und jede kategorial erfassbare Allgemeinheit hinausgeht – da er in diesem Sinne ultra-universell ist –, kann er der Pluralität anderer und wieder anderer Ansprüche allein als Weiterbestimmungsanspruch gerecht werden. Das *Recht, Rechte zu haben,* kann sich deshalb nur als Freigabe und Gewährung von solchen Ansprüchen realisieren, die Anderen zukommen, es ist ein Pluralitätsfreigabe-›Recht‹ und als dieses Vor-Recht der Freigabe nicht bloß das ›Recht‹, *Rechte* zu *haben*, sondern ebendieses selbe ›Recht‹ auch Anderen zuzusprechen und es ihnen zu überlassen. Vor allem Recht, ist es nicht nur Anspruch auf Rechte, sondern Zusprechung der Rechtsfähigkeit an unabsehbare Pluralitäten von Anderen, und als solche Zusprechung das Geschehen der Freigabe jeweils anderer, verschiedener, multipler Existenzen: Es ist immediate Selbst-Alteration und Selbst-Pluralisierung. Ein *Recht, Rechte zu haben,* gibt es mithin allein als Zusage pluraler Existenz, als eine Zusage, die nicht nur auf eine bestimmte, eine Rechts-Gemeinschaft mit Anderen offen ist, sondern in sich selbst eine weiterbestimmungsoffene Gemeinschaft, keine schon gegebene, keine schon angekommene, sondern eine jeweils noch kommende realisiert. Diese Zusage, die bei Arendt ›Recht‹ heißt, ist vor allen Rechten und über alle noch möglichen Rechte hinaus die Gewährung – und als diese Gewährung die einzige Gewähr – einer Existenz mit Anderen, aber einer Existenz vor allem Recht und deshalb ohne es. Es ist die Bestimmung des Menschlichen als eines Bestimmbaren und Umbestimmbaren, aber nie eines gesellschaftlich, politisch, juridisch und kategorial schon Bestimmten.

3. – Diese Erläuterungen sind keine Paraphrasen, sondern Elongaturen der kargen Erklärungen, die Arendt vom ›Recht‹ auf Rechte gibt; sie ergeben sich aus dem Grundriss ihrer Argumentation, die nicht in allen Fällen auf Implikationen, Konsequenzen oder Entwicklungsmöglichkeiten ihrer Überlegungen eingeht und systematische Erwägungen oft hinter historische Beobachtungen zurücktreten lässt. In ihrer rhapsodischen Darstellung bleibt insbesondere das Zentrum ihrer Überlegungen zum *Recht, Rechte zu haben,* erläuterungsbedürftig: die Sprache, sofern sie der Zugang zur Gemeinschaft, ihr Medium, aber auch ihre größte Bedrohung ist. Der Verlust des einzigen Menschenrechts in der Ära des Totalitarismus war ein Verlust zuallererst dieser beiden: der Sprache und des von ihr eröffneten und getragenen politischen Lebens. *Der Verlust der Relevanz und damit der Realität des Gesprochenen,* so schreibt Arendt, *involviert in gewissem Sinne den Verlust der Sprache, zwar nicht in einem physischen Sinne, wohl aber in dem Sinne, in dem Aristoteles den Menschen als ein Lebewesen definierte, das sprechen kann; denn hiermit meinte er nicht die physische Kapazität, die auch Barbaren und Sklaven zukam, sondern die Fähigkeit, im Zusammenleben durch Sprechen, und nicht durch Gewalt, die Angelegenheiten des menschlichen und vor allem des öffentlichen Lebens zu regeln.*[40] Wer spricht, so sagt Arendt mit dieser Aristoteles-Paraphrase, spricht nicht so sehr in einer schon gegebenen Welt und innerhalb einer vorgegebenen politischen Öffentlichkeit, als dass er eine Welt zusammen mit Anderen erst erspricht und eine politische Öffentlichkeit erst im Sprechen mit Anderen eröffnet. Wenn das ›Recht‹ auf

Rechte in der uneingeschränkten Fähigkeit beruht, zu sprechen und sprechend gesellschaftlich wie politisch zu handeln, dann ist dieses Vor-Recht nicht nur ein Vermögen unter anderen und nicht nur, wie Arendt schreibt, ein *Kennzeichen des Menschseins*, es ist nichts als dieses – verbal zu verstehende – *Menschsein* selbst. In dem Augenblick also, in dem Millionen von Menschen ihre Doppelbestimmung als sprachliche und politische Lebewesen abgesprochen wurde, wurde ihnen nicht allein jede politisch relevante Sprache, es wurde ihnen damit in eins ihre politische Existenz abgesprochen. Aber abgesprochen wurde sie ihnen mit den Mitteln nicht der Sprache überhaupt, sondern der politischen und juridischen Sprache, den Mitteln der Sprache des Urteils und der Entscheidung. Nur prädikative Sätze können Eigenschaftszuschreibungen und deshalb auch Rechtszuschreibungen und Rechtsversagungen festlegen. Sie sind in eminentem Sinn Appropriations- und Expropriationssätze. Es kann nur die Urteilssprache des Rechts – und auch der Menschenrechte – sein, die aus dem Recht ausschließt und eine rechtlose sprachliche Existenz isoliert; nur die Sprache der Politik, die auf ein sprachliches Leben reduziert, das sich nicht nach politischen Regeln bestimmt. Was mit dem Ende der Menschenrechte und dem Verlust des einen *Rechtes, Rechte zu haben*, eintritt – nach Arendts Erkenntnis ein weltgeschichtlicher Bruch –, ist die radikale Disjunktion von sprachlicher und politischer Existenz.

Mit dem kruden Faktum, dass Menschen ihr Anspruch, sprachlich wie handelnd an einer politischen Gemeinschaft mitzuwirken, in globalem Umfang versagt werden konnte, ohne dass sie diesen Anspruch durch politische Aussagen oder Aktivitäten verwirkt gehabt hätten, ist der Zirkel der Bestimmungen von sprachlicher und politischer Existenz zerbrochen und ihr Zusammenhang derart auseinandergeschlagen, dass sprachliche Existenz nicht mehr aus politischer, politische Existenz nicht mehr aus sprachlicher begründet werden kann. Politik, so zeigt sich mit dem epochalen Verlust des einzigen

Menschenrechts, war ein Verfahren des Einschlusses in eine Gesellschaft, der Identifizierung und der Selbsterhaltung einer Gesellschaft, das, gleichgültig ob regional, national oder global, einen einmal erreichten Bestand sichern sollte und jede Entscheidung, jede Äußerung und jede Handlung, die nicht der Sicherung dieses Bestandes diente, mithin jedes nicht bestätigende und beständigende Verhalten als irrelevant ausschalten musste. Mit der Reduktion der Politik auf ein Bestandssicherungsverfahren war das Ende der Politik, und mit der Fixierung ihrer leitenden Rechtskriterien das Ende des Rechts besiegelt. Politik war nicht mehr der sprachliche Prozess der Suche nach einer gemeinsamen Lebensform, sondern bloß noch die Form der Selbstreproduktion eines etablierten Verfahrensschemas, das seine Herkunft aus den sprachlichen Prozessen der Deliberation verleugnen, die Sprache auf Urteilsakte verkürzen und ihre politische Relevanz eliminieren musste. Wenn die Polis, wie Arendt mit Aristoteles annimmt, je der definitionsoffene Ort des *Menschseins* im Sinne von Sprechend-Seins war, so wurde Politik das Verfahren, ebendieses Sein als Schon-Gesprochen- und Entschiedensein, als Faktum und Fatum zu fassen und seine generative, seine redefinierende und indefinierende Bewegung stillzustellen. Menschliche Existenz ist fortan nicht mehr fassbar als apriorische Teilhabe an einer politischen Welt durch Sprache, sondern nur noch als Existenz an der Schwelle zur Politik, in einer zwar eminent sprachlichen, aber durch keinerlei Rechts- und Urteilsstrukturen gesicherten, prä- und trans-prädikativen Bewegung.

Erst durch die von Arendt beschriebene, nicht aber eigens thematisierte Disjunktion von Politik und Sprache präzisiert sich der Sinn des von ihr formulierten einzigen Menschenrechtes, Rechte zu haben: Es kann kein Recht im Sinn eines Urteils- und Entscheidungsrechtes sein. Recht ist immer auch das Recht zur Entscheidung darüber, was dem Bereich des Rechts und der Rechtsgemeinschaft angehört, und dem, was ihm fremd oder feindlich ist. Das Rechtsapriori der Rechtsverweigerungsmöglichkeit kann in jedem einzelnen Fall zu der Entscheidung führen, den Anspruch auf Rechte zurückzuweisen und bereits erteilte Rechte zu entziehen. In den Rechtspraktiken seit der griechischen Antike, auf die Arendt am Ende des Menschenrechts-Kapitels ihrer Totalitarismus-Studie ausdrücklich verweist, ist es üblich gewesen, durch Ostrazismus, Exilierung, Ächtung und Exkommunikation alle diejenigen Einzelnen und Gruppen aus einem Gemeinwesen zu verbannen, die als Bedrohung oder auch nur Störung seiner Interessen eingeschätzt wurden.[41] Solche historischen Rechtsversagungspraktiken sind mit dem Ende der Nationalstaaten und der Globalisierung der juridischen Zivilisation im 20. Jahrhundert auf ihren strukturellen Grund durchsichtig geworden. Es ist die Rechtsform selbst, und allein sie, die mit der Macht ausgestattet ist, rechtlos zu machen. Die global gewordene Rechtsförmigkeit aller gesellschaftlichen Verhältnisse kann im Prinzip tendentiell globale Rechtsversagungen begründen, hat es bereits getan und wird mit der Massenproduktion von Rechtlosigkeit fortfahren, solange sich Recht dadurch definiert, dass es von Rechten ausschließen kann.[42] Gemäß der Logik eines Rechtes, das strukturell Rechtsversagungsrecht ist, kann der Eintritt in eine Rechtsgemeinschaft nur durch eine solche Zustimmung zu ihr vollzogen werden, die ihrerseits die Zustimmung dieser Gemeinschaft findet; sie kann deshalb nur Zustimmung zu einer Zustimmung sein, die prinzipiell verweigert oder entzogen werden kann, und folglich Zustimmung zum Entzug oder zur Verwehrung jener Zustimmung sein muss. Über die Aufnahme in eine Rechtsgemeinschaft und den Ausschluss aus ihr entscheidet immer die bereits konstituierte Gemeinschaft, sie entscheidet somit nach einer schon festgelegten Urteilsregel, über die mit den Mitteln dieser Regel nicht wiederum entschieden werden kann. Wird aber die Urteilsregel selbst außer Kraft gesetzt, kann die resultierende Rechtsvakanz nach allen traditionellen Vorstellungen allein durch einen Urteilsakt beendet werden, der wiederum Rechtsverhältnisse etabliert. Arendt dürfte genau diese Rechtsmechanik von Entscheidungsregeln, sie dürfte diesen Automatismus der Urteilssprache im Sinn haben, wenn sie das Bild eines *bis ins letzte durchorganisierten, mechanisierten Menschengeschlechts* heraufbeschwört, das *auf höchst demokratische Weise, nämlich durch Majoritätsbeschluß, entscheidet, daß es für die Menschheit im ganzen besser ist, gewisse Teile derselben zu liquidieren.*[43]

Wenn eine juridisch-politische Entscheidung, ob höchst demokratisch oder auf andere Weise herbeigeführt, jeweils eine Entscheidung über das Recht, Rechte oder keine zu haben, ist, dann ist sie zugleich eine Entscheidung darüber, wer politisch relevant und wer politisch irrelevant spricht, und dann wird in jeder solchen Entscheidung eine potentiell irreversible Scheidung zwischen politischer und sprachlicher Existenz vollzogen. Da jede derart verfahrende Rechtsgemeinschaft mit der Sprachfähigkeit ihrer Mitglieder und Anwärter aber zugleich ihre eigene Rechts- und Politikfähigkeit progressiv eliminiert, kann sie nicht anders, als sich von sich selbst auszuschließen und den juridisch-politischen Sprachapparat als Selbstexekutionsmaschine laufen zu lassen. Mit der universell dominant gewordenen Rechtsförmigkeit gesellschaftlicher Beziehungen und dem damit installierten Privileg der Sprache des Urteils ist Politik strukturell zu einem Automatismus der Selbst-Exklusion – nämlich zur bloßen Verwaltung ökonomischer Interessen und der sie sichernden Eigentumsrechte – geworden; während diejenigen sprachlichen Strukturen, die sich auf eine Urteilsfunktion nicht reduzieren lassen, ihrer politischen Realität beraubt und in einen außerpolitischen Bereich relegiert sind, der kaum noch ein im strengen Sinn verstandenes Urteil über ihre Existenz zulässt. Mit der Reduktion von politischer auf juridische Existenz und der Disjunktion von juridischer und sprachlicher Existenz ist die aristotelische Definition, *Menschsein* beruhe in der Ausübung seiner sprachlichen wie seiner gemeinschaftsbildenden Vermögen, historisch hinfällig geworden.

Die Selbstexklusion der politischen Menschheit durch das Recht beschreibt Arendt als einen Prozess der *Zivilisation der gesamten Menschheit [...], die Barbaren aus sich selbst heraus produziert.*[44] Diese Selbstabstoßung mag zwar ein spätes Produkt des Zerfalls nationalstaatlicher Souveränität sein, aber sie hat ihren Ursprung in der Struktur der politischen Sprache selbst. Arendt charakterisiert sie als Sprache des Urteils und der Beurteilung, wenn sie *das Recht, Rechte zu haben,* bestimmt als das ›Recht‹, *in einem Beziehungssystem zu leben, in dem man aufgrund von Handlungen und Meinungen beurteilt wird.*[45] Wo diese Beurteilung einer Regel folgt, wie sie es muss, um allgemeine Rechtsgeltung zu haben – denn Recht ist eine Urteilsregel –, und wo die politische Beurteilung sich darin erschöpft, nach Urteilsregeln zu verfahren oder über diese zu urteilen, da ist die Sprache insgesamt auf Zustimmungen und zustimmungsrelevante Argumente oder Zurückweisungen und zurückweisungsrelevante Argumente, somit wiederum auf Urteile verkürzt und muss in allen Teilen, die sich der Urteilsmechanik nicht fügen, verstummen. Das Recht der Rechtsgemeinschaft ist Recht *über* diese Gemeinschaft. Die von ihm verhängten Urteile dienen der Sicherheit des Rechts, noch bevor sie denen dienen könnten, denen Recht Sicherheit gewähren soll. Wer diese Sicherheit fordert, und sei es die ganze Menschheit, der fordert sie aus der Position der ›Barbaren‹, die von ihr ausgeschlossen sind. Was – innerhalb wie außerhalb der verfassten Gesellschaften – übrig bleibt von der juristisch evakuierten Existenz, ist die ›barbarisierte‹, rechtlose Menschheit, die von den Formen des Politischen ausgeschlossene, aus der Welt vorgeblich öffentlichen sprachlichen Handelns, insbesondere des Urteilens und gegenseitigen Beurteilens, entfernte und mit den Mitteln ebendieser Welt selbst exilierte Existenz. Für sie bleibt allein ein ›Recht‹ diesseits der Rechte, aber ein ›Recht‹, das nicht mehr definiert werden kann als *das Recht, Rechte* – im Sinne von Urteils- und Beurteilungsrechten – *zu haben,* sondern nur noch als ›Recht‹, Sprache, uneingeschränkt auf eine bestimmte Sprachform, zu haben und diese Sprache ohne Privileg und Einschränkung auch Andere sprechen und hören zu lassen. Was übrig bleibt, ist eine Sprache, die zum ersten Mal massenhaft, aber nicht gebündelt und auf ein zwanghaftes Schema gebracht, ohne Verfassung und deshalb schrankenlos, nicht formalisiert und juristisch zugerichtet, als strukturell plurale Sprache der Pluralisierung, als Sprache nicht der Eingemeindung und nicht nur *einer* Gemeinschaft, sondern der Mannigfaltigung von Gemeinschaften, nicht der Steuerung, sondern der Streuung des Gemeinsamen zu sprechen anfangen kann. Was übrig bleibt nach dem Ende der Menschenrechte, geht über alle Rechte hinaus und kann so erst menschengerecht werden.

5.

Arendt kommt in ihrer Analyse der Menschenrechte zu einer Diagnose, die trotz aller Differenzen mit derjenigen von Marx konvergiert: Sie sind Rechte, die die politische Gesellschaft als einen paradoxen Dissoziationsverband definieren, ihre Rechtsform selbst dementieren und die von ihnen vorgeblich Geschützten mit legalen Mitteln rechtlos machen. Wie für Marx ist die sich politisch und juridisch definierende Gesellschaft auch für Arendt am Ende, aber anders als Marx verknüpft Arendt mit diesem Befund nicht die Prognose einer bevorstehenden Aufhebung der Paradoxien eigentumsrechtlicher Gesellschaften in einer durchweg gesellschaftlichen Gesellschaft, sondern belässt es bei der nüchternen Beschreibung einer strukturellen Entpolitisierung von globalem Ausmaß.

Marx sieht in den amerikanischen und französischen Bürger- und Menschenrechten eine Rechtsform, in der sich die Reduktion der Gesellschaft auf Politik – auf die politische Organisation konkurrierender Eigentumsinteressen – vollendet.

Arendt sieht in ihnen ein Jahrhundert später diejenige Form, in der auch noch die Politik reduziert wird und in der bloßen sprachlichen Existenz von gesellschaftslosen, politiklosen und rechtlosen Einzelnen an ihr Ende kommt. Wenn das *neue Gesetz der Erde*, von dem sie spricht, nicht das Produkt von Geschichtsvergessenheit und Realitätsverleugnung sein soll, dann kann es das Gesetz allein dieses nicht weiter reduzierbaren Sprach- und Existenzrestes und kann selbst nur Rest eines Gesetzes, ein Gesetz ohne Recht sein.

Arendt charakterisiert in der amerikanischen Fassung ihres Buches das Leben der Staaten- und Rechtlosen als *unqualified, mere existence*, in der deutschen, weniger prägnant, als *abstrakte Nacktheit des Menschseins* und *abstrakte Nacktheit des Nichts-als-Menschseins.*[46] Entblößt ist dieses Menschsein von all denjenigen Qualitäten und Prädikaten, die ihm als politischer und juridischer Existenz zugesprochen werden könnten: Das *abstrakte Menschenwesen* hat, wie Arendt präzisiert, *keinen Beruf, keine Staatszugehörigkeit, keine Meinung und keine Leistung, durch die es sich identifizieren und spezifizieren könnte.*[47] Die amerikanische Fassung fährt fort und sagt über dieses allgemeine Menschenwesen, es sei *different in general, representing nothing but his own absolutely unique individuality which, deprived of expression within and action upon a common world, loses all significance.*[48] Dies außerhalb politischer Verbände lebende Wesen mag zwar sprechen, aber seine Sprache hat keine gesellschaftliche Wirkung, weil die juridischen und politischen Geltungsbedingungen von Aussagen für seine *unqualified existence* außer Kraft gesetzt sind. Wenn es nichts anderes als seine einzigartige Individualität darstellt, dann stellt es ein Bedeuten ohne konsensuell festgelegte Bedeutung dar, spricht also eine nicht-repräsentierende Sprache, die weder prädikative Kraft hat noch selber Gegenstand finiter Prädikationen sein kann, durch keinerlei Leistung qualifiziert und durch keine Zugehörigkeit identifiziert ist. Anders als die Sprache des Urteils und der gegenseitigen Beurteilung, die nach Arendts Aristoteles-Paraphrase das politische Wesen des Menschen ausmacht, ist die Sprache der absolut vereinzelten Existenz urteilslos. Sie spricht nicht innerhalb eines homogenen politischen Organismus, nicht in einem geschlossenen Zirkel von Begriffen, Argumenten, Konventionen und vorbestimmten Adressaten, sondern als Sprache einer unbestimmten Vielheit politisch undefinierter Elemente, die ohne festgesetzte juridische Relation allein vermöge ihrer Unterschiede aufeinander beziehbar sind. Wenn ihre *absolutely unique individuality* charakterisiert wird als *different in general*, so muss sie, anders als Arendt glaubt, verschieden noch von der kategorialen Allgemeinheit einer Gattung, eines Typus oder einer Form sein, der sich identifizierbare Einzelwesen subsumieren ließen, und kann als von sich selbst verschiedene Existenz nur ohne generische oder spezifische Form sein. Während Recht einem starren Formprinzip folgt, ist die absolut individuelle Existenz das schlechthin Formlose, Inkommensurable, das den Maßen und Normen des juridisch erfassbaren Lebens widersteht und sich zu ihnen zwar als Grund ihrer Ermöglichung verhält, aber nur als eine solche Ermöglichung, die ihre Ver*un*möglichung unablösbar mit sich führt. Wie sie sich der Prädikation entzieht, so auch jeder Präskription. Da sie, strukturell plural und von Anderen mitbestimmt, über keine Identifikationsmacht verfügt und keiner Urteilsregel untersteht, ist sie keiner abschließenden Definition und am wenigsten einer Selbst-Definition fähig; und kann also auch nicht zur Funktionärin prospektiver Rechte, kontrafaktischer Ideale oder auch nur einer konsistenten Gestalt werden, auf die ihr Vermögen angelegt wäre: Sie hat kein Vermögen, das sie als ihr eigenes reklamieren könnte.[49]

Allein von der nicht-prädikativen Sprache einer politisch wie juridisch unqualifizierten Existenz, so legt Arendt nahe, kann ein anderer Anfang eines gemeinschaftlichen Lebens ausgehen, der nicht in den Paradoxien des einen antiken politischen Menschenrechts und nicht in denjenigen der staatsbürgerlichen Menschenrechte endet. Von diesem anderen Anfang spricht in der Sprache des Wunsches das Augustinus-Zitat *volo ut sis*, das Arendt zur Charakterisierung einer außer-politischen Existenz-Affirmation heranzieht;[50] von ihm spricht mit großer Emphase im letzten Absatz des Totalitarismus-Buches das für Arendts Philosophie entscheidende Augustinus-Zitat: *Initium ut esset, creatus est homo* – »damit ein Anfang sei, wurde der Mensch geschaffen«. Dieser Anfang, der *das eigentliche Versprechen des Endes an uns ist*,[51] kann, so kommentiert Arendt in »Vita activa«, nicht gedacht werden als Anfang zu einem vorgesetzten Zweck, sondern nur als *Anfang des Anfangs oder des Anfangens selbst*,[52] als ein solcher Anfang mithin, der freistellt, was mit ihm angefangen wird und zu welchem Ziel er führt –: als ein Anfang also, der nichts als Freiheit, und Freiheit zumal von allen Bestimmungen durch eine vorgängige oder projektierte Gemeinschaft und ihre Ordnungsprinzipien ist.

Versteht man, wie Arendt es tut, das Ende der Menschenrechte und des ›Rechtes‹, Rechte zu haben, als Versprechen eines solchen anderen Anfangs, so kann er nur einsetzen mit derjenigen Sprache, die aus der Rechtssphäre verdrängt worden ist, und kann sich nur fortsetzen in einer Sprache, in der die Privilegien des Urteils und der Entscheidung, die jene Sphäre beherrschen, nicht gelten. Allein die Sprache eines Anspruchs diesseits von Rechtsansprüchen, die Sprache eines bloßen Wunsches nach Gemeinschaft, der jeder bereits konstituierten Gemeinschaft vorangeht, kann der Anfang der Konstitution einer Gemeinschaft sein und sich als solcher Anfang in jeder bewahren, die ihn nicht durch das Regiment von Rechten zum Verstummen bringt. Wenn diese Sprache vor jeder Konstitution, jedem Konsens und jeder Kohärenz – vor dem *cum* einer *communitas* und ihrer Kommunikationsregeln – ein Anfang ist, dann kann jede Gemeinschaft, die mit ihr eröffnet wird, nur ihrerseits ein Anfang anderer Anfänge, eine Gemeinschaft zu unabsehbaren weiteren Gemeinschaften sein, die keiner Teleologie unterstehen, jeder Antizipation entzogen sind und keinem Begriff oder Namen, der sich von ihnen bilden lässt – und sei's der Name ›Gemeinschaft‹ oder ›Gesellschaft‹ –, entsprechen.

Die Sprache des Anfangens und der Anbahnung einer Gemeinschaft, die mit keiner bereits konstituierten übereinkommt, war der griechischen Antike, auf die Arendt sich beruft, nicht fremd. Die klassische politische Theorie geht zwar von der Annahme aus, der Mensch sei immer zugleich ein *zoon politikon* und ein *zoon logon echon*, und er sei das eine nur, weil er das andere sei. Die Zuschreibung des politischen Status ist aber keine Leistung jeder Sprachform, sondern allein der urteilenden, prädikativen, apophantischen Rede, die darüber entscheidet, ob etwas mit etwas Anderem verknüpft ist oder nicht. Das *Recht, Rechte* – und zunächst politische Urteilsrechte – *zu haben*, kann, wenn es nicht selbst als politisches Recht gedeutet wird, nicht die Struktur von Urteilssätzen haben, da es nur in der minimalen und nicht weiter reduzierbaren Forderung besteht, mit Anderen verbunden sein zu können, nicht aber in dem Urteil, eine solche Verbindung bestehe oder bestehe nicht. Aristoteles, der in seiner »Politik« (1253a) die Doppelbestimmung des Menschen als eines politischen und über Sprache verfügenden Lebewesens formuliert hat, nennt in seiner Schrift »Peri hermeneias« (17a) als einziges, also paradigmatisches Beispiel einer nicht-prädikativen Rede die *euchè* – die Bitte, das Gebet, den Wunsch, das Ansinnen, den Anspruch oder die Zumutung –, und sagt von ihr, sie sei eine Bekundung, die kein Urteil über einen Sachverhalt darstelle und deshalb weder wahr noch falsch sei. Dieser Anspruch oder diese Zumutung, so lässt sich auch sagen, gehört nicht zur Sprache der Theorie, sondern zu einer generativen, proleptischen Sprache im Minimum ihrer Existenz; sie ist die Sprache des Anspruchs auf Gehör, auf Aufmerksamkeit, auf eine Zuwendung oder eine Zustimmung, die noch nicht erteilt ist und über deren Erteilung nicht wiederum im Modus des Anspruchs, sondern allein in dem des Urteils entschieden werden kann. Der Wunsch, das Plädoyer, die Klage, die jedem Urteil vorausgehen, gehören für Aristoteles zur Sprache des Rhetors, dessen Überredungs- und Überzeugungsversuche zu einem Teil politischer oder juristischer Deliberation werden können, ohne schon der Sprache der Beurteilung oder der Entscheidung anzugehören. Arendt hat in ihrer »Vita activa« zumindest einen Hinweis auf diese vor-prädikative Sprache gegeben.[53] Vor jeder Möglichkeit einer Übereinstimmung mit Anderen bekundet sie die bloße Existenz eines Unterschieds von Anderen und beharrt auf diesem Unterschied noch in dem Versuch, ihn als solchen zur Geltung zu bringen. Wendet sie sich als Bitte an einen Anderen, so geht sie auch ihm noch voraus und ist Bitte ohne diesen Anderen, der sie erfüllen könnte, eine Bitte vor ihm, die ihm bloß einen Platz einräumt, ohne darüber entscheiden zu können, ob dieser Platz besetzt wird oder vakant bleibt –: Sie ist also jeweils zugleich Bitte an einen Anderen und an niemanden, Anbahnung einer Gemeinschaft aus der Entfernung zu ihr, Anbahnung einer gemeinsamen Sprache, ohne dass diese bereits gegeben oder auch nur ihre Möglichkeit gesichert wäre. Sie ist Rede nicht eines über Sprache verfügenden, sondern um Sprache bittenden Wesens, eines *zoon logon euchomenon.* Diese Bitte ist noch in jeder Aussage und jedem Urteil zu hören.

Nur weil die Sprache der politisch indefiniten Existenz jeweils aus der Distanz zu einer Gemeinschaft spricht, gibt sie ihr und sich selbst Raum und gibt sich selbst und sie frei: lässt sie als ihr Gegenüber erscheinen und lässt sie los als dasjenige, was den Bereich der Realität verlassen oder ihn niemals betreten kann. Sie konstituiert die gemeinsame Wirklichkeit als eine modifizierbare, geschichtliche und unabschließbar endliche, als eine, die anders ist als sie selbst und anders als das, was von ihr jeweils ausgesagt werden kann: Sie konstituiert sie als widerrufbare. Da sie, um Anspruch zu sein, auf Andere angewiesen ist, kann diese Sprache nicht monologisch, sie kann nur ebenso plural sein wie die unbestimmte Pluralität der Anderen, denen sie sich aussetzt. Nur vermöge dieser Sprache der absolut singulären Existenz – der *absolutely unique individuality* – gibt es eine Pluralität, die sich nicht zur Einheit einer organischen Korporation zusammenschließt, und nur in ihr vollzieht sich das Geschehen einer Pluralisierung, die Gemeinschaften ermöglicht, ohne doch in einer bestimmten oder gar vorbestimmten an ihr Ende kommen zu können. Aber so, wie die Sprache des absoluten – des vereinzelnden, unableitbaren, unbedingten – Anspruchs pluralisiert, indem sie den Raum für andere Sprachen freigibt, so gibt sie sich auch an die Möglichkeit ihres Ausbleibens hin und gibt sie, eine Freigabe auch in diesem Sinn, auf. Sie ist ein eminent gesellschaftliches Geschehen, sofern sie der Anfang jeder Gesellschaft ist, aber ein nicht minder eminent gesellschaftsfernes, da ihr Adressat nie ein gegebener, sondern immer nur ein aus ihrer Verfügung entlassener, freigegebener sein kann.

Wenn sich die Sprache der prädikatlosen Existenz als Bitte oder Gebet – als *euché* – an einen Gott wendet, dann ist sie Sprache noch vor diesem Gott und ohne ihn; sie ist Gebet ohne Gott, das ihn nur zulassen kann, weil er fehlt und noch seine mögliche Antwort allein im Bereich seines fortwährenden Fehlens einräumt. Eine ›politische Theologie‹ kann es unter Bedingungen der nicht-prädikativen Sprache – und das sind diejenigen der proto-politischen Existenz – nicht geben. Es gibt sie nur dort, wo Politik ein gesichertes Faktum oder eine aktualisierbare Möglichkeit ist, nicht nach ihrem Ende. Am Anfang des politischen Lebens, der mit jenem Ende beginnt, steht kein Gott. Die *atheistische* Demokratie, von der Marx spricht, hatte für ihn noch die durchgängig religiöse Form durch Eigentumsverhältnisse gesicherter politischer Relationen; die eigentums- und eigenschaftslose Existenz, die Arendt beschreibt, bleibt strukturell irreligiös; die Anbahnung einer Gemeinschaft, die von ihr ausgeht, kann nur als Relation ohne Relat gedacht werden, als bestimmt zu fortgesetzten

Umbestimmungen. Sie ist nicht mehr atheistisch, weil sie weder affirmativ noch negativ auf die säkularisierten theologischen Gehalte und Formen bezogen ist, in denen sich *die Souveränetät des Menschen* behaupten konnte, *das höchste Wesen für den Menschen* zu sein.[54] Es kann keinem Urteil unterliegen, wer oder was *der Mensch* sei, wenn er es *für* einen Menschen sein muss, der sich in ihm nur sucht, aber nicht definiert. Die Rechtlosen, Staaten- und Politiklosen, die durch die Politik der Rechtsstaaten produziert worden sind, bewohnen keine andere, ideale oder universelle Welt, nicht den griechischen *kosmos* und nicht den tertullianischen *mundus,* sie bewohnen keine. Mit der *res publica* ist ihnen jede in Gemeinsamkeit geordnete Welt zur *res aliena* geworden. Ihre Sprache ist keine Weltwirtschaftssprache, in der die Welt auf die eine Dimension des Handels mit Informationen und Werten geschrumpft ist. Die Sprache derer, die keine Welt haben, kann nur die Sprache der Freigabe einer Welt sein, die anders ist als diejenige, aus der sie exiliert wurden: Sie kann nur eine Sprache für eine solche Welt sein, die nicht eine gemeinte, intendierte und durch Intentionen definierte, nicht eine schon bekannte und in ihrer Kenntnis angeeignete, sondern eine von Absichten und Sicherheiten gelöste, von jedem, der sich zu ihr verhält, freigelassene und allein deshalb überhaupt eine – von allen Weltbegriffen freie – Welt ist.

Wenn die Grundstruktur des *Rechts, Rechte zu haben,* von der nicht-prädikativen Sprache des Anspruchs, der Forderung und der Bitte bestimmt ist, dann muss sie auch noch unter Bedingungen des Urteils und der Entscheidung ihre Bestimmung zur Umbestimmbarkeit bewahren. Selbst dort, wo dem Anspruch zugestimmt und der Bitte entsprochen werden sollte, so dass sich eine minimale Gemeinsamkeit zwischen Sprechendem und Antwortendem einstellt, bleiben Bitte und Forderung als urteilslose Äußerungen von dem Urteil, das ihnen zustimmt, verschieden. Es gibt keine formal gesicherte Korrelation zwischen Anspruch und Entsprechung. Soll der immer hyperbolische Anspruch dennoch eine Entsprechung finden, so muss das Urteil, das diese Entsprechung herbeiführt, strukturell – und folglich *ad infinitum* – auf weitere Urteile offen, es muss ein Urteilsfortsetzungs-Urteil sein und kann deshalb nur unter der Einschränkung gelten, dass es durch weitere Urteile modifiziert oder eliminiert und derart in ein Nicht-Urteil überführt werden kann. Gemäß diesem Fortsetzungsapriori müssen alle Entscheidungen solche für Weiterentscheidungen sein, durch die Unentschiedenheiten nie ausgeräumt werden, ohne dass weitere Unentschiedenheiten erzeugt würden. Jede Bestimmung – wie zuerst die Bestimmung des ›Menschen‹ – muss eine Bestimmung zur Weiterbestimmung sein, jede Determination zur Verschiebung der von ihr selbst gesetzten Grenzen beitragen, jede Definition zur Indefinition. Nicht also der Eliminierung von Unentschiedenheiten, sondern nur ihrem Exzess können Urteilsentscheidungen vorarbeiten, und mit diesem Exzess der Erzeugung weiterer Ansprüche, Zumutungen und Wünsche.

Das *Recht, Rechte zu haben,* ist verloren, wenn es nicht wahrgenommen wird als der rechtsfreie Anspruch, nur zu solchen Urteilsrechten beizutragen, die durch weitere abgelöst werden, nur also zu solchen Rechten, die der Ablösung von Rechten förderlich sind und damit der Freilegung des Anspruchs, der sie trägt. Nur dieser Anspruch, der Gemeinschaften begründet, aber über die jeweils konstituierten Gemeinschaften, über die von Fall zu Fall errichteten politischen Systeme und noch über die Form des Politischen und die sie stabilisierende Rechtsform hinausgeht, wird der Sprache der prädikatlosen Existenz mitsamt den Sprachen, die von ihr ausgehen, gerecht. Seine Sprachgerechtigkeit ist ein Anfang, der auf keinen anderen zurückgeführt und von keinem überboten werden kann, weil er ein Anfang bloß zu weiteren Anfängen ist, sich ihnen darbietet, ohne über sie zu gebieten – eine *arché an-arché.*

Vom Recht, Rechte nicht zu gebrauchen
Menschenrechte und Urteilsstruktur

Dass die Menschenrechte *Rechte* und dass sie Rechte des *Menschen* sind, besagt zweierlei –: Zum einen, dass sie als Rechte nie bloß der empirischen Gesamtheit einer bio- oder zoologischen Gattung und niemals nur einzelnen, privilegierten, weil exemplarischen Exemplaren dieser Gattung beigelegt sind, sondern dass sie dem Menschen, wie er »als solcher« oder »in Wahrheit« ist, zukommen. Die Menschenrechte sind Definitionen des Menschen nicht in seiner zufälligen oder historisch kontingenten Erscheinung, sondern Explikationen des Menschenwesens, wie es sich von ihm selbst her darstellt, wenn alle seine bloß äußerlichen Attribute von ihm abgezogen sind. Erst die Menschenrechte lassen den Menschen im rechten – und das heißt: im unverstellten, unbehinderten und direkten – Licht, im Licht seiner *selbst*: im Licht seiner Natur, seiner Ratio und seines Begriffs erscheinen: So zumindest will es der Begriff der Menschenrechte im Zeitalter ihrer Erklärung. Die Stimme der Deklaration der Menschenrechte ist deshalb die Stimme des Menschen selbst, die Stimme des Rechts des Menschen auf eine Stimme und die Stimme, die *uno actu* das Recht und also das Wesen des Menschen wahrnimmt, bewährt und betätigt. Wenn die *Déclaration des Droits de l'Homme et du Citoyen* von 1789 von der »Unkenntnis, dem Vergessen oder der Missachtung der Rechte des Menschen« spricht, dann um in der Tradition des Natur- und also des Vernunftrechts darauf zu bestehen, dass »der Mensch« und seine »Rechte« keine *fictio juris* und keine Schöpfung dieser *Déclaration* in diesem historischen Moment mit dem Datum 1789 sind, sondern dass der Mensch und damit seine Rechte selber die primären und fundierenden Daten, das bereits Gegebene sind, »natürlich, unveräußerlich und geheiligt«, das der Erkenntnis nur erschlossen, dem Vergessen nur entrissen und der Achtung nur zurückgewonnen werden muss. Die *Erklärung* der Menschenrechte – im Sinn ihrer Deklaration – ist eine *Erklärung* – als Klarifikation und Aufklärung – des immer schon gegebenen Wesens des Menschen durch die Kodifizierung und Publizierung seiner Rechte. Sie sagt nichts Neues, sondern ruft ins Gedächtnis und macht explizit und publik, was implizit immer schon, seit es »Menschen« »gibt«, ihr Wesen bestimmt hat. Mit dieser Erinnerung, dieser Explikation und Publikation der Rechte des Menschen, dieser Offenlegung und Veröffentlichung dessen, was an sich selbst schon offenbar und allen zugänglich ist, sollen die »alleinigen Ursachen des öffentlichen Unglücks und der Verderbtheit der Regierungen« beseitigt werden. Politische Korruption ist demnach in einem Mangel an Erkenntnis (in der Unkenntnis oder im Vergessen) und einem Mangel an praktisch gewordener Erkenntnis (der Missachtung) begründet: Sie ist ein Defekt der Selbst-Gegenwärtigkeit des Menschen in seinen Rechten und ein Defekt der Gegenwärtigkeit des einen höchsten Wesens im Menschen. Nur um diese Defekte wettzumachen, bedarf es der Deklaration: »damit diese Erklärung allen Gliedern des gesellschaftlichen Körpers dauernd gegenwärtig sei und sie ohne Unterlass an ihre Rechte und Pflichten erinnern möge«. Die Unvergesslichkeit, Unmissverständlichkeit und Unveräußerlichkeit dieser Rechte – und also des Wesens – des Menschen muss ihren höchsten Garanten in dem Höchsten Wesen finden, weil allein in ihm diese Wesensattribute der Menschlichkeit des Menschen gesichert sind. In seiner »Gegenwart und unter dem Schutz des Höchsten Wesens«, unter dem Schutz der Offenbarkeit und Unverlierbarkeit des Offenbaren wird die unverlierbare und öffentliche Substanz des Menschen, seine Rechtssubstanz dargelegt. Sie ist die theologische, die onto-theo-logisch-politische Substanz der Sprache der Deklaration selbst. Sie ist das Kerygma des Kerygmatischen, Offenlegung der Offenheit, Verkündigung des Offenkundigen. Der Mensch ist nicht die Leerstelle dieser Deklaration, er ist derjenige, der sich in dieser Deklaration seines eigenen Wesens versichert, es auf seinen höchsten Grund zurückführt, seine Gegebenheit und Gegenwärtigkeit zu einem öffentlichen, einem universellen und unvergesslichen Faktum erhebt und in der Form der Deklaration dieses Wesen bestätigt. Das Wesen, das recht erkannte und als Recht erkannte Wesen des Menschen spricht sich in seiner Deklaration nicht als in einem ihm fremden Medium nur aus; es selbst *ist* diese Deklaration, indem es sich in ihr betätigt. In der Deklaration proklamiert sich, *clare et distincte*, das Rechtswesen Mensch als Autoperformation und Autoverifikation in universellem Konsensus. Seine Selbst-Deklaration deklariert – expliziert, publiziert und aktualisiert – jedes der vier Grundrechte, das die erste *Déclaration* von 1789 nennt: Freiheit (denn mit dieser Deklaration wird die Freiheit der Entscheidung zwischen einem Tun und einem Nicht-Tun vollzogen), Eigentum (denn mit ihr wird ebenjene Freiheit als *proprium* noch vor jedem gegenständlichen Besitz ergriffen), Sicherheit (denn in ihr wird das Wesen des Menschen als Recht auf Dauer verbürgt) und Widerstand gegen Unterdrückung (denn diese Deklaration wirkt in Freiheit der Unterdrückung des Menschen entgegen).

Dass die Menschenrechte die Form sind, in der sich die Substanz des Menschen artikuliert, und dass diese Form die juristische des Rechts und seiner auf Dauer gestellten Deklaration ist – diese erste Implikation wird präzisiert durch die zweite: dass die Rechte des Menschen, so dauernd sie sein mögen, einem Moment der Entscheidung entspringen und einen Beschluss formulieren. »Die Repräsentanten des französischen Volkes«, so heißt es in der *Déclaration* von 1789, »haben beschlossen, [...] die Menschenrechte darzulegen«. Und die *Allgemeine Erklärung der Menschenrechte* vom 10. Dezember 1948, die der Rhetorik der französischen Erklärung in allen entscheidenden Punkten folgt, verkündet in ihrer Präambel, dass die Generalversammlung der Vereinten Nationen die Menschenrechte verkündet, »da die Anerkennung der menschlichen Würde« die Grundlage der »Freiheit, der Gerechtigkeit und des Friedens in der Welt bildet«. Aus Gründen, und zuvörderst aus dem Grund der Freiheit und der Gerechtigkeit, wird der Schluss auf die »Anerkennung« dieser Gründe und der weitere Schluss auf die Deklaration dieser Gründe gezogen. Die Deklaration ist also das Medium eines Zusammenschlusses, einer »general assembly« der »Vereinten Nationen« oder der »Repräsentanten des französischen Volkes«; sie entspricht einem »Beschluss« oder einer Entscheidung, und dient dem Zusammenschluss zwischen dem Wesensgrund dessen, was in ihr »Mensch« heißt, und seiner universellen »Anerkennung« und politisch-juristischen Durchsetzung. Auch wenn der UN im Unterschied zum französischen Nationalstaat eine Exekutivgewalt fehlt und sie sich zur Realisierung der von ihr verkündeten Grundsätze auf Empfehlungen beschränken muss, bleibt das Verhältnis zwischen ihren Grundsätzen und ihrer Deklaration doch dasselbe wie im Nationalstaat: Dieses Verhältnis hat die Struktur einer Konklusion, gleichgültig, ob sie als exekutive oder als bloß instruktive oder edukative Gewalt auftritt. Die Konklusion ist nicht allein die politische Form, in der sich Repräsentanten eines »Volks« oder mehrerer oder aller »Völker« *zusammenschließen*, sie ist auch nicht nur die technische Form, in der Deliberationen und Verhandlungen zum *Abschluss* gebracht und zum Konsensus geführt werden; Konklusion ist, entscheidender, in den beiden entscheidenden Texten der französischen und der UN-Deklaration der Menschenrechte, diejenige logische und ontologische Form, in der die Wesensbestimmung des Menschen mit ihrer expliziten Anerkennung und öffentlichen Verkündung *zusammengeschlossen* wird. Das Wesen des Menschen statuiert sich im Recht des Menschen, und dies Recht expliziert sich in seiner öffentlichen Deklaration, die sich als erster Modus seiner Anerkennung und weiterhin seiner exekutiven oder edukativen Aktualisierung präsentiert. Recht wird also jeweils gedacht als Deklaration – und somit im strengen Sinn als *Kategorie* – des Wesens des Menschen und kann deshalb schlechterdings nicht unabhängig von seiner kategorialen Aufweisung und nicht unabhängig von seiner konklusiven Verbindung mit dem Wesen des Menschen erscheinen. Die UN-Deklaration ist in dieser Hinsicht nicht weniger lehrreich als die *Déclaration* von 1789. Macht diese noch einmal gegenwärtig, was seit je schon gegeben, wenngleich vergessen, verkannt oder missachtet ist, so erklärt die UN-Generalversammlung, die »Anerkennung« der menschlichen Würde – also der Freiheit – sei die »Grundlage der Freiheit, der Gerechtigkeit und des Friedens in der Welt«. Wenn dieser Satz, der erste dieser Deklaration, keine triviale Tautologie ist, dann lässt er sich nur so verstehen, dass die kognitive Erfassung des menschlichen Wesens die Bedingung für seine politische Realisierung, und die Deklaration die Verbindung – also die *conclusio*, der Schluss – zwischen Erkenntnis und Aktualisierung der menschlichen Freiheit und Gerechtigkeit ist. Die Möglichkeit einer solchen kognitiv-politischen Konklusion und damit die Möglichkeit einer Deklaration bietet sich aber erst dort, wo die Anerkennung das Wesen des Menschen, den Menschen *selbst*, in Selbigkeit erfassen und wo die Aktualisierung ein in sich selbst bereits Aktuelles zum überprüfbaren Faktum machen kann. Die deklarative »Anerkennung« der Würde des Menschen muss deshalb selbst ein Akt der Würde sein, sie muss ihre eigene Grundlegung *in actu* und, statt einer trivialen, eine ontologische, eine Onto-Tautologie präsentieren. In der Deklaration seiner Rechte enthüllt, expliziert und offenbart sich der Mensch – und dieser Mensch als ein enthüllendes, deklaratives und juristisches Wesen.

Es zeigt sich an der Struktur der Menschenrechts-Erklärungen, dass der Mensch sich darin als ein Sich-Zeigender und Sich-Enthüllender zeigt. Diese Erklärungen sind, und zwar allesamt, wesentlich phänomenologisch, und sie stellen sich dar als fundamental-phänomenologische Prozeduren *in actu*: als Sprechakte und Begriffsaktualisierungen, die tun, was sie sagen, und politisch realisieren – wenngleich zunächst allein im Modus der Explikation, Publikation und Instruktion –, was sie behaupten. Sie behaupten sich selbst als Vollzug einer Grundlegung – und stellen sich mit dieser Behauptung selber schon fest. Das in der Deklaration explizierte Wesen des Menschen, seine Würde aus Freiheit, wird zum Recht arretiert, indem diese Explikation – wie sie nicht anders kann – diese Würde aus Freiheit, das Wesen, zu einem Thema, zu einem Gegenstand und zum intentionalen Korrelat seiner Aussagen erklärt. Nur weil sie Thema der Deklaration ist, kann Freiheit ein »Recht« sein, und nur deshalb hat sie den Status einer *Kategorie*: öffentliche und veröffentlichende Aufweisung des Wesens des Menschen zu sein. Und zwar nicht den Status einer beliebigen Regionalkategorie, sondern den einer praktischen Fundamentalkategorie: Grund ethisch-politischer Verhältnisse zwischen Menschen überhaupt zu sein. Recht ist kategorische Deklaration und kategoriale Thematisierung des Menschen – und darum auch schon ein Urteil und ein *Beschluss* über den Menschen, *Ausschluss* von Möglichkeiten, die in der Thematisierung nicht enthalten sind und vom kategorialen Denken nicht wahrgenommen werden können, und, im Prinzip, *Abschluss* aller weiteren Verhandlungen und Deliberationen, die von »Menschen« geführt oder auch nur gefordert werden könnten.

Die Menschenrechtserklärungen erklären den Prozess um das Wesen des Menschen im Prinzip für beendet.

Dass Menschen, *sofern* sie Menschen sind, ein *Recht* darauf haben, Menschen zu *sein*; dass sie zum Thema und Gegenstand juristischer Satzungen, Verfügungen, Direktiven und Erlässe; zum Gegenstand legislativer, jurisdiktiver und exekutiver Maßnahmen werden; dass Menschen fundamental juridische Wesen sein sollen –: dieser Skandal, dieser unendliche und unendlich zweideutige Skandal, der die Bewegungen des Prozesses – und die Bewegungen *als* Prozess – nicht allein der effektiven Politik und ihrer jeweils aktuellen Propaganda, sondern der jahrtausendealten und immer wieder erneuerten Allianz von Jurisprudenz, Theologie und Ontologie regiert –: Diese Reduktion des Wesens, der Freiheit, des Menschen auf einen Rechtsanspruch, die Amputation des Menschen zu einem Rechtsgegenstand, ist die Grundoperation, die von der Deklaration der Menschenrechte vollzogen wird. In ihr werden die Rechte des Menschen enthüllt, verkündet und der Öffentlichkeit dargelegt, in ihr werden sie mit der Darlegung in eins zur Anerkennung gebracht und ihrer zumindest virtuellen Realisierung zugeführt; aber diese Offenlegung ist ein essentieller Akt nur, sofern sie ein juridischer Akt ist, in dem sich »der Mensch« zu seinem Gegenstand macht.

Die Erklärung der Menschenrechte ist ein Urteil über den Menschen. Sie stellt das Paradigma jedes prädikativen Urteils dar, das von Menschen über Menschen gefällt werden kann, und definiert ihn als den essentiell Urteilenden, den ebenso essentiell Beurteilten und den unausweichlich zum Urteil über sich selbst Verurteilten. Die Zeit der Menschenrechte ist die Zeit des Gerichts. Sie ist die Epoche nicht so sehr der Philosophie als der Philonomie.

Das Recht des Menschen ist nicht nur Kategorie – darin öffentlich aufweisende, hinzeigende Bekundung seines Wesens (*kat agorein*) –, es ist apophantischer *logos*, der einer Scheidung und Entscheidung, einem Urteil entspringt und das Recht des Menschen, ein Mensch zu sein und in Theorie und Praxis als Mensch anerkannt zu werden, strukturell als sein Recht auf ein Urteil bestimmt: als sein Recht, sich und seine Welt, sich selbst und die Menschheit einem Urteil zu unterwerfen. Die Deklaration der Menschenrechte vollzieht dieses Urteil über das Urteilsrecht und den Urteilscharakter des Menschen. Sie bietet die Szene eines Gerichtshofs – eines ebenso juristisch wie theologisch und philosophisch besetzten Gerichtshofs –, der den Anspruch erhebt, in letzter Instanz über die Rechts- und Urteilsstruktur des Menschen Recht zu sprechen und zu urteilen. Wer sich auf die Menschenrechte beruft, unterwirft sich, vermutlich immer mit den besten Absichten, dem Richtspruch dieses Gerichts und macht sich, als Richter wie als Gerichteter, zur *dramatis persona* dieser Szene und zum Agenten und Gegenstand dieses Spruchs. Er fällt nicht nur ein Urteil – und zwar eines zunächst über sich –, er deklariert überdies, dass anders als in der Form des Urteils, der Prädikation, des Verdikts über Menschen nichts zu sagen ist.

* * *

Die Szene ist alt. Schon eine ihrer ältesten überlieferten Versionen betont ihr Alter und erklärt zugleich – kaum anders als über zweitausend Jahre später die französische *Déclaration* und die UN-Erklärung –, dass diese Szene einer Reform entsprungen ist, durch die traditionelle Rechtsverfahren justiert und der Struktur sowohl der Erkenntnis wie des Menschen angemessener gemacht werden sollten. Diese Szene einer *restitutio ad integrum* des Urteils und damit der Restitution des Juridismus der Philosophie wird als Mythos am Ende von Platons *Gorgias* erzählt (523a–526d). Unter der Herrschaft des Kronos, so erzählt dort Sokrates, wurde von Lebenden über Lebende (*zontes esan zonton*) gerichtet, und zwar an dem Tag, an dem jemand sterben sollte. Diese Urteile führten zur Klage, dass sowohl auf den Inseln der Seligen wie im Tartaros immer wieder Unwürdige erschienen. Zeus, der Herrscher der neuen Zeit, folgt dieser Klage von Poseidon und Pluton und erklärt die Fehlurteile der Lebenden über Lebende damit, dass die zur Untersuchung Gezogenen bisher nur verhüllt gerichtet werden, »eingehüllt in schöne Leiber und Verwandtschaften und Reichtümer«, von denen sich die Zeugen nicht weniger haben täuschen lassen als die Richter. Denn auch die Richter sind, solange sie noch leben, »eingehüllt« und nehmen diejenigen, die vor ihnen erscheinen, nur durch das Hindernis ihrer Augen, Ohren und ihres ganzen Leibes wahr. Die Sicht ihrer Seele wird durch die Sicht der Augen getrübt, ihr Seelengehör durch ihre leiblichen Ohren behindert, ihre Wahrnehmung und folglich ihr Urteil durch ihren Leib in die Irre geführt. Die Reform des Zeus setzt ein Gericht ohne Hüllen ein. Richter und Gerichtete sollen »entblößt sein von diesem allen« (*gymnos kritéon apánton toúton*). »Wenn sie tot sind nämlich, soll man sie richten. Und auch der Richter soll entblößt sein, ein Toter, um mit der bloßen Seele die bloße Seele eines jeden anzuschauen (*auté té psyché autèn tèn psychèn theorunta*), plötzlich (*exaíphnes*), wenn jeder gestorben ist, entblößt von allen Verwandtschaften und nachdem sie allen jenen Schmuck auf der Erde zurückgelassen, damit das Gericht gerecht sei (*dikaia e krisis e*).« (523e) Die *krisis* – die Entscheidung, das Urteil, das Gericht – findet ihr Modell also im Tod, sofern der Tod »zweier Dinge Trennung (*dialysis*) voneinander ist, der Seele und des Leibes« (524b). Der Tod ist die erste, die Ur-Krisis, die von der wahren Verfassung eines Seienden das bloß Akzidentelle und Kontingente scheidet – und zu diesem Sinnlich-Äußerlichen gehören bei Platon die »schönen Leiber und Verwandtschaften und Reichtümer«, mehr als zweitausend Jahre später in den Deklarationen der Menschenrechte ganz ähnlich »Rasse, Farbe, Geschlecht, Sprache, Religion, politische Überzeugung, nationale oder soziale Herkunft, Eigentum oder sonstige Umstände« (Artikel 2 der UN-Deklaration vom 10. Dezember 1948). Aller phänomenalen Eigentümlichkeiten wird die Seele vom Tod entkleidet, und nur als nackte, entblößt, zeigt sie dem seinerseits entkleideten, nichtphänomenologischen Blick der *theoria* ihre Haltung zu den sinnlichen Entstellungen, die sie als Spuren noch an sich trägt: »Sichtbar (*enthela*) ist alles an der Seele« (524d). Das Urteil – *krisis* –, das von den Seelen über die Seelen ergeht, bezieht sich nicht auf Phänomene, sondern auf ihre reine *physis* und auf die *ichne*, die Spuren ihrer Bestrebungen und Erleidnisse (*pathémata*). Sowenig dies Urteil auf Phänomenen beruht, sowenig gründet es im Phänomen-Bewusstsein, denn nach der von Zeus eingeführten Reform können die Sterblichen ihren Tod nicht mehr im vorhinein wissen: Der Tod ist nicht Thema der Beurteilung, sondern die reine Struktur des Urteilens selbst, aphänomenale und anepistemische Scheidung, eine Ablösung des Seelenwesens selbst, die nicht in den Horizont noetischer Akte eintritt, sondern als schieres *pathos*, als *passio* und Passivität noch diesseits der Distinktion zwischen leiblicher Passivität und psychischer Aktivität den Urteilsverlauf bestimmt. Der platonische Reformmythos vom Totengericht hat seine Pointe deshalb in dem winzigen Moment, der vom Wort *exaíphnes* – »plötzlich« – bezeichnet wird. Jenseits des Herrschaftsbereichs des Kronos als der im Nacheinander der Phänomene und Bewusstseinsakte absehbar verlaufenden, der chronologischen Zeit, die es erlaubt, den Zeitpunkt des Todes im voraus zu wissen, kann das Urteil nicht mehr in der Zeit des thematisierenden Bewusstseins fundiert sein. Noch die Zeit des Gegenstandsbewusstseins muss als Hülle und Erkenntnishindernis abgelegt werden, um die psychische Zeit in ihrer Blöße, als Plötzlichkeit und nackte Nähe, nicht als Sukzession von diskreten Jetztpunkten, sondern als schiere Zeit diesseits von Kontinuum und Diskontinuum, als Ereignis der Diskretion zuzulassen. Nur in dieser ana-chronischen »Zeit« ohne Vor und Nach, ohne Prä-senz oder Repräsentation, ohne Vor-stellung und Gegen-stand lässt sich die *psyche* selbst bewerten, sie lässt sich also nicht als Objekt, dem bestimmte Eigenschaften zu- oder abgesprochen werden, sie lässt sich nicht durch Prädikation über ein Thema gerecht beurteilen.

Das Urteil des Totengerichts über die Toten ist also ein ganz eigenartiges Urteil. In ihm werden keine Phänomene, keine Gegenstände des Wissens, keine intentionalen Objekte beurteilt, und das Urteil wird nicht von Subjekten, weder von empirischen noch von einem transzendentalen, gefällt. Da es sich nicht um apriorische Urteile handelt, sondern um solche, die die Bestrebungen und Erleidnisse jeder einzelnen Seele an ihren Spuren ablesen, und da sie in jedem einzelnen Fall für allein diesen Fall urteilen, ohne seine Singularität einem allgemeinen Begriff, einer Norm, Erwartung oder Gewohnheit zu subsumieren, entfallen für die Gerichtsbarkeit des Totengerichts sämtliche generellen Modelle, an denen sich seine Urteile orientieren könnten. Es sind Urteile der äußersten Singularität, ja der Ultra-Singularität, da kein »Wer« es ist, der beurteilt wird, sondern allein, ob es ein Guter oder ein Böser sei – in beiden Fällen steht ein Über-Allgemeines und Ultra-Essentielles zur Entscheidung. Wenn der Totenrichter, selber ein Toter, ob Rhadamanthys oder Aiakos oder Minos, über jemanden Recht zu sprechen hat, »so weiß er weiter gar nichts von ihm, nicht wer noch aus welchem Geschlecht er ist, sondern nur, dass er ein Böser ist« oder ein Guter (526b). Das Urteil der Ultra-Singularität ist immediat eines der Ultra-Universalität –: Das *singulare tantum*, das es betrifft, ist seine eigene Regel, die über jede Regel hinausgeht –: Das Urteil, das ihm gilt, *bezieht* sich darauf nicht als phänomenales oder intentionales Objekt, sondern *vollzieht* es als Über-Singuläres und Über-Allgemeines, schätzt es nicht nach seinen Qualitäten ein, sondern übergibt es dem Ort seiner Qualität und teilt es ihm zu. Das Verhältnis des Richters zum Gerichteten folgt dabei der Weisung, die er von diesem empfängt, es ist eine je singuläre und mehr als singuläre, eine universelle und mehr als universelle *Antwort* auf eine entsprechende *Herausforderung.* Aber diese Antwort kann nicht den Charakter eines performativen Aktes haben, der einen Minimalkonsens einer Gemeinschaft über die Konventionen des Redens voraussetzt, denn eine solche Gemeinschaft, Konventionen, Konsens gehören dem phänomenalen Bestand an, der jeweils ein »Wer« konstituiert und von dem die Richter wie die Gerichteten in ihrem Tod entblößt sind. Die einzige Gemeinschaft, die Platon in seinem Reformmythos vom letzten Gericht zulässt, ist die zwischen dem Asiaten Rhadamanthys und den von ihm gerichteten Asiaten, und die Gemeinschaft zwischen dem Europäer Aiakos und den Europäern, über die er urteilt; über beiden thront und die letzte Entscheidung trifft aber Minos, der keiner Ethnie und keiner Gemeinschaft angehört und jede Gemeinschaft zwischen Richtern und Gerichteten suspendiert.

Das Urteil der Über-Singularität und Über-Universalität ist ein Urteil der *Alterität*: der Scheidung zwischen einem Jeden und allen Anderen: Dies Urteil ist deshalb die Erzeugung eines Jeden, die Herbeiführung der Alterität eines Jeden, und also *Alteration.* Und da es ein letztes und daher erstes und irreduzibles Urteil ist, ist es Ur-Teilung, Archi-Distribution, wie sie dem Minos im gleichnamigen, dem *nomos* gewidmeten pseudo-platonischen Dialog zugeschrieben wird. Sie sagt nicht etwas über Etwas und ist deshalb keine prädikative Identifizierung eines Themas oder einer Thesis, sondern beruht allein im unthematischen und athetischen Sagen als dem Geschehen der *krisis.* Das Urteil der Toten über die Toten ist das Geschehen eines Sagens – eines *logos*, wie Sokrates betont –, das jedem Gesagten, ein Urteilen, das jedem Urteilsinhalt vorausgehen muss und deshalb jedem Gegenstand und jedem Wesen, jedem Wissen und jedem Bewusstseinsakt erst einen Grund gibt; und da es als Sagen nicht selbst ein Gesagtes und Gegenstand des Wissens sein kann; diesen in ihm gelegten Grund – mit struktureller Ironie – zugleich entzieht. Es ist Scheidung vor jeder möglichen Entscheidung; unendliche und darum immer plötzliche, unabsehbare und darum vortheoretische *krisis.*

Der platonische Mythos vom letzten, vom Totengericht versucht eine Antwort auf die Frage nach der Struktur eines gerechten Urteils zu geben: also auf die Frage nach dem, was eine urteilende Rede in Wahrheit konstituiert, und auf die Frage nach denjenigen Wesen, die sich in solcher Rede aufeinander beziehen. Die Antwort auf diese Doppelfrage – nach dem Menschen und nach der Rede – muss eine einzige sein, wenn sie ein Sprechen, das dem Menschen gerecht wird, ein menschengerechtes und sprachgerechtes Sprechen charakterisieren soll. Das Verfahren, das zur Antwort des Totengerichts führt, ist das der Reduktion, keiner phänomenologischen, sondern einer transphänomenologischen Reduktion, die die inessentiellen Attribute des Lebendigen abzieht, um zur bloßen, zur nackten Seele und den ihr eingezeichneten Spuren zu gelangen. Das Totengericht ergeht in dem jeweils einzigen Geschehnis der *krisis* und bestimmt darin den jeweiligen Einzelnen wie seine Sprache als bloßes Geschehnis der Scheidung. Die Reduktion, eine Entblößung, ist Reduktion auf das Reduzieren; die Entblößung entblößt nicht ein gegenständliches Etwas, das hinter einer Hülle verborgen läge – wie es die späteren Menschenrechtserklärungen supponieren –, sondern entblößt das Geschehen der Entblößung, der Scheidung, der *krisis* und *dialysis* selbst. Sie ist Entblößung der Entblößung – »[d]énudation de la dénudation«, wie Levinas formuliert,[1] der in *Autrement qu'être* an weit auseinanderliegenden Stellen dem Gorgias-Mythos zwei gewichtige Fußnoten widmet.[2] Diese hyperbolische *krisis* der *krisis* wird von Platon als Kritik gegen die Gerichtspraxis der Lebenden über die Lebenden und implizit vermutlich gegen die juristischen Praktiken des Areopag und der niederen Gerichte des zeitgenössischen Athen gewendet; sie kann, über die zeitgenössischen Referenzen hinaus, auch als kritische Antwort auf alle Rechts- und Urteilsformen seither und bis zur Szene der Menschenrechts-Deklarationen während der Französischen Revolution und nach dem Zweiten Weltkrieg gelesen werden. Sokrates hält Gericht über das Recht und korrigiert, was daran – noch immer – weder der Sprach- noch der Menschengerechtigkeit entspricht. Setzt man zunächst die Komplikationen der platonischen Leib-Seele-Distinktion beiseite, die sich im Gorgias-Mythos mit der *ichne*, der Spur, lösen, so lassen sich vornehmlich drei miteinander zusammenhängende Züge hervorheben, in denen die Menschenrechte der Moderne vom Totengericht einer

Revision unterzogen werden. Alle drei Züge kommen darin überein, dass sie das prädikative Urteil, das Urteil, sofern es Prädikation ist, reduzieren auf eine prädikatslose Diktion, ein bloßes *dicere* ohne eidetisches Korrelat, dem Eigenschaften zu- oder abgesprochen werden könnten. Dass etwas gut sei, ist kein Prädikat, sondern die bloße Entsprechung zum Sprechen und zur Möglichkeit des Sprechens überhaupt.

A –: An keiner Stelle des Gorgias-Mythos ist von Rechten die Rede. In den Menschenrechtserklärungen haben Rechte den Status von kategorialen Aufweisungen des menschlichen Wesens, sie charakterisieren die unveränderliche, geschichtsinvariante Substanz aller Menschen aller Kulturen und Zeiten und werden in der Deklaration oder Proklamation von der Hülle des Vergessens und der Missachtung befreit. Ihre Explikation und Publikation entkleidet die humane Substanz ihrer inhumanen Verstellung und fügt sie in den phänomenalen Bestand des Wissens, der Einsicht und der praktischen Anerkennung ein. Deshalb ist es den Erklärungen der Menschenrechte nicht äußerlich, dass sie allesamt das Recht auf Eigentum zu den unveräußerlichen Grundrechten zählen: Wissen ist eine Habe, mögliches oder wirkliches Eigentum, fundiert im Bewusstsein als dem unveräußerlichen Ort der Konvergenz von Bewusstem und Leben, und privilegiert als Eigentum in seiner äußersten Idealität. Die Erklärung von 1789 stellt das Eigentum an zweite Stelle direkt hinter das Recht auf Freiheit: »Diese Rechte sind die Freiheit, das Eigentum, die Sicherheit und der Widerstand gegen die Unterdrückung« (Artikel 2); die UN-Erklärung von 1948 proklamiert in Artikel 17 vorsichtiger, aber nicht weniger kategorisch: »Jeder Mensch hat allein oder in Gemeinschaft mit anderen das Recht auf Eigentum.« Dieses Eigentumsrecht bildet zusammen mit denen auf Sicherheit und auf Freiheit einen systematischen Zusammenhang, denn die Sicherheit meint die *perseveratio in se ipsum*, die Freiheit bestimmt sich regelmäßig als Schranke gegen Andere, und das Eigentum figuriert als der materielle Repräsentant dieser

Schranke: »Die Freiheit besteht darin, alles tun zu können, was einem andern nicht schadet: also hat die Ausübung der natürlichen Rechte jedes Menschen keine Schranke als jene, die den übrigen Gliedern der Gesellschaft den Genuss dieser nämlichen Rechte sichern. Diese Schranken können nur durch das Gesetz bestimmt werden« – so die französische Erklärung von 1789 in ihrem Artikel 4. Ganz in diesem Sinn definiert Kant in seiner kleinen Schrift *Über den Gemeinspruch: Das mag in der Theorie richtig sein, taugt aber nicht für die Praxis* vom September 1793, dass »alles Recht bloß in der Einschränkung der Freiheit jedes anderen auf die Bedingung besteht, dass sie mit der meinigen nach einem allgemeinen Gesetze zusammen bestehen könne«.[3] Freiheit, die sich nach dem allgemeinen Gesetz der »einander einschränkende Willkür (welcher der bürgerliche Zustand heißt)« definiert und den »rechtlichen Zustand (status iuridicus) überhaupt« charakterisiert,[4] ist aber Freiheit nur innerhalb der Limitationen gegenüber anderen Freiheiten und also diejenige egologisch bestimmte Freiheit, der Marx in seiner Kritik der amerikanischen und französischen Menschenrechtserklärungen in *Zur Judenfrage* vorhielt, sie sei die Freiheit der bornierten gesellschaftlichen Atome, die als Hindernis ihrer Vergesellschaftung und als Blockade der uneingeschränkten, nämlich integral gesellschaftlichen Freiheit fungiere. Die Marx'sche Analyse trifft mit den Menschenrechtsdeklarationen zugleich die anthropologische Eigentumstheorie von John Lockes *Second Treatise of Government* von 1689, die ihnen ein Jahrhundert lang vorgearbeitet hatte. Locke erklärt darin, der bestimmende Zweck aller Gesellschafts- und Staatsbildungen der Menschen sei »the Preservation of their Property« (§ 124) und bezeichnet als diese »Property: their Lives, Liberties and Estates« (§ 123). Da nicht nur materielle Besitztümer und einzelne Freiheiten, sondern das Leben selbst von Locke als Eigentum gedacht wird, muss der Grund allen Rechts auf Eigentum selber ein unveräußerliches Eigentum, und dieser unbedingte Rechtsgrund muss das Eigentum an der je eigenen Person sein: »every Man has a Property in his own Person. This no Body has any Right to but himself«. (§ 27) Das Recht auf die eigene Person sichert diese Person nur als Eigentum; das Recht auf Freiheit sichert die Freiheit nur als Eigentum an einer Freiheit, die in Konkurrenz zu anderem Eigentum steht und den *status iuridicus* zu einem Zustand des permanenten, alle Freiheiten verletzenden Bürgerkriegs macht. Die Grundrechte, die Wesensrechte des Menschen sein sollen, sind nationale wie internationale Bürgerkriegsrechte. Da sie den Menschen in seiner *humanitas* als Menschen-gegen-andere-Menschen und weiterhin als Menschen-gegen-den-Menschen bestimmen, sind sie strukturell, sofern sie Rechte, Staatsrechte oder supranationale Rechte sind, in Wahrheit nicht Menschen-, sondern Sachenrechte und in-humane Institute nicht nur der wechselseitigen Limitation, sondern der gegenseitigen Elimination. Recht ist Recht-gegen-Recht und ist also, *ex definitione*, ungerecht. Es ist eine Kategorie nicht der Menschlichkeit, sondern ihrer Verdinglichung und Vernichtung. Jedes Urteil, das Prädikation ist, ist Urteil-gegen-Urteil, Selbstverurteilung, De-Prädikation, Tilgung seiner selbst und der von ihm gesprochenen Sprache. Es eröffnet keine Zukunft, sondern schließt sich gegen sie und gegen seine eigenen künftigen Möglichkeiten ab. Prädikation ist, in jedem Sinn, ein *Schluss*. Das *Prinzip* der Menschenrechte, wenn es ein *Anfang* sein soll, muss aufhören, Schluss zu sein, es muss Distanz nehmen zum prädizierenden Urteil, um zur bloßen Diktion und damit zur Ermöglichung einer jeweils singulären Menschen- und Sprachgerechtigkeit werden zu können.

B –: Damit ist ein zweiter entscheidender Zug berührt, in dem sich die Gerechtigkeit des platonischen Totengerichts von den Menschenrechten unterscheidet. Rechte sind Anspruchsregeln, die ein Mitglied einer Gemeinschaft gegenüber anderen Mitgliedern derselben Gemeinschaft geltend machen kann. Es ist jeweils eine Gemeinschaft, die die Einzelansprüche legitimiert und deren »allgemeines« Gesetz souverän über die Rechte ihrer Mitglieder waltet. Aber die Souveränität des Gesetzes – »Aller« – ist nur die Souveränität eines Kompromisses, über den nach dem mathematischen Kriterium der Majorität und dem Kalkül der Maximierung der Macht und des Vermögens dieser Majorität entschieden wird. Souverän ist jeweils eine absehbare und abzählbare, eine kalkulierbare Totalität und die kalkulierbare Macht der in ihr wirksamen Erhaltungs- und Expansionsbedingungen. (Nur deshalb kann eine Definition wie die von Carl Schmitt gelten: »Souverän ist, wer über den Ausnahmezustand entscheidet« – denn entschieden wird über den Ausnahmezustand allein *im Hinblick* auf die Regel der Machtmaximierung einer gegebenen oder absehbaren Gesamtheit und also der Maximierung einer Majorität und ihrer Privilegien.) Über eine rechtsetzende politische Totalität entscheidet also selbst in Demokratien eine Gruppe von Einzelnen *gegen* andere oder *vor* anderen Einzelnen; und sie entscheidet – sie urteilt – nach Maßgabe *ihres* Willens und der Machterweiterung ihres Willens: nicht aber nach Maßgabe der inkalkulablen Singularität der Einzelnen, ihrer Vergangenheiten und Zukünfte, die nicht in allen Fällen vom Willen und vom Hinblick auf Macht definiert sein können. Von der souveränen Gemeinschaft und ihrem Gesetz wird einem nur scheinbar gleichen Maß – dem der Zahl, des Quantums an Willen, Vermögen und Macht – unterworfen, was doch miteinander schlechthin inkompatibel sein und sich jedem Vergleich entziehen muss. Damit ist aber der Wille, so sehr er ein Wille zum Guten sein mag, als Wille zur Macht und zur Übermächtigung anderer Willen Prinzip nicht der Sozialität oder der Sozialisierung, sondern der Selektion, der Exklusion und des Konflikts. Das Menschenrecht, das in ihm fundiert ist, ob es das Recht auf Eigentum, auf Sicherheit oder formal-juristische Gleichheit ist, ist das Recht von Scharfrichtern und Rechnern. Menschenrecht ist Menschenverrechnung. Die Freiheit, die es den Einzelnen einräumt, ist als Freiheit unter dem »allgemeinen« Gesetz der Subjektivität, nur die Freiheit, den Machtbereich der Einzelwillen zu erweitern und zu universalisieren: Es ist die Freiheit nicht der Alterität, sondern der Assimilation, nicht der Transformation, sondern des Konformismus, nicht der Würde, sondern des kalkulierbaren Wertes. Die Gemeinschaft unter dieser Freiheit ist die Gemeinschaft der Konkurrenz und des Konflikts, in dem ein jeder als »Mensch« nur in Betracht kommt, wenn er als Posten in einer juridischen Rechnung fungiert. Freiheit ist nicht frei, solange sie im Ego, und sei es das eines Anderen, ihre Grenze oder ihre Herkunft findet. Erst die Befreiung der Freiheit vom Prinzip der Majorisierung von Zahl, Vermögen und Macht wäre ihre Befreiung *zu* einem *anderen* Anderen und *anderen* Ich; erst diese Erfindung unabzählbar vieler befreiter Freiheiten wäre das Geschehen einer menschlichen Gesellschaft. Sie wäre »der Mensch« in seiner irreduziblen, also auch nie formalisierbaren Pluralität, seiner nicht-monopolisierbaren, inkalkulablen Sozialität, »der« Mensch mit dem *Recht, kein Recht zu brauchen und sich von keinem gebrauchen und verbrauchen zu lassen.*

C –: Das platonische Totengericht bezieht sich an keiner Stelle auf Rechte, an keiner auf Eigentum, Gemeinschaft, Erscheinung und die in ihnen verbürgbaren Sicherheiten. Gerade sie, Geschlecht, Herkunft, Tradition, Konvention, Gemeinschaft, Vermögen und Aussehen unter all seinen Aspekten, und somit der gesamte phänomenale Apparat dessen, was die Menschenrechte nach dem *ius naturalis* und den amerikanischen und französischen Deklarationen als *Rechte* ausmachen, einschließlich derjenigen Freiheit, die als exklusives *proprium* der Egoität des Ich, als seine Person, charakterisiert ist, wird vor dem Urteil der Totenrichter als hindernde und irreführende Hülle abgelegt. Was bleibt, ist das schiere Urteil ohne Prädikation, ohne vorgegebenes Recht, ohne korrespondierende Pflichten, die erfüllt oder verletzt werden könnten; ein Urteil, das keinem Gesagten, keinem Thema und keinem Gegenstand der Theorie, also auch keinem deklarierten Gesetz folgt, sondern, diesseits aller Manifestationen und Institutionen, allein im Geschehen der *krisis* liegt und allein auf ein anderes solches Geschehen bezogen ist. Was also bleibt, wenn allein das Urteilen als Ur-Distribution bleibt? Levinas stellt diese Frage in den beiden bereits erwähnten Fußnoten von *Autrement qu'être*, in denen er den Gorgias-Mythos diskutiert, und antwortet in der einen, dass das Urteil Urteil bleibt (*»demeure jugement«*),[5] insistiert in der anderen, früheren auf der Frage selbst: »Doch darf man sich tatsächlich zu Recht fragen, worin denn ein Urteil besteht, das weder a priori ist noch über Gegebenes verfügt, das kein *Erfahrungsurteil* ist [...].«[6] Seine Antwort auf diese nicht gänzlich rhetorische Frage bescheidet sich mit der Erinnerung, dass das Totenurteil nicht zunächst »jugement de justice«,[7] sondern zuvor Verantwortlichkeit für den einzelnen Anderen ist. Es wäre also, auch als Antwort aus der Verantwortlichkeit, ein Urteil: Urteil *vor* dem gerichtlichen Urteil, aber dennoch Urteil. Der Antwort von Levinas lässt sich eine weitere an die Seite stellen: Die *krisis* des Anaphänomenalen – der *psyche* und der *ichne* – kann als nacktes Sagen, das weder auf einen Gegenstand noch auf einen thematisierbaren Grund, sondern allein auf sich in seiner Ver*a*nderung bezogen ist, nicht anders als unendlich sein und muss als unendliches Urteilen ohne Schluss jeder Formalisierung und Juridifizierung entzogen bleiben. Ein Geschehen vor jeder Setzung und Festsetzung von Rechten, ist die *krisis* Geschehen ohne Gehalt, Geschehen bloß des Geschehens, *krisis* der *krisis*, in der die Entscheidung über das Geurteilte jeweils zugleich eine Entscheidung für die Entscheidung selbst vollzieht. Das Urteilen *bleibt*: Aber im Urteilen bleibt das konklusive Urteil versagt – und dieses nackte Urteilsgeschehen entzieht sich jedem Urteil darüber, ob es selbst Urteil ist oder nicht ist. Es macht die strukturelle Ironie dieses Ereignisses aus, dass es nie mit Gewissheit als es selbst gedacht und benannt werden kann, sondern immer nur als das, was es vielleicht nicht ist.

Als *unendliches* Urteilen bleibt es irreduzibel auf einen propositionalen Gehalt und ist *epoché* des Urteils im Urteilen selbst –: eine Urteilsenthaltung, die keiner Intention und nicht der Eigenart des intentionalen Gegenstandes entspringt, dem sie gelten könnte, denn als Geschehen geht das Urteilen jeder Intention und jedem Gegenstand, der sich darin konstituieren könnte, voraus. Sofern die *krisis* jeder kritischen Reflexion auf sie entgleitet und ebenso sehr *krisis* wie athematisch und Anathema *bleibt*, bleibt sie auch das absolut Urteilsentzogene, durch keine Aussage Enthüllbare, ein Geheimnis ohne Inhalt. Die Entblößung ist unentblößbar. Während die Deklarationen der Menschenrechte die verdeckten (verkannten, missachteten) substantiellen Charaktere des Menschen enthüllen (explizieren und publizieren), um sie unter den Schutz und die Kontrolle der politischen Allgemeinheit zu stellen; während diese Deklarationen ein universelles Urteil über die enthüllte Substanz des Menschen als des schlechthin urteilenden Wesens fällen, streift die unendliche *krisis* des platonischen Gerichtshofs noch jedes »Was«, jedes Wesen und jedes essentialisierende Recht als eine Hülle ab und urteilt je nur ein einziges Mal, plötzlich (*exaíphnes*), ob etwas gut – jenseits des Wesens (*epékaina tes ousías*) – oder schlecht – nichtseiend – ist. Sie urteilt, ohne dass gewiss oder gewusst sein könnte, ob ein Urteil oder keins ergangen ist. Der Mensch ist für diese *krisis* kein Wesen, das enthüllt und aktualisiert, sondern ein je Einzelner, dem zunächst und immer wieder geantwortet werden muss. Dass Platon vom Totengericht in einem *mythos* – und zwar einem entschieden »entmythologisierenden« – erzählt, mag auch als Hinweis darauf zu lesen sein, dass von dieser *krisis* nicht in prädizierenden Sätzen gesprochen werden kann. Sie ist nicht Thema einer Reflexion, weil sie selbst nicht Reflexion eines Themas ist. Gesetzestexte urteilen über Recht und Unrecht. »Literatur«, und dazu gehören auch die Fabulationen des *mythos*, wahrt das Recht der Gerechtigkeit, indem sie sich des Urteils und noch des Urteils über das Urteil enthält.

Aber als unendliches *Urteil* bleibt auch die *krisis* des Totengerichts ein Urteil. Ein Urteil bleibt sie allein schon deshalb, weil sie von den phänomenalen Zusammenhängen, in denen jemand handelt und wünscht, die Spuren, die *ichne*, als protophänomenale Hinweise betrifft. Wenn es in diesem Urteil um Gerechtigkeit geht, dann muss es darin auch um die Gerechtigkeit dessen gehen, wovon das platonische Seelengericht nicht gänzlich absehen kann: um die Gerechtigkeit – also den Sinn und den Gebrauch – sozialer, auch genealogischer Zusammenhänge, die Gerechtigkeit – mithin die rechte Mitteilung – der Traditionen und ihrer Möglichkeiten, um die Gerechtigkeit – das heißt die gerechte Schätzung – der Erscheinung und um die Gerechtigkeit – soll heißen die zuträgliche Verteilung und günstige Verwendung – der Güter. Platon lässt das Urteil unmittelbar von Seele zu Seele ergehen, deshalb dürfen die Spuren, die als Mittler zwischen den Seelen liegen, nicht nur als Urteilshemmnisse, sie müssen zugleich als Urteilsermöglichungen gelesen werden: diese Spuren sind, wie die *krisis*, Instanzen der Unmittelbarkeit bloßer Mittelbarkeit. Der Phänomen-Rest, der ein Phänomen-Tor ist, macht Urteile allererst nötig und muss deshalb auch ihre Struktur bestimmen. So sehr die *krisis* in ihrem Vollzug athematisch bleibt, so bleibt sie doch auch Antwort und deshalb auch schon Anfang der Reflexion, der Thematisierung und weiterhin Substantialisierung dessen, worauf sie sich bezieht. Und folglich Grund prädikativer Aussagen, Ansatz zu Rechten, zur Juridifizierung und Institutionalisierung »des« Menschen. Das unendliche Urteilen ist endlich, und deshalb – nicht anders als das *exaíphnes* – nur außerhalb der Opposition zwischen Endlichem und Unendlichem denkbar.

Es gibt also jeweils zwei einander tangierende, begleitende oder durchkreuzende Züge im Urteil: den eines bloßen Geschehens ohne Grund und Stillstand, ohne Gegenstand und Befriedigung, schlechthinnige Transzendenz; und den anderen der Fixierung eines Themas, der Setzung einer Substanz, der Determination eines Gegenstandes, und sei er ein Ideal, dem Genüge getan werden soll. Diese beiden Züge, die in keiner Sprache fehlen und die sich auch am platonischen Mythos ablesen lassen, treten in der Differenz zwischen dem Urteil des Seelengerichts und dem Urteil der Menschenrechts-Deklarationen hervor. Das Urteil der juridischen Proposition erzeugt den Menschen als Gattungswesen unter einem universellen Gesetz; das Urteil der *krisis* zwischen Gut und Schlecht bezeugt *exaíphnes* einen je Einzelnen in der Suspendierung aller Begriffe und Vorstellungen, die von ihm gebildet werden können. Das Urteil der Menschenrechte identifiziert eine Substanz; das Urteil der unendlichen *krisis* löst alle substantiellen Bestimmungen als bloße Phänomene zugunsten ihrer transessentiellen Bewegung auf. Der Mensch der Menschenrechte ist das Subjekt seiner Selbstdeklaration, das auf jeden Anderen nur als auf eine Grenze stößt; der Mensch des Totengerichts ist Mensch allein *aus* dem Geschehen der *krisis*, aus dem der Eine wie der Andere als aus dem Geschehen ihrer Alteration allererst hervorgehen. *Krisis* ist die unendliche Kritik am prädizierenden Urteil; dies prädizierende Urteil der Widerstand, der sich in der *krisis* gegen sie selbst kehrt. Wenn die platonische *krisis* eine Justierung des Menschenrechts darstellt, wie es die Praxis des zeitgenössischen Areopag und aller ihm folgenden Gerichtshöfe und Deklarationsinstanzen bis in die jüngste Moderne bestimmte, dann fordert sie auch weiterhin – sie fordert unendlich – Justierungen, die über bloße Modifikationen, Rektifikationen und Korrekturen der Menschenrechte hinausgehen. Sie fordert solche Justierungen, die »den Menschen« aus der juridischen Definition seines »Wesens«, aus seiner Definition als Rechtwesen, als Gegenstand und als Subjekt von Urteilen entlassen, und sie fordert solche Justierungen, die der strukturellen Ironie jeder solchen Justierung entsprechen. Und zwar nicht für irgendeinen Zeitpunkt in der näheren oder ferneren Zukunft, sondern jetzt, *exaíphnes.*

* * *

Unter den notwendigen Justierungen der Menschenrechte, unter denjenigen also, die sich nicht aus einem spontanen Gefühl und nicht aus dem juristischen (bereits 1950 von Hans Kelsen in *The Law of the United Nations* geführten) Nachweis der Insuffizienzen der Menschenrechte herleiten, sondern die sich aus *der Struktur von Urteilen überhaupt und aus der in ihr begründeten Form des Rechts* ergeben; unter diesen Justierungen sind die zunächst dringlichsten diejenigen, die sich aus den folgenden Forderungen ergeben mögen:

1. – dass ein jeder »allein oder in Gemeinschaft mit anderen« das Recht auf Eigentum hat, aber dieses Recht verwirkt, wo immer es zur sozialen, politischen oder juridischen Definition dessen gebraucht wird, was er selbst oder seine Gemeinschaft oder ein beliebiger Anderer ist oder sein soll. Eigentum sowie das Recht auf Eigentum und das Recht, dieses Recht zu haben, sind Mittel, sich ebendieser Mittel zu entledigen.
2. – dass ein jeder das Recht hat, in jeder beliebigen Gestalt in der von ihm gewählten Öffentlichkeit zu erscheinen, solange er daraus nicht das weitere Recht ableitet oder abzuleiten fordert, seine Erscheinung als Darstellung dessen anzusehen, was er ist oder sein soll. Jede Weise des Erscheinens hat ihr eigenes Recht; dieses Recht erlischt, wo es zur Manipulation oder Übermächtigung anderer Weisen des Erscheinens – auch vor sich selbst – gebraucht wird.
3. – dass ein jeder das Recht hat, einer Gemeinschaft oder mehreren Gemeinschaften anzugehören und auf sie so einzuwirken, dass dadurch alle anderen Rechte in jeder Weise gefördert werden. Die Förderung dieser Rechte darf durch die Grenzen der Gemeinschaft oder der Gemeinschaften nicht eingeschränkt werden. Wo solche Einschränkungen erzwungen werden oder drohen, tritt das Recht in Kraft, sich ohne Sanktionen von der Gemeinschaft oder den Gemeinschaften zu lösen.
4. – dass die Souveränität bei keinem Volk, keiner Nation und

keinem Staat oder ihren Repräsentanten liegt. Souveränität ist weder eine Kategorie des Rechts noch eine der Rechtsbegründung und Rechtserhaltung.

5. – dass keine Gemeinschaft und keine politisch verfasste Gesellschaft das Recht hat, eines ihrer Mitglieder – sei es, um sich selbst zu schützen oder zum Zweck der Bestrafung – zu isolieren. Gesellschaften sind Adoptionsverbände. Jede Form der Isolierung, der Segregation und Internierung ist eine Form des sozialen Mordes. Die Tötung eines Menschen ist nicht rechtsfähig.
6. – dass ein jeder das Recht hat, sich und alle anderen über diese Rechte zu informieren und an der Formulierung ihrer Konsequenzen und ihrer Durchsetzungsbestimmungen mitzuwirken. Jeder hat in gleicher Weise das Recht, diese Rechte zu befragen, auf sie wie auf ihre Insuffizienzen zu antworten und allein oder in Gemeinschaft mit Anderen auf Transformationen und Änderungen dieser Rechte hinzuwirken.
7. – dass es für das Recht auf Änderung aller Rechte, einschließlich der Menschenrechte in ihrer überlieferten Fassung, keine *natürliche* und keine *positive* Grenze gibt. Das »Jeder«, dem diese Rechte zuerkannt werden, kann nicht nur mündige Vollbürger, es muss auch Unmündige, Gastbürger, ehemalige oder mögliche Mitglieder von Rechtsgemeinschaften umfassen. Alle Rechte sind deshalb Übergangsrechte und müssen ihren historischen Charakter darin bewähren, dass sie offen für künftige, gerechtere Rechte und, *in extremis*, für eine Gerechtigkeit jenseits des Rechts sind.

Im Mythos von der transphänomenalen *krisis* fehlt jede Referenz auf Rechte. Sie werden in systematischer Verbindung in den Menschenrechtserklärungen dargelegt – freilich ohne dass alle ihre Implikationen entfaltet würden, vor allem aber, ohne dass eine ihnen allen gemeinsame Implikation ausgesprochen würde. Es gehört zum Begriff aller Rechte, der Naturrechte wie der positiven Rechte, der Menschenrechte wie der daraus abgeleiteten Einzelrechte, dass sie das »Recht« einschließen, sich ihrer *nicht* zu bedienen. Wer immer dazu geneigt ist, kann auf die Wahrnehmung des Rechts auf Eigentum und auf Sicherheit, kann auf die Nutzung des Widerstandsrechts und selbst auf den Gebrauch des Rechts auf Freiheit verzichten. Er verzichtet damit nicht auf das Recht, noch weniger verwirkt er es, er verzichtet allein darauf, das Recht in Anspruch zu nehmen, an es zu appellieren und es zum Grund seiner und der Handlungen Anderer zu machen. Dieses unausgesprochene Implikat aller Rechte erklärt, ebenso unausgesprochen, die prinzipielle Verzichtbarkeit des Gebrauchs von Rechten und der gesamten Rechtssphäre. Es besagt, jeder könne nur dann frei und rechtsfähig sein, wenn es ihm freisteht, auf den *Gebrauch* des Rechts auf Freiheit zu verzichten. Dieses »Recht«, Rechte nicht zu gebrauchen, ist die in keiner Verfassung und keiner Rechtsdeklaration explizierte, aber von jeder implizierte Freiheit *vor* dem Gesetz und *vor* dem Recht auf Freiheit. Sie ist der Grund für jedes Gnadenrecht – also für das Recht, die Exektion eines bereits gefällten Urteils zu erlassen –, das einer souveränen Instanz zugebilligt wird, und ein Pendant zur Urteilsenthaltung im Urteil, wie sie in der platonischen *krisis* geübt wird. Wer *Gnade vor Recht* ergehen lässt, muss sich dazu freilich nicht auf ein *»Recht«* berufen, er kann auf Rechtsunsicherheiten, Rechtslücken, er kann sich auch auf prinzipielle Rechtserfordernisse berufen, die ihrer Unwägbarkeit wegen nie in kodifiziertes Recht übertragen werden können. Zu solchen Erfordernissen gehört die Angemessenheit in der Einschätzung von singulären Vorfällen oder Handlungen, eine Billigkeit, die, schon Aristoteles hat sie gefordert, von keiner allgemeinen Regel gesichert und von keiner Regel zur Anwendung von Regeln auf Einzelfälle herbeigeführt werden kann. Das Recht, einer bloß mechanischen Rechtsapplikation vorzubeugen und damit den Grenzen des Rechts und dem Recht selbst als einer Grenze Grenzen zu setzen, dieses Recht auf Suspendierung der Rechtsanwendung kann nicht nur als Gnadenrecht im Übergang von Jurisdiktion zu Exekution intervenieren, es muss auch als Gebot der Rechts- und Rechtsgüterabwägung das Urteil leiten, das von einem Richter oder Gerichtshof gefällt wird. In solchen Fällen ist nicht mehr von »Rechten« und nicht von »Gesetzen« die Rede, sondern von Verfahrensgeboten, im angelsächsischen Sprachbereich von *judical discretion*, im französischen von der *pouvoir d'appréciation du juge*. Die Schranke, die das Recht zwischen Urteilendem und Beurteiltem legt, kann zum Beispiel auch durch Mitleid aufgehoben werden und – das ist eine Chance und eine Gefahr für die Gerechtigkeit – zu einer saturnalischen Verkehrung ihrer Positionen führen. Ein besonders deutliches Bild davon bietet Tibor Déry in seinem 1964 in Budapest erschienenen parodistischen Roman *Herr G. A. in X.* Dort kommentiert eine ältere Dame die Zusammensetzung eines Gerichtshofs so:

> »Mit der verantwortungsvollen Aufgabe der Rechtsprechung werden deshalb unglückliche Menschen betraut, (...) weil sie sich mit den Angeklagten in jedem Augenblick identifizieren können. Gegen Ende einer Verhandlung haben sie sich derart verwandelt, daß man zwischen Angeklagtem und Richter überhaupt keinen Unterschied mehr wahrnimmt.«
> »So ist es«, sagte ein Mann neben ihnen. »Ich habe nicht nur einen Fall erlebt, da der Angeklagte den verwandelten, laut schluchzenden Staatsanwalt oder den sich in den Qualen der Berufspflicht windenden Vorsitzenden (des Gerichtshofs) nicht mehr trösten konnte. Letzterer pflegt durch den guten Zuspruch meist das Bewußtsein zu verlieren.« (...)
> »Ist es möglich, mein Herr«, sagte der junge Mann vor Erregung errötend, »daß im Ausland die Gerichtshöfe nicht aus Gefangenen bestehen?«
> »Es kommt vor«, sagte G. A.

> »Ich traue meinen Ohren nicht«, rief der junge Mann und schlug vor Schreck die Hand vor den Mund.[8]

Das Recht, auf die Wahrnehmung seiner Rechte zu verzichten, das Recht, die Exekution eines Urteils auszusetzen oder aufzuheben, und das Recht, im Urteil das Recht nach Maßgabe des jeweiligen Falls so zu gebrauchen, dass es sprach- und menschengerecht wird: Diese Rechte sind keine punktuellen Einschränkungen der Geltung des juristischen Korpus und der Prozeduren seiner Anwendung, sondern integrale Strukturelemente des Rechts insgesamt, durch die es auf einen prinzipiell außerjuridischen Bereich geöffnet wird. Die Rechtssphäre, so sehr sie auf Dauer gestellt sein mag, supponiert ihre Suspendierbarkeit. Das gilt auch für die Menschenrechte, in denen das Wesen des Menschen für alle Zeiten und jeden Einzelnen, wer immer er sei, definiert wird. Auch in den Menschenrechtserklärungen ist vom möglichen Verzicht auf den Gebrauch dieser Rechte und der durch sie bestimmten Substanz des Menschen mit keinem Wort die Rede. Was darin also nicht deklariert – und mithin nicht als wesentlich definiert –, sondern als selbstverständlich bloß impliziert wird, ist die Möglichkeit, die Rechtssphäre in ihrer Gesamtheit von legislativer, jurisdiktiver und exekutiver Gewalt nicht in Anspruch zu nehmen und ebendadurch gerechte Verhältnisse herbeizuführen. Was also nicht deklariert wird – und aus strukturellen Gründen juridisch nicht erklärt werden kann –, ist der Zusammenschluss zwischen Rechten und ihrem Nicht-Gebrauch, der Zusammenschluss zwischen einer essentiellen Möglichkeit und der Möglichkeit, diese Möglichkeit *nicht* zu ergreifen, die Konklusion zwischen Rechten und ihrer Aussetzung. Die Differenz zwischen beiden führt in jede einzelne Rechtsinstanz und in das Recht insgesamt die unendliche *krisis* zwischen »dem« Menschen als Rechtssubstanz und *den* Menschen, wer und wie immer sie seien, als das schlechthinnige *transcendens* über alle juridischen Wesensbestimmungen ein. Diese Differenz, eine Nicht-Synthesis, kann in der prädikativ-synthetischen Sprache, der Sprache des Urteils, nicht formuliert und kann von den von ihr geleiteten Rechtsgewalten, zum Schaden der Gerechtigkeit und der Klarheit ihrer Sprache, nur verleugnet werden.

* * *

Mit dieser Differenz befasst sich eine kurze rechtsphilosophische Fabel von Walter Benjamin. Sie ist wahrscheinlich der erste Text, den er nach der Lektüre von Kafkas Schriften und zur Vorbereitung auf einen längeren Essay über sie niedergeschrieben hat. Er steht auf einem kleinen Zettel, der im November 1927 einem Brief an Gershom Scholem beigelegt war, dem Freund, mit dem Benjamin schon Jahre zuvor seine Ideen über die Struktur der Gerechtigkeit und über die Form der Klage ausgetauscht hatte. Benjamins Text trägt den Titel *»Idee eines Mysteriums«*. Er bezieht sich nicht unmittelbar auf die Menschenrechte, wohl aber auf den Menschen und den Prozess – den geschichtlichen und zugleich den Rechtsprozess –, den dieser Mensch führt.

> Die Geschichte darzustellen als einen Prozeß in welchem der Mensch zugleich als Sachwalter der stummen Natur Klage führt über die Schöpfung und das Ausbleiben des verheißnen Messias. Der Gerichtshof aber beschließt, Zeugen für das Zukünftige zu hören. Es erscheint der Dichter, der es fühlt, der Bildner, der es sieht, der Musiker, der es hört[,] und der Philosoph, der es weiß. Ihre Zeugnisse stimmen daher nicht überein, wiewohl sie alle für sein Kommen zeugen. Der Gerichtshof wagt seine Unschlüssigkeit nicht einzugestehen. Daher nehmen die neuen Klagen kein Ende, ebenso wenig die neuen Zeugen. Es gibt die Folter und das Martyrium. Die Geschworenenbänke sind besetzt von den Lebenden, die den Mensch-Ankläger wie

> die Zeugen mit gleichem Mißtrauen hören. Die Geschworenenplätze erben sich bei ihren Söhnen fort. Endlich erwacht eine Angst in ihnen, sie könnten von ihren Bänken vertrieben werden. Zuletzt flüchten alle Geschwornen, nur der Kläger und die Zeugen bleiben.[9]

Dass die Weltgeschichte das Weltgericht sei, diese Hegel'sche Weisheit wird in Benjamins kleinem Mysterium auf eine unhegelianische, wenn auch nicht völlig undialektische Weise in Szene gesetzt – und verkehrt. Die Gerichtsszene, die er entwirft, ist das Gegenstück zum Totengericht des platonischen Mythos, auch wenn »der Mensch«, der hier Klage führt, offenbar nicht zu den »Lebenden« zählt, die auf den Geschworenenbänken sitzen. Während Platons Mythos ein Gericht darstellt, das ohne Kläger und Zeugen unmittelbar zum Urteil findet und in nichts anderem als im Urteilen *exaíphnes* – und zwar im Urteilen über Menschen – beruht, beschreibt Benjamins Mysterium einen langwierigen Prozess, der von Rechts wegen auf ein Urteil zuführen müsste, in dem es aber um die fundamentalen Kategorien des Rechts selbst, um das Urteil und sein Verhältnis zur Gerechtigkeit geht. Es ist ein metajuristischer Prozess, von dem das Mysterium handelt. Denn Klage wird geführt nicht nur über ein Defizit der Schöpfung, die Stummheit der Natur, sondern über das Ausbleiben des Messias und des mit ihm verheißenen Reichs der Gerechtigkeit. Der Prozess über den ausbleibenden Messias ist ein Prozess um die Gerechtigkeit – und die Frage, über die von den Geschworenen zu entscheiden ist, dürfte lauten, ob die messianische Gerechtigkeit wirklich ausbleibt oder vielmehr nicht, ob es also Gerechtigkeit, und sei es als künftige, überhaupt gibt oder vielmehr nicht, und weiterhin: ob es Recht sei, wenn es sie gibt, oder Recht, wenn es sie nicht gibt. Anders als in Platons *krisis*-Mythos, der die Seelen aller phänomenalen Hüllen entblößt, zitiert Benjamins Mysterium Zeugen vor Gericht, die just mit Phänomenen für das Kommen des Messias und der Gerechtigkeit zeugen: den Dichter, der sie fühlt, den Bildner, der sie sieht, den Musiker, der sie hört, und den Philosophen, der sie weiß. Aber wie die Klage werden die Zeugen vom Gerichtshof mit Misstrauen gehört, da ihre Aussagen, alles andere als synästhetisch, miteinander nicht übereinstimmen. Dass das Gericht unschlüssig bleibt, dass es wegen seiner Unschlüssigkeit fürchtet, verjagt zu werden, und schließlich aus *Angst* die Flucht ergreift, ohne ein Urteil gefällt und Recht gesprochen zu haben: Das ist – ohne dass ein Wort, und gar ein urteilendes Wort, fiele – das Gericht über das Gericht, das Gericht über seine Konklusion im Urteil und das Gericht über die gesamte Rechtssphäre, die in ihm repräsentiert ist. Was in Platons Totengericht *bleibt*, ist das nackte Urteilen, plötzlich und unendlich; Benjamins Weltgericht kennt kein Urteil, nur den Versuch, eines herbeizuführen; was von ihm *bleibt*, sind der Kläger und Zeugen. »Nur der Kläger und die Zeugen bleiben«, so heißt es im letzten Satz, nachdem es zuvor geheißen hatte: »Zuletzt flüchten alle Geschwornen …« Der Messias, und mit ihm die Gerechtigkeit, ist während der gesamten weltgeschichtlichen Gerichtssitzung »ausgeblieben«. Es *bleibt* also »zuletzt« – am Ende der Geschichte – der Streit um den *Ausgebliebenen*. Das Urteil hätte die Entscheidung darüber herbeiführen müssen, ob der Klage stattgegeben wird, aber auch die Entscheidung darüber, ob der Beklagte, der Ausbleibende, wirklich ausbleibt und in welchem Sinn er »ausbleibt«. Gefragt ist nicht nach dem Sinn von Sein, sondern nach dem von Bleiben und Ausbleiben der Gerechtigkeit. Eine Entscheidung über diese Frage wird nicht durch ein Urteil, nicht durch einen Gerichtsbeschluss gefällt, aber es bleibt in Benjamins Fabel offen, ob diese Entscheidung nicht dennoch eintritt – und eintritt just durch die Auflösung des Gerichts.

Offenbar ist, dass der Messias und seine Gerechtigkeit nicht als Gestalt in die Geschichte eintreten. Offenbar ist auch, dass die messianische Gerechtigkeit kein Gegenstand eines Urteils ist. Aber das Mysterium liegt darin, dass die Flucht des Gerichts und der Abbruch des geschichtlichen Prozesses um die Gerechtigkeit selber gerecht sein könnten. Es könnte der Gerechtigkeit entsprechen, dass sie kein Thema des Rechts ist, und ein Zeugnis für die Gerechtigkeit könnte es sein, dass das Recht vor der Entscheidung über die Gerechtigkeit versagt. Aber was heißt es, dass über den Messias – über die Gerechtigkeit, über die Menschengerechtigkeit, über den Menschen, seine Klage und seine Zeugnisse – ein Urteil nicht möglich ist?

Es kann heißen, dass Gerechtigkeit kein Gegenstand der Beurteilung und Entscheidung, der Konsensbildung und Konklusion sein kann, weil sie selbst ein Prozess ist, der *als* Prozess nur dann gerecht bleibt, wenn er nicht vorab durch ein Telos, ein Ziel oder ein intentionales Objekt abgeschlossen ist. Gerechtigkeit wäre nicht der Zweck, sondern das Geschehen, sie wäre die Geschichte des juristischen – und am Ende nicht mehr juristischen – Kampfs um Gerechtigkeit, die vor dem Urteil abgebrochen werden muss, um nicht der Gerechtigkeit selbst Abbruch zu tun. Gerechtigkeit wäre keine kognitive Kategorie, die sich auf substantielle Bestimmungen bezieht, sondern ein ethisches – ein messianisches – Geschehen, in dem die Prätention der Substantialität außer Kraft gesetzt wird.

Dass kein Urteil über den Messias möglich ist, kann zum anderen heißen, dass es ihn möglicherweise nicht gibt. Die Klage über sein Ausbleiben bezeugt, dass er nicht da ist, die Zeugnisse der Künstler, dass er erst kommen wird. Juristische und Erkenntnisurteile beziehen sich auf jeweils gegenwärtige – empirische oder ideale – Gegenstände, und wenn sie sich auf künftige beziehen, dann allein als auf künftig gegenwärtige. Der Messias, die Gerechtigkeit, der Mensch würden aber *in* ihrem Kommen ausbleiben, in keiner Gegenwart, sondern nur in ihrem Ausbleiben ankommen und wären als unauflöslich aporetische Geschehnisse imprädikabel. Was nur im Ausbleiben bleibt, ist keinem Urteil zugänglich, weil es selbst nur als der Zugang, die Zukunft ist, die ein Urteil allererst ermöglichen könnte, es aber in seiner Künftigkeit vorenthält. Über das

Künftige lässt sich nicht urteilen, weil dies, *dass* es geschehen kann, das Künftige selbst, immer auch nicht geschehen könnte. Jede Möglichkeit wird von der Möglichkeit ihrer Unmöglichkeit begleitet, jede Prognose über die Zukunft kann von ihrem Ausbleiben widerlegt werden. Die Desaktivierung des Urteils ist eine Funktion der Zukunft: Solange es geschichtliche Zeit gibt, gibt es die Möglichkeit der Zukunft und mithin die Möglichkeit eines Messias; solange es aber die Möglichkeit seines Kommens gibt, gibt es auch die seines Nicht-Kommens, und also gibt es kein konklusives Urteil, weder über ihn noch über die Welt, in die er eingreifen könnte. Der Messias, das Künftige *kat exochen*, suspendiert mit dem Urteil die gesamte Sphäre des Rechts, die vom Urteil begründet wird.

Dass es über den Messias zu keinem Urteil kommt, besagt – das wäre die dritte Erläuterung – weder, dass er kommen wird, noch, dass er nicht kommen wird, weder, dass die Geschichte ein messianisches Geschehen ist, noch, dass sie es nicht ist. Die Unschlüssigkeit und Flucht des Gerichts desaktiviert die Urteilsform. Der bleibende Widerstreit zwischen dem Kläger und den Zeugen devalorisiert darüber hinaus auch die illokutionären Formen der Sprache – die Klage und die Bezeugung –, die eine Entscheidung darüber zulassen könnten, ob die messianische Gerechtigkeit ausbleibt oder noch bevorsteht, ob die Geschichte messianisch ist oder nicht. Wenn am Ende des Weltgerichts nur Kläger und Zeugen »bleiben«, dann bleibt auch die Möglichkeit, dass die Klage gerechtfertigt ist. Aber die Klage ist Klage über die Stummheit der Natur und Lautwerden dessen, dass die Sprache fehlt. Die Klage um das Ausbleiben der messianischen Sprache ist also, obgleich auf Messianisches bezogen, selbst nicht messianisch. Sie ist amessianisch: Sprache einer Trauer und einer Empörung, die darauf besteht, dass etwas fehlt – und zwar die Sprache selbst fehlt –, ohne sich dieses Fehlens sicher sein und es als solches aussprechen zu können. Sprache des Aufstands nicht nur des Imprädikablen, sondern des Impraktikablen,

Imperformativen, Afformativen; Aufstand nicht nur der Urteilslosigkeit, sondern der Sprachlosigkeit und also dessen, was Benjamin »Mysterium« – und nicht allein im Sinne des christlich-messianischen Mysterienspiels, sondern des strukturellen Geheimnisses – nennt. Im Bleiben des Ausbleibens, in der Insistenz ihres Ausstands, dem Beharren des Fehlens setzt die Sprache als Urteil und als Akt, als Prädikation und Performanz, als Rechtsspruch und Rechtsvollzug aus und lässt offen, ob sie überhaupt Sprache genannt werden kann. Ihr fehlt der Adressat – denn das Gericht flieht –, der Gegenstand – denn selbst seine Möglichkeit bleibt dem Urteil entzogen – und das Subjekt – denn es könnte sich allein in einer Sprache, die mehr wäre als Klage und Zeugnis, konstituieren. Die Sprache, und *a fortiori* die der Klage und des Zeugnisses, ist die Sprache dessen, dass sie fehlt. *Sprache ist ihr Ausstand* – und damit der Ausstand sämtlicher Rechtsgewalten, die sich auf sie berufen könnten, sämtlicher Rechtstitel, die in ihr beansprucht werden könnten, und aller »Menschenrechte«, die in ihr deklariert worden sind und noch deklariert werden können.

Es sind aus den Erwägungen, die sich in Benjamins kleinem Text bündeln, für die Struktur dessen, was »Menschenrechte« heißt, einige Konsequenzen zu ziehen. Das Urteil ist keine Form der Gerechtigkeit und das Recht keine Kategorie ihrer integralen Realisierung. Solange es nur Menschenrechte gibt, gibt es noch keine Menschengerechtigkeit. Die politischen, anthropologischen und theologischen Instanzen, die sich als Sachwalter für das Menschenrecht einsetzen, dienen der Gerechtigkeit, der Freiheit und Würde des Menschen am besten, indem sie die Zonen ihrer Unschlüssigkeit erweitern und Umstände herbeiführen, in denen keines dieser Rechte in Anspruch genommen werden muss und das »Recht«, diese Rechte nicht wahrzunehmen, ohne Einschränkung ausgeübt werden kann. Da diese Freiheit des Gebrauchsverzichts nicht erzwungen werden kann und da die Suspendierung der Rechtssphäre nur dann gelingen kann, wenn diese Rechtssphäre intern so gerecht wie möglich gestaltet wird, ist alles daranzusetzen, die entwürdigenden, entmündigenden und verelendenden Elemente aus den Menschenrechten zu entfernen oder sie so zu transformieren, dass sie unschädlich werden: insbesondere diejenigen, die das Recht auf Eigentum, das Recht auf staatliche Souveränität und das Recht der Staaten auf Strafaktionen, Exklusionen und Segregationen ihrer Mitglieder und Gäste betreffen. Da Gerechtigkeit nicht zu erwarten ist, muss das Recht gefördert werden: vornehmlich das Recht derer, die es nicht haben und es nicht in Anspruch nehmen können, das Recht der Advokatur für alles, was stumm ist, für das noch nicht Entstandene, das angeblich Tote, die Natur wie die Technik im Menschen, für alles, was nicht mehr oder noch nicht und vielleicht nicht da ist und keine Stimme hat; für die Zukunft und die Zukunft ihrer Vergangenheiten. Für alles, was nicht die Sprache des Rechts, des juristischen Arguments und des Urteils spricht oder auf sie zu spricht, also auch für das Recht der Philosophie und der Literatur, der Mythen und Mysterien wie dem vom Totengericht und vom flüchtenden Weltgericht, in denen die herrschenden Rechts- und Urteilsformen und die durch sie definierte Menschenform außer Kraft gesetzt werden.

Recht *oder* Leben
Zur Logik der Rede vom »Recht auf Leben«

1.

In der »Konvention zum Schutze der Menschenrechte und Grundfreiheiten«, verfasst im Anschluss an die »Universelle Erklärung der Menschenrechte«, die von der allgemeinen Versammlung der Vereinten Nationen am 10. Dezember 1948 verkündet worden ist, sichern die im Europarat versammelten Regierungen »allen ihrer Herrschaftsgewalt unterstehenden Personen« am 4. November 1950 im Artikel 2 zu: »Das Recht jedes Menschen auf das Leben wird gesetzlich geschützt.« Unmittelbar auf diesen ersten Satz, der das »Recht jedes Menschen auf das Leben« verkündet und diesem Recht gesetzlichen Schutz zusichert, heißt es, immer noch im selben Artikel 2 und seinem ersten Absatz: »Abgesehen von der Vollstreckung eines Todesurteils, das von einem Gericht im Falle eines mit der Todesstrafe bedrohten Verbrechens ausgesprochen worden ist, darf eine absichtliche Tötung nicht vorgenommen werden.« Was an diesem ersten substantiellen Artikel der Menschenrechtskonvention auffällt, ist nicht nur der dramatische Widerspruch zwischen der allgemeinen Zusicherung des Rechtes »jedes Menschen auf das Leben« einerseits und der sogleich darauf folgenden Legitimierung der Todesstrafe andererseits; auffällig ist ebenso, dass die »absichtliche Tötung« eines Menschen nur verboten wird, indem, nach der Formulierung des Konventions-Artikels, »abgesehen« wird von der Vollstreckung eines gerichtlich verhängten und somit als legal geltenden Todesurteils; und auffällig ist schließlich, dass das Lebensrecht jedes Menschen ohne Begründung zugesichert wird und dass auch das Recht des Staates (und der im Europarat 1950 vertretenen Staatengruppe), Todesurteile zu fällen, ohne weitere Begründung behauptet wird. Das Recht auf Leben mag zwar das Recht jedes Einzelnen sein, aber es wird wie jedes andere Recht nur als ein staatlich und überstaatlich erteiltes und zugesichertes Recht zur Geltung gebracht: genau so und nicht anders das Tötungsrecht, das im selben Absatz desselben Artikels vom Staat beansprucht und ihm allein vorbehalten wird.

Die Menschenrechts-Erklärung der UNO bekräftigt in Artikel 3 das Recht auf Leben mit dem Satz: »Jeder hat das Recht auf Leben, Freiheit und Sicherheit der Person«; der einschlägige Artikel der Menschenrechts-Konvention stellt dieses Recht unter gesetzlichen, soll heißen staatlich verbürgten Schutz: »Das Recht jedes Menschen auf das Leben wird gesetzlich geschützt.« Leben kommt für diese Deklarationen nur als rechtliches Leben, als vom Gesetz gerechtfertigtes und vom Staat bestätigtes Leben in Betracht. Es ist dann verwirkt, wenn die staatlich festgesetzten Lebensrechtsbedingungen nicht erfüllt sind. Da es der Staat ist, der die Bedingungen des Lebensrechts definiert, muss ihm prinzipiell auch das Recht auf Tötung vorbehalten sein – und zwar so lange vorbehalten, wie er das Recht zur Rechtsetzung hat. Leben und Tod sind damit als Funktionen des Rechts definiert. An ihrer Abhängigkeit vom Recht ändert sich auch dann nichts, wenn, wie es in den zivilisierteren Staaten der Vereinten Nationen inzwischen geschehen ist, die Todesstrafe abgeschafft wird. Das Leben bleibt, auch wo es der Vernichtung durch den Staat aktuell nicht unmittelbar preisgegeben ist, von der Zusicherung des *Rechts auf* das Leben abhängig, und es bleibt der Tötung ausgesetzt, solange dieses Recht von einer staatlichen Instanz erteilt und entzogen werden kann. Leben kann es nur *nach* demjenigen Recht sein, das allererst das *Recht auf* das Leben erteilt. In der Formulierung »Das Recht jedes Menschen auf das Leben« wird nicht allein suggeriert, in ihr wird verbindlich festgesetzt, dass das Recht auf Leben rechtslogisch *vor* dem Leben steht, dass es »das Leben« im rechtstechnischen, politischen und sozialen Sinn allein vermöge des *Rechts auf* »das Leben« geben kann und dass demnach erst das Recht einen Anspruch auf »das Leben«, mit diesem Anspruch aber »das Leben« selbst begründet.

Für das Recht, gleichgültig ob Menschenrecht oder Staatsrecht, steht höher als das Leben jedes Menschen das Recht selbst, und an erster Stelle das Grundrecht auf »das Leben«. Umso verwunderlicher, dass eine Begründung dieses Vorrechts des Rechtes ebenso fehlt wie eine Begründung dafür, dass das Recht auf Leben unter allen Menschenrechten das Grundrecht darstellt. Es lassen sich dafür zwei naheliegende Erklärungen denken. Wenn das Leben als Grundrecht, als Staatsgrundrecht und weiterhin Menschengrundrecht, ohne Begründung, Herleitung und Erklärung bleibt, dann vermutlich zum einen, weil jede Herleitung des Lebensrechts zugleich eine Bedingtheit und somit eine Schwäche des Rechts überhaupt anzeigen würde. Keiner Praxis des Rechts und keiner Rechtstheorie kann aber daran gelegen sein, eine Schwäche des Rechts erkennen zu lassen: Nicht nur seine Theorie, auch seine Praxis würde dadurch angreifbar. Zum anderen lässt sich vermuten, dass eine Begründung für die Grundsätzlichkeit des Lebensrechts nicht aus pragmatischen Rücksichten auf seine Stabilität fehlt, sondern weil eine solche Begründung unmöglich ist: Der Gedanke, es gebe ein »Recht auf das Leben«, bewegt sich in dem logischen Zirkel, dass es Leben schon geben muss, bevor ein Recht darauf geltend gemacht werden kann; dass es aber als bestätigtes, bekräftigtes und gesichertes Leben nur Leben aus dem Recht und der Gewalt seiner Durchsetzung sein kann. In diesem Zirkel diffuser Wechselbestimmungen, der nicht vermieden und nicht verlassen werden kann, wenn nicht eingeräumt wird, dass es ein Leben außerhalb des Rechtes darauf gibt; in diesem Zirkel kann das Leben durch die Gewalt des Rechts nur gestärkt werden, wenn ebendiese selbe Rechtsgewalt das Leben zugleich auch gefährden, verkürzen und zerstören kann. Der Zirkel der Rechtsbegründung ist immer auch ein Zirkel der Gewalt, die das Recht und das Leben, das sich in ihm zu sichern versucht, zunichtemachen kann. Das »Recht auf Leben« kann deshalb nur die defiziente Setzung eines defizienten Lebens sein, das rechtsbedürftig und zugleich rechtsbedroht, und eines defizienten Rechts, das ebenso lebenssichernd wie lebensgefährlich ist. Da die Gefahren, vor denen das »Recht auf Leben« schützen soll, immer auch von diesem selbst ausgehen können, gehört es zur Struktur des »Rechts auf Leben«, das »Recht auf Leben« zu bedrohen.

2.

Die Lehre von der Heiligkeit des Lebens ist ebenso zweideutig wie das Recht, das sich auf sie beruft. Diese Lehre, die besagt, das Leben dürfe nicht angetastet, verletzt oder getötet werden, rechnet mit dem Wunsch, es anzutasten, zu verletzen oder zu töten, und erhält diesen Wunsch lebendig, indem sie nicht aufhört, an ihn zu erinnern. Sie erfüllt diesen Wunsch aber zugleich, indem sie das Leben zum Objekt einer Definition macht, es zum Träger bestimmter Prädikate erklärt, ihm die Möglichkeit anderer Prädikate abspricht und es damit prinzipiell zu weiteren definitorischen Einschränkungen disponiert. Die tiefe Ambivalenz, die sich im Verhältnis dieser Lehre zum Leben äußert, tritt besondern dramatisch in der Haltung ihrer juristischen Fürsprecher hervor. Denn wer erklärt, das Leben sei heilig, nimmt sich selbst mit dieser Erklärung vom Leben aus und behauptet zugleich, er verfüge über einen privilegierten Zugang zu ihm. Er behält sich eine Heiligkeit vor, die mächtiger ist als jene, die er dem Leben zuspricht, und überlässt sich zugleich der Heillosigkeit dessen, der von diesem Leben ausgeschlossen bleibt. Das Leben, mag es auch emphatisch als heilig, unantastbar, unverletzlich erklärt werden, bleibt in allen juristischen Deklarationen, Schutzformeln und Postulaten eine bloße Funktionsbestimmung des Rechts, und dieses selbst erhebt sich darüber als über-heilig nur, indem es unheilig, heillos und unheilbar hinfällig bleibt.

Heiligkeit ist ein paradoxes Prädikat. Es schließt sein Gegenteil nicht aus, sondern ein. Freud hat den »Gegensinn der Urworte«, den er am antithetischen Doppelsinn von Ausdrücken der Traumsprache beobachtet hat, am Nachweis des Sprachhistorikers Karl Abel bestätigt gefunden, dass entscheidende Ausdrücke der ältesten Sprachen entgegengesetzte Bedeutungen miteinander verknüpfen: eine Entscheidung zwischen ihnen also nicht treffen. *Im Lateinischen heißt* altus *hoch und tief,* sacer *heilig und verflucht, wo also noch der volle Gegensinn ohne Modifikation des Wortlautes besteht.*[1] Diese Widersprüchlichkeit lässt sich im Fall des ›heilig‹ ohne Rücksicht auf sprachgeschichtliches Material durch die Struktur der Prädikation erklären. Denn ›heilig‹ besagt: so verfasst, dass es durch keine Handlung, welcher Art sie auch sei, berührt, erfasst und der Macht eines Anderen unterworfen werden kann. Nun ist aber die Behauptung, etwas sei heilig, bereits eine solche sprachliche und zugleich moralische Handlung, durch die dieses Etwas als Gegenstand einer Bestimmung gefasst und unter eine Definition gebracht wird, die es als prinzipiell manipulierbar darstellt. Anders als es denkbar und gerechtfertigt wäre, beruht das Verhältnis zur Heiligkeit des Lebens, das damit eingegangen ist, nicht etwa in der Enthaltung von jedem Urteil über es, sondern in der Fällung eines Urteils, mit dem das Leben auf einen Begriff reduziert und dieser Begriff auf eine positiv bezeichnete, besondere Sphäre seiner Geltung beschränkt wird. ›Heiligkeit‹ meint daher Abtrennung des Lebens von all denjenigen Beziehungen, die als für es konstitutiv gedacht werden können: von seinen Beziehungen insbesondere zum Leben Anderer, zu möglichem anderen Leben und zu Anderem als Leben. Wenn Leben aber nicht als Leben mit Anderen, wenn es nicht als sich änderndes Leben und nicht als Leben in Bezug auf den Tod verstanden wird, dann bleibt von ihm bloß ein biologischer Aggregatzustand übrig, der schlechterdings nicht das Substrat von moralischen und rechtlichen Handlungen bieten kann. Mit dieser paradoxen Wendung hat sich die Lehre von der Heiligkeit des Lebens, die als Grund für das »Recht auf Leben« angeführt wird, als für jede derartige Begründung untauglich erwiesen. Das vom Recht für unantastbar erklärte Leben wird von dieser Erklärung selbst zerteilt, isoliert und verstellt: Es wird im strikten Wortsinn verdammt. Der Grund für das »Recht auf Leben« ist nicht das vom Tod betreffbare, sondern das definitorisch bereits ertötete Leben.

Der zweideutige und widersprüchliche Charakter der ›Heiligkeit‹ des Lebens lässt sich an den einschlägigen Bestimmungen des ältesten systematischen Gesetzbuchs im europäischen Raum besonders deutlich erkennen. Das »Corpus Iuris Civilis«, das im Jahr 533 die im Imperium Romanum geltenden Grundbegriffe des Rechts zusammenfasst und das diese Grundbegriffe weit über den europäischen Raum hinaus im Wesentlichen bis zum heutigen Tag definiert, gebraucht den Begriff der *res nullius*, um drei Arten dessen zu bezeichnen, was als heilig aus dem Geltungsbereich sowohl des Zivilrechts wie des öffentlichen und des Naturrechts ausgenommen ist und ebendarum den Bereich des Rechts insgesamt bestimmt.[2] Die *res sacrae* sind nach der Definition im Eingang des Zweiten Buchs des »Corpus« diejenigen Sachen, die durch Ritus oder aus der Vollmacht der Priester Gott geweiht (*deo consecrata*) sind, die *res religiosae* beschränken sich auf den Bestattungs- oder Aufbewahrungsort der Toten, die *res sanctae* markieren als Stadtmauern und Tore (*muri et portae*) Grenzen der bürgerlichen Gemeinschaft und Übergänge zu anderen Gemeinschaften und deren Eigentum, sind deshalb gewissermaßen göttlichen Rechts (*quodammodo divini iuris*) und, da weder einer noch einer anderen Partei gehörig, als *res nullius* anzusehen.[3] Das *nullius* der *res* bezeichnet also eine Ausgenommenheit vom Eigentum der Bürger nur, um sie als unangreifbares Eigentum dem Gott, den vergöttlichten Toten oder einem irgendwie göttlichen Recht zu unterstellen, die als oberste juridische Instanzen die Struktur der Rechtsperson und des Rechts insgesamt determinieren.

Die vorsichtige Umschreibung *quodammodo divini iuris*, die zur Charakterisierung der *res sanctae* gebraucht wird, mag ein gewisses Unbehagen der justinianischen Juristen bei der Applikation des Rechtsbegriffs auf den Bereich des Göttlichen verraten. Die Gottheit, die dem *ius divinus* präsidiert, wird aber unvermeidlich dem *nullus* gleichgestellt, indem die ihr gehörigen *res sanctae* den *res nullius* zugeordnet werden; und von der Bestimmung des *nullus* als *divinus* lässt sich nicht absehen, wenn das, was als *sacrum, religiosum* oder *sanctum* charakterisiert werden soll, unter den allgemeinen Begriff der *res nullius* gefasst wird. Damit ist nun freilich nicht gesagt, dass die sakralen, religiösen und heiligen Dinge nichtig wären, sondern vielmehr, dass sie keiner privat- oder gemeinrechtlichen Instanz zugesprochen werden können, weil sie solche Instanzen erst fundieren und den Verkehr zwischen ihnen regeln. *Res nullius*, die Niemandssache, ist der fundamentale Rechtstitel, der die Grenze – damit aber auch den Grund – des »Corpus iuris« insgesamt bestimmt. Es ist diejenige Sache, die Gott, den vergöttlichten Ahnen und den als göttlich erachteten Schranken und Verbindungen zwischen den Lebenden vorbehalten bleibt, von ihnen festgehalten wird und derart den Rechtsbestimmungen, die zwischen ihnen herrschen, Halt gewährt.

Das ›Heilige‹ hält, es fasst und umgreift alles, was als Profanes den von ihm gefestigten Rechtsbestimmungen unterliegt. Durch die Haltefunktion wird das ›Heilige‹, ob als *sacrum, religiosum* oder *sanctum*, zum Paradigma der Rechtsperson, die für den »Corpus iuris« und alle Rechtswerke seither durch ihre *capacitas* definiert ist. Person ist die Fassungskraft, die Fähigkeit und Macht, zu packen, zu ergreifen, in Besitz zu nehmen und zu halten: *capacitas captionis.* Die erste Rechtshandlung im Bezirk des *ius naturale*, die im »Corpus iuris« beschrieben wird, ist der Fang – die *captatio* – wilder Lebewesen: *omnia animalia, quae in terra mari caelo nascuntur, simulatque ab aliquo capta fuerint, iure gentium statim illius esse incipiunt* – alle zu Land, im Meer, in der Luft geborene Lebewesen, sobald sie von jemandem gefangen worden sind, fangen nach Völkergemeinrecht sogleich an, das Seine zu sein. Was vor seiner Ergreifung niemandem gehört, geht nach natürlichem Verständnis in die Habe dessen über, der es ergreift und festhält – *quod enim ante nullius est, id naturali ratione occupanti conceditur.*[4] Ergreifung ist Besitzergreifung und damit *uno actu* Urstiftung des Rechts. Das *capere* mit seinen Modifikationen *incipere, occupare, accipere, recipere, percipere, mancipium*, das den Text des »Corpus iuris« durchzieht, definiert in jeweils eigener Weise die Ergreifung, den Fang und das Festhalten als erste natürliche Rechtshandlung, die entsprechend der *divina providentia* das *rerum dominium*, die Herrschaft über die Sachen, sichert.[5] Damit ist die Grundstruktur des Rechts als *captio*, die Rechtsperson als *homo capax*, aber nicht etwa nur als der fähige und empfängliche, sondern der zugreifende und besitzergreifende Mensch bestimmt.[6]

Das Recht, das die justinianischen Juristen als Ergreifung fassen, umschließt zusammen mit dem profanen auch das göttliche Recht: Rechtswissenschaft ist die Kenntnis von den göttlichen und menschlichen Dingen – *Iuris prudentia est divinarum atque humanarum rerum notitia.*[7] Das Verhältnis, in das sie beide zueinander setzt, ist bei aller Differenz, die zwischen ihnen gewahrt bleibt, das der vollständigen gegenseitigen Durchdringung. Das durch göttliche Vorsehung regierte Naturrecht ist Ergreifungs- und Eigentumsrecht; das *ius divina* an den *res nullius* ist Halterecht am Ergriffenen. Wenn Göttliches, die Toten, die Mauern und Tore gegen profane Übergriffe geschützt werden, dann weil sie selbst schon den

Charakter von An- und Übergriffen auf den Bereich des Profanen und des Lebendigen insgesamt haben. Die Strafen gegen den Frevel an Stadtmauern heißen *sanctiones*, weil diese Mauern selbst *sanctos* sind und ein Angriff auf ihre Halte-Funktion nur mit der härtesten, der Todesstrafe, der *poena capitis*, geahndet werden kann.[8] Die Sanktion ist *captio*, die den Angriff auf geheiligte Güter nicht so sehr zurückweist, als vielmehr durch ihn hindurchgreifend ihr eigenes Prinzip an diesem Angriff exekutiert: Sie ergreift den, der sie zu ergreifen versucht, und befördert ihn zum Tode. Leben ist für dieses Rechtssystem, noch vor der Differenzierung zwischen heiligem und profanem Recht, genommenes Leben: in Besitz genommenes, in Anspruch genommenes, vom Recht eingenommenes und von ihm geraubtes Leben. Es ist dasjenige Leben, das von den Toten als *res religiosae* ergriffen und von ihnen als Vorrecht der Toten festgehalten wird.

Das justinianische Rechtssystem setzt einen Totenkult fort, der in altrömische Zeiten zurückreicht. Der in ihm herrschende Begriff der Person schließt an den der Ahnen- und Totenmaske (des *prosopon*) an, die jede Rechtsperson, die von einer Sache oder einem Lebewesen Besitz zu ergreifen vermag, als eine ihrerseits bereits von den Toten, und vornehmlich von den toten Vorvätern, ergriffene und von ihnen besessene definiert.[9] *Le mort saisit le vif*, das ist die Formel dieses Rechts. Durch sie wird einsichtig, dass es kein welthistorischer Zufall war, der dem Christentum die Aufnahme in das römische *dominium mundi* erlaubte. Römisches Recht und Christentum – und genauer: das sich an jenem Recht redefinierende Christentum – sind Totenkulte, die den toten Vätern den Vorgriff auf das Leben der Nachgeborenen und die der Ergreifung das Vorrecht vor jeder Gabe und dem mit ihr Gegebenen sichern. Es ist diese strukturelle Konvergenz, die sich im Incipit des »Corpus iuris civilis«, der Summe des römischen Rechts, ausspricht. Es lautet: *In nomine domine nostri Ihesu Christi.*[10] In diesem Namen, in dieser Rolle, unter dieser Maske eines toten, an Stelle des Vaters gestorbenen und in den Stand des Vaters erhobenen Sohns soll das Leben im Recht ergriffen werden. Es erfährt dabei aber, wie Hegel in anderem Zusammenhang in der »Phänomenologie des Geistes« bemerkt, *den Doppelsinn, der in dem liegt, was es tat, nämlich sein* Leben *sich* genommen *zu haben; es nahm das Leben, aber vielmehr ergriff es damit den Tod.*[11] Das romano-christliche Recht soll das Leben durch seine Versetzung in die Totenwelt retten. Was dadurch gerettet wird, ist aber die Totenwelt: Schuld, schlechtes Gewissen und Verwandtes.

3.

Benjamin hat in seiner Studie »Zur Kritik der Gewalt« die Vermutung ausgesprochen, das Dogma von der Heiligkeit des Lebens sei nicht nur jung, es sei auch *die letzte Verirrung der geschwächten abendländischen Tradition, den Heiligen, den sie verlor, im kosmologisch Undurchdringlichen zu suchen.*[12] Die Heiligkeit des Lebens gilt Benjamin also als ein irriger Ersatz für jenen – einzigen – Heiligen, von dem weder das Abstraktum ›Heiligkeit‹ noch das Pseudo-Konkretum ›Leben‹ ausgesagt wird. Benjamin stellt seine Vermutung über die extreme Position des Heiligkeitsdogmas – es ist für ihn die *letzte* Verirrung der Tradition – in einer Erörterung an, die der Klärung des Begriffs der *göttlichen Gewalt* im Unterschied zur *rechtsetzenden* und *rechtserhaltenden Gewalt* gewidmet ist. Göttliche Gewalt ist für ihn, anders als für die Juristen seit dem »Corpus iuris«, mit keiner anderen Gewalt, am wenigsten mit der Rechtsgewalt, kommensurabel. Die göttliche Gewalt heißt bei ihm eine relativ *vernichtende* –, relativ nämlich in dem Sinn, dass sie *in Rücksicht auf Güter, Recht, Leben u. dgl., niemals absolut in Rücksicht auf die Seele des Lebendigen* geübt wird. Was unter ›Vernichtung‹ und unter ›Leben‹ zu verstehen ist, deutet

Benjamin in einem kurzen, aber entscheidenden Kommentar zum Tötungsverbot des Dekalogs an. Um den Schluss zurückzuweisen, letale Gewalt sei den Menschen unter gewissen Bedingungen gegeneinander erlaubt, weil auch göttliche Gewalt tödlich sein könne, schreibt Benjamin: *Das wird nicht eingeräumt. Denn auf die Frage »Darf ich töten?« ergeht die unverrückbare Antwort als Gebot »Du sollst nicht töten«. Dieses Gebot steht vor der Tat wie Gott »davor sei«, daß sie geschehe.* (II 200) Benjamin spezifiziert nicht den Inhalt der Tat – es wird aus dem Zusammenhang deutlich, dass es die Tötung ist –, er spricht von *der Tat* schlechthin und legt damit nahe, eine jede könne tödlich sein. Aber *vor* der Tat steht das Gebot, nicht zu töten, und es steht *vor* ihr, wie Benjamin mit einem höchst bedeutsamen Vergleich betont, *wie Gott »davor sei«, daß sie geschehe.* Damit ist gesagt, dass vor der Tat das Gebot so steht, wie Gott vor der Tötung des Lebendigen, seiner Schöpfung, stehen möge: als Faktum des Lebendigen, als Abwehr seiner Schädigung, als Bewahrung seiner Existenz. Es ist dieses proto-ontologische Davor des Wunsches, dass Gott *sei* und dass er *»davor sei«*, es ist dieser Optativ eines göttlichen Seins vor der Tat, durch den das Gebot allererst zu diesem Gebot wird; und es ist dieses Davor der Bewahrung vor der vernichtenden Tat, wodurch dies Gebot sich noch gegen jeden konventionellen Sprechakt abhebt. *Vor* der Tat untersagt das Gebot jede Tat, weil sie als Tat schädigend oder hemmend, verletzend oder tötend auf das Leben einwirken müsste. Zugleich mit jedem solchen Tötungsakt ist der Urteilsakt untersagt, der ihn vorbereiten oder befehlen, ihn vollziehen oder rechtfertigen könnte. Damit verbietet es sich überdies, das Gebot selbst als einen Akt, eine Urteils- oder gar eine Rechtshandlung aufzufassen.

So unzweideutig und unverrückbar das Gebot die Tötung verbietet, so wenig urteilt es über sie und so wenig bietet es einen Grund für die Verurteilung der geschehenen Tat. Benjamin kann deshalb in seinen Bemerkungen zu diesem Gebot fortfahren: *Aber es bleibt freilich, so wahr es nicht Furcht vor*

Strafe sein darf, die zu seiner Befolgung anhält, unanwendbar, inkommensurabel gegenüber der vollbrachten Tat. Aus ihm folgt über diese kein Urteil. Und so ist denn im vorhinein weder das göttliche Urteil über sie abzusehen noch dessen Grund. (II 200) Wenn das Verbot der Tötung weder ein Urteil ist noch ein Vor-Urteil über die geschehene Tat impliziert, dann deshalb, weil dies Verbot zur Tat wie zum Urteil außer allem Verhältnis steht: So wenig sich die Tat aus dem Gebot (etwa als dessen Negation) ableiten lässt, so wenig lässt das künftige göttliche Urteil sich aus dem Gebot wie aus einer logischen Prämisse ableiten. Gebot, Tat und göttliches Urteil sind einander *inkommensurabel.* Kommensurabel ist allein das menschliche Urteil mit der verbotenen Tat, die es zu ahnden versucht, aber in seiner Ahndung nach dem *ius talion* nur wiederholt und fortsetzt. Das Gebot ist für Benjamin deshalb kein *Maßstab des Urteils*, nicht Prototyp einer Tat, keine Setzung und kein gesetzter Grund, auf den weitere Setzungen, Urteils- und Rechtssätze aufbauen könnten. Es *steht nicht als Maßstab des Urteils, sondern als Richtschnur des Handelns für die handelnde Person oder Gemeinschaft, die mit ihm in ihrer Einsamkeit sich auseinanderzusetzen und in ungeheuren Fällen die Verantwortung von ihm abzusehen auf sich zu nehmen haben. So verstand es auch das Judentum, welches die Verurteilung der Tötung in der Notwehr ausdrücklich abwies.* (II 200–201) Vom Urteil abzusehen und die Verurteilung abzuweisen: In diesen beiden Verhaltensweisen gegenüber der geschehenen Tat wird die Verantwortung vor dem Gebot »Du sollst nicht töten« als Zurückweisung des *ius talion*, als Verweigerung der Tötung und als Bewahrung des Lebens realisiert, zu dessen Schutz das Gebot aufgestellt ist. Wo die Tötung als gegen die Tötung gerichtete Notwehr erkannt und deshalb ihre Verurteilung verweigert wird, wird nicht die Tötung, sondern das durch sie gerettete Leben verteidigt. In diesem wie in vergleichbaren Fällen ist die Urteilsenthaltung – damit aber die Suspendierung des Rechts – die genaueste Entsprechung des Tötungsverbots.

Wenn Benjamin darauf beharrt, dass das Tötungsverbot *unverrückbar*, dass es *inkommensurabel* mit der Tat wie mit dem Urteil über sie ist, und schließlich, dass es keinen Grund für ein Urteil bietet, dann deshalb, weil sich dieses Verbot vor jeder Begründung, jeder moralischen Fundierung einer Norm und jeder epistemischen Deduktion aus einem Rechtsgrund, zurückhält. Wie wichtig sowohl in ethischer wie in rechtspolitischer Hinsicht Benjamin diese Ent-gründung im Verbot gewesen ist, wird daran deutlich, dass er sogar die Verurteilung der vollbrachten Tat für unableitbar aus dem Verbot erklärt: *Darum sind die nicht im Recht, welche die Verurteilung einer jeden gewaltsamen Tötung des Menschen durch den Mitmenschen aus dem Gebot begründen.* (II 200) Das Tötungsverbot bewahrt das Lebendige nur, indem es nicht nur vor der Tat, sondern noch vor jedem Grund zu einer Tat und jedem Grund zu einem Urteil über sie zurückhält. Selbst wenn ein Grund der Grund aller Bestimmungen und somit als *causa sui* schlechthinnige Selbstbestimmung wäre, müsste er sich einerseits vom Grundlosen in sich oder Anderem, andererseits vom Begründeten lösen und könnte in beide Richtungen nur als Grund des Mangels oder selber mangelhafter Grund wirken. In den Bereich des Lebendigen würde also mit dem Grund eine Defizienz eingeführt, die dieses Lebendige als unvollkommen zu beurteilen und als schadhaft zu verurteilen erlaubt, statt es, wie das Tötungsverbot, vor jedem Schaden zu bewahren. Ebenso wie das Urteil betreibt die Grundsetzung und die Grundrechtssetzung die prinzipielle Verminderung dessen, was durch sie erhalten und gesichert werden soll. Und zwar eine Verminderung durch die Urteils*form*, durch die Begründungs- und Bestimmungs*form*, noch bevor, durch diese Form, bestimmte Inhalte definiert werden. Urteilsgrund und Urteil müssen aber als Verurteilungen des Lebendigen: dass es mangelhaft, beschädigt und reparationsbedürftig ist, zugleich Verurteilungen ihrer selbst sein und über sich das Urteil fällen, sie seien bloß defiziente oder korrupte Sprach- und Lebensformen und ›verdienten‹ als solche kein anderes Urteil als das »zum Tode«, das sie über das Lebendige sprechen.

Im Urteil, im Urteilsgrund und in der Rechtsform, die sich auf sie aufbaut, um regelmäßig in einer ausgesprochenen oder verschwiegen herbeigeführten Exekution oder Selbstexekution zu gipfeln, spricht der juridische Nihilismus, der Juridismus als Nihilismus, das Todesurteil über sich selbst und alles, was mit ihm verbunden ist und noch sein könnte. Das Verbot »Du sollst nicht töten« ist dagegen das Paradigma der Nicht-Begründung und Nicht-Bestimmung. Es ist die schlechthin unbegründete und nicht-begründende Äußerung einer Verwahrung der Sprache und der Sprechenden vor ihrer Vernichtung in Deduktions- und Kausalzusammenhängen. In ihm verwahrt sich das Leben – und das Leben zunächst der Sprache – vor dem Recht; und vor dem »Recht auf Leben«.

4.

Wenn das *Dogma* von der Heiligkeit des Lebens zweideutig und in seiner Zweideutigkeit zerstörerisch ist, weil es das behauptete Primat des Lebens durch sein Urteils- und Setzungsprinzip dementiert, so hält sich das Gebot »Du sollst nicht töten« vor jeder Setzung und jedem Eingriff in das Leben und das Gebiet des Lebendigen zurück. Es enthält keine Aussage, am wenigsten eine prädizierende, über das Leben und seine Unantastbarkeit, sondern gebietet, es nicht anzutasten, ohne im mindesten zu bestimmen, was dies Leben sei, wie es zu sein habe und wo seine Grenzen liegen. Es stellt sich nicht *über* das Leben, indem es *über* dieses etwas – und sei es das Höchste – sagt, sondern wehrt alles, was sich gegen das Leben richten könnte, ab. In all diesen Hinsichten vollzieht das Gebot die prä-logische und proto-ontologische Geste des von Hermann Cohen wiederentdeckten und von Benjamin bewunderten

›unendlichen Urteils‹, des ›Urteils des Ursprungs‹, das ein Nichts abwehrt und ein Nihil negiert: Es untersagt das Töten und verneint dadurch die Vernichtung.[13] Das Nicht, das darin gegen das Nichts gehalten wird, bietet keine positive Determination eines Zustands, Gegenstands oder Gegenstandsbereichs, es sagt nichts Positives *über* etwas und nichts *gegen* ein bereits bestimmtes Etwas, sondern eröffnet mit seinem Nein gegen das artikulationslose Nichts allererst die Möglichkeit, sich sprachlich, denkend und handelnd zu einem Etwas überhaupt, zu Lebendigem und zum Leben zu verhalten. Die Gewalt dieses Nein ist also nicht die Gewalt einer propositionalen Aussage oder eines positiven, determinierenden Urteils, sondern die Gewalt der Urteils*abwehr*, der *Aussetzung* jeder Setzung und der *Verwahrung* vor jeder sprachlichen oder praktischen Handlung, die eine derartige determinierende Setzung vollzieht. Sie ist die reine, die göttliche Gewalt. Vernichtend ist sie allein als diejenige, die sich gegen die Tendenzen und Institute der Vernichtung kehrt.

Das Tötungsverbot fällt kein Urteil über den Tod. Es verbietet, dass Du – jedes als »Du« ansprechbare Wesen – tötest und tötend den Tod zu einem Zweck oder zu einem Mittel machst, das einem Zweck dient. Es verbietet, den Tod in Dienst zu stellen, ihn einer Bestimmung zuzuführen und ihn unter die Gewalt eines Urteils, eines Urteilssystems und einer Rechtsform zu bringen. Wird der Tod vorgesetztes Ziel oder Mittel einer Tat, so bleibt er nicht Tod, sondern wird gebrauchtes, beherrschtes, vom Leben isoliertes Instrument. Das Tötungsverbot ist die Verteidigung des Todes gegen den Versuch, sich seiner in der Tötung zu entledigen.

Dies Verbot spricht *vor* dem Tod und spricht *für* die Bewahrung des Todes wie es *zum* Lebendigen – jeweils einem »Du« – und *für* das Lebendige spricht: Es spricht ungeschieden *für* beide und *vor* beiden und ist derart nichts anderes als ein Sprechen, das keinem von beiden und dennoch, in einer befremdlichen Gemeinsamkeit, beiden als Geschehnis einer

Endlichkeit ohne Macht zukommt. In diesem Sprechen und in ihm allein ist das gewahrt, was Benjamin kommentarlos als ›Identität‹ umschreibt, wenn er von demjenigen Leben *im* Menschen spricht, *welches identisch in Erdenleben, Tod und Fortleben liegt* (II 201). Ebenso wie das Fortleben im Gedenken Anderer ist der Tod integrales Moment des Lebendigen (und es mag sein, dass das nicht nur, wie Benjamin hier will, für das Leben ausschließlich im *Menschen* zutrifft). *Vor* jedem determinierenden Urteil *über* Leben und Tod spricht das Tötungsverbot *aus* ihrer ›Identität‹ und *für* die ›Identität‹ von Leben, Tod und Fortleben. Es spricht außerhalb der Zeit der Sukzession, in der Leben, Tod und Fortleben voneinander geschieden aufeinander bloß folgen, nicht aus einer bestimmten Zeit, sondern aus der unbestimmbaren der Gewährung von Zeit überhaupt; und spricht nicht für ein bestimmtes Sprechen, sondern für die Gewährung des Sprechens überhaupt. Allein also als Epoché jeder positiven Bestimmung des Lebens, des Todes und des Fortlebens ist das Tötungsverbot das göttliche Wort schlechthin, *göttliche Gewalt*, Gewalt – wie die *erzieherische* (II 200) und wie die des revolutionären Streiks (II 193 ff.)[14] – *vor* der Gewalt und *ohne* Gewalt, ohne Urteil, ohne Recht und Satzung, ohne Jurisdiktion und schließlich ohne eine Exekutive, die ihre Wirklichkeit anzeigen oder ihre Verwirklichung erzwingen könnte. In diesem Sinn heißt es in Benjamins Text: *Dieses Gebot steht vor der Tat wie Gott »davor sei«, daß sie geschehe.* (II 200) Der proto-ontologische Optativ *wie Gott ›davor sei‹* gibt an, *wie* das Gebot vor der Tat steht, und besagt, es stehe dort nicht nur ›wie‹, sondern *als* der erhoffte Gott, der durch die Abwehr der Vernichtung das Leben gewähren möge. Eine größere Distanz dürfte kaum denkbar sein als die zwischen diesem Gott, der das Leben gewährt und auf seine Zukunft offenhält, und den toten Ahnen des romano-christlichen Rechtskultus, die das Leben ergreifen und zu ihrem Besitz schlagen.

5.

In den Menschenrechtserklärungen wird das Leben als *unveräußerlich*, in einigen als *heilig*, in den meisten als dem Menschen *eigen*, in allen als ein Recht deklariert, um auf diese Zuschreibung alle weiteren Rechte zu gründen. Der Satz von der Heiligkeit des Lebens ist also der schlechthinnige Grundsatz aller Menschenrechte. Wenn Benjamin in seiner Kritik der Gewalt, die insbesondere eine Kritik der Rechtsgewalt ist, die Fundierung des Rechts auf dem Satz von der Heiligkeit des Lebens zurückweist, dann weist er damit zugleich die Möglichkeit zurück, Menschenrechte auf diesen Satz zu gründen und das Leben zu einem Menschenrecht und Grundrecht zu erklären.

Die Heiligkeit des Lebens kann dem Gebot »Du sollst nicht töten« deshalb nicht zugrunde liegen, weil der Begriff des Lebens selber einen *Doppelsinn* enthält und keine seiner beiden Bedeutungen für dieses Gebot einen Grund bietet. Zum einen nämlich kann Leben *bloßes Leben*, zum anderen glückliches und gerechtes Leben bedeuten. Benjamin macht die Konsequenzen dieses *Doppelsinns* an einer Überlegung von Kurt Hiller deutlich, der sich in seinem Aufsatz »Anti-Kain« gegen die *revolutionäre Tötung der Unterdrücker* ausspricht. Hiller schreibt: *töte ich nicht, so errichte ich nimmermehr das Weltreich der Gerechtigkeit … so denkt der geistige Terrorist … Wir aber bekennen, daß höher noch als Glück und Gerechtigkeit eines Daseins … Dasein an sich steht.* (II 201) Benjamin verwirft den letzten Satz: *Falsch und niedrig ist der Satz, daß Dasein höher als gerechtes Dasein stehe, wenn Dasein nichts als bloßes Leben bedeuten soll – und in dieser Bedeutung steht er in der genannten Überlegung.* Aber während er den Anspruch, *bloßes Leben* stehe höher als gerechtes Leben, verwirft, gesteht er dem Satz von Hiller *eine gewaltige Wahrheit* dann zu, *wenn Dasein (oder besser Leben) – […] – den unverrückbaren Aggregatzustand von »Mensch« bedeutet* (l.c.). Benjamin erläutert diese

Unterscheidung, die zunächst alles andere als triftig scheinen mag, indem er kommentiert: *Der Mensch fällt eben um keinen Preis zusammen mit dem bloßen Leben des Menschen, so wenig mit dem bloßen Leben in ihm wie mit irgendwelchen andern seiner Zustände und Eigenschaften, ja nicht einmal mit der Einzigkeit seiner leiblichen Person.* Das *bloße Leben* ist demnach für Benjamin einer der möglichen *Zustände und Eigenschaften* des Menschen, die sich seiner Substanz als Prädikate zu- oder auch absprechen lassen, während *Dasein (oder besser Leben)* den *unverrückbaren Aggregatzustand von »Mensch«* darstellt –: denjenigen einzigen ›Zustand‹, der jeder Prädikation vorausgehen muss und deshalb durch keinen affirmativen oder negativen Urteilsakt, keine logische Definition und keinen Rechtssatz erfasst werden kann. Das *bloße Leben* kann nur ein solches Prädikat des *Lebens* wie des *Menschen* sein, durch dessen Zuschreibung es unter dic Gewalt des Urteilenden gebracht, von sich selbst isoliert und auseinandergerissen, verletzt und zum Absterben gebracht wird. Jeder Satz, der Leben als *bloßes* Leben darstellt, übt ein Summum prädikativer Gewalt aus. *Bloßes* Leben ist geurteiltes, verurteiltes, unter Rechte gebrachtes, der Tötung preisgegebenes Leben. Wenn Benjamin die Erhöhung des *bloßen* Lebens über das gerechte und glückliche Leben zurückweist, so verwirft er damit die Erniedrigung des Lebens zu einem Gegenstand des Urteils. Falsch und niedrig ist demnach jede Theorie und jede Praxis, in der das Leben zu einem Rechtsobjekt degradiert und durch seine Formalisierung zum Element eines Rechtsspruchs verkümmert wird. Mit seiner Unterscheidung zwischen Leben und *bloßem* Leben besteht Benjamin darauf, dass es ein Leben *vor* dem Urteil über es gibt und somit ein Leben, vor dem jedes Urteil und jedes Recht versagt.

Gegen die Lehre von der Heiligkeit des Lebens erhebt Benjamin keine Einwendungen, solange diese Heiligkeit nicht als die des *bloßen* Lebens verstanden wird. Anders als ›Dasein an sich‹ und ›bloßes Leben‹ ist ›Leben‹ für ihn ein Begriff, der

Tod und Fortleben einschließt und also den gesamten Bereich des natürlichen und des geschichtlichen Daseins umfasst. Die abstrakte Entgegensetzung von Leben und Tod gehört in den Bereich einer Urteilsgewalt, die um der Reinheit der Begriffe willen sie zu Instrumenten der Rechtsexekution präpariert. Ausdrücklich vermerkt er deshalb: *So heilig der Mensch ist (oder auch dasjenige Leben in ihm, welches identisch in Erdenleben, Tod und Fortleben liegt), so wenig sind es seine Zustände, so wenig ist es sein leibliches, durch Mitmenschen verletzliches Leben. Was unterscheidet es denn wesentlich von dem der Tiere und Pflanzen? Und selbst wenn diese heilig wären, könnten sie es doch nicht um ihres bloßen Lebens willen, nicht in ihm sein.* (II 201–02) Heilig ist das geschichtliche Leben als dasjenige, das identisch in Erdenleben, Tod und Fortleben – im Gedächtnis der Nachwelt, im Gedenken anderer Leben – und also unbeschränkt und prinzipiell unendlich in allen seinen Erscheinungen und Momenten wirkt. Nicht dagegen kann es heilig heißen, wenn es als das Abstraktum eines Zustands oder einer Eigenschaft begriffen wird, das einem von ihm verschiedenen Wesen zugesprochen oder, mit gleichen Recht, abgesprochen werden kann. Von einem Urteil, in dem diesem oder jenem Wesen Leben prädiziert wird, kann nämlich immer ebenso der Tod zugesprochen und derart beide, Leben wie Tod, zu Mitteln der Herrschaft des Urteils instrumentalisiert werden. Was aber Mittel für Anderes ist, in dessen Dienst gestellt und zu seinem Zweck verwendet wird, kann nicht heilig heißen. *Bloßes* Leben kann nicht »heiliges« sein, denn es ist Leben nur im Urteil. Das Leben im Urteil ist schuldiges Leben. »Heilig« ist Leben nur dann, wenn es imprädikabel ist, keiner Norm untersteht, nicht zur Manövriermasse einer Urteilsgewalt geschlagen wird, die es nach Belieben oder nach dem Diktat von Interessen in Substanz und Prädikate zerlegt und zum Gegenstand einer Rechtsordnung macht, in der es einem anderen, mächtigeren Leben geschuldet und darum nur defizientes Leben ist.

Aber nicht nur imprädikabel und deshalb injustiziabel muss das Leben sein, es muss insignifikabel sein, wenn es heilig ist. »Heilig« heißt urteilsunzugänglich, weil unberührbar durch Bezeichnungen. Gegenstand einer Bezeichnung, einer Markierung, eines Mals – wie es das Kainsmal ist – ist es nur für eine Gewalt, die sich von ihm ausnimmt, sich über es stellt und aus seiner abgehobenen Position über es richtet. Benjamin lässt keinen Zweifel daran, dass diese Bezeichnung, Zeichnung oder Markierung das Opfer bloß mythischer Mächte trifft und es der Verfolgung einer Schuld preisgibt, die erst durch diese Markierung dem identischen Leben auferlegt wurde. Zum Abschluss seiner Überlegungen zur Heiligkeit des Lebens kann er deshalb schreiben: *Zuletzt gibt es zu denken, daß, was hier* [soll heißen in der Doktrin von der Heiligkeit des ›Daseins an sich‹ und in ihrer Verteidigung durch Kurt Hillers »Anti-Kain«] *heilig gesprochen wird, dem alten mythischen Denken nach der gezeichnete Träger der Verschuldung ist: das bloße Leben.* (II 202) Wird nun ernst genommen, dass das Leben nicht das *bloße* Leben und also nicht Träger eines Zeichens sein kann, mit dem ihm – von einer zwar biblischen und dennoch mythischen Gottheit – die Schuld zudiktiert wird, dann muss ebenso ernst die Konsequenz gezogen werden, dass noch die Heiligkeit ein solches Mal und Zeichen wäre, mit dem das Leben von Anderem, von anderem Leben und Anderem als Leben abgesondert, ausgezeichnet, als Objekt idealisierender Betrachtungen oder als Zweck praktischer Verrichtungen designiert wird. Wie das *bloße* Leben taugt das heilig gesprochene nur zum Maßstab des Urteils und der Verurteilung alles dessen, dem diese Heiligkeit oder jenes Leben nicht zugebilligt wird, zur Verurteilung schließlich auch noch des Lebens und seiner Heiligkeit selbst. Die katastrophalen rechtspolitischen Folgen jeder solchen Markierung sind nur abwendbar, wenn die Markierung selbst unterbleibt oder wenn von ihr abgesehen wird. Das Gebot »Du sollst nicht töten« impliziert nicht nur das Bilderverbot, das sich auf Gott bezieht, es enthält auch das Gebot, jede Bezeichnung, die zur Identifizierung und Feststellung des Lebendigen missbraucht werden könnte, zu unterlassen.

»Heilig« ist das Leben erst, wenn es nicht heiliggesprochen wird. »Heilig« also erst dann, wenn von Heiligkeit und von Leben nicht die Rede ist, wenn es profan nicht als Träger einer Bezeichnung oder Auszeichnung, nicht als Träger von Eigenschaften und Zuständen, sondern als Geschehen der Existenz, als Geschehen seiner jeweils sprachlichen Existenz *vor* jedem Urteil und als Geschehen dieser Existenz noch *in* jedem Urteil, das sie verleugnet, verstanden wird. In diesem Sinn hat Benjamin Gerechtigkeit gedacht. Über sie und damit über das von Kurt Hiller gering veranschlagte gerechte Leben schreibt er in den »Notizen zu einer Arbeit über die Kategorie der Gerechtigkeit«, die Gerhard Scholem in sein Tagebuch übertragen hat: *Gerechtigkeit scheint sich nicht auf den guten Willen des Subjekts zu beziehen, sondern macht einen Zustand der Welt aus, Gerechtigkeit bezeichnet die ethische Kategorie des Existenten, Tugend die ethische Kategorie des Geforderten. (…) Tugendhaft kann nur Erfüllung des Geforderten, gerecht nur Gewährleistung des Existenten (…) sein.*[15] Damit ist, gegen die kantische Ethik des guten Willens zu guten Zwecken,[16] gesagt, dass Gerechtigkeit nicht im Ziel von subjektiven Intentionen und Bestrebungen, auch nicht in der Erfüllung von Forderungen für die Zukunft, sondern allein in der *Gewährleistung* – der Gewährung und der Bewahrung – dessen liegt, was existiert. Dies Existente und die Gerechtigkeit, die es existent sein lässt – die es gewährt –, nichts anderes ist das Leben, das sich *vor* der Tat, *vor* dem Urteilsakt und *vor* dem Rechtsvollzug in dem Gebot ausspricht »Du sollst nicht töten«. Dies Gebot ist die einzige Sprache des gerechten Lebens, die sich unzweideutig und kompromisslos gegen die Urteils- und Verurteilungszwänge des Rechts verwahrt; die einzige, die nicht gegen die Sprache spricht, sondern gegen die Wider-Sprachlichkeit des Urteilens; die einzige, die das Sprechen gewährt, es gewähren lässt und ihm in seiner Gewährung gerecht wird. In diesem Gebot ist die Sprache insgesamt zum Tabu über das Leben erhoben. Wenn dieses einzige Gebot, wie Benjamin nahelegt, die Struktur nicht nur des Existenten, des Lebendigen und des Lebens artikuliert – und zwar eines Lebens, das sich auf seinen Tod wie auf sein geschichtliches Fortleben erstreckt –, wenn es zugleich die Struktur der Gerechtigkeit und der Sprache angibt, dann verbietet es wie das Töten so auch das Urteilen und die Erhebung des Urteilens zu einem System von Rechten.

Auf die Frage »Recht oder Leben« antwortet das Gebot »Du sollst nicht richten«. Die Aufgabe jedes analytischen und jedes politischen Wortes liegt in seiner Verwahrung gegen das richtende Recht. Nicht die Unterwerfung des Lebens unter das Recht, die mit dem »Recht auf Leben« deklariert wird, sondern nur die Suspendierung des Rechts im Tötungsverbot und seinen Implikationen kann Gewähr für das Leben, für Gerechtigkeit und Sprachgerechtigkeit bieten.

Authoritas, non veritas, facit legem. (Hobbes)

Der Satz, der von Carl Schmitt zur klassischen Formel des Dezisionismus erklärt worden ist,[1] steht in dieser Prägnanz nur in der lateinischen Fassung des »Leviathan«, die Thomas Hobbes siebzehn Jahre nach seiner englischsprachigen Erstausgabe von 1651 veröffentlicht hat. Er steht dort in Kapitel 26 *De legibus civilibus*[2] und soll die Antwort auf die Frage nach der *interpretatio authentica* und damit zugleich nach dem Wesen des Gesetzes – *legis essentia* – geben. Für die Ineinssetzung von Interpretation und Wesen des Interpretierten konnte Hobbes auf den Codex Iuris Canonici, das seit dem hohen Mittelalter gültigen Kirchenrecht zurückgreifen, in dem der *interpretatio authentica* dieselbe Kraft wie dem Gesetz zugesprochen wird.[3] Der Begriff wurde aus dem ekklesiastischen Recht in das Staatsrecht übernommen, hatte darin eine deutungs- und mehr noch praxissichernde Funktion bis ins 18. Jahrhundert[4] und wird noch vom späten Kant als Grundlage einer Auto-Hermeneutik des Vernunftgesetzes gebraucht.[5]

Was bei Hobbes *interpretatio illa authentica, the authentique Interpretation of the Law* heißt, gibt trotz seiner langen kirchen- und staatsrechtlichen Tradition ein Rätsel auf. Denn wenn Gesetz und Interpretation essentiell identisch sind, wenn also die Interpretation als authentische eine Interpretation nicht nur *des* Gesetzes, sondern *durch* das Gesetz selbst ist, dann müsste sich die Rede von Interpretation erübrigen, da jeder Akt der Interpretation in Wahrheit ein Gesetzgebungsakt ist, der keiner Deutung durch Andere bedarf. Wenn dennoch von Interpretation die Rede ist, dann muss dieser Titel auf ein Defizit in der Struktur des Gesetzes und im Akt der Gesetzgebung selbst verweisen. Es muss dann vermutet werden, dass Gesetze nicht nur interpretationsbedürftig, sondern – da Interpretation und Wesen der Gesetze identisch sein sollen – gesetzesbedürftig, dass sie a priori auf Revisionen angewiesen und mithin geschichtsbedürftig sind. Dass Gesetze interpretationsbedürftig sind, steht für Hobbes außer Frage – *All Laws, written, and unwritten, have need of Interpretation*[6] –, aber da er nach Grund und Umfang dieser Bedürftigkeit nicht fragt, unternimmt er in sicherer Tradition den Versuch, diese Bedürftigkeit und mit ihr auch die Interpretation durch einen Gewaltakt aus der Welt zu schaffen. Dieser Gewaltakt liegt in der Entscheidung, die der Gesetzgeber selbst über Grund und Sinn – nämlich die *causa finalis* – des von ihm gegebenen Gesetzes trifft. Die authentische Interpretation des Gesetzes soll sich als Fortsetzung der Gesetzgebung durch ihren einzigen Autor erweisen.

Hobbes' Argument ist in Kürze dies: Jedes Naturgesetz ist als Gesetz der natürlichen Vernunft auf die unparteiische und leidenschaftslose Vernünftigkeit seiner Interpreten angewiesen, um im Konfliktfall Ordnung schaffen zu können. Da aber die Vernünftigkeit des Naturgesetzes Leidenschaften und Parteiungen nicht ausschließt, müssen seine Interpreten notwendig selbst in Konflikt miteinander liegen und können den Krieg der Interpretationen, der sie in den Naturzustand eines *bellum omnium contra omnes* zurückwirft, nie schlichten. Das Naturgesetz ist folglich uninterpretierbar, weil es seinen Interpretationen erlaubt, einander zu zerstören. Nicht anders die positiven Gesetze: *The written Laws, if they be short, are easily mis-interpreted, from the divers significations of a word, or two: if long, they be more obscure by the diverse significations of many words (…).*[7] Wie im Fall der ungeschriebenen Naturgesetze die Natur im Streit mit sich selbst liegt, so führt im Fall der geschriebenen Gesetze die Sprache einen Krieg gegen sich selbst, der von den Interpretationen ausgefochten, aber nicht beigelegt wird. Die Gesetze selbst, so ist damit gesagt, sind ein

Schlachtfeld von widerstreitenden Leidenschaften und Bedeutungen; die Interpretationen dieser Gesetze betreiben nur die Exekution des in ihnen latenten Kampfes und setzen mit den Mitteln der Exegese den Kriegszustand fort, der von den Gesetzen befriedet werden sollte. Von den Gesetzesauslegungen schreibt Hobbes, man sehe so viele Bände von ihnen *published by diverse authors, and in them so many contradictions of one another, and of themselves,* dass damit erwiesen sei: *The Authenticall Interpretation of Law is not that of writers.*[8] Gesetze, gleich welcher Art, sind uninterpretierbar, weil die Sprache, in der sie niedergelegt sind, in sich selbst kontrovers ist und ihre Deutungen durch Selbstwidersprüche zum Kollaps führt. Wenn aber die Hinfälligkeit ihrer Auslegungen die Gesetze unanwendbar macht, und wenn diese Hinfälligkeit in der sprachlichen und, genauer, schriftlichen Verfassung sowohl der Auslegungen als auch der Gesetze selbst begründet ist, dann können die Gesetze und ihre Befriedungsfunktion nur gerettet werden, indem das Wesen der Gesetze von ihrer Sprache, insbesondere ihrer schriftlichen Fixierung abgetrennt wird. Mit der Paulinischen Scheidung zwischen Buchstabe und Geist führt Hobbes die Entscheidung über den Krieg der Interpretationen herbei: *For it is not the Letter, but the Intendment, or Meaning; that is to say, the authentique Interpretation of the Law (which is the sense of the Legislator,) in which the nature of the Law consistith; And therefore the Interpretation of the Lawes dependeth on the Authority Soveraign (…).*[9] Die Natur, also das Wesen und damit die authentische Interpretation des Gesetzes, beruht in der Intention, der Bedeutung, dem Sinn, welche die souveräne Autorität des Gemeinwesens, sei sie Monarch oder Parlament, als Gesetzgeber mit dem Gesetz verbindet. Allein der Souverän ist der authentische Interpret seines Gesetzes, allein seine Interpretation oder die der von ihm berufenen Richter kann dem Gesetz entsprechen, weil allein diese Interpretation mit der Autorität der Legislative ausgestattet ist. Authentisch ist die Interpretation im Sinne von

Hobbes somit erst dann, wenn sie nicht Auslegung, sondern Setzung des Gesetzes ist. Es verschlägt also wenig, dass eine Gesetzesinterpretation – wie Hobbes selbst sie in seiner Abhandlung bietet – *evident Truth* ist.[10] Noch die korrekteste Interpretation gibt das Gesetz nur wieder, aber sie gibt nicht das Gesetz. Das tut erst der Souverän in Gestalt nicht des Richters, sondern seines Richtspruchs. Er führt die Entscheidung über einen je bestimmten Rechtsstreit, einen Konflikt – und damit auch über den Krieg der Interpretationen – herbei, indem er sein Urteil *viva voce* und also in deutungsunbedürftiger Präsenz ausspricht und der *legis essentia* eine jeweils bestimmte Existenz verschafft.[11] Sein *Sentence* spricht Recht, indem er das Gesetz für einen partikularen Fall verkündet. Die authentische Interpretation, anders als die wahre, ist die judikative als legislative Interpretation. Sie hat, *by the Authority of the Soveraign,*[12] selbst Gesetzgebungskraft. Deshalb, und nur in diesem Sinn, kann es heißen: *Authoritas, non veritas, facit legem.*

Die Energie und Konsequenz von Hobbes' Gedankengang haben ihm bis in die jüngste Vergangenheit eine eminente Wirkung auf Rechtstheorie und Rechtsanwendung gesichert. Seine Entschiedenheit und die Insistenz, dass es in der Rechtspraxis selbst wesentlich um Entscheidungen zu tun ist, konnte ihn attraktiv machen für jede Art von theoretischem Aktivismus einschließlich desjenigen, den man Sprechakt-Aktivismus nennen könnte, der in Hobbes' politischer Rechtsphilosophie den frühen Entwurf einer Theorie performativer Sprechhandlungen begrüßt. Aber die Kraft dieses Gedankengangs verdeckt die Bedrohung, gegen die er sich zur Wehr setzt. Sie wird an drei Eigentümlichkeiten deutlich: an der Negation des strukturellen Imperativs der Gewaltenteilung, an der Verleugnung der Sprachlichkeit und an der Neutralisierung der Geschichtlichkeit des Rechts.

– Hobbes' Theorie der authentischen Rechtsinterpretation kennt keine Distinktion zwischen der legislativen, der judikativen und der exekutiven Gewalt. Der Souverän ist zunächst

Gesetzgeber, aber er setzt nicht nur die Judikative ein, sondern handelt durch sie als das Medium zur Konkretisierung seiner Legislation, setzt nicht nur die Exekutive ein, sondern behandelt sie als widerstandsloses Instrument zum Vollzug seiner Rechtssprüche. Was immer in der staatlich verfassten Gesellschaft geschieht, es ist im Gesetzgebungsakt nicht bloß begründet, sondern ist, *by the Authority of the Soveraign*, selbst ein solcher Akt. Der Staat *hat* nicht nur ein Monopol an der Gesetzgebungsgewalt, er *ist* nichts anderes als diese Gewalt; er konzentriert sich im Akt der Setzung des Gesetzes und bleibt als dieser eine Urakt in allen Akten wirksam, in denen sich die Staatsgesellschaft betätigt. Der Gesetzestotalitarismus dieser Konstruktion wendet sich zwar gegen die Drohung des totalen Bürgerkriegs, aber er wendet sich gegen diese Drohung, indem er alle Elemente des Kriegs unter sein Monopol stellt und ihn, sei's auch nur im Modus der Kriegsandrohung, als Krieg gegen die Bürger führt.[13] Denn der Souverän, wesentlich legislative *authoritas* und *potestas*, ist die eine und einzige Gewalt, die keinem Gesetz untersteht, er lebt in einer Entscheidung, die keiner anderen Entscheidung unterworfen ist, und betätigt sich in einem Akt, der keinen Akt neben sich duldet. Deshalb ist das *Fiat* dieses *mortall God* – sein *facit legem* – ein Akt der Schöpfung aus Nichts, eine Entscheidung, die von keiner anderen Entscheidung legitimiert oder delegitimiert werden kann, weil sie es ist, die jede andere begründet und lenkt.[14] Jeder Andere wäre für diesen Einen ein Hochverräter, ein Feind im neuerlich entfesselten Bürgerkrieg, ein Rückfall ins Nichts. Der monarchische Monothetismus der gesetzgebenden Gewalt beruht in einer Setzung *ex nihilo* und *contra nihilum*, die Setzung *ex altero* und *contra alterum* ist. Deshalb muss von ihm die Diversität der Bedeutungen des geschriebenen Gesetzes ebenso verworfen werden wie die Diversität seiner Deutungen. Die Devise des Gesetzgebers und seiner authentischen Interpretation lautet: Nicht Nichts – kein Anderer. Aber sie verdeckt, dass ihr Nicht noch *mit* dem Nichts, ihr Kein noch *mit* dem Anderen sprechen muss, um überhaupt sprechen zu können. Sie kann behaupten, die Devise des Rechts, aber nicht, die der Sprachgerechtigkeit zu sein. Wo diese Sprachgerechtigkeit fehlt, ist jedes Recht, von welcher Autorität immer es sich herleiten mag, ungerecht. Sprachgerechtigkeit läge erst in einer solchen Teilung der Rechtsgewalt, die von der Gewalt nur ihre Teilung übrig ließe.

– Die authentische Interpretation des Gesetzes besteht für Hobbes in der Abwehr der Pluralität der Interpretationen und der Abwehr der Polysemie der Bedeutungen, die jeder sprachlichen Artikulation des Gesetzes, insbesondere seiner schriftlichen Fassung anhaften muss. Die Schrift trägt die Anarchie in das Gesetz, ihre widerstreitenden Bedeutungen und Deutungen betreiben die Fortsetzung des Krieges, deshalb muss der Gesetzgeber dafür Sorge tragen, dass die Interpretation zur Fortsetzung seiner legislativen Befriedungsarbeit wird. *Viva voce*, ungeschrieben und unzweideutig muss der Richtspruch ergehen und die Jurisdiktion zu einem Diktat der Legislation machen, das auf die immediate Exekution des Gesetzes hinausläuft. Wenn aber die authentische Interpretation Abwendung jeder vermittelnden Interpretation und immediate Aktualisierung des Wesens der Sache selbst ist, dann kann sie diesen Sinn – den Sinn des Sinns, des *Intendment* – allein durch eine Interpretation des Begriffs ›Interpretation‹ selbst gewinnen. Hobbes bietet nun eine solche Interpretation von ›Interpretation‹, die mit deren konventioneller Bedeutung kaum und mit ihren technischen Prozeduren gar nicht vereinbar ist. Soll heißen: Hobbes muss inauthentisch interpretieren, um die authentische Interpretation als Akt des Interpretierten erklären zu können, er muss eine der möglichen Bedeutungen dieses Begriffs gegen eine mögliche andere Bedeutung ins Feld führen, muss den Bürgerkrieg der Bedeutungen und Interpretationen fortsetzen, um zur korrekten Interpretation der authentischen Interpretation zu gelangen, und kann dennoch, so sehr seine Interpretation eine offenbare *veritas* aussprechen mag, als bloßer Kommentator legislativer Souveränität, dem die *authoritas* fehlt, niemals den Anspruch erheben, eine authentische Interpretation der authentischen Interpretation geboten zu haben. Wenn aber gilt: *Authoritas, non veritas, facit legem,* dann muss dieser Satz nicht allein für das bürgerliche Gesetz, er muss auch für das Gesetz der Sprache, ihrer Bedeutung und Deutung, er muss für jedes einzelne Wort dieser Sentenz, für jedes, das zu ihr hinführt, und jedes, das von ihr hergeleitet wird, und muss noch für jede Interpretation gelten, die – wie diese zum Beispiel – ihren authentischen Sinn zu erschließen beansprucht. Der Satz *authoritas … facit legem* muss ein Satz ebendieser *authoritas* sein, um das Gesetz der authentischen Interpretation des Gesetzes festlegen zu können. Aber er kann nicht, was er muss. Er ist nicht ein Satz der souveränen Autorität, sondern sagt über ihre Gesetzgebungsgewalt allenfalls eine Wahrheit, die an dieser Gewalt nicht teilhat. Er sagt über das Gesetz aber auch diese bestimmte Wahrheit, dass es als praktisches Gesetz keiner theoretischen Erkenntnis seiner Wahrheit zugänglich ist – und sagt damit, dass er über die Wahrheit des Gesetzes nur die Unwahrheit sagen kann. Wenn seine Interpretation aber nicht die authentische ist, dann droht sie, das Gesetz zum Schweigen zu bringen, obwohl sie es zu bestätigen versucht, und muss deshalb ihrerseits von diesem Gesetz zum Schweigen gebracht werden, obwohl es dadurch unverständlich, geheim und illegitim wird. Auf dem schmalen Grad zwischen zwei Stummheiten, im *double bind* zwischen zwei Unmöglichkeiten, kann jede Sprache *über* das Gesetz und jede Sprache *des* Gesetzes nur ein Selbstdementi der Sprache sein. Ihr Akt – ihre ›performative‹ Sprechhandlung – muss ihre immediate Deaktivierung sein, ihre Sprache zum Spruch schrumpfen. Daher die epigrammatische Kürze von Hobbes' Sentenz[15], daher der apodiktische Charakter jedes richterlichen Urteils, daher die Bündigkeit des Dezisionismus und die Faszination, die von den Begriffen ›Autorität‹, ›Macht‹, ›Gesetz‹ ausgeht. Sie sind Kondensationsformeln des absolut

Disparaten, *fasces* wie jene Rutenbündel römischer Liktoren, von denen die legislativen Autoritäten geschützt wurden. In ihnen wird ein ungeheurer Konflikt in eine Diminutivfassung zusammengezogen, der ihn als beherrscht, punktuell und im Verschwinden begriffen erscheinen lässt.

Im Verschwinden ist tatsächlich die Sprache, die in diesen Reduktionsformeln am Rand des Verstummens steht. Mit den Abbreviaturen der Rechtssprache – und explizit in Hobbes' Erläuterungen zur *Authenticall interpretation* – wird jeweils gesagt, dass es gesellschaftliche Kohärenz nicht ohne Sprache gibt, doch dass es vermöge der Sprache keine gesellschaftliche Kohärenz geben kann. Der Macht- und Richtspruch des Souveräns, in dem durch Verknappung und den Gestus der Unwidersprechlichkeit die Sprache auf die Form eines Befehls (eines *imperium*) gebracht wird und jeder Begriff die Spitze eines Angriffs bildet, arbeitet mit sprachlichen Mitteln an der Reduktion der Sprache auf einen Gewaltakt. Ihre Formeln sind ein Zeugnis der Wider-Sprachlichkeit der Sprache des Rechts und aller strukturell sprachlichen Institutionen, die unter seiner Gewalt stehen. Diese Wider-Sprachlichkeit zeigt sich fast unverhüllt in Hobbes' Satz, der sich selbst durchstreichen müsste, wenn er die Wahrheit über den Autoritätsgrund des Gesetzes sagte, und sich wiederum durchstreichen müsste, wenn er selbst dieser Autoritätsgrund wäre. *Über* die Autorität lässt sich nicht mit Autorität sprechen; sie selbst aber spricht nicht, sondern *facit legem*. Unter ihrem Gesetz und nach ihrem Recht dürfte es Sprache nicht geben: Sie ist gesetzesfern, rechtsuntauglich und gegen jede Form der Monopolisierung resistent. Sprachgerechtigkeit wäre deshalb allein die, über die keine Autorität gebietet und für die kein Recht gilt, das von einer souveränen Instanz eingesetzt und verwaltet werden kann. Wer spricht, spricht außerhalb von Recht und Gesetz, und seine Sprache, wenn sie sich nicht auf imperiale oder technoökonomische Informationseinheiten kürzen lässt, wirkt an der Suspension nicht nur der Faszinations*begriffe* ›Autorität‹,

›Macht‹, ›Gesetz‹, sondern an der Realsuspension der Faszinations*formen*, die sich auf diese Begriffen stützen.

– Unmittelbar nachdem Hobbes von der richterlichen *viva voce*-Entscheidung *by the Authority of the Soveraign* gehandelt hat, räumt er ein, dass jede solche Entscheidung irrig sein kann und durch die nächst folgende revidierbar sein muss. In dieser Überlegung ist nicht nur die Schwäche der judikativ-legislativen Gewalt, in ihr ist die Zeit als Dimension von Gesetzgebung und Rechtsprechung anerkannt. Hobbes bekräftigt, was die Logik seines Souveränitätsbegriffs fordert: dass auch ein falscher Richtspruch, *a wrong Sentence, given by the authority of the Soveraign, (...) be a constitution of a new Law,* ein neues Gesetz konstituiert. Aber die Macht der positiven Gesetze wird überboten durch die unveränderlichen Naturrechte, so dass kein irriger Spruch, der die Gerechtigkeitsforderung verletzt, als Gesetz in Geltung bleiben kann: *No mans error becomes his own Law*[16] – *error lex non est.*[17] Wenn jede Entscheidung möglicherweise eine Fehlentscheidung ist, und wenn keine Fehlentscheidung bindende Kraft für die Zukunft haben darf, dann kann es im strengen Sinn keine Präzedenzfälle geben, dann kann es, weil jede positive Regel der Rechtsprechung fehlt, nicht einmal ›Fälle‹, sondern nur jeweils singuläre Geschehnisse geben, über die in singulären Entscheidungen ein je singuläres Recht gesprochen werden muss – ein singuläres Recht, das sich in Zukunft als Unrecht erweisen könnte und deshalb nur unter dem Vorbehalt seiner Revision durch ein anderes, künftiges und erst in seiner Künftigkeit singuläres und singulär gerechtes Recht gesprochen werden darf. Hobbes zieht diese Konsequenzen aus seinen Prämissen nicht. Er räumt zwar die Fehlbarkeit von richterlichen, höchstrichterlichen und souveränen Rechtsentscheidungen ein und macht dadurch deutlich, dass sein Satz von der rechtstiftenden Autorität nicht besagt *authoritas facit veritatem*, aber er kommt nicht zu der Einsicht, dass ein Fehlurteil, da es nicht nur die irrige Applikation eines Gesetzes, sondern ein irriges Gesetz ist, nur von einer prinzipiell fehlbaren und also in sich inkonsistenten Autorität gefällt sein kann. Hobbes räumt zwar ein, dass irrige Entscheidungen keinen Präzedenz- und folglich keinen Gesetzesstatus beanspruchen dürfen, er scheut aber vor der Einsicht zurück, dass schon die bloße Möglichkeit von Fehlentscheidungen ein Defizit in der Struktur der Entscheidung selbst offenbart; dass jedes *Fiat* des Souveräns ein Fehl-*Fiat* muss sein können; dass der Gesetzgebungsakt einen Defekt aufweisen muss, der ihn auf die Zukunft, mithin auf einen anderen Akt verweist, der den Monothetismus der legislativen Autorität und den Akt-Charakter ihrer Entscheidung bricht. Hobbes scheut also vor der Einsicht zurück, dass sein *mortall God* Levithan sterblich sein muss, um auch nur als Gott erscheinen zu können – weil er aber sterblich ist, kein Gott sein kann, sondern andere Sterbliche braucht, die ihn stützen oder stürzen können. Aus seinen Beschreibungen wird, anders als aus ihrer Theoretisierung, deutlich, dass eine einzelne Entscheidung nur diejenige ist, die auf komplementäre oder kontroverse andere Entscheidungen angewiesen ist, und der einzelne ›Kasus‹ nur deshalb einzeln und singulär sein kann, weil er einer durchgängigen Bestimmung durch andere, seien es frühere oder künftige ›Kasus‹ unzugänglich bleiben muss.

Hobbes scheut vor dieser Einsicht zurück, weil sie die Einsicht nicht nur in einen strukturellen Defekt, sondern in die strukturelle Korruption von Recht und Gesetz wäre. Jede Gesetzgebung und jeder Akt der Rechtsprechung stimmt prinzipiell der Möglichkeit zu, unrecht und ungerecht zu sein. Der Friede, den sie zu stiften versuchen, ist a priori faul, der Kompromiss mit dem Kriegszustand, dem sie ein Ende setzen sollen, zynisch. Wenn aber Recht und Gesetz Gerechtigkeit weder aktuell gewährleisten, noch für die Zukunft programmieren können – und nach Hobbes' Eingeständnis können sie es nicht –, dann ist ihr Anspruch, dennoch die Prinzipien dafür zu enthalten, bloß Fassade einer Macht, die keinerlei Beziehung zur Gerechtigkeit unterhält. Hobbes' Verweis auf eine

Zukunft, die sich nicht durch das Gesetz definieren lässt, die vielmehr ihrerseits das Gesetz wieder und wieder indefiniert, dieser Verweis auf die Angewiesenheit des Gesetzes auf eine gesetzesoffene Zukunft, fordert eine völlig andere Konsequenz als den Rückzug hinter Fassaden und eine völlig andere als die Resignationsformel, Gerechtigkeit sei (»hier auf Erden«) nicht zu haben – aber wozu dann noch Gesetze und Rechte?

Diese andere Konsequenz, die noch jeder Rechtsphilosoph zu ziehen vermieden hat, lautet: dass Recht allein so zu sprechen ist, dass es nicht abschließend gesprochen wird; dass es kein abschließendes Urteil und also gar kein Urteil sein darf, da jedes die Zukunft ausschließen müsste; dass der Kerker des abschließenden Urteils nur dann auf die Zukunft geöffnet werden kann, wenn auch das Gesetz und seine Souveränität, die Autorität und ihre Macht, die sich in jenem Urteil aktualisieren, auf die Zukunft geöffnet werden; nur dann also, wenn das Gesetz nicht ein Gesetz *über* die Zukunft, sondern Gesetz *aus* einer Zukunft ist, die keinem Gesetz untersteht. Recht ist allein so zu sprechen, dass es provisorisch, als Recht *für* ein anderes, künftiges Recht und somit für eine Zukunft, die selbst rechtlos bleibt, gesprochen wird – und also gesprochen für eine andere, eine recht- und gesetzlose, eine urteilslose und vielleicht keine Sprache. Erst diese Rechtsprechung nicht *über*, sondern *für* ein anderes Sprechen, das noch rechtlos, rechtsunfähig und rechtsunbedürftig ist, spricht sich frei von der Entscheidung *über* einen ›Fall‹, weil sie für eine andere, noch nicht vollziehbare und vielleicht unvollziehbare Entscheidung spricht, die dem gilt, was nicht mit Sicherheit als ›Fall‹ gefasst werden kann. Für sie gilt nicht die Devise: Kein Anderer – Nicht Nichts, sondern: Für Andere und Mit Nichts. Diese andere Sprache – auch sie wäre, in einem ganz anderen Sinn als Hobbes' Autoritätssentenz, eine Sprache der Wider-Sprachlichkeit – dürfte kein Richtspruch sein; sie wäre nicht punktuell und im Verschwinden, sondern im Kommen. Erst sie, diese zukunftsoffene Rechtsprechung, wäre sprachgerecht, weil sie in jeder Gegenwart der jeweiligen Künftigkeit der Sprache und ihrer jeweiligen Einzigkeit gerecht werden könnte.

Authoritas, non veritas, facit legem. Mag sein. Aber da Autorität und Gesetz auf Sprache angewiesen, auslegungsbedürftig und geschichtsoffen sind, reicht weiter der Satz: *Lingua, non lex, concedit aequitate* – Sprache, nicht das Gesetz, gewährt Gerechtigkeit.

Recht auf Scheidung vom Recht (Milton)

The apt and cheerfull conversation of man with woman – mit dieser Wendung charakterisiert John Milton die Ehe in einer Schrift, die das Recht auf ihre Scheidung fordert. Die Formel, im angelsächsischen Raum seit langem berühmt, steht auf den ersten Seiten der ersten Fassung von Miltons Pamphlet, die im August 1643 gedruckt wurde, und im Vorwort der erweiterten zweiten Fassung, die im Februar 1644 veröffentlicht wurde. Beide tragen den Titel »The Doctrine and Discipline of Divorce: Restored to the Good of Both Sexes, From the Bondage of Canon Law, and other Mistakes.« Der erste Titel fährt fort: (Restored) »to Christian freedom, guided by the Rule of Charity«; der Titel der zweiten Fassung: (Restored) »to the true meaning of Scripture in the Law and Gospel compar'd«.[1] Beide Fassungen, die erste wie die sehr viel umfangreichere zweite, die noch im folgenden Jahr 1645 zwei Nachdrucke erfuhr, sind Kampfansagen an das kanonische Kirchenrecht und das damit verbundene englische Zivilrecht, das in diesen Jahren durch einen Parlamentsausschuss, die »Westminster Assembly«, reformiert werden sollte; die zweite Fassung ist denn auch bereits auf dem Titelblatt adressiert *To the Parlament of England with the Assembly.* Miltons Formel für die Ehe, nüchtern und energisch engagiert, ist eine Kampfformel aus einer mit größter Vehemenz geführten Attacke gegen die katholische Lehre von der Sakramententalität der Ehe, gegen das im gesamten katholischen Machtbereich geltende Gesetz der prinzipiellen Unauflöslichkeit der Ehe und gegen die Interpretationen der biblischen, apostolischen und evangelischen Schriften, auf denen noch das protestantische Kirchen- und Zivilrecht basierten. Diese Attacke und jene Kampfformel richteten sich gegen eines der dauerhaftesten Grundgesetze der christlichen Welt aber nicht, um eine gelehrte innerkirchliche Debatte fortzusetzen, die bereits ein Jahrhundert zuvor in Deutschland, den Niederlanden und der Schweiz begonnen hatte, sondern um in die aktuelle Reorganisation der englischen Kirche einzugreifen und die Änderung eines entscheidenden bürgerlichen Rechts zu betreiben, in dem das englische Commonwealth sein Selbstverständnis formulierte. Die erste Fassung von Miltons Scheidungsschrift erschien pünktlich, einen Monat nachdem die Westminster Assembly ihre Verhandlungen zur Rechtsreform aufgenommen hatte.[2] Gefolgt wurde »The Doctrine and Discipline of Divorce« von drei weiteren, wiederum sehr umfangreichen Schriften, in denen Milton seine Argumente wiederholte, variierte und ergänzte, um sie für alle Parteien des Parlaments überzeugend zu machen: »The Judgement of Martin Bucer« (1644), »Tetrachordon« (1645) und »Colasterion« (1645). Miltons Plädoyer für das Recht auf Ehescheidung und das Recht auf Wiederverheiratung von Geschiedenen führte nicht zum Erfolg. Es fand nur bei wenigen Zeitgenossen Unterstützung und blieb vom Parlament unbeachtet, vermutlich weil es die Anerkennung von affektiven Dispositionen und Gewissensentscheidungen als zureichenden Grund für Scheidungsbegehren forderte und weil es die öffentliche, sowohl kirchliche wie staatliche Jurisdiktion zugunsten persönlicher Entscheidungen außer Kraft zu setzen verlangte. Erst während der französischen Revolutionsjahre wurden die einschlägigen Gesetze im Sinn Miltons für kurze Zeit liberalisiert; im Übrigen dauerte es nach der Veröffentlichung seiner Pamphlete und Traktate drei Jahrhunderte, bis die von ihm geforderten Änderungen ins englische – und darüber hinaus in das Gesetz fast ausnahmslos aller Länder des ›christlichen Abendlandes‹ geschrieben wurden, und zwar mit Begründungen, die den von Milton vorgetragenen in ihrer Substanz, wenn auch nicht in Umfang, Präzision und Konsequenz, ähneln. Die dreihundertjährige Inkubationszeit der juristischen Redefinition von Ehe und Ehescheidung ist zugleich der Beginn der Inkubationszeit einer neuen Sozialontologie, der Milton in seinen Scheidungsschriften das Wort redet.

Die Formulierung von *the apt and cheerfull conversation of man with woman, to comfort and refresh him against the evill of solitary life* ist eine kommentierende Paraphrase zu Genesis 2:18 und wird von Milton als eine solche Paraphrase, darüber hinaus aber als die vom biblischen Gott ordinierte Definition der Ehe charakterisiert: *God in the first ordaining of marriage, taught us to what end he did it, in words expresly implying the apt and cheerfull conversation of man with woman, to comfort and refresh him against the evill of solitary life, not mentioning the purpose of generation till afterwards, as being but a secondary end in dignity, though not in necessitie* […] (235). Die Erschaffung von Eva wird von Milton also als Erschaffung einer Ehegefährtin, das erste Menschenpaar als Ehepaar gedeutet. In dieser Deutung stimmt Milton mit dem zeitgenössischen Bibelkommentator Paraeus überein, der in seinem Genesis-Kommentar von 1614 die Verbindung von Adam und Eva ebenfalls als den Archetyp der Ehe behandelt und sie als *conversation* – nämlich als *individual and intimat conversation* – definiert.[3] Nun ist diese Formel nicht die einzige Auslegung dessen, wovon Milton sagt, dass Gottes Wort es ›ausdrücklich impliziert‹; er variiert sie und spricht von *a fit and matchable conversation* (239), *the solace and peacefull society of the maried couple* (244), von *a meet and happy conversation* (246), von der Frau als *a meet and like help to man* (273), wiederum von der Ehe als *that free and lightsome conversation* (273), von den Ehegefährten als solchen, deren *minds are fitly dispos'd, and enabl'd to maintain a cheerfull conversation* (328). In allen diesen Formulierungen bedeutet *conversation*, wie die Herausgeber der neueren Ausgaben dieses Textes ausdrücklich betonen: *the action of consorting or having dealings with others; living together; commerce, intercourse, society, intimacy.*[4]

So wenig zweifelhaft diese Bedeutung von *conversation* auch ist, sie kommt in diesem Text doch an keiner Stelle ohne die Konnotation aus, die inzwischen zur vorrangigen, wenn nicht ausschließlichen Bedeutung des Ausdrucks geworden ist: *conversation* heißt hier, in einem sehr weiten, die Formen des alltäglichen – oder allnächtlichen – Umgangs und der sogenannten symbolischen Handlungen einschließenden Sinn, immer auch Gespräch, sprachliches oder sprachgeleitetes Verhalten zueinander.[5] In einer Passage seiner *Divorce*-Schrift macht Milton nicht nur explizit, sondern mit großer Emphase deutlich, dass die eheliche *conversation* eine wesentlich sprachliche und immer eine Beziehung im Horizont der Sprache ist. Er schreibt dort nämlich, dass es schon im Paradies und umso dringender nach seinem Verlust nötig gewesen sei, *to have an intimate and speaking help, a ready and reviving associate in marriage.* Und er fährt fort: *whereof who misses by chancing on a mute and spiritles mate, remains more alone then before, and in a burning lesse to be contain'd then that which is fleshly and more to be consider'd; as being more deeply rooted even in the faultles innocence of nature.* (251) Was Milton als *fleshly burning*, als *carnal lust* und *sensitive desire* bezeichnet, hat es in dem Augenblick, da Gott im Paradies den Archetyp der Ehe stiftete, nicht gegeben. *That desire which God put into Adam in Paradise before he knew the sin of incontinence* (251) ist ein Verlangen nach einem Anderen, der spricht, ein Verlangen zwar nach einem anderen Körper, aber einem Körper, der spricht – *another body, but not without a fit soule to his* –, ein Verlangen, das Gott selbst in den Menschen gelegt hat und das ein Verlangen nicht nach einem *mute and spiritles mate*, sondern nach einer *speaking help* ist –: ein Verlangen also nach Sprache und nach der Sprache des Verlangens. In diesem selben Sinn kann Milton von dem *inbred desire of joyning to it self […] a fit conversing soul* und von einem *rational burning* sprechen, das nicht das Brennen einer rechnenden und berechnenden Rationalität, sondern das Brennen einer Sprache nach einer anderen Sprache, nach der Sprache eines Anderen und nach der Sprache als einer Hilfe zur Sprache ist. Mit dieser Deutung von Genesis 2:18 geht Milton über das dort explizit Gesagte zwar hinaus, aber er bleibt dem sogenannten Buchstaben und nicht weniger dem Kontext und also dem sogenannten Geist des Gesagten treu, indem er die Erschaffung der Gefährtin als Fortsetzung der Schöpfung und als Fortsetzung der Erschaffung der Sprache, der Sprache *zum* Anderen und der Sprache *des* Anderen deutet. *The apt and cheerfull conversation* – diese Kampfformel gegen das kanonische und das bürgerliche Eherecht – ist also zunächst eine Kampfformel für das Verlangen nach der Sprache eines Anderen und nach dem Sprechen mit einem Anderen. Sexualität, und zwar, wie Milton unablässig wiederholt, eine Sexualität, die nicht im Dienst der Zeugung steht, ist einer der Dialekte dieser Sprache mit einem Anderen.[6]

Die biblische Quelle für diese formularische Definition der Ehe lässt nun nach Miltons Deutung keinen Zweifel daran, dass sie nicht etwa zur Prokreation der Gattung oder auch nur des Christentums, noch weniger zur Sicherung genealogischer Zusammenhänge und am wenigsten zur juridischen Regulierung von Erbschafts- und Besitzverhältnissen, sondern ausschließlich zur Ergänzung der Schöpfungsordnung eingesetzt ist. Denn in Genesis 2:18 findet Gott zum ersten Mal einen Mangel an seiner Schöpfung und entschließt sich, ihn zu beheben. Im »Tetrachordon«, seiner dritten Scheidungs-Schrift, in der er die vier entscheidenden biblischen Aussagen zur Ehe kommentiert, zitiert Milton die Sätze: *And the Lord said, it is not good that man should be alone; I will make him a help meet for him.* (594) Und er kommentiert: *Hitherto all things that have bin nam'd, were approv'd of God to be very good: lonelines is the first thing which Gods eye nam'd not good: whether it be a thing, or the want of something, I labour not; let it be their tendance, who have the art to be industriously idle.* (595) Es ist also ein Defekt in der Ordnung des Guten, ein Defizit der Schöpfung, das Gott am Menschen entdeckt, ein Mangel an Sein, wie, deutlicher als die englische Übersetzung, der hebräische Text – den Milton kannte – ausspricht: »Nicht gut ist das Sein des Menschen für sich allein.« Dieser me-ontologische Befund Gottes, dass ein Sein ohne Anderen ein solches Sein ist, das ›nicht gut‹ und somit nichtseiend genannt werden muss, lastet Gott nicht allein einem Schöpfungsfehler an, er besagt auch, dass die Korrektur, die diesen Fehler behebt, selbst einen exorbitanten ontologischen Rang beanspruchen muss. Durch die Erschaffung von Eva wird nicht nur Adams Einsamkeit behoben, es wird dadurch eine Unzulänglichkeit der Schöpfung, eine Lücke im Guten, ein Ausfall des Seins ergänzt. Milton erklärt: *God supplies the privation of not good, with the perfect gift of a reall and positive good* (595) – er vervollständigt also mit Eva die von ihm geschaffene Welt, das Gute, das Sein mit einem weiteren Gut und einem weiteren Sein, das die mangelhafte Welt nicht nur der Vorstellung und dem Wunsch nach, sondern real zur Vollkommenheit bringt. Und zwar vervollständigt, *supplies*, supplementiert[7] er den Mangel durch ein Wesen, das Milton im ersten *Divorce*-Pamphlet als *speaking help*, im »Tetrachordon« aber prägnanter als *a minde answerable* (598) charakterisiert: als ein Wesen, das nicht allein Körper, sondern ein Körper – und zwar ein anderer, ein sexuierter Körper – mit einem Geist ist, der auf Adams Sprache zu antworten vermag und auf den er selbst antworten kann. Hatte Adam bisher alle Kreaturen nur mit Namen benannt und beim Namen gerufen, so begegnet er in Eva einem Geschöpf, an dem die Sprache der Benennung in die Sprache des Gesprächs, der Antwort und der Verantwortung übergeht. Die Schöpfung der Welt kulminiert also in der Erschaffung nicht nur eines sprechenden, sondern seine Sprache mitteilenden // imparting//, mit Anderem teilenden; eines nicht allein *über* Andere und *zu* ihnen, sondern *mit* Anderen sprechenden und auf sie antwortenden Wesens: Die Schöpfung kulminiert erst in der Sprache als Gespräch oder als *conversation.*

Erst das Gespräch mit einem anderen Wesen, das spricht, wie er selber spricht, befreit Adam aus seiner Einsamkeit und befreit die Welt von dem Mangel, eine bloß besprochene und benannte, aber nicht eine selbst sprechende und aus Eigenem antwortende Welt zu sein. Erst das Gespräch mit einem *socius* eröffnet eine gemeinschaftliche und gesellschaftliche Welt; erst es sozialisiert die Welt und begründet alle weiteren Formen der Sozialität, einschließlich derjenigen, die zu ihrer Ordnung und Verwaltung dienen können. Ihren Grund kann die gesellschaftliche Welt nur in der Möglichkeit eines Verhältnisses verschiedener Sprachen und verschiedener Weisen des Sprechens finden, die sich aufeinander beziehen, ohne auf einander reduzibel zu sein. In diesem Sinn ist die hebräische Wendung *ezer kenegdo* – eine Hilfe als sein Gegenüber – *une aide contre-lui*[8] – *a help meet for him* zu verstehen. ›Gemäß‹, ›an ihn und gegen ihn gelehnt‹, anaklitisch ›passend‹ ist diese Hilfe nämlich als eine solche, die gleich dem sprechenden Adam ihrerseits spricht und ihm im emphatischen Wortsinn entspricht: ihm antwortet, korrespondiert und mit ihm zusammenstimmt. Mit dem hebräischen Ausdruck, so kommentiert Milton, sei die *conformity of disposition and affection* bezeichnet (600); aber damit diese Konformität nicht die eines bloß mechanischen Replikats sei, sondern zu *mutuall solace and help* tauge (601), bedarf es der Gegenseitigkeit und also auch Selbständigkeit und Einzelnheit der beiden Partner. In einer entscheidenden Wendung seines Kommentars zu *a help meet for him* macht Milton deshalb deutlich, dass Hilfe nur von dem kommen kann, was seinerseits frei ist, in diese Hilfe einzuwilligen, zu einer angemessenen Hilfe fähig und dem zu Helfenden nicht nur gemäß und gleichrangig, sondern auch zugeneigt ist. Milton schreibt nämlich: *God as it were not satisfy'd with the naming of a help, goes on describing* another self, a second self, a very self it self. (600) Was hier, wie selten sonst in dieser Schrift, durch Drucktypenwechsel hervorgehoben ist – *another self, a second self, a very self it self* –, charakterisiert die gemäße (*meet*) Hilfe als eine solche, die unabhängig, selbständig und aus freien Stücken von einem anderen Selbst erteilt wird, das aus der Dienstbarkeit einer bloß auxiliaren Ergänzungsfunktion entlassen und dem Geholfenen als seinesgleichen gegenübersteht. Es ist ein anderes Selbst, ein zweites zwar, aber selbst wahrhaft ein Selbst, das dem Sprechenden als antwortendes, doch nicht als Echo, sondern als selbst und von sich selbst her redendes entgegentritt. Die Form des Selbst, die ihm nicht vom ersten Selbst, sondern von Gott, einem Dritten, zugewiesen wird, ist in ihm zu der eines *anderen* Selbst geworden, und nur *vermöge* dieser Andersheit ist es ein Selbst, dessen Form der des Menschen korrespondieren, ihr antworten und ihr beistehen kann. Hilfe ist die der einander Helfenden, ihre Sprache die von nicht nur *zu* einander, sondern *mit* einander Sprechenden, die frei aufeinander bezogen, offenkundig asymmetrisch und dennoch autonom einander zugeneigt sind. Was die defiziente Krone der Schöpfung komplettiert und, genauer, supplementiert, ist die Verdopplung dieser Krone und zugleich ihre Ver*a*nderung in einem Wesen, das nicht allein das Pendant zum schon geschaffenen Selbst, sondern, unabhängig von diesem, eine Krone für sich selbst, ein völlig neues Wesen ohne Präzedenz, mit einer durch nichts programmierten Sprache, die sich nicht benennend auf die Welt der Schöpfung, sondern antwortend auf eine andere Sprache bezieht. Dieses andere Selbst, dieser Zusatz zur Schöpfung, durch den sie allererst gut wird, diese Über-Schöpfung, Eva, ist also die Schöpfung noch einmal – *another self, a second self* – und überdies ein absolutes Novum, ein Exzess der Schöpfung über die Schöpfung – *a very self it self* –, in dem diese selbe Schöpfung sich von sich ablöst und zu sich als Anderem sich verhalten kann. In dem Gespräch, das diese erste Ehe zwischen Adam und Eva ist, verwandelt sich das ontologische Defizit also in ein ontologisches Surplus, die monologische Logik der Benennung verwandelt sich nicht nur in die dialogische einer Doppelbenennung, sondern in die Sprache einer freien

Variation verschiedener Sprachen, in denen ein jeweils anderes Selbst zu einem von ihm verschiedenen, zum Selbst eines Anderen und derart über die Schöpfung hinaus – oder vor sie zurück spricht.

Miltons Kommentar von *a help meet for him* bedient sich mit der Erklärung *another self, a second self* eines klassischen Topos der Bestimmung von *philía* und *amicitia*. Zu ihm kehrt auch die knappere Formulierung aus »Paradise Lost« zurück, wo Eva von Gott *Thy likeness, thy fit help, thy other self* genannt wird. (VII, 450) Aber was bei Homer und Platon als *homoion homoion* befragt, bei Aristoteles als *heteros autos* und bei Cicero als *alter idem* definiert wird,[9] dieses ›andere Selbst‹ der griechisch-römischen Tradition gewinnt *als* Anderes erst dort Kontur, wo Milton im Anschluss an einen Gedanken der Bibel dessen Andersheit aus seiner sexuellen Differenz zu bestimmen versucht. Nachdem er die Vorstellung von einer paradiesischen Männerfreundschaft, die Augustinus in seinem Genesis-Kommentar erwägt, als *crabbed opinion* verworfen hat, erinnert er an die Vergnügungen Gottes vor der Erschaffung der Welt – *his recreations before the world was built* –, seine Rekreationen vor der Kreation – als das Paradigma jener Vergnügungen, die Gott Adam durch die Erschaffung Evas angedeihen lässt. Milton zitiert aus den Proverbien 8, 30: *I was, saith the eternall wisdome, dayly his delight, playing always before him.* (596–97) Das Spiel der Weisheit, das Gott in seiner Ewigkeit genießt, ist seinem Geschöpf nur in der Pause vergönnt, die sein Denken und seine Arbeit unterbricht: als *slackning the cords of intense thought and labour* (596). Milton erklärt in dem Satz aus seinen Scheidungs-Traktaten, der als einziger explizit der Weiblichkeit von Adams Gefährtin gewidmet ist und der zugleich die Weiblichkeit der Ehe anspricht – es ist einer der geschmeidigsten seiner Prosa –: *We cannot* [...] *alwayes be contemplative, or pragmaticall abroad, but have need of som delightfull intermissions, wherin the enlarg'd soul may leav off a while her severe schooling; and like a glad youth in wandring vacancy, may keep her hollidaies to joy and harmles pastime: which as she cannot doe without company, so in no company so well as where the different sexe in most resembling unlikenes, and most unlike resemblance cannot but please best and be pleas'd in the aptitude of that variety.* (597) Der Mann, und nicht nur Adam, so ist damit gesagt, braucht zur Erholung von seiner benennenden, theoretischen und pragmatischen Arbeit, er braucht zu seiner Wiederherstellung eine Pause, und diese Pause – diese *intermission* –, in der er Arbeit und Gedanken fahren lässt und eine Ferienwanderung – *wandring vacancy* – unternimmt, diese Feier wird am besten gewährt von einer Gefährtin, die die Abwechslung vom Geschäft des Denkens und der Arbeit durch den Wechsel von seinem Geschlecht zu ihrem ungleich ähnlichen und bei aller Ähnlichkeit ungleichen herbeiführt. Das ›andere Selbst‹, das mit der Frau geschaffen wird, komplettiert das Selbst der Arbeit und des Denkens nicht durch die Fortsetzung von Arbeit und Denken, es komplettiert sie, paradox, durch ihre Dekomplettierung: durch *intermissions, wandring vacancy* und *hollidaie.* Wie der Schöpfer nach seinem Sechs-Tage-Werk am siebten Tag ruht, so ruht sein höchstes Geschöpf, nach seinem Bild geschaffen, in der supplementären Schöpfung, der Frau, als in einem Jenseits der Schöpfung und der Arbeit, das zugleich ihr Diesseits ist, aus: Eva ist ein Wesen nicht der Schöpfung und nicht der produktiven Arbeit oder ihrer kontemplativen Reproduktion, sie ist vielmehr dasjenige Wesen, in dem Schöpfung und Produktion, von sich selbst befreit, bloß spielen und gespielt werden. Das Addendum zur Schöpfung ist die Feier der Schöpfung. Sie ist, als *recreation*, ihre Dekreation. Sie ist das Andere als Spiel – als *paidia* – des Selben. Und so die Gemeinschaft in diesem Spiel, das wesentlich diese Gemeinschaft selbst ist: Die Ehe ist für Milton der Sonntag des Lebens, das aus männlicher Arbeit und Denken besteht; sie ist der Feiertag, der zwar ein Tag ist, aber keinem Alltag gleicht, sondern als *pastime* und *vacancy* Arbeit und Denken ruhen lässt; die

Gemeinschaft zwischen Verschiedenen, in der ihr Selbst sich nicht durch produktive oder reproduktive Tätigkeit erhält, sondern sich im Spiel von sich selbst und von der Schöpfung befreit. Was Milton ›Ehe‹ nennt, ist die Pause vor der Erschaffung der Welt, die sich in der erschaffenen Welt auftut und so diese Welt auf weitere Schöpfungen offenlässt.

Damit hat die klassische *alter idem*-Formel ebenso wie die mit ihr gemeinte Sprache eine deutlichere Kontur gewonnen. Das ›andere Selbst‹ ist nicht die Reproduktion des Selbst, nicht seine Verdopplung und nicht seine Fortsetzung, ohne zugleich dieses Selbst zu suspendieren, seine Rationalität – nämlich die Rationalität der Arbeit und des Denkens – zu entmächtigen und seine Setzung auszusetzen. Die Andersheit des ›anderen Selbst‹ liegt in der Ver*a*nderung ebendieses Selbst und also in der Befreiung von ihm: Es ist nicht nur *a very self it self*, es ist Anderes als ein Selbst und also anders als das Andere *des* Selbst. Dass Adam nach der Erschaffung von Eva nicht mehr allein ist, besagt, dass er nicht mehr Adam ist; dass sein Sein nicht mehr Allein-Sein ist, besagt, dass es nicht mehr – mangelhaftes – Sein, sondern ein Spiel mit dem Sein ist, das sich jeder Regulierung durch die Macht eines Selbst und sogar durch die Macht seines Schöpfers entzieht. Der mono- und deshalb meontologische Status des Menschen hat sich in ein dyo- und paidia-ontologisches Geschehnis verwandelt, das den Horizont der Schöpfung, das Paradies, im Guten wie im Schlimmen verlässt. Wenn also der Gedanke eines *alter idem* noch nahelegt, Selbst und Anderer könnten in einem Verhältnis der Komplementarität stehen, so wird durch Miltons Zitat des Spiels der Weisheit vor der Erschaffung der Welt und durch seine Charakterisierung des Anderen als *intermission, vacancy, hollidaies* und *pastime* deutlich, dass dieses Komplement die Suspension des Selbst wie des ›anderen Selbst‹ im Spiel betreibt: Es ist Ultra-Komplement und Substraktion in einem, ebenso unverzichtbar für die Ordnung wie jede Ordnung – und zunächst die der Dyade – verwirrend. Dieses ultra- und de-kreative Spiel ist die Sprache, nicht nur diejenige von Adams *speaking help* (251) und des *minde answerable* (598), sondern die Sprache, wie sie zwischen Adam und seiner Gefährtin und in jeder intimen Gesellschaft gesprochen wird. Es ist keine Sprache der Komplementarität, ohne zugleich eine solche der Aussetzung jeder stetigen und durch Arbeit oder Kontemplation regulierten rationalen Kommunikation zu sein; und keine Sprache der Komplementarität zwischen dem einen und dem anderen Geschlecht, ohne zugleich eine Sprache des Irrens und Wanderns und der Entfernung aus topologischen und chronologischen Fixierungen zu sein. Milton spricht ausdrücklich von *wandring vacancy*, von *erring fondnes* und von *pastime*, und er lässt in seiner Digression über das Spiel der sexuellen Verschiedenheit zumindest die Möglichkeit offen, dass diese Verschiedenheit nicht auf die eines einzigen Paares und nicht nur eines Paares aus einem Mann und einer Frau reduziert werden kann. Die Sprache des von Milton gedachten sexuellen Spiels ist die eines Affekts, eines *delight*, weder kontemplativ noch pragmatisch, weder konservativ noch reproduktiv, dafür umso zwangloser eine Sprache des *ravishment* und der *raptures* (597), die aus allen dualen, linearen, logischen und genealogischen Verbindungen herausreißt. Der Riss dieser Sprache führt nicht nur vor die Schöpfung zurück, er führt auch, wie jeder Leser von *Paradise Lost* weiß, durch eine Verwirrung des Sprachgefühls aus der Schöpfung hinaus.

So schwankend die Grenzen dessen, was für Milton ›Ehe‹ heißt, nach dieser Definition – und, besser, Indefinition – auch sein mögen: Es ist eine Sprache nicht der dialogischen Arbeitsrationalität, sondern der paidialogischen Feier, die das ausmacht, was er *the apt and cheerfull conversation of man with woman* nennt. Es ist dieser Feiertag der *conversation*, den Milton zu retten versucht, indem er dem von Staat und Kirche promulgierten Dogma entgegentritt, der erste Zweck der Ehe sei die ›Fortpflanzung‹ des Menschen und um der Homogenität der Erblinie willen sei eine Scheidung allein aufgrund von Ehebruch erlaubt; und dieses Spiel der *conversation* ist es, die er durch das Scheidungsrecht wieder zugänglich zu machen versucht. Miltons Plädoyer für das Scheidungsrecht ist ein Plädoyer für die Ehe –, aber für diejenige Ehe, die er mit einer bis dahin in reformatorischen Kreisen unbekannten Vehemenz als Verbindung aus Sprache und Verlangen definiert. Sein Argument für diese Mikro-Gesellschaft der freien Sprache des Verlangens und damit für sie als Paradigma jeder Gesellschaft ist – *gegen* die Autorität von Staat und Kirche – *auf* die Autorität der Bibel gegründet, doch, präziser, auf die Autorität des im Buch Genesis von der höchsten, der göttlichen Autorität approbierten Verlangens nach sprachlicher Gesellschaft. Milton spielt also in seinem Plädoyer eine Autorität gegen eine andere aus, ein Gesetz, das erste biblische, gegen ein anderes Gesetz, das kanonische, um das eine durch das andere zu delegitimieren. Um aber Gesetz gegen Gesetz ins Feld zu führen und das positive Recht durch Berufung auf das biblische zu entkräften, muss er zunächst einen anderen Konflikt beheben, nämlich den zwischen den inner-biblischen Deutungen des biblischen Gesetzes. Das biblische Gesetz steht nämlich nicht nur gegen ein anderes Gesetz, es steht, zumindest dem Anschein nach, auch gegen sich selbst. Denn während die Genesis-Verse 2:24 *and he shall cleav unto his wife; and they shall be one flesh* eine Trennung nicht in Betracht ziehen, wird vom mosaischen Gesetz die Scheidung ausdrücklich erlaubt. Und diese mosaische Erlaubnis wiederum wird nach dem Bericht der Evangelien von Jesus rigoros eingeschränkt. Miltons Aufgabe im Kampf um das Recht auf Scheidung besteht also zunächst im Kampf um die Deutung der biblischen Texte und, genauer, im Kampf für eine solche Deutung, in der diese Texte zum einen selbst als Deutungen lesbar werden, in dem sie zum andern als solche Deutungen erkennbar werden, die dem von ihm verteidigten Begriff der Ehe und die von ihm urgierte Legitimität der Scheidung bestätigen. Der Kampf um

Ehe und Scheidung ist mithin ein Kampf um Deutungen von Aussagen, deren letzter Sinn in der Bestimmung dessen liegt, was es heißt, *another self*, eine *speaking help* (251), ein *minde answerable* (598) und eine *wandring vacancy* (597) zu sein. Er ist, kurzum, der Kampf um eine Pause in der Rationalität der Arbeit und um einen Feiertag des sie verwaltenden Rechts.

Das mosaische Gesetz, das nach Deuteronomium 24:1-2 dem Mann erlaubt, seiner Ehefrau einen Scheidungsbrief auszuhändigen, wenn er an ihr etwas unrein, nach dem hebräischen Text: etwas hassenswert findet, bietet Milton die stärkste Stütze für seine Deutung der Ehe. Was Ehe genannt wird, ist keine, wenn sie nicht eine Verbindung in Liebe ist: *such a mariage can be no mariage whereto the most honest end is wanting* (247), so bemerkt er dazu, und an anderer Stelle: *mariage, unlesse it mean a fit and tolerable mariage, is not inseperable neither by nature nor institution* (309-310). Die mosaische Gesetzgebung entspricht also dem moralischen und dem Naturrecht ebenso wie den logischen Konsistenzforderungen des positiven Rechts, sofern sie allein diejenigen Ehen zu scheiden erlaubt, die ihrer Definition in den Genesis-Versen nicht genügen. Deshalb gilt: *where love cannot be, there can be left of wedlock nothing, but the empty husk of an outside matrimony; as undelightfull and unpleasing to God, as any other kind of hypocrisie.* (256) Liebe also ist das Gesetz, sie ist schon in der Bibel und nicht erst in den apostolischen und evangelischen Schriften des Neuen Testaments die Substanz des Gesetzes. Wo sie fehlt, entfällt das Gesetz, das sich auf sie bezieht. Deshalb steht das mosaische Scheidungsrecht nicht im Gegensatz zu den Genesis-Aussagen über die Ehe, sondern bestätigt sie durch die formellen Konsequenzen, die es daraus zieht: Gott selbst *teaches that an unlawfull mariage may be lawfully divorc't.* (270) Mit dieser Erklärung, dass die formelle Scheidung die faktische Geschiedenheit nur explizit macht und dadurch den Geschiedenen freistellt, andere Ehen einzugehen, hat Milton nicht nur das Gesetz der Ehe, er hat überdies die Bedingung seiner Möglichkeit ausgesprochen: Ehe kann nur ein solches Verhältnis heißen, das auf der freien Zustimmung der Partner und deshalb auch auf der Freiheit zu ihrer Abwendung voneinander und weiterhin auf der Freiheit zu ihrer Scheidung beruht. Eine Ehe, die nicht aus der Freiheit zu ihrer Scheidung eingegangen wird, ist keine Ehe und deshalb *de facto* geschieden, selbst wenn sie *de jure* fortbesteht. Mit dieser Erklärung hat Milton überdies die mosaische Scheidungserlaubnis zu einer Deutung, einer *speaking help* und einem einvernehmlichen Gespräch mit der ersten Einsetzung [institution] der Ehe erklärt. Er deutet jene Erlaubnis als einen Kommentar, der den Genesis-Aussagen beigesellt ist, und deutet somit die Scheidungsfreiheit als hermeneutische Assistentin der Ehe. Der biblische Text nimmt in Miltons Lektüre also selber die Struktur dessen an, wovon er handelt, wenn er die Möglichkeit der Ehe an die Freiheit zu ihrer Auflösung bindet: Er nimmt die Struktur einer Ehe an, die erst aufgrund der Diversität ihrer Partner und ihrer Scheidbarkeit Ehe genannt werden kann. Die Sprache dieses Textes selbst wird ihm zu einer *conversation* eigensinniger, doch affektiv zusammenspielender Sätze, die nur deshalb miteinander harmonieren können, weil sie fähig sind, einander zu widersprechen; sie wird für ihn zu einem Spiel von exegetischen Scheidungen und Wiederverheiratungen, die jedem Recht, das sie regulieren könnte, vorausgeht, und deshalb jedes Recht, das sie einschränken könnte, suspendiert.

Die Aussagen Jesu in den Evangelien – insbesondere in Matthäus 19:3-12 –, die vom kanonischen Recht als Begründung für das Scheidungsverbot in Anspruch genommen werden, sind mit dem mosaischen Scheidungsrecht nicht leicht vereinbar. Jesus insistiert nämlich auf der Unauflöslichkeit der Ehe, wie er sie im Genesis-Buch gefordert findet, und erlaubt sie ausschließlich im Fall dessen, was in der King-James-Übersetzung der Bibel als *fornication* und von Milton als *adultary* bezeichnet wird.[10] (146) Miltons Kommentar wendet sich zunächst gegen den Literalismus der herrschenden Interpretation (242, 280, 340 sqq.), dem er entgegenhält, dass einzelne Textstellen, wenn sie einander widersprechen, nicht *word for word*, sondern aus dem Kontext, in dem sie erscheinen, zu verstehen seien: Die einschlägigen Stellen *are to be expounded by considering the occasion every thing is set down; and by comparing other Texts.* (282) Damit wird gegen den exegetischen Literalismus die Rücksicht auf die Singularität einzelner Aussagen und ihrer jeweiligen szenischen Situation zum hermeneutischen Prinzip erklärt. Da die anderen neutestamentlichen Texte, die Milton heranzieht, in ihren jeweiligen Kontexten eine extreme Verinnerlichung und gleichzeitige Universalisierung der biblischen Maßgaben bezeugen, kann Milton, im Unterschied zu fast allen früheren Interpreten, in den Forderungen Jesu nur eine Bekräftigung, nicht aber die Revokation des Unauflöslichkeitsgebots einerseits und der mosaischen Scheidungserlaubnis andrerseits erkennen. Wenn Jesus gekommen ist, *not to abrogate from the Law one jot or tittle* (283), dann kann seine Forderung, was Gott verbunden habe, solle der Mensch nicht trennen, nur besagen, allein diejenigen Verbindungen sollten nicht getrennt werden, die tatsächlich als *apt and cheerfull conversation* gelten können; und wenn Jesus als einzigen zulässigen Trennungsgrund *adultery* nennt, dann ist damit von ihm der mosaische Scheidungsgrund nicht nur akzeptiert, sondern durch das ihm zugrundeliegende Liebesgebot intensiviert. Während Moses eine Scheidung nur durch äußerliche Defekte und Abneigungen rechtfertigt, dehnt Jesus, wie Milton erklärt, diese äußerlichen auf innerliche und also je singuläre Zerrüttungsmotive aus und erkennt die *natural and perpetual hindrances of society, whether in body or mind* als Scheidungsgründe an (331). Damit ist beiden Gesetzen entsprochen, indem das eine, das mosaische, durch Intimisierung und Singularisierung auf das erste, das Genesis-Gebot, zurückgeführt ist. Wiederum ist also, was als *Antinomie, or counter-statute* erscheint (292), als exegetische Affirmation des einen und einzigen Gesetzes erwiesen, das mit der ersten menschlichen Gemeinschaft aufgestellt ist. Ebenso wie die biblischen Texte, genau gelesen, einander explizieren und präzisieren, verhalten sich auch die neu-testamentlichen Schriften für Milton als *speaking help* zu denen der Bibel, indem sie, entsprechend den jeweils singulären Ansprüchen einer bestimmten historischen Szene, die Ehe stärken, wenn sie eine *cheerfull conversation* ist, und sie für gelöst erklären, wenn dieses Gespräch fehlt. Zu diesem Befund kann Milton aber nur kommen, weil er sich nicht scheut, auf der Singularität des Gesprächs, das eine Ehe, und des Gesprächs, das ein Text über sie ist, zu insistieren und sich vom abstrakten Formalismus der tradierten Interpretationen zu trennen. Milton scheidet die Texte voneinander und bringt sie erst aus ihrer Geschiedenheit und ohne ihre Unterschiede zu leugnen, zum Gespräch miteinander.

In allen seinen Deutungen der Schrift folgt Milton einem hermeneutischen Axiom, das er in die Wendung von der *all-interpreting voice of Charity* fasst. Es ist diese *Charity* – caritas, *agape* oder, wie Luther übersetzt, Liebe –, die noch jenseits des gesunden Menschenverstandes und des natürlichen Gefühls für Gerechtigkeit den Streit der Interpretationen innerhalb der Bibel und den Streit um die kirchliche und staatliche Institutionalisierung der korrekten Deutung entscheidet: *even plain sense and equity, and, which is above them both, the all-interpreting voice of Charity her self cries loud that this primitive reason, this consulted promise of God* to make a meet help, *is the only cause that gives authority to this command of not divorcing, to be a command.* (309) Liebe ist die eine und einzige autoritative Interpretin des Gesetzes, weil sie die Autorität ist, die dieses Gesetz aufgestellt hat, und sie die Autorität, vor der sich jede Deutung des Gesetzes zu verantworten hat. Weil sie aber das Gesetz der Natur und das der Gnade umfasst und darum das moralische Gesetz insgesamt definiert, geht sie allen positiven Gesetzen und Rechtsstatuten, durch die sie geregelt und reglementiert werden könnte, voraus und setzt alle diejenigen außer Kraft, deren Formalismus sich ihr widersetzt. Denn wenn Liebe das Gesetz ist, dann kann sie das Gesetz, *sensu strictu*, weder erfüllen noch brechen, sie kann, immer von neuem und immer wieder anders, nur ein jeweils singuläres Gesetz aufstellen und es durch seine theoretische oder praktische Interpretation in ein neues und wiederum singuläres anderes verwandeln. Diese Singularisierung des Gesetzes geschieht in dem Gespräch, das Milton ›Ehe‹ nennt. Dieser Singularisierung, dieser Entformalisierung hat die Politik durch die Dejuridifizierung dieses Gesprächs zu entsprechen.

Miltons Argumentation ist in jedem Sinn ökonomisch. Sie beharrt auf der restlosen Konvergenz von Liebe, Gnade, Natur und Gesetz und richtet sich gegen alles, was sich dieser Konvergenz nicht fügt. Da das mosaische Scheidungsrecht ein Recht zum Schutz der Ehe ist, kann er von derjenigen Ehe, die in Wahrheit keine ist, behaupten: sie sei *not inseparable neither by nature nor institution. Not by nature for then those Mosaick divorces had bin against nature, if separable and inseparable be contraries, as who doubts they be: and what is against nature is against Law, if soundest Philosophy abuse us not: by this reckning Moses should bee most unmosaick, that is most illegal, not to say most unnaturall.* (310) Das Scheidungsrecht ist aber als natürliches und vom mosaischen Gott bestätigtes Freiheitsrecht kein positives Recht, das vor einem bürgerlichen Gerichtshof verhandelt werden könnte: *if that be judicial which belongs to a civil Court, this Law* [of divorce] *is less judicial then nine of the ten Commandements.* Scheidungssachen wurden darum in Israel ohne Wissen eines Magistrats abgewickelt, nur als Zeuge hatte ein Rabbi zugegen zu sein (317). Und da *Christ never gave a judicial law* (334), sind nach allen jüdischen und christlichen Weisungen Ehe- und Scheidungssachen vom bürgerlichen, aber auch vom kanonischen Recht der Kirche auszunehmen. Jedes Gebot, das die Ehe betrifft, ist für Milton – und das ist eine der radikalsten politischen Konsequenzen aus seiner Bibelexegese –, jedes solche Gebot *is a pure moral* economical

Law [...], *being rather so clear in nature and reason, that it was left to a mans own arbitrement to be determine'd between God and his own conscience; not only among the Jews, but in every wise nation.* (318) Jede Abweichung von diesem Prinzip der ausschließlichen Gerichtsbarkeit des je einzelnen Gewissens würde nicht nur die Eigentümlichkeit des ehelichen Konflikts verfehlen, dass er allein *the inward man* angeht, *which not any law but conscience only can evince* (349), sie würde durch die Unterwerfung unter das Urteil von Kirche oder Staat dem bereits zugefügten Schaden nur weitere Schädigungen hinzufügen. Juristische Entscheidungen werden von solchen des Gewissens außer Kraft gesetzt. Milton bemerkt nüchtern: *Thus then we see the trial of law how impertinent it is to this question of divorce, how helplesse next, and then how hurtfull.* Als moralisches Geschehen ist die Scheidung wie die Ehe jedem politischen Richtspruch zu entziehen und ausschließlich der Absprache der Betroffenen zu überlassen. Das bürgerliche Recht hat nur dafür Sorge zu tragen, *that the conditions of divorce be not injurious.* (350)

Wenn sich Milton mit dieser Apologie der Ehe- und der Scheidungsfreiheit (351) an das englische Parlament und die Westminster Assembly wendet, versucht er sich an einer ebenso unumgänglichen wie paradoxen Aufgabe. Er versucht, die seinerzeit höchste juristische und kirchliche Autorität seines Landes zu bewegen, auf ihre juristische und kirchliche Autorität in einer für die gesamte Gesellschaft und also für diese Autorität selbst essentiellen Frage zu verzichten. Milton mutet seiner Regierung zu, sich zu entmächtigen; er mutet ihr zu, sich von sich selbst zu scheiden. Diese Zumutung ist Inhalt eines Teils der Adresse an Parlament und Assembly, die der »Doctrine and Discipline of Divorce« vorangestellt ist. Dort heißt es: *He who marries, intends as little to conspire his own ruine, as he that swears Allegiance: and as a whole people is in proportion to an ill Government, so is one man to an ill marriage. If they against any authority, Covenant, or Statute, may by the soveraign edict of charity, save not only their lives, but honest liberties from unworthy bondage, as well may he against any private Covnant, which hee never enter'd to his mischief, redeem himself from unsupportable disturbances to honest peace, and just contentment.* (229) Mit dieser Analogie zwischen der ehelichen Verbindung von Mann und Frau und der politischen Verbindung von Volk und Regierung ist zunächst zwar nur gesagt, dass der staatliche Vertrag nicht anders als der private gelöst werden kann, wenn die Einschränkung von Leben und Freiheit es fordert; es ist aber darüber hinaus unmissverständlich angedeutet, dass jede Regierung, die eine Trennung der Ehe nicht zulässt, Leben und Freiheit einschränkt und deshalb zu gewärtigen hat, dass das Volk sich von ihr trennt –: Folglich muss sich das Parlament nicht nur von seiner bisherigen Ehe-Politik, es muss sich überdies von allen Privilegien in der Judikatur über die Ehe trennen. Die Autorität des Staates hat sich von sich selbst zu scheiden, um mit einem befreiten Volk in eine neue politische Ehe eintreten zu können. Bleibt das Scheidungsrecht verwehrt, obwohl doch das Volk und in seinem Interesse Milton es fordern, dann ist die Reformation von Kirche, Staat und Gesellschaft gescheitert und die neue Regierungsform nichts als die Fortsetzung der alten Tyrannei. Milton fährt deshalb fort: *For no effect of tyranny can sit more heavy on the Common-wealth, then this household unhappines on the family. And farewell all hope of true Reformation in the state, while such an evill as this lies undiscern'd or unregarded in the house. On the redresse whereof depends, not only the spiritfull and orderly life of our grown men, but the willing, and carefull education of our children.* (229–30) Die gesamte staatlich verfasste Gesellschaft und ihr Wohl, ihre gegenwärtige Struktur und ihre Zukunft hängen demnach von der Gewährung der Scheidungsfreiheit und vom Verzicht des Staats und der Kirche auf ihre Rechtsprechung ab.

Miltons Traktat kündigt also die Aushändigung eines Scheidungsbriefs des englischen Volks an die Regierung für den

Fall an, dass diese Regierung nicht die Scheidung von ihren bisherigen juridischen Funktionen vollzieht. Er behandelt das Parlament wie eine tyrannische, lieblose und stumme Ehefrau, die sich unter der Scheidungsdrohung in eine geneigte Gefährtin des Volkes verwandeln soll, in eine *speaking help*, mit der eine *apt and cheerfull conversation* möglich ist. Dazu ist es aber nicht nur nötig, dass das Parlament mit dem Volk und seinem Fürsprecher *spricht* – und derart wirklich zum *Parlament* wird –, dazu ist es vor allem nötig, dass es von der Sprache des Diktats, der Legislation und der Jurisdiktion ablässt, die Rationalität der Arbeit und des Urteils aussetzt und in eine Pause der Regierungsarbeit eintritt, die wie die *intermissions*, die *wandring vacancy* und die *hollidaies* der Ehe, die Milton im »Tetrachordon« beschreibt (597), jedem Einzelnen Gelegenheit gibt, seine Sprache mit der eines jeweils einzelnen Anderen spielen zu lassen. Dazu ist es, kurzum, nötig, dass das Parlament seine parlamentarischen Funktionen in dieser einen, für das Leben der gesamten Gesellschaft und seine Zukunft essentiellen Sache aufgibt und das Wort denen, und denen allein überlässt, um deren Leben es geht. Mit dieser Erklärung ist die Scheidungsfreiheit zusammen mit der Befreiung von der juristischen Autorität staatlicher und kirchlicher Institutionen zum Kriterium jeder Re-formation erhoben, die ihrem Namen gerecht wird.

Das Kriterium der Reformation liegt in ihrer Fähigkeit, neue Formen des Lebens zu ermöglichen, deshalb in ihrer Fähigkeit, alle etablierten Formen außer Kraft zu setzen und vor die Ausbildung von Lebensformen jedweder Art zurückzukehren. Re-formation – *true Reformation*, wie Milton sie versteht (229) – ist der Weg zurück vor die geschaffene Welt zu ihrer Schöpfung. Sie bescheidet sich also nicht mit Modifikationen institutioneller Formen, die den *status quo* bloß perpetuieren, sondern verabschiedet alle solche Formen und Formmodifikationen, die dem Leben unzuträglich sind. Ihre erste Geste, ob im Bereich des privaten, des politischen oder des Lebens der Welt, ist deshalb die Scheidung. Milton macht keinen Hehl aus dem fundamentalen, dem infra-fundamentalen Rang, den er der Scheidung im Spiel der recht verstandenen, radikalen und ultra-radikalen Reformation zuerkennt. Scheidung ist die Geste der Schöpfung, und deshalb muss sie auch die ihrer Neuschöpfung in der Reformation sein. In »Doctrine and Discipline« schreibt er in genau diesem Sinn: *God and nature signifies and lectures to us [...] ev'n by the first and last of all his visible works; when by his divorcing command the world first rose out of chaos, nor can be renew'd again out of confusion but by separating of unmeet consorts.* (273) Wie der Anfang der Welt die Scheidung des Chaos, die Trennung von Licht und Finsternis, die Ablösung vom Nichts ist, so muss die Neu- und Wiedererschaffung – die *Reformation* – der Welt mit der Scheidung von bloß formellen, unpassenden, ihr Leben vernichtenden Paarungen beginnen. Da aber die Fortsetzung schlechter Ehen, wie Milton immer wieder betont, auf die Verkürzung und Gefährdung des Lebens der Ehepartner hinwirkt; und da *life is to be prefer'd before mariage the intended solace of life* (273), so ist die Scheidung im Bereich der gesellschaftlichen Institutionen die Grundgeste nicht nur der Erhaltung, sondern der Ermöglichung des Lebens. Sie ist die proto-ontologische und proto-bio-logische Geste par excellence und wird ebendeshalb von Milton regelmäßig als göttlich charakterisiert. Gegen den *unspeakable and unremitting sorrow and offence*, den lieblose Verbindungen bereiten, hilft nichts als die Scheidung, so betont er, *which like a divine touch in one moment heals all; and like the word of God in one instant hushes outrageous tempests into a sudden stilnesse and peacefull calm.* (333)[11] Die Scheidung ist demnach die Geste oder das Wort Gottes, das vom unaussprechlichen Elend (cf. 236, 600) zur *cheerfull conversation* mit einer *speaking help* führen kann. Sie ist die Geste noch v o r dem Wort und das erste Wort f ü r das Wort, von keiner etablierten Lebensform diktiert und von jeder historischen Sprach- und Verhaltenskonvention unabhängig, das Geschehnis vor jeder konsensuellen Handlung, das den Spielraum für Handlungen überhaupt, seien sie politisch oder matrimonial, erst eröffnet. Als Geste oder Wort vor allen schon determinierten Formen und Sprachen ist sie frei von den Rechtssetzungs- und Rechtserhaltungs-Formen, die ihren Vollzug an bestimmte institutionelle Bedingungen oder auch nur an restriktive theologische Deutungen binden könnten. Deshalb kann die Ehescheidung für Milton auch nicht die Strafe für eine Sünde, sondern nur die heilsame Korrektur eines Irrtums [error] (600–601) sein, sie kann keine Rache für eine Schädigung sein, sondern nur die Auflösung einer Verhältnisform, von der die Neigung zu Schädigung und Rache ausgeht. Da sie Korruptionsformen des gesellschaftlichen, sprachlichen und sexuellen Verkehrs auflöst, ohne selbst eine Form dieses Verkehrs zu sein, darf die Scheidung auch nicht als eine soziale Taktik und am wenigsten als eine juristische Technik in die Hände einer staatlichen oder kirchlichen Administration gelegt werden, die solche Formen bloß appliziert, aber nicht frei ist, sich ihrerseits von ihnen zu trennen.

Aus dem reformatorischen Imperativ, alle dem Leben hinderlichen Formen des Lebens aufzulösen, ergibt sich für Milton die Forderung, die legislative Autorität möge sich von jeder juristischen Intervention in den Prozess der Scheidung scheiden. Sein Vorwurf gegen die bisherigen Beschlüsse des Parlaments – ob sie nun von der katholischen, der protestantischen oder einer anderen Fraktion ausgingen (233) – lautet, die *Antichristian canons* seien noch nicht *scour'd off by reformation*, weil die Parlamentarier noch an *formall ordinances* festhielten (601). Das Prinzip der Reformation gebietet dagegen den Abschied von Formen und Formalitäten, insbesondere von Rechtsformen im Bereich des affektiven und sprachlichen Lebens. Da diese Formen aber nicht auf eine ursprüngliche Form, sondern nur auf die selbst durch keine Form determinierte Eröffnung von Formen zurückgeführt werden können, sind Scheidung, Trennung, Absetzung die fundamentalen

Gesten einer mehr als empirischen *re-formatio* des gesellschaftlichen Lebens. Diese Scheidung kann denn auch nicht im juristisch-technischen Sinn als Rechtsakt ›vollzogen‹ [performed], sie kann nur ohne juristische Formen ausgesprochen werden.[12] Die Scheidung, für die Milton in seinen Schriften plädiert, ist also, wo immer sie eintritt, die Äußerung einer Gerechtigkeit diesseits des Rechts, einer *equitiy* und *cherity*, die unkontrolliert von staatlichen und kirchlichen Autoritäten bleiben muss. Sie ist kein performativer Akt, der an Konventionen, Gewohnheiten und Rechtsbräuche gebunden ist, sondern ein *afformatives* Geschehen, das solche Konventionen und Bräuche auflöst und die Ausbildung von anderen, wo möglich besseren, erlaubt. Wie die schöpferische Scheidung des Chaos am Anfang der Welt und wie die Scheidung chaotischer Ehen, so muss die Reformation, die wahre, wenn sie der Wiederbeginn einer *cheerfull conversation* der gesamten Gesellschaft sein soll, selber informell oder formlos, Formen des Lebens bloß zulassen, darf aber keine diktieren. Politik insgesamt muss also zu einer Politik der Scheidung werden und den Charakter jenes durch keine Regeln gelenkten Spiels der Weisheit vor dem Anfang der Welt, sie muss die Bewegung der *wandring vacancy* und der Pause im Kalkül der Arbeit annehmen, wodurch lebendig werden soll, was Milton ›Ehe‹ nennt. Nur eine solche universelle und trans-universelle Politik der Scheidung kann eine Politik der Gerechtigkeit – der, wie Milton sie mit Cicero nennt, *Queen of virtues* (323) – sein, weil nur sie die Autorität des Rechts zugunsten eines Sprechens mit Anderen abstreifen kann: eines Gesprächs, das, formoffen und Formen eröffend, unter dem Zwang von Rechtsformen verstummen muss.

Miltons Reformvorschläge zur Scheidungsfreiheit muten dem englischen Parlament also zu, sich von seiner juristischen Autorität zu trennen und mit dieser Trennung, durch die es zu einer außer-parlamentarischen Korporation würde, sich neu zu definieren. Sie muten der Ehe zu, eine Ehe mit ihrer

Scheidung zu sein. Sie gründen die Möglichkeit einer *apt and cheerfull conversation* auf die ihrerseits unbedingte Bedingung, eine andere Sprache als die jeweils bekannte zu sprechen und einen anderen Verkehr als den zu unterhalten, der zu einer Gewohnheit, einem Habitus oder einer Rechtsinstitution werden könnte. Die Ehe ist nach Miltons Darstellung Ehe mit einem völlig anderen Leben, Ver*a*nderung des Lebens, aber sie kann es nur sein, indem sie in jedem Moment eine Ehe *aus* der Scheidung von der Ehe mit einem früheren Leben und seinen Formen ist. Allein so nämlich ist sie nicht diejenige Form, in der zwei zusammenleben *as they were dead, or live as they were deadly enemies in a cage together* (599), *two carkasses chain'd unnaturally together; or as it may happ'n, a living soul bound to a dead corps* (326). Die Ehe und die Gesellschaft überhaupt, die Milton im Sinn hat, ist also ihre Re-formation, ihre Transformation und Trans-Formation in Permanenz, nicht bloß eine Gemeinschaft, die ein Selbst mit einem *second self*, sondern mit einen solchen Selbst eingeht, das *a very self it self* ist: mit einem Anderen also, der weder vom Selbst noch von jener Form der Selbstheit des Selbst definiert ist, die ihn prognostizierbar, habitualisierbar und zu einer feststehenden Institution machen müsste. Nur durch ihre permanente Trans-Formation wird das, was Milton ›Ehe‹ nennt, fähig *to* […] *refresh* […] *against the evill of solitary life* (235) – und immer aufs Neue ein anderes als das monologische Leben unter dem Joch von *formall ordinancies* (601) anfangen zu lassen. Erst also durch die Niederlegung juristischer Schranken, die von Kirche und Staat errichtet, und erst durch den Abbau quasijuristischer Gewohnheiten, die von psycho-sozialer Trägheit aufrechterhalten werden, wird die Ehe und werden die von ihr berührten gesellschaftlichen Verbindungen re-formiert, trans-formierend, afformativ. Sie werden sprachfähig und geschichtsoffen: Agentien einer Sprache, die jede Regel einem ungeregelten Spiel aussetzt, wandernde Orte einer Geschichte, die keinem vorgesetzten Zweck konform ist.

Miltons Projekt, das als erstes politisches und dennoch rigoros anti-juridisches Projekt der Neuzeit gelten kann, geht weit über das hinaus, was die von ihm angerufenen Parlamentarier zu akzeptieren bereit waren. Dass deren Nachfolger drei Jahrhunderte gebraucht haben, um dem größeren Teil seiner Ratschläge zu folgen, gibt ein stupendes Zeugnis für eine massive historische Obsession, die an zerstörerischen Lebensformen festhält, nur weil sie bereits etablierte Formen sind, und die Erfahrung von hilfreichen andren vermeidet, nur weil sie mit der Gefahr einhergeht, dass andere Formen ihrerseits eine fortgesetzte *Re*formation fordern. Doch die von Milton selbst in seinen Traktaten festgehaltenen Obsessionen bleiben ihrerseits in etlichen Bereichen weit hinter diesem in jedem Sinn hyperbolischen Projekt zurück. Drei dieser Bereiche sind besonders auffällig:

1. Milton charakterisiert die Ehe als *apt and cheerfull conversation of man* with *woman, to comfort and refresh* him *against the evill of solitary life* (235) – er charakterisiert sie also, ganz wie eine naive Deutung der Bibel es nahelegt, als ein Verhältnis, in dem die Frau chronologisch und funktional hinter dem Mann zurücksteht, ihm folgt und für ihn da ist. Obwohl er seine Scheidungstraktate *to the good of both sexes* verfasst, lässt er keinen Zweifel an der ontologischen, sozialen und sexuellen Hierarchie zwischen diesen beiden Geschlechtern, und keinen Zweifel daran, dass die Ehe für ihn ein Verkehr des Manns mit der Frau, aber nicht ein Verkehr zwischen beiden ist. *Who can be ignorant that woman was created for man, and not man for woman* (324) – diese axiomatische Privilegierung des Mannes wird durch Miltons Rede von der *mutuall solace and help* (601, 603) und vom *consent alone*, der die Ehe begründe (600), nicht revoziert, sondern definiert noch Konsens und Wechselseitigkeit durch ihren Dienst an der herrschenden Partei. Mit der Charakterisierung der *speaking help* als *another self, a second self, a very self it self* setzt Milton dagegen einen Akzent, der mit dem Vorrang des Mannes so wenig verträglich ist, dass

sein Traktat in diesem Punkt selbst heterogen wird. Die Bewegung der Verselbständigung des Anderen, die durch diese progressive Definitionsreihe angedeutet ist, führt in seinen Text nicht nur eine Scheidung ein, die alle Privilegierungen auflöst, sie macht vor allem denkbar, die Ehe sei ein Verhältnis nicht zwischen zwei bereits als verschieden konstituierten Geschlechtern, sondern sei selbst erst das Geschehen ihrer Scheidung, ihrer Differenzierung, ihrer Sexuierung. Die Konsequenz aus diesem Gedanken einer Ehe, aus der die Verschiedenheit der Geschlechter allererst hervorgehen kann, ist aber die, dass nicht von zwei Geschlechtern, sondern von einem diskontinuierlichen Prozess der Sexuierung gesprochen werden müsste, der nie einfach in einer sexuellen Dualität resultiert. Jede sprachliche Beziehung könnte die jeweils singuläre Re-Definition und Re-Indefinition des Geschlechts der Sprechenden sein. Da die juristische Sprache allein wohldefinierte Entitäten kennt, ist ihr ein solcher Prozess – auch er ist einer der Scheidung – unzugänglich. Jedes Urteil, ob es von einem öffentlichen Gericht oder von der Stimme des Gewissens gefällt wird, muss vor einem Gespräch, in dem sich das Sprechen erst ausbildet, und vor einer Sexuierung, aus der sich verschiedene Geschlechter erst ergeben, versagen.

2. Milton bestreitet, dass Scheidungsbegehren in einem kanonischen oder zivilrechtlichen Verfahren erörtert und entschieden werden dürfen. Sein Argument dafür lautet, dass die Gründe der Scheidung allein vom *inward man* ausgehen (349), dass sie deshalb keinem Gerichtsspruch über sie zugänglich sind und es dem Gesetz nur obliegt, *the just and equall conditions of divorce* zu sichern (349–50). Dieses Argument, das die formale und öffentliche Anerkennung eines privaten Begehrens für unmöglich erklärt, gilt nun aber für die formale und öffentliche Eheschließung und für die Wiederverheiratung nicht weniger als für die Scheidung. Sonach müssten Heiraten nicht anders als Scheidungen von rechtlichen Prozeduren ausgenommen sein. Zivil- oder kirchenrechtliche Privilegien

oder Verpflichtungen dürften mit ihnen nicht verbunden sein, alle bestehenden Vorrechte und Obligationen müssten abgebaut werden. Wenn nur die Scheidung, nicht aber die Ehe dejuridifiziert wird, dann bleibt mit der Ehe im Unterschied zu allen anderen Formen der Gemeinschaftlichkeit ein Privileg verbunden, das es nahelegt, von einer Zwangsehe der Ehe mit dem Recht zu reden. In ihr ist Ehe das phantasmatische Gesetz gesellschaftlicher Synthesis überhaupt, das Paradigma jeder Vermittlung zwischen Allgemeinem und Besonderem, das Modell der Verbindung zwischen Natur und Vernunft, Sinnlichkeit und Verstand, das mythische Bild und der juristische Inbegriff der *harmonia mundi*. Diese unlautere Mischbildung aus Ehe und Recht, die auch von Miltons Berufung auf ein Natur- und Vernunftrecht der Ehe aufrechterhalten wird (297, 318), ist durch seine Apologie der Scheidungsfreiheit zum ersten Mal energisch in Frage gestellt worden. Es wäre aber nötig gewesen – und bleibt nötig –, nicht nur auf ein Recht auf Scheidung, sondern auf die Scheidung der Ehe vom Recht hinzuwirken. Erst damit wäre die gesellschaftliche Synthesis und der Ehebund, der als ihr Modell fungiert, von der Form des prädikativen Urteils entbunden, die Kopula – die prädikative, soziale und sexuelle – könnte sich dann erst aus ihrer Lösbarkeit und also aus der Freiheit zu ihr ergeben.

3. Milton operiert mit der traditionellen Unterscheidung zwischen *forum internum* und *forum externum*, zwischen innerem und öffentlichem Gerichtshof, dem Gewissensgesetz des Einzelnen und dem politischen Gesetz des Staates, wenn er die *inward* [...] *disposition of man* gegen die jurisdiktive Macht von Kirche und Staat verteidigt (346). Für ihn sind der innerliche Mensch und sein Gewissen (349) allein zu einem Urteil über Ehe und Scheidung fähig, denn dieser innerliche Mensch ist der Mensch des *moral* economical *Law* (318), der als Mann des *oikos* für Milton der *master of family* (343) oder *maister of family* (353), der *Paterfamilias* ist.[13] Wenn aber die letzte Entscheidungsinstanz über die Ehe der Vater – entwe-

der Gott-der-Vater oder das Gewissen als väterlicher Richtspruch – sein soll, dann steht diese Instanz in Widerspruch zur Weisung des biblischen Gottes, die von Milton zwar wieder und wieder zitiert und kommentiert, aber in seinen Scheidungs-Traktaten nicht befolgt wird, der Weisung nämlich: *Therefore shall a man leav his father and his mother, and cleav unto his wife; and they shall be one flesh.* (Gen 2:24) Wenn das Gewissen als innerlicher Paterfamilias über die Ehe richtet, dann hat es sich vom Vater noch nicht getrennt, es bleibt mit ihm identisch oder zumindest mit ihm verbunden und nicht weniger verbunden mit der Mutter und ihrer Verbindung zum Vater, mit der genealogischen Linie also – und mag sie auch eine ›symbolische‹ sein –, die es an seine Herkunft bindet und verhindert, dass es eine Zukunft hat. Mit der reformatorischen Aufrichtung des Paterfamilias als Gewissen und oberster Entscheidungsinstanz ist der Papismus nur internalisiert. Erst mit der Lösung von dieser Instanz und ihren Privilegien; erst mit der Scheidung vom Vater und der ihm angetrauten Mutter; erst mit der Scheidung der Ehe *mit* den Eltern wird das Phantasma eines gegebenen und gesicherten Modells aufgegeben und die Möglichkeit einer anderen, nicht vorgegebenen, sondern immer wieder sich formierenden, reformierenden und aufs Neue anfangenden Ehe eröffnet. Erst also mit der Scheidung von Gott-dem-Vater tritt die Weisung desjenigen Gottes, der Anderes als ein Vater ist, in Kraft, to *leav his father and his mother.* Göttlich – und göttliche Weisung – ist die Scheidung von Gott, und die Scheidung Gottes von Gott. Der Weg dieser Scheidung ist der Weg zu einer ›Ehe‹, die nicht ein soziales Faktum, sondern das Geschehen der Sozialisierung, nicht eine sexuelle Tatsache, sondern ein Prozess der Sexuierung, nicht ein statischer Sachverhalt, sondern das Ereignis der Singularisierung ist. Vor dieser Scheidung ist Sprache nur Reproduktion eines Paradigmas; erst vermöge der Scheidung von diesem Paradigma wird eine Sprache nicht mehr der psycho-mechanischen Reproduktion, sondern der Invention, des Anfangs und der immer erneuten Differenzierung, es wird eine Sprache nicht desselben, sondern des Anders-Sprechens, nicht der identifikatorischen Diktion, sondern der Para-diktion, die Sprache des Paradieses ermöglicht: die *apt and cheerfull conversation* between (what might be called) *man and woman*. Sie allein, die Sprache des Abschieds von allen vorausgesetzten Modellen, die Diktion der Desidentifikation, nicht aber die identifizierende und urteilende Sprache des Rechts wäre eine Sprache der Gerechtigkeit.

Milton hat einen Hinweis auf diese Sprache des anderen Sprechens in »Paradise Lost« gegeben, wo Adam, der als Mann und als Frau geschaffen ist, zum ersten Mal seiner Frau ansichtig wird. Dort heißt es: *I now see / Bone of my bone, flesh of my flesh, myself / Before me. Woman is her name, of man / Extracted; for this cause he shall forego / Father and mother, and to his wife adhere; / And they shall be one flesh, one heart, one soul.* (8: 294–299) Mit dem Spiel der doppelten Bedeutung des Be*fore* und des *fore*go wird angedeutet, dass die Frau – als anderes Selbst – *vor* dem Mann und der Mann *vor* seinen Eltern vorhergeht und, derart ihnen vorhergehend, sie verlässt. Damit ist die genealogische und ontologische Hierarchie von Selbst und anderem Selbst im Augenblick ihrer Entstehung als reversibel – oder konversibel – charakterisiert. Ganz aus dem Kreis des Selbst hinaus führt der Wechsel der Personalpronomina in dieser Rede des Adam. Denn spricht er zunächst von sich als einem *I*, so in dem Moment, wo von der Trennung von Vater und Mutter die Rede ist, von einem *he*, einem Dritten, einem, der anders ist als ein Ich, anders als ein Du und anders als diejenigen Dritten, deren Stelle von Vater und Mutter definiert werden kann. Von diesem Dritten spricht Adam – und nicht, wie in der Bibel, Gott – als ein Vierter in einer nicht präskriptiven, sondern prophetischen Rede, die ein künftiges Miteinander-Sein im Miteinander-Sprechen ankündigt und es als Anders-Sein im Eins-Sein, als Anders-Sprechen in einem einigen Sprechen von *one flesh, one heart, one soul* charakterisiert. Durch die kühne Transposition aus der biblischen Rede Gottes in die Adams und durch den damit verbundenen Umschlag der Rede von sich in die von einem Anderen, wird das Sprechen selbst isoliert und aus einem paarigen zu einem Para-Sprechen. Von allen gegebenen Formen des Sagens abrückend, führt es nichts als den Gestus des Sagens aus der Unterschiedenheit des Voraus vor und verweist in ihm proleptisch auf eine Zukunft der Sprache, die in nichts als der Einheit ihres differentiellen Geschehens beruht.

Außer den genannten drei Vorbehalten – gegen die Privilegierung des Mannes, gegen den legalistischen Rest in der Behandlung der Ehe und gegen den Paternalismus und Ökonomismus des Gewissens – wäre mindestens ein vierter gewichtiger Vorbehalt gegen Miltons Politik der Dejuridifizierung von Ehescheidungen denkbar. Man könnte ihm vorhalten, er verfolge damit eine Politik der Entpolitisierung, alle seine Argumente zielten ausschließlich auf den Schutz der Privatsphäre und müssten notwendig auf die Eliminierung nicht nur des Rechts und der Rechtsstaatlichkeit, sondern auf die Auflösung aller genuin politischen Organisationsformen hinauslaufen. So verständlich dieser Vorbehalt ist, er operiert mit Prämissen, die zu einem Teil unhaltbar, zu einem anderen Teil historische Rückprojektionen sind. Die Analogie, die Milton zwischen einer schlechten Ehe und einer schlechten Verbindung zwischen Regierung und Volk herstellt; sein Hinweis auf die desaströsen gesellschaftlichen Konsequenzen aus Zwangsehen; insbesondere seine Betonung des *geselligen* Charakters der ›Ehe‹ machen deutlich, dass er Ehe und Ehescheidung nicht als private, sondern als eminent politische Phänomene betrachtet. Nicht um Entpolitisierung, sondern um emphatische Repolitisierung ist es ihm zu tun, um die *reformatio* und also Neubegründung der Politik in einer Sphäre diesseits von Rechtsformen, in denen sie zu einem administrativen Automatismus verkümmern muss. Politik ist für ihn im intensiven sprachlichen Leben jener minimalen gesellschaftlichen Verbindung, die er Ehe nennt, begründet. Von der sprachlichen Existenz in dieser Minimal-Gesellschaft hat Politik auszugehen und von ihr sind alle Reglements und rechtlichen Pressionen fernzuhalten: Denn nur dann kann es statt einer Verwaltungsmechanik Politik und nur dann eine Chance für gerechte Politik geben. Nicht also die Eliminierung der Politik zugunsten eines selbstgenügsamen Privatismus ist das Ziel, sondern die Gewinnung – oder Wiedergewinnung – einer Sprache intensiver Gesellschaftlichkeit, die der Sonderung in die Bereiche ›privat‹ und ›öffentlich‹, ›privat‹ und ›politisch‹ vorausliegt. Die neue, die reformatorische Politik, für die Miltons Traktate plädieren, ist die Proto-Politik einer ›Ehe‹, vermöge deren es allererst so etwas wie politische Öffentlichkeit und nicht nur ein Regime von machtgeschützten Reproduktionsagenturen geben kann. Sein Plädoyer gilt nicht, wie Lawrence Stone meint, einem *affective individualism*,[14] sondern einer sprachlichen Gesellschaftlichkeit und einer Sprachpolitik, die von Rechtsinstanzen unzensiert bleibt. Deshalb fügen sich Miltons Schriften auch nicht dem historiographischen Schema der Säkularisierung substantiell theologischer Begriffe. Sie gebrauchen sie, gewiss, sie interpretieren sie nach seinem Axiom einer *all-interpreting Charity*, aber theologische Begriffe sind für ihn unmittelbar säkulare, ohne durch ›innerweltliche Askese‹ von ihrem theologischen Gehalt das mindeste einzubüßen. Diejenige Theologie, der das insistenteste Interesse Miltons in seinen politischen Traktaten wie in seinen Dichtungen gilt, ist aber Schöpfungstheologie: die also, die von einem Gott handelt, noch bevor es eine Welt gibt und also bevor von einem Gott, ob theologisch oder mythologisch, die Rede sein kann. Der Prototheologe Milton macht sich in seinen Scheidungs-Traktaten zum Fürsprecher einer permanenten Weltschöpfungs-Politik, einer Politik, die einsetzt, bevor die Welt gemacht wurde und bevor unter Menschen von einem Gott geredet werden kann –: Er handelt vom Zur-Sprache-Kommen und damit vom Zur-Welt-Kommen der Welt und vom Zur-Welt-Kommen eines Gottes, der dieser Welt die Sprache überlässt. Er handelt von der Genesis einer gesellschaftlichen Welt aus Sprache: einer Säkularisierung *ab initio*, und von der Wiedererfindung der Politik, einer anderen Politik und von etwas Anderem als Politik. Um nichts Geringeres geht es in dem, was er eine *apt and cheerfull conversation* nennt.

Rechte. Glauben. Centologie *Mendelssohns* Jerusalem *und Hamanns* Golgotha und Scheblimini

1.

Die Theoretiker, die sich angesichts der rapiden Vervielfältigung von Welt-, Glaubens- und Spracherfahrungen zwischen dem 16. und 18. Jahrhundert um eine Sicherung verbindlicher Begriffe bemühten, haben ihre Aufmerksamkeit vornehmlich der Erneuerung von Begründungsversuchen für zwei Phänomene und, genauer, da just deren Phänomenalität in Frage stand: für zwei Postulate zugewandt. Ihre Überlegungen galten zum einen der Begründung des Postulats universeller Verständigung, zum anderen der Begründung des Postulats singulärer Erfahrungen. Die Möglichkeit uneingeschränkter Verständigung wurde unter dem Begriff der »Vernunftwahrheit« gefasst; die Einzelerfahrungen, die keiner als universell angenommenen Wahrheit entsprachen, wurden unter den von Lessing lancierten Begriff der »Geschichtswahrheiten« versammelt.[1] Geschichtswahrheiten gehörten nach dem Verständnis Lessings und seines Freundes Moses Mendelssohn zu denjenigen, die weder Begriffen der Logik noch solchen der Mechanik entsprachen. Sie waren auf Glauben angewiesen, und da sie nicht aus Grundsätzen der Vernunft hergeleitet werden konnten, war ihnen der Anspruch auf Notwendigkeit und Allgemeinheit versagt. Das Dilemma, vor das sich Mendelssohn und seine Zeitgenossen gestellt sahen, lag in der Forderung, solche – kontingenten – Geschichtswahrheiten mit dem Grund der Vernunftwahrheiten zu verbinden und Universalitätsansprüche mit der Singularität von Erfahrungen in einem einzigen Gedanken zusammenzuführen. Mit der Idee der Geschichtswahrheiten – und vor allen anderen dieser: dass es eine Geschichte gebe, die weder mit logischen noch mechanischen Gesetzen übereinstimmt – verbanden sich nicht zunächst und nicht ausschließlich theoretische Ansprüche; es war ein juristischer, politischer und ökonomischer Notstand, die schiere Lebensnot großer und kleinerer dissidenter Gruppen und Einzelner, die der Idee singulärer und darum geschichtlicher Erfahrungen Dringlichkeit gab und an den Grenzen der dominanten Handlungs- und Rechtsnormen zur Artikulation praktischer Forderungen trieb. Der Versuch, die Verträglichkeit besonderer und in jedem Sinn ausgezeichneter Erfahrungen mit der einen, normativ gültigen Wahrheit der Vernunft zu erweisen, musste unternommen werden, um jene Erfahrungen nicht bloß ohne Widersprüche denkbar, sondern ohne Ächtung praktisch realisierbar zu machen.

Die für die Verbindung zwischen universeller und geschichtlicher Vernunft nötigen Transformationen mussten am herrschenden System der Rechtsbegriffe, am System des *ius naturale* als einem *ius rationale* vorgenommen werden und insbesondere die von Hobbes sanktionierte Ineinssetzung von Recht und Gewalt auflösen, um die Prinzipien der Rechtsgesellschaft gegen die der Not- und Zwangsgesellschaft zur Geltung zu bringen. Nur wenn ein revidiertes Naturrecht Schutz gegen Zwang, Erpressung und Ausschluss verbürgte, konnte es den Anspruch erheben, einen Grund für vertragsförmige und also sprachliche Verbindungen Einzelner in bürgerlichen (staatlichen) oder geistlichen (kirchlichen) Rechtsinstitutionen zu bieten. Das Recht einer Natur, die als *essentia* und invariante Substanz des Menschen verstanden wurde, musste transformiert werden in das Recht einer Natur, die freie, also auch lösbare Verbindungen in einem minimal gewaltsamen Medium, dem der Sprache, einzugehen erlaubte. Das Naturrecht musste als Recht aus der Sprachnatur des Menschen redefiniert und in dem einzigen Faktum der Vernunft begründet werden, das zugleich als Faktum der Geschichte und geschichtlicher Erfahrungen gelten konnte: aus der Sprache. An die Stelle des Gewaltnaturrechts musste ein anderes, das Sprachnaturrecht treten. Die fundamentalen Beziehungen, von denen die natur- wie die positiv-rechtlichen Verhältnisse reguliert wurden, durften nicht als Gewaltbeziehungen, sie mussten als sprachliche Beziehungen: Recht musste als Sprache, es musste als Recht *aus* der Sprache und aus jeweils singulären Sprachen und somit auch als Recht und Vorrecht *zur* Singularität einzelner Sprachen gedacht werden. Erst also wenn die Sprachlichkeit des Rechts und der von ihr regulierten Politik begriffen wäre und wenn derart der Grund des Rechts in einem sowohl universellen als auch je besonderen vor-rechtlichen und proto-politischen Medium erreicht wäre, könnte eine Rechtspraxis und eine Politik gesichert erscheinen, die ohne institutionelle Pressionen auskäme, keinem Dogma und keiner Orthodoxie unterworfen wäre und sich dennoch im Medium möglicher Gemeinsamkeit bewegte.

2.

Über Möglichkeiten und Konsequenzen einer Begründung von Freiheitsrechten aus der Sprache kommt es in Preußen während des letzten Viertels des 18. Jahrhunderts zu einer Debatte, in der die Positionen des liberalen Rationalismus und des radikalen Fideismus eine Prägnanz gewinnen, die sie im weiteren Verlauf der Diskussionen um Rechtsbegründungen nicht wieder erreicht haben. Moses Mendelssohn versucht 1783 in *Jerusalem oder über religiöse Macht und Judentum*, Gesellschafts- und Rechtstheorie in der zeitgenössischen Sprachtheorie zu fundieren, vornehmlich um den jüdischen Gemeinden im Reich Friedrichs des II. uneingeschränkte Bürgerrechte zu sichern, darüber hinaus um die Neutralität staatlicher Institutionen gegenüber Gesinnungen und Glaubensgemeinschaften fordern zu können. Er macht dabei Zugeständnisse an die rationalistischen Rechts- und Zeichenbegriffe, die sich der Realisierung nicht nur seiner theoretischen, sondern auch seiner praktischen Absichten in den Weg stellen. Diese Zugeständnisse und die sich daraus ergebenden Widersprüche von Mendelssohns Schrift hat Johann Georg Hamann drei Jahre nach deren Erscheinen, 1786, in *Golgotha und Scheblimini* auf dem Grund eines völlig anderen Sprachdenkens untersucht und mit jenem Sarkasmus, für den er bei seinen Freunden berüchtigt war, Konsequenzen aus ihnen gezogen, von denen er annahm, es müssten diejenigen Mendelssohns sein, die dieser aus sachfremden Motiven zu ziehen sich gescheut habe.

Hamann kann in Mendelssohns Rekurs auf die Naturrechtslehren des Wolff'schen Rationalismus nur ein ungeeignetes Mittel für die Sicherung der jüdischen Sache und nur ein schädliches Instrument für die Sprache singulärer Erfahrungen erkennen, weil das Naturrecht nur Recht gegen anderes Recht, nur das Recht auf Krieg innerhalb der Rechtssphäre und also auf Krieg gegen das Recht selbst verbürgt. Er erhebt gegen Mendelssohns *Jerusalem* den Vorwurf, das mit jeder Sprache gegebene Versprechen der Gerechtigkeit nicht als den sprachlichen Grund erkannt zu haben, auf dem alle Rechte zwar aufruhen, in dem sie aber auch alle suspendiert sind. Rechte, so insistiert Hamann, sind »kaum der Rede werth«, weil Rechte erst der Rede entspringen und, wo sie sich als einander widersprechende Rechte außer Geltung setzen, nur die eine, prekäre Kraft der Sprache bestätigen. Gegen Mendelssohns Anstrengung, die Ethik der Sprache mit der Ratio des Rechts in eins zu setzen, bemerkt er: »Was für ein Aufwand mystischer Gesetze, um ein kümmerliches Recht der Natur aufzuführen, das kaum der Rede werth ist, und weder dem Stande der Gesellschaft noch der Sache des Judenthums anpaßt!« (N III 296)[2] Der »Stand der Gesellschaft«, der aktuelle wie der strukturelle, ist für Hamann zunächst und vor allem der Stand der Rede; die »Sache des Judenthums« ist für ihn wie für Mendelssohn, wenn auch auf entschieden andere Weise, von der Sache der Rede untrennbar. *Für* diese Sache kann Hamann deshalb nur sprechen, indem er *mit* Mendelssohns Überlegungen *gegen* Mendelssohns Überzeugungen zu Mendelssohns und gleichzeitig zu seinem eigenen Ziel zu gelangen versucht.

Das methodologische Prinzip seiner Kritik an Mendelssohn wird von Hamann schon am Anfang von *Golgotha und Scheblimini* so charakterisiert: »Da aber eine große Kluft zwischen unsern religiösen und philosophischen Grundsätzen befestiget ist: so erfordert es die Billigkeit, den Verfasser blos mit sich selbst und keinem andern, als seinem eigenen, von ihm gegebenen Maasstabe zu vergleichen.« (N III 293) Aus diesem Kriterium[3] ergibt sich als ironisches Programm von Hamanns Generalangriff auf Mendelssohns Revision des Naturrechts: in jedem seiner Grundsätze denjenigen Sprung aufzuweisen, der von keinem allgemeinen Begriff überbrückt werden kann. In der Inkonsistenz von Mendelssohns Rechtsbegriffen soll sich der Widersinn des Denkens nach Begriffen und Rechten überhaupt offenbaren. Hamanns Attacke richtet sich demnach nicht gegen Mendelssohn allein, sondern gegen den von ihm erneuerten Rechtsrationalismus, die von ihm übernommenen Grundsätze des Natur- und Vertragsrechts, seinen Glauben an ein Recht, das den Glauben verleugnet, und endlich gegen eine Auffassung von Sprache, der diese nur als ein Gegenstand, aber nicht als Artikulationsform jedes Glaubens und als Bedingung von Recht und Gesetz gilt. Mit der Suspension der von Mendelssohn behaupteten Rechtsgründe soll in der »Kluft zwischen« seinen und Hamanns »religiösen und philosophischen Grundsätzen« ein anderer Zusammenhang freigelegt werden, der weder von Vernunftsätzen noch von Rechtssätzen oder Gesetzen, sondern allein von einem prekären Geschehen mit dem missverständlichen Namen »Glaube« geboten wird. Nachdem er eingestanden hat, sich weder vom »Naturstand« noch vom »Gesellschaftsvertrag« einen rechten Begriff machen zu können, betont Hamann: »Desto wichtiger muß uns beiden der göttliche und ewige Bund mit Abraham und seinem Saamen seyn, wegen des auf diesem urkündlich feyerlichen Vertrage beruhenden und allen Völkern auf Erden verheißenen und gelobten Seegens.« (N III 293) Diese Verheißung und dieses Gelöbnis des Segens, auf Glauben angewiesen, allein im Glauben vernehmlich und nur für ihn vernünftig, enthält für Hamann zugleich das Versprechen, er werde Mendelssohns Sache dadurch gerecht, dass er dessen Rechtsbegründung gegen sie selbst führt.

Das Ziel, das Mendelssohn in *Jerusalem* verfolgt, ist die Gleichberechtigung der Juden mit jeder anderen Glaubensgemeinschaft im preußischen Staat. Das Mittel, durch das er dieses Ziel zu erreichen sucht, ist die Behauptung der semiotischen Neutralität des Zeichens gegenüber seiner Bedeutung, der Neutralität des Verhaltens gegenüber der Gesinnung und die daraus resultierende Forderung einer analogen politischen Neutralität von Staat und Kirchen gegenüber dem Glauben ihrer Mitglieder. Da Hamann dagegen in der Neutralität insbesondere der Begriffe gegenüber ihrer Bedeutung nicht nur die Möglichkeit, sondern die Unausweichlichkeit von Widersprüchen, willkürlichen Verstellungen und Täuschungen erkennt, die das Projekt einer politischen Ethik zum Scheitern verurteilt, zieht er jeden Gedanken Mendelssohns in Zweifel, der das Verhältnis zwischen Glauben und Recht auf die Spaltung zwischen Gemeintem und Gesagtem gründet. Gemäß seiner methodologischen Prämisse stellt er aber seine eigenen Überzeugungen nicht in positiven Grundsätzen, sondern im Medium der Zweideutigkeiten und Paradoxien von Mendelssohns Argumentation dar.

Mendelssohns Versuch, eine neue naturrechtliche Begründung des Staatsrechts und des Religions- und Gewissensrechts zu bieten und damit die Sache der jüdischen Religion im preußischen Staat zu fördern, operiert bereits in seinem ersten Grundsatz mit einem Begriff von Recht, der von dem der Macht kaum zu unterscheiden ist und der deshalb den

»Zwist der Begriffe«, anders als Mendelssohn will (J 36),[4] nicht »entscheidet«, sondern intensiviert. Dieser Grundsatz lautet: »Die Befugniß (das sittliche Vermögen) sich eines Dinges als Mittel zu seiner Glückseligkeit zu bedienen, heißt ein Recht. Das Vermögen aber heißt sittlich, wenn es mit den Gesetzen der Weisheit und Güte bestehen kann, und die Dinge, die als Mittel zur Glückseligkeit dienen können, werden Güter genannt. Der Mensch hat also ein Recht auf gewisse Güter oder Mittel zur Glückseligkeit, in so weit solches den Gesetzen der Weisheit und Güte nicht widerspricht.« (J 43–44) Hamann findet in dieser Definitionsgruppe, die er als Vorhof der Theorie bezeichnet, Konfusionen zwischen drei Begriffen, die als Äquivalente behandelt werden und deshalb zirkulär eine Setzung – oder eine traditionelle Setzungskonvention – bloß wiederholen, ohne sie begründen zu können. Das »Vermögen« nämlich, das von Mendelssohn als »Recht« bezeichnet wird, heißt dann »sittlich«, wenn es mit den »Gesetzen der Weisheit und Güte« zusammenstimmt –: Folglich muss die Einheit dieser Gesetze sowohl als *Sittlichkeit* wie als *Gerechtigkeit* begriffen werden können, und das sittliche Vermögen, das Mendelssohn »Recht« nennt, müsste präziser als *gerechtes* Vermögen gefasst werden. Wenn aber Macht und Recht, wie Mendelssohn zuvor gegen Hobbes vermerkt hatte, auch schon »im Stande der Natur heterogene Begriffe« waren (J 35), so scheinen – das wendet nun Hamann gegen diesen naturrechtlichen Grundsatz von Mendelssohn ein – »Vermögen, Mittel und Güter mit dem Begriffe der Macht gar zu nahe verwandt zu seyn, daß sie nicht bald auf Einerley hinauslaufen sollten« (N III 294). Sofern nämlich Recht als »Vermögen« gedacht ist, konvergiert es auch in Mendelssohns Differenzierungsversuch mit der »Macht«. Wenn aber »Recht« und »Natur« Decknamen der Macht sind, dann auch »Sittlichkeit« und »Gerechtigkeit«, dann schließlich auch die »Gesetze der Weisheit und Güte«: Sie alle, die Fundamentalkategorien einer gesetzlichen Verfassung des Staates wie der Kirche und jeder menschlichen

Gemeinschaft, sind bloße Pseudonyme einer und derselben diktatorischen Macht.

Mit diesem Aufweis einer Begriffsrotation, wo eine begriffliche Deduktion angekündigt war, erledigt Hamann nicht allein Mendelssohns Anspruch, eine neue Grundlegung des Rechts geboten zu haben, er zeigt auch, dass Begriffe jeweils nur Derivate anderer Begriffe sein können, dass sie als Verdunkelungen eher denn als Aufklärungen fungieren und dass sie diejenige Instanz maskieren können, von der sie sich allesamt herleiten. Nachdem er den verleugneten Zusammenhang zwischen Recht und Macht offengelegt hat, stellt Hamann diejenige Frage, die Mendelssohn in seinen Grundsätzen nicht mit einem einzigen Wort berührt: »Wo kommen aber die Gesetze der Weisheit und Güte her?« (N III 294) Woher also auch die Sittlichkeit, die Gerechtigkeit, das Recht und woher die Macht? Die Antwort, die dem Mendelssohn dieser an den Arbeiten des Juristen Ernst Ferdinand Klein aus der Leibniz-Wolff'schen Schule orientierten Grundsätze naheliegen musste:[5] dass sie von Gott kämen, hat nun aber die groteske Konsequenz, dass damit das Recht nicht nur in Gott begründet, sondern ein Recht *auf* göttliche Gesetzgebung reklamiert würde. Deshalb lautet die Conclusio von Hamanns Diskussion des ersten Mendelssohn'schen Grundsatzes: »Am allerwenigsten begreife ich, wie aus den drey vorausgeschickten Erklärungen von Recht, Sittlichen und Gütern der Schluß folge, – daß der Mensch also ein Recht auf gewisse Güter oder Mittel habe; wenn man sich nicht willkührlich im Sinn ein Recht auf Glückseeligkeit zueignet, dessen Allgemeinheit doch eben so wenig behauptet werden kann, als ein allgemeines Recht auf göttliche Gesetzgebung und unmittelbare Offenbarung.« (N III 294) Nun spricht zwar Mendelssohn nicht von einem »Recht auf Glückseeligkeit«, sondern von einem solchen auf »gewisse Güter oder Mittel zur Glückseligkeit« (J 44) – und überlässt mit dieser Beziehung auf Mittel dem Menschen die Arbeit an seinem Glück –, aber das »allgemeine Recht auf göttliche Gesetzgebung und unmittelbare Offenbarung« ist in der Tat die zwingende Konsequenz aus einem Rechtsbegriff, der immediat die »Gesetze der Weisheit und Güte« in Anspruch nimmt, ohne zu bedenken und in den Gedanken des Rechts aufzunehmen, dass auch sie in einer Gesetz*gebung* erst *gegeben* und in einer Offenbarung erst gewährt werden müssen.

Die Eklipsierung – die Verhehlung oder das Vergessen – der Gebung der Gesetze und Rechte durch einen Anderen führt die Mendelssohn'sche Konstruktion, wie Hamann in den folgenden Analysen darlegt, zu zwei miteinander unverträglichen – und deshalb einander entkräftenden – Konsequenzen: Sie führt einerseits zur Unterwerfung unter einen imaginären Naturzwang, der keinerlei willentlich vollzogenen Akt und also auch keinen Rechtsakt mehr zulässt, und führt andererseits zur absoluten Selbstermächtigung eines über Rechte verfügenden und über sie entscheidenden Ego, die jedes Recht eines Anderen und somit jede Rechtskonstruktion überhaupt zerstören muss.

Wenn nämlich nach Mendelssohns Annahme jedem Recht eine Pflicht entspricht, Pflichten aber in der »sittlichen Notwendigkeit« beruhen, etwas zu tun oder zu unterlassen, so muss jedem *Rechthabenden* ein *Pflichttragender* gegenüberstehen, der sich zu dessen Vermögen und Macht als ein sittlich oder physisch Leidender verhält und mit Rechtsmacht gezwungen, erpresst und genötigt werden darf, seinen Pflichten zu genügen (J 44–45). Das Rechte- und Pflichtensystem ist unter der Vorgabe, die Mittel für die Glückseligkeit jedes Einzelnen und seiner Gesellschaft bereitzustellen und ihre Nutzung zu fördern, ein System unabwendbarer Leiden. »Entspricht aber«, so schreibt deshalb Hamann, »jedem Recht eine Pflicht: so entspricht auch dem sittlichen Vermögen ein sittliches Unvermögen, sich eines Dings als Mittels zur Glückseligkeit zu bedienen; eher Noth, als Nothwendigkeit.« Aus dieser lapidaren Beschreibung der Paradoxie des Naturrechtsformalismus zieht Hamann seine vorerst dramatischste Konsequenz, wenn er schreibt: »Daher giebt es im Stande der Natur keine andere als Unterlassungspflichten, kein Thun, sondern ein reines Nicht-thun.« (N III 295) Mendelssohn selbst hatte geschrieben: »Blos die Unterlassungspflichten und Rechte sind im Stande der Natur vollkommen«, und diesen Satz mit der Erläuterung versehen: »Ich bin vollkommen verpflichtet, niemanden zu schaden, und vollkommen berechtiget, zu verhindern, daß niemand mir schade.« (J 47) So wohlmeinend dieser Satz scheinen mag, er ist auf der Folie der Entgegensetzung von Rechthabenden und Pflichtträgern gebildet und erkennt nur deshalb ausschließlich vollkommene Pflichten der Unterlassung von Schädigungen an, weil vollkommene Pflichten der gegenseitigen Hilfe aufgrund dieser Entgegensetzung nicht in Betracht kommen. Eine Handlung, die Handlung für Andere, für ihre Förderung und zu ihren Gunsten wäre, ein freies Geschenk der Neigung, der Billigung oder auch nur Erhaltung ihres Daseins, kann in den Prinzipien der natürlichen Sittlichkeit von Mendelssohn nicht als »vollkommene« Pflicht vorgesehen sein, weil unter Naturbedingungen allein Selbst-Erhaltungs- und Selbst-Schutzpflichten denkbar sind. Das naturrechtlich verfasste Ich ist zwar jederzeit »vollkommen verpflichtet, niemandem zu schaden«, aber Anderen zu helfen oder sie zu fördern ist es nicht verpflichtet. Seine Pflichten, die ausschließlich solche der Distanz zu Anderen und niemals solche einer Verbindung mit ihnen sind, mögen mit den »Gesetzen der Weisheit« übereinstimmen, wenn solche »Weisheit« sich in Klugheitsregeln der Selbst-Erhaltung erschöpft, mit den Gesetzen der »Güte« sind sie dagegen ebenso unverträglich wie mit denen einer Sittlichkeit, die sich erst im Wirken für Andere und mit Anderen realisiert. Hamann moniert deshalb – und bezieht sich dabei wohlgemerkt auf die Logik der Grundbegriffe des Mendelssohn'schen Naturrechts –: »Pflichten und Gewissen scheinen für den Rechthabenden ganz entbehrliche Begriffe, unbekannte Größen und qualitates occultae zu seyn.« (N III 297) Diesen »natürlichen« Rechtsgrundsätzen kann Hamann entgegenhalten, für sie gebe es auch deshalb nur Unterlassungen, »kein Thun, sondern ein reines Nicht-thun«, weil jedes Tun bereits mit der Möglichkeit der Schädigung, jeder Akt mit der Androhung eines Leidens verbunden sein müsse. Wenn aber Recht im Stand der Natur jede Aktivität paralysiert, dann lähmt es auch jedes sittliche Vermögen, jeden Anspruch auf Glück und mithin das von Mendelssohn charakterisierte Recht insgesamt. Naturrecht ist Rechtsparalyse. Es ist ein Recht, das die Ausübung des Rechtes verwehrt. Als Fundamentalrecht ist es ein irreduzibles Vermögen – aber nur ein solches, das sich selbst außer Kraft setzen muss; es ist ein Recht zu Akten – aber nur zu solchen, die es deaktivieren muss; eine Macht – aber nur eine solche, die sich nicht nur zurückhalten, sondern zerstören muss.

Hamann lässt in seinen Monita gegen Mendelssohns Rechtskonstruktion keinen Zweifel daran, dass sie sich nur deshalb in Aporien verstrickt, weil in ihr jede Verbindung des juridischen Ego zu Anderem, jedes konstitutive ethische und gesellschaftliche Band, jegliche Verbindlichkeit fehlt, die ihm – und sei's unter dem Begriff der »Pflicht« oder des »Gewissens« – eine Richtung auf ein Außerhalb seiner selbst geben und zu einer, wenn auch prekären, Bindung an das Geschehen der *Gebung* des Rechts führen könnte. Indem Mendelssohns Naturrecht die Bewegung von Anderem her und zu Anderem hin ausschließt, schließt es sich selbst aus. Es kennt nur gegeneinander isolierte »sittliche Wesen«, deren einzige Beziehung in der Beziehungsvermeidung und dessen wesentliche gesellschaftliche Handlung in der Handlungsunterlassung liegt. Wesen und Natur des Menschen liegen für Mendelssohns rechts-praktische Fundamentaltheorie in ihrer Apraxie, in ihrer Asozialität, ihrer Mitteilungs- und Sprachverweigerung. Wenn die praktische Ontologie als ihren Grundbegriff »ein reines Nicht-thun« fixiert, dann sind in der Tat – in der Tat einer Nicht-Tat – die Begriffe »verwirret«: So hatte Mendelssohn gewarnt (J 37), und Hamann muss ihm vorhalten, dieser

Begriffsverwirrung nicht nur Vorschub zu leisten, sondern auf ihr das gesamte Gebäude seines renovierten Staats- und Menschenrechts errichten zu wollen. Mit besonderer Schärfe hält er dem Architekten von *Jerusalem* entgegen: »Trotz aller pharisäischen Scheinheiligkeit, womit die Buchstabenmenschen unsers erleuchteten Jahrhunderts die Grundsätze des Widerspruchs und sattsamen Beweises im Munde führen, sind sie die ärgsten Schänder ihres eigenen Gebäues!« (N III 296)

Die Debatte um die Prinzipien des Naturrechts hätte kaum mehr als ein bloß akademisches Interesse, wenn es in ihr allein um die Konsistenz theoretischer Grundsätze ginge. Sie bezieht sich aber in jedem einzelnen Streitpunkt auf praktische und im Grenzfall auf gewaltsam erzwingbare Folgen dieser Grundsätze für das gesellschaftliche Leben: »Und diese Verwirrung der Begriffe bleibt nicht ohne praktische Folgen«, so betont Mendelssohn (J 37), und Hamann bekräftigt, nun an Mendelssohns Adresse, dessen Monitum in einem modifizierten Zitat: »aber eine Sprachverwirrung der Begriffe bleibt nicht ohne praktische Folgen« (N III 303). »Daß das ganze speculative Recht der Natur einen Riß (bekommt), und [...] in das höchste Unrecht über(läuft)« (N III 298), zeigt sich für Hamann mit peinlicher Schärfe im Übergang vom Natur- zum Vertrags- und zum Staatsrecht und damit im Übergang vom essentiellen zum faktischen Recht. Diesen Übergang denkt Mendelssohn nach dem Vorbild von Hobbes als »Abtretung und Überlassung eines entbehrlichen Gutes« an Andere (J 53).[6] Darüber nun, was entbehrlich und was unentbehrlich ist, kommt nach Mendelssohns Darstellung allein dem natürlichen Rechtsinhaber die Entscheidung zu. Er allein verfügt, und zwar »vollkommen«, über sich selbst und das Seine und deshalb kommt ihm auch das »Entscheidungsrecht« (J 53–54) in »Collisionsfällen« zu (J 47), in denen der Selbstgebrauch seiner Güter und das Interesse Anderer strittig sind. Auch wenn der Rechtsinhaber sein Entscheidungsrecht preisgibt und abtritt, ist ausschließlich er es, der es zu seiner eigenen Erhaltung und Förderung einem

Anderen – und in letzter Instanz dem Staat – überlässt. Das schlechthin unentbehrliche Gut, das unveräußerliche Mittel für sich und sein eigenes Wohlergehen, das er bei der Abtretung seiner Entscheidungsfreiheit in jedem einzelnen Fall einbehält, ist sein Eigentum an ihm selbst, sein jeweils eigenes Dasein als Rechtssache. »Mir«, so schreibt Mendelssohn mit Emphase, »und mir allein, kömmt also im Stande der Natur das Entscheidungsrecht zu, *ob* und *wieviel*, *wenn*, *wem*, und unter welchen Bedingungen ich zum Wohlthun verbunden bin? und ich kann im Stande der Natur durch keine Zwangsmittel, zu keinerley Zeit, zum Wohlthun angehalten werden. Meine Pflicht wohlzuthun, ist blos Gewissenspflicht, davon ich äußerlich niemanden Rechenschaft zu geben habe; so wie mein Recht auf anderer Wohlthun, blos ein Recht zu bitten ist, das abgewiesen werden kann.« (J 46) An späterer Stelle wird der gleiche Gedanke mit der gleichen Emphase wiederholt, diesmal im Hinblick auf mögliche Zwangsrechte des Staats und der Kirchen, und nicht mehr auf das »Entscheidungsrecht«, sondern auf sein Komplement, die »Gesinnung«, bezogen: Wie die Kirche (oder die Synagoge oder Moschee) hat auch der Staat, so schreibt Mendelssohn, »durch keinen Vertrag das mindeste Zwangsrecht über Gesinnungen erlangen können. Überhaupt kennen die Gesinnungen der Menschen kein Wohlwollen, leiden keinen Zwang.« Und Mendelssohn fährt fort: »Ich kann auf keine meiner Gesinnungen, als Gesinnung betrachtet, aus Liebe zu meinem Nächsten Verzicht thun; kann ihm keinen Antheil an meiner Urtheilskraft aus Wohlwollen überlassen und abtreten, und eben so wenig ein Recht auf seine Gesinnungen mir anmaßen, oder auf irgend eine Weise erwerben. Das Recht auf unsere eigene Gesinnungen ist unveräusserlich, es kann nicht von Person zu Person wandern; [...].« (J 59–60) Mendelssohn trennt die Gesinnung und mit ihr das Gewissen und die Gewissenspflicht von jeder äußeren Rechtsverbindlichkeit ab, um sie vor gesellschaftlichem und staatlichem Zwang zu sichern. Er trennt die Gesinnung aber darüber hinaus auch vom

Wohlwollen und von der Liebe ab – »Ich kann auf keine meiner Gesinnungen [...] aus Liebe zu meinem Nächsten Verzicht thun;« und: »Überhaupt kennen die Gesinnungen [...] kein Wohlwollen, leiden keinen Zwang« –, weil er in beiden – die der Gesinnung doch nicht völlig fremd sein und mit Zwang nicht in eins gesetzt werden können – eine sei's erotische, sei's agapistische Bedrohung der Selbständigkeit des juridischen Ego durch Andere sieht. Die von ihm verteidigte, sowohl gegen Rechtsansprüche wie gegen Wohlwollen und Liebe gefeite Gewissensfreiheit und mit ihr die Freiheit des Glaubens und der Religion ist nur die Freiheit des possessiven Individualismus;[7] es ist die Freiheit des isolierten Rechtssubjekts, die ihm als unveräußerliche und also apolitische, apraktische und inaktive Freiheit des einzelnen Habenden und Rechthabenden auch nach der Abtretung veräußerlicher Rechtsgüter an den Staats- oder Kirchenverband erhalten bleibt.

Der einzige Grund des Natur- wie des Staatsrechts bleibt für Mendelssohn das unveräußerliche Eigentum an der jeweils eigenen, der vor- oder außer-sozialen eigenen Person. Es ist offenkundig, dass Mendelssohn damit die Person nicht mehr einfach als Rechtssubjekt, sondern als Gesinnungssubjekt definiert, dem eine rechtsgeschützte Immunität zusteht. Es ist aber ebenso offenkundig, dass er diesem revidierten Personbegriff dasjenige Selbst-Verhältnis unterlegt, das Locke in seinem *Second Treatise of Government* als Eigentum an sich selbst definiert: »every Man has a Property in his own Person. This no Body has any Right to but himself.«[8] Unveräußerlich ist für Mendelssohn das Innere, die Gesinnung, sofern sie sich rein auf sich selbst, auf ihre bloße Vorhandenheit und deren Erhaltung richtet, und nur derart an sich haltend bietet sie den festen Grund jeder Veräußerung, durch die sie in rechtliche Verbindungen mit Anderen eintritt. Eine Beziehung zu Anderen, die in der Trennung von ihnen gründet, kann jedoch nur die Beziehungslosigkeit zu ihnen verlängern und muss darüber verleugnen, dass diese Beziehungslosigkeit die denkbar intentivste Beziehung zum Anderen, die »Liebe zu meinem Nächsten«, in sich verschließen muss.[9]

Entscheidungsrecht und Gesinnung, die Mendelssohn als die Substanz des Naturrechts gegen das Zwangsrecht von Kirchen und Staat zu verteidigen sucht, sind das unveräußerliche Innere des bloßen einzelnen Daseins, sie sind der Sinn und das Sinnrecht eines Ich, das ausschließlich für sich und aus Eigenem über sein Verhältnis zu Anderen entscheidet. Nur weil mit diesem harten Kern der unveräußerlichen Gesinnung äußerliche Handlungen nicht streng liiert oder gar korreliert werden können, stellen sie für Mendelssohn einen *Wahrheitsgrund* dar, der sich von jedem äußerlichen *Handlungs- und Bewegungsgrund* – soll heißen von genuin gesellschaftlichen und von institutionellen Interessen – getrennt halten lässt (J 39). Mit der Befreiung des Gewissens von Handlungen sind aber Handlungen ihrerseits von Gewissensdirektiven befreit und können, prinzipiell gewissen*los*, unter dem Imperativ des Rechts-Egoismus in Form von Zwängen und Nötigungen, Erpressungen und Rechtsbeschneidungen ausgeübt werden. Doch das »Mein« der Gesinnung, die unveräußerliche Rechtssubstanz der Person, hat im Gebiet der reinen sittlichen Wesenheiten dieselbe Struktur wie im Bereich staatlicher Rechtsinstitute. Es ist die Struktur monarchischer Souveränität. Hamann, der sie in keiner ihrer Formen leiden mochte, ist nur konsequent, wenn er auf Mendelssohns Grundsatz der irreduziblen Gesinnungssouveränität des juridischen Ego antwortet: »Ist aber das Ich, selbst im Stande der Natur, so ungerecht und unbescheiden, und hat jeder Mensch ein gleiches Recht zum ›Mir!‹ und ›Mir allein!‹ – so laßt uns fröhlich seyn über dem *Wir von Gottes Gnaden*, und dankbar für die Brosamen, die ihre Jagd- und Schooßhunde, Windspiele und Bärenbeißer unmündigen Waysen übrig lassen!« Und er setzt aus Hiob 40, 18 die Verse hinzu, die sich auf Behemoth, das Pendant des Leviathan, beziehen: »Siehe, er schluckt in sich den Strohm, und acht's nicht groß, lässet sich dünken, er wolle den Jordan mit seinem Munde ausschöpfen. –« (N III 300) Mit dem »Mir!« und »Mir allein!« – dem sarkastischen Echo auf Mendelssohns »Mir, und mir allein, kömmt [...] das Entscheidungsrecht zu« (J 46) – assoziiert sich bei Hamann das »Wir von Gottes Gnaden« Friedrichs des II., seiner Hundemenagerie und seines Leviathan, des gefräßigen preußischen Staatsapparats, der dem unter dürftigsten Verhältnissen lebenden Hamann, mehr einem Waisen als einem Weisen, noch sein geringes Einkommen reduzierte; mit ihm assoziiert sich also auch derjenige »Salomon de Prusse«, vor dessen französischen Poesien Moses Mendelssohn in den *Briefen, die neueste Litteratur betreffend* einen völlig unnötigen Kotau aufgeführt hatte;[10] und mit diesem »Mir!« und »Mir allein!« assoziiert sich für Hamann vor allem jeder »römisch- und metaphysischkatholische Despotismus, dessen transzendenteller Verstand seine Gesetze der Natur selbst vorschreibt« (N III 297). Dieser »transzendentelle« Despotismus des possessiven Ego kann aber seine Gesetze der Gerechtigkeit und der Vernunft nicht anders diktieren als so, dass sie sich »in den allergnädigsten Willen und bon plaisir jenes römischen Marionettenspielers und Virtuosen [verlieren], und in seinen Schwanengesang: *Heu quantus artifex pereo!*« (N III 299) Dies Ego, dieses über sich und das Seine verfügende, dieses suipossessive Rechts- und Menschenrechtssubjekt ist Nero im Augenblick seines Todes. Wo Gesinnungen von Handlungen abgetrennt werden und deshalb Wahrheitsgründe zu Bewegungsgründen nicht taugen; wo Wesen und Wirksamkeit nicht zusammenhängen, wird jede Gemeinschaft und jede verfasste Gesellschaft von dem Riss ruiniert, den das Ich zwischen sich und seine Äußerungen, sich und das Seine, sein Ich und sich selbst legt. Das rechtliche Ego ist in allen seinen Erscheinungsformen vom individuellen Rechtssubjekt bis zum staatlichen Souverän für Hamann immer nur das eines neronischen »pereo«. *Der Staat*, so resümiert er die Konsequenzen von Mendelssohns Grundlegungsversuch, »wird ein Körper ohne Geist und Leben – ein Aas für Adler! Die Kirche ein Gespenst, ohne Fleisch und Bein – ein Popanz für Sperlinge!« (N III 303)

Mendelssohns Neufundierung des Naturrechts, so befindet Hamann, hat durch die Fusionierung von Recht und Macht und die gleichzeitige Deaktivierung des Handlungsrechts, durch dessen egologische Fixierung und den Riss zwischen Gesinnung und Verhalten genau diejenige Universalisierung von Rechten unmöglich gemacht, die sie gegen die Willkür der Macht hätte sichern sollen. Aber nicht nur die Universalität von Rechten wird von Mendelssohns Grundsätzen hintertrieben, auch die Singularität des Judentums und seiner Gesetze wird mit dem Entscheidungsvorbehalt des einzelnen Ich und der Unabtretbarkeit seiner Gesinnung verraten. Dieses Versagen wiegt doppelt schwer, weil es zum einen der »Sache des Judenthums« (N III 296) nicht gerecht wird, sondern schadet und weil es damit zugleich just diejenige Singularität verfehlt, auf der der einzige Anspruch auf Universalität gegründet sein kann, dem jeder zustimmen und mit dem jeder, ob er will oder nicht, übereinstimmen muss: die Singularität des Gesetzes der Nächstenliebe, das zugleich Gesetz der Sprache ist. Hamann behauptet, Mendelssohn habe mit seiner Grundrechtslehre und der darin vollzogenen Trennung von Gesinnung und Handlung »seinem eigenen Schemen des Judenthums« widersprochen (N III 303) – denn, so lässt sich ergänzen, Mendelssohn fasst das Gesetz des Judentums in einem Gebot zusammen, das jeder Differenz zwischen Vernunftgesetz und Religionsgesetz, zwischen Wissen und Glauben, Judentum und Christentum, aber auch jeder zwischen der Gesinnung eines possessivem Ego und seinem Handeln in der Gesellschaft vorausgeht. Mendelssohn stellt dieses Gebot in einer Erzählung von einem historischen Lehrgespräch dar: »Ein Heide sprach: Rabbi, lehre mich das ganze Gesetz, indem ich auf einem Fuße stehe! Samai, an den er diese Zumuthung vorher ergehen ließ, hatte ihn mit Verachtung abgewiesen; der durch seine unüberwindliche Gelassenheit und Sanftmuth berühmte Hillel sprach: Sohn! *liebe deinen Nächsten wie dich selbst.* Dieses ist der Text des Gesetzes: alles übrige ist Kommentar. Nun gehe hin und lerne!« (J 98) Wenn der in dieser Szene zitierte Satz aus Leviticus 19, 18 das »ganze Gesetz«, den »Text des Gesetzes« und die »Geschichtswahrheit« des Judentums enthält (J 94), dann lässt sich mit dieser Wahrheit eine Deduktion von Grundrechten aus Vernunftprinzipien des »transzendentellen« Egoismus schlechterdings nicht vereinbaren. Deshalb erhebt Hamann gegen Mendelssohn den Vorwurf, er habe seinem eigenen »Schma Israel« kein Gehör geschenkt, damit »seine Unwissenheit des Judenthums« bewiesen (N III 319) und sein Jerusalem, die Stadt einer göttlichen Verheißung und das Buch zum rechtlichen Schutz und zur bürgerlichen Förderung seiner »unterdrückten Nation« (J 66), zu einer »Schädelstäte« gemacht (N III 316), zu Golgatha.

3.

Das Natur-, Vertrags- und Menschenrecht des Rationalismus, der Berliner Aufklärung und Mendelssohns, ihres prominentesten Sprechers, ist für Hamann ein erneutes Golgatha, weil es »alle göttliche und menschliche Einheit, in Gesinnungen und Handlungen«, wie sie Gottes Bund mit Abraham gewährte, zerstört. Mit Mendelssohns Worten hält er Mendelssohn entgegen: »Zur wahren Erfüllung unserer Pflichten, und zur Vollkommenheit des Menschen gehören Handlungen und Gesinnungen. Staat und Kirche haben beyde zu ihrem Gegenstande. Folglich sind Handlungen ohne Gesinnungen, und Gesinnungen ohne Handlungen, eine Halbirung ganzer und lebendiger Pflichten in two todte Hälften.« (N III 303) Diese tödliche Halbierung der »Vollkommenheit des Menschen« durch den Rechtsrationalismus ist für Hamann die Zerschneidung desjenigen Bundes, der als »der göttliche und ewige Bund mit Abraham und seinem Saamen« (N III 293) Hamanns Gemeinsamkeit mit Mendelssohn, die Einheit der Monotheismen und die Einzigkeit ihrer Geschichtswahrheit begründet, die jedem positiven, aber auch jedem Natur- und Vernunftrecht vorausgeht. Wenn Hamann die Zerstörung dieses Bundes als ein »Golgatha« charakterisiert, dann macht er diesen abrahamitischen Bund aller Bünde zu einem Christus und seine Hinrichtung zu einem heilsgeschichtlichen Ereignis, dem die Auferstehung im Glauben an ein »Scheblimini« folgen soll. Es ist also ein providentielles Golgatha, das Hamann in Mendelssohns *Jerusalem* zu erkennen glaubt, eine »Schädelstäte«, die umso weniger in ihren tödlichen Wirkungen verkannt werden darf, als sie zugleich die Stätte einer ebenso providentiellen Erlösung sein soll. Zwar ist das Geschichtsschema, das Hamann seinen Diagnosen und seiner Kritik an Mendelssohns Buch unterlegt, durchweg christologisch, doch der Christus, in dem er die geschichtliche Gründungsfigur jeder Gemeinsamkeit, jedes gesellschaftlichen und religiösen Zusammenhangs und also auch jeder Möglichkeit einer politischen Übereinkunft sieht: Dieser Christus ist zunächst nichts anderes als der abrahamitische Glaube. Vor allem um die Einsicht in dessen Struktur, in die Unvermeidbarkeit seines Zerfalls und die Dringlichkeit seines Überlebens ist es Hamann in seiner Kontroverse mit Mendelssohn zu tun. Diesen abrahamitischen Glauben betrachtet er aber als ein Faktum der Sprache: Nur als Glaube an die Sprache und das in ihr gegebene Versprechen, nur als Glaube, der sich in der Sprache bezeugt und betätigt, ist er der sowohl göttliche wie menschliche Bund, der das Christentum nicht anders als das Judentum definiert. Deshalb versucht Hamanns Text das christologische Drama als *logisches* und *dialogisches* Drama, als Drama der Sprache, des Widerspruchs und des Versprechens zu aktualisieren. Und deshalb antwortet er in seiner Polemik mit besonderer Empfindlichkeit auf die sprachphilosophischen Überlegungen, mit denen Mendelssohn seine Naturrechtskonstruktion begleitet.

Mendelssohn geht, ganz auf der Höhe der empiristischen und rationalistischen Diskussion seiner Zeitgenossen, von der Trennung des sprachlichen Zeichens und des von ihm Bezeichnetem aus und erkennt in ihr den Grund der Unbilligkeit von Kircheneiden, Verfassungsschwüren und erzwungenen Kontrakten.[11] »Soll ich«, so schreibt er, irgendwelche »innre Wahrnehmungen […] durch Worte und Zeichen von mir geben, oder auf Worte und Zeichen schwören, die andere Menschen mir vorlegen; so ist die Unsicherheit noch weit größer. Ich und mein Nächster, wir können unmöglich mit eben denselben Worten eben dieselben innern Empfindungen verbinden; denn wir können diese nicht anders gegen einanderhalten, mit einander vergleichen und berichtigen, als wiederum durch Worte.« (J 64) Aus der semantischen Ungewissheit, die mit der Differenz zwischen Namen und Benanntem einhergeht, ergibt sich für Mendelssohn nicht allein die Divergenz zwischen Gesinnungen und Handlungen, sondern zugleich auch die unaufgebbare Forderung nach Tolerierung der Gesinnung Anderer: Sie ist für ihn nicht nur eine staatsbürgerliche Tugend, sondern zunächst die praktisch gewordene Einsicht, dass semiotische Beziehungen, wie das Recht sie etabliert, noch keine Beziehungen zur Wahrheit sein müssen.[12] Dass sprechende, miteinander sprechende Wesen über kein Kriterium der Wahrheit ihrer Beziehung zueinander verfügen, dieses Defizit erduldet und kompensiert die Toleranz, indem sie jeden Anderen und seine Gesinnungen in den Grenzen des Prinzips der subjektiven Rechtssouveränität und der individuellen Schadloshaltung gelten lässt. Doch wenn Toleranz die Differenz zwischen Aussage und Empfindung, bekundetem Glauben und geglaubter Sache erträgt, dann erträgt sie sie nur in dem Glauben, dass beide einander fremd bleiben müssen und ihre Entzweiung als geschichtlich irreduzibel behandelt werden muss. Dass die Unaufhebbarkeit der Entzweiung aber nur im Glauben festgehalten wird und deshalb die Geschiedenen auch im Glauben miteinander verbunden sein müssen:

Diese fideistische Ur-Synthesis liegt der Toleranz zwar zugrunde, kann aber von ihren apologetischen Theorien nur verleugnet werden. Wenn Mendelssohns Plädoyer für die Toleranz, die hermeneutische, die religiöse und die staatsbürgerliche, auf der bloßen Fremdheit zwischen Gesinnung und Zeichen, Bedeutung und Handlung beharrt und darauf besteht, diese Fremdheit sei ein primäres semiotisches Faktum, so versucht Hamann dagegen deutlich zu machen, dass ihre Entzweiung nur eine geglaubte Entzweiung und in der Einheit des Glaubens an sie aufgehoben sei. Dass auch noch der Riss, der das Wort von seiner Bedeutung trennt, *als* ein solcher Riss geglaubt werden muss, gehört zum Credo von Hamanns fundamentallogischer Christlichkeit.

Es ist nämlich eine in einem nicht-restiktiven Sinn logische Annahme, dass nur diejenigen Gesetze als gesetzt, nur diejenigen Rechte als gültig angesehen werden können, die als sei's gebbare, sei's in der Vergangenheit oder aktuell gegebene zuallernächst Fakten des Glaubens sind. Rechte, welcher Art sie auch sein mögen, können nur geglaubte Rechte sein, ob sie »Rechte der Menschheit« (J 66, 130), ob sie Vernunft- oder Naturrechte, Institutionen- oder Gesinnungsrechte sind. Über ihren Status als Recht entscheidet – wenn denn der Grund des Rechts noch ohne Vorbehalt als Gegenstand einer Entscheidung bezeichnet werden darf – der Glaube. Glaube allein *gibt* Recht, und allein im Glauben *gilt* Recht. Wo der Glaube an das Recht fehlt oder dem Recht der Glaube entzogen wird, fallen alle juridischen Systeme herkunfts- und haltlos dahin. Deshalb können Rechte wohl geglaubt werden, aber einen *rechten* Glauben, einen rechtmäßigen und richtigen, einen dem Recht entsprechenden und auf ein Recht gegründeten Glauben kann es nicht geben, weil Rechte ihrerseits nur im Glauben fundiert sein können und ohne den Glauben an sie zerfallen müssen. »Glaube« heißt für Hamann aber nicht ausschließlich der religiöse oder der Glaube an eine Gottheit, sondern jeder Glaube, auch der an die anscheinend evidenten Gegenstände der

Anschauung und des Gebrauchs, jedes Vertrauen, auch das in die Verrichtungen des alltäglichen Daseins. Evidenz ist für ihn allein im Glauben gegeben. In einem seiner frühen Briefe an Kant aus dem Jahr 1759 schreibt er in diesem Sinn: »Der attische Philosoph, Hume, hat den Glauben nöthig, wenn er ein Ey eßen und ein Glas Wasser trinken soll. [...] Wenn er den Glauben zum Eßen und Trinken nöthig hat: wozu verleugnet er sein eigen Principium, wenn er über höhere Dinge, als das sinnliche Eßen und Trinken urtheilt.«[13] Die niederen wie die hohen Dinge sind Dinge allererst vermöge der ontologischen Kraft des Glaubens, und sie hören auf, überhaupt da zu sein, wenn der Glaube sie nicht trotz ihrer Ungewissheit annimmt. Selbst was nach Kriterien der Vernunft gewiss ist, muss als gewiss auch geglaubt werden; und da ihm der Glaube verweigert werden kann, macht Hamann zum Kriterium aller Kriterien des Daseins den Glauben. In einer Reflexion, die sich wiederum auf Hume bezieht, schreibt Hamann in den *Sokratischen Denkwürdigkeiten*, ebenfalls 1759: »Was man glaubt, hat daher nicht nöthig bewiesen zu werden, und ein Satz kann noch so unumstößlich bewiesen seyn, ohne deswegen geglaubt zu werden. [...] Der Glaube ist kein Werk der Vernunft und kann daher auch keinem Angrif derselben unterliegen; weil Glauben so wenig durch Gründe geschieht als Schmecken und Sehen.« (N II 73–74)[14] Gegeben ist also allein das, was vom Glauben als Gegebenes angenommen und von der Sprache als solches beglaubigt wird. In diesem Glauben kann Hamann noch einen Schritt hinter die Überzeugung zurückgehen, Daten der Sinnlichkeit seien schlicht in der Anschauung gegeben und könnten von Verstandesbegriffen bezeichnet werden. In diesem Glauben kann er gegen Mendelssohn auf der Vermutung bestehen, alle semiotischen Zweideutigkeiten, Widersprüche und Kollisionen des Rechts resultierten erst aus seiner Abtrennung vom Glauben und somit aus der Trennung des Gesetzes von seiner Gebung und seiner Annahme im Glauben.

Wird Recht als Recht auf Glück und seine Mittel definiert,

wie es in Mendelssohns Konstruktion geschieht, dann muss mit diesem Recht auch dies Glück als Gabe aufgefasst und kann als Gunst nur im Glauben angenommen werden. Deshalb muss es widersinnig sein, von einem »Recht auf Glückseeligkeit« oder einem allgemeinen »Recht auf göttliche Gesetzgebung und unmittelbare Offenbarung« zu reden, wie Mendelssohn es nach Hamanns Auffassung zu tun gezwungen ist (N III 294). Jedes Recht, wenn es denn eines ist, kann nur ein verliehenes, jedes Gesetz nur ein gegebenes, und zwar im Glauben gegebenes sein, niemals dagegen kann ein in der bloßen Vernunft fundiertes Anrecht auf diese Gebung und Offenbarung oder ein Recht auf Glück behauptet werden. Hamann insistiert, der Rechtsinhaber habe »weder ein physisches noch moralisches Vermögen zu einer anderen Glückseeligkeit, als die ihm« zugedacht »und wozu er *beruffen* ist. Alle Mittel, deren er sich zur Erlangung einer ihm nicht gegebenen und beschärten Glückseeligkeit bedient, sind gehäufte Beleidigungen der Natur und entschiedene Ungerechtigkeit.« (N III 299. Hervorhebungen von W. H.) Da die Quelle des Zudenkens von Glück und der Berufung zu ihm, des Gebens und Bescherens der Glückseligkeit und des Vermögens zu ihr von Mendelssohn und Hamann einvernehmlich Gott genannt wird, kann Hamann in der Annahme, er werde von Mendelssohn verstanden und seinem Wort werde geglaubt, energischer fortfahren: »Nicht in Diensten, Opfern und Gelübden, die Gott von den Menschen fordert, besteht das Geheimnis der christlichen Gottseeligkeit; sondern vielmehr in Verheißungen, Erfüllungen und Aufopferungen, die Gott zum Besten der Menschen *gethan* und *geleistet*: nicht im vornehmsten und größten *Gebot*, das er auferlegt; sondern im höchsten *Gute*, das er geschenkt hat: nicht in *Gesetzgebung* und Sittenlehre, die blos menschliche Gesinnungen und menschliche Handlungen betreffen; sondern in *Ausführung* göttlicher Rathschlüsse durch göttliche *Thaten*, *Werke* und *Anstalten* zum Heil der ganzen Welt.« (N III 312. Hervorhebungen von W. H.) Nur wenn Gesetze aus ihrer Herkunft als Geschenke und Gaben eines Anderen begriffen sind, können sie als Gesetze, dann aber müssen sie darüber hinaus auch als Taten und Werke eines Anderen aufgefasst werden. Nicht zunächst als Forderungen sind demnach Gesetze zu verstehen, sondern als Vollzüge und jeweils aktuelles Geschehen einer Verbindung und eines Bundes –: als Geschehen, das sich mit der Gebung ergibt, wie sie im Glauben angenommen wird, und so erst die Relate der Gebung – den Gebenden, die Gabe und den Begabten – hervorgehen lässt.

Mit dieser Deutung der Gesetz*gebung* als Geschehen eines Bundes im Glauben versucht Hamann hinter jeden semiotischen Dualismus zwischen Wort und Vorstellung, Vorstellung und Sache zurückzugehen: »Er spricht: so geschichts! – ›und wie der Mensch alle Thiere nennen würde, sollten sie heissen‹. Nach diesem Vor- und Ebenbilde der Bestimmtheit sollte jedes Wort eines Mannes die Sache selbst seyn und bleiben.« (N III 301) Nur im Glauben an das gegebene Wort wird wie der semiotische so auch der Rechtsdualismus zwischen Gesinnung und Handlung aufgehoben: »Auf diese Ähnlichkeit des Gepräges und der Überschrift mit dem Muster unseres Geschlechts und dem Meister unserer Jugend – auf dieses *Recht der Natur*, sich des Worts, als des eigentlichsten, edelsten und kräftigsten Mittels zur Offenbarung und Mittheilung unserer innigsten Willenserklärung zu bedienen, ist die Gültigkeit aller Verträge gegründet [...].« (N III 301) Das einzige »Naturrecht«, das Hamann als gegeben konzediert, ist das *Recht* des Wortes, der sprachlichen Mitteilung und der Offenbarung zwischen Sprechenden, und da dieses *Recht* den Menschen mit der Fähigkeit zur Benennung erst zum Menschen macht, ist sein Gebrauch – der praktizierte Glaube an die Sprache – der unaufgebbare Grund aller positiven Gesetze und das einzige Kriterium ihrer Gerechtigkeit, sein Missbrauch aber ein Anschlag nicht nur auf ihre Sprachgerechtigkeit, sondern auf die Menschlichkeit des Menschen. »Der Misbrauch der Sprache und ihres natürlichen Zeugnisses ist also der gröbste Meineyd, und macht den Übertreter dieses ersten Gesetzes der Vernunft und ihrer Gerechtigkeit zum ärgsten Menschenfeinde [...].« (N III 301) Menschenrecht ist Sprachrecht: Recht aus der Sprache und vermöge der Sprache, darum Recht noch vor jedem gesatzten und setzbaren Recht, Recht, das mit der Sprache selbst empfangen wird, mit ihr sich auf andere überträgt und in nichts anderem beruht als in ihrer uneingeschränkten Mitteilung, ihrem Gebrauch und dem darin tätigen Glauben an sie.

Glaube ist für Hamann, im Unterschied zu dem von ihm bewunderten Hume, zunächst Sprachglaube: Glaube an die Gabe der Sprache als eines »Mittels zur Offenbarung und Mittheilung«, Glaube also an die Offenbarung der Offenbarbarkeit. Dieser Glaube beruht aber nicht in dem bloßen Gedanken an die Erschließungskraft der Sprache, er ist nicht die Überzeugung von ihren Fähigkeiten und Kräften, sondern die Praxis, als die sich die Sprache betätigt, und das Geschehen, in dem sie als »kräftigstes Mittel zur Offenbarung und Mittheilung« gebraucht wird. »Er spricht: so geschichts!« – nach dieser Devise, die das Fiat einer Schöpfung aus Sprache charakterisiert, ist für Hamann auch die menschliche Sprache als zwar nicht ursprünglich schöpferisches, wohl aber, nach dessen »Vor- und Ebenbilde«, als wirkendes und einwirkendes, als geschichtliches Geschehen bestimmt. Sprachglaube ist Sprachgeschehen. Sprache ist aber nicht erst die innerhalb einer ihr vorgängigen Geschichte wirkende, sondern Geschichte allererst eröffnende und in diesem Sinn geschichtliche Offenbarung. Und zwar ist sie Offenbarung ihrer selbst als des Mittels aller, der vergangenen, gegenwärtigen und, beiden voran, noch künftiger Offenbarungen. Da sie für Hamann das »erste Gesetz der Vernunft und ihrer Gerechtigkeit« und da sie auch das einzige – *eigentlichste* – Gesetz ist, liegt für ihn die ganze Kraft des monotheistischen Glaubens – des abrahamitischen der drei monotheistischen Religionen – darin, sich als Glaube an die Offenbarung der Sprache als des Organons jeder möglichen Offenbarung zu bewähren. Glaube kann deshalb nicht nur ein solcher a n die Offenbarung, er muss selbst Offenbarung; er kann nicht nur Glaube a n die Sprache als Mittel, er muss selbst durch und durch Sprache und sprachliches Geschehen sein, als solches aber geschichtlich und Offenbarung: Er muss als Sprachgeschehen die einzige fundamentale *Geschichtswahrheit* und das einzige irreduzible Ereignis der Menschen- und Sprachgerechtigkeit sein, wenn das Wort wahr sein und immer wieder wahr werden soll: »Er spricht: so geschichts!« In dem so bestimmten Glauben sind insbesondere Judentum und Christentum, wie Hamann sie versteht, einig; da dieser Glaube jedoch bei aller Bestimmtheit für weitere Bestimmungen strukturell offenbleibt, können beide in der Deutung dieses gemeinsamen Glaubens auseinandertreten.

Beide Formen des Glaubens, die jüdische und die christliche, so ist Hamann überzeugt, sind Religion im emphatischen Sinn von *religio* als Verbindungsgeschehen, beide sind Bünde in einem Glauben, der jedem anderen Gesetz und jedem positiven Recht vorausgeht, beide sind Glaubensbünde aus der einzigen Kraft der Sprache, und beide wesentlich geschichtliche Sprach- und Glaubensbünde, deren primäre zeitliche Dimension die Zukunft ist. Sie sind – und sind es nur expliziter als gesellschaftliche Verbände außerhalb des monotheistischen Horizonts – Glaubensbündnisse als Verheißungs- und Versprechensbündnisse. Gegen Mendelssohns Deutung des Judentums als einer Religion, die sich der Überlieferung einer vergangenen Geschichtswahrheit verschreibt, erinnert Hamann daran, dass auch das abrahamitische Judentum eine Geschichtswahrheit kennt, die sich auf künftige Zeiten bezieht, so dass der von Mendelssohn behauptete »charakteristische Unterschied« zwischen der jüdischen und der christlichen Religion (J 86) im gemeinsamen Zukunftsglauben aufgehoben ist. »Dieser characteristische Unterschied zwischen Judenthum und Christenthum«, schreibt Hamann, »betrifft *Geschichtswahrheiten* nicht nur *vergangener* sondern auch *zukünftiger Zeiten*, welche vorausverkündigt und vorhergesagt werden, durch den Geist einer so allgemeinen als einzelnen Vorsehung, und die ihrer Natur nach, nicht anders als durch Glauben angenommen werden können.« (N III 305) Glauben bezieht sich jeweils auf das, was nicht als kognitiv gesichertes Vorhandenes begriffen, sondern als Künftiges oder für die Zukunft Versprochenes nur vermutet werden kann. Was geglaubt wird, wird angenommen – und zwar als auf dem Weg der Sprache von Anderem her Kommendes –, noch bevor es gegeben und als Datum zum Gegenstand des Wissens werden kann. Gegen die rationalistische Doxa hält Hamann daran fest, dass Vernunft nicht zunächst ein Vermögen der Prinzipien, sondern Sprache, aber Sprache nicht als epistemisch gesicherte Begründungsordnung, sondern als Medium des Glaubens ist. In den Tagen, in denen er auf die Druckfassung seines *Golgotha und Scheblimini* wartet, schreibt er am 8. August 1784 in einem berühmt gewordenen Brief an Herder: »Vernunft ist Sprache *Logos*; an diesem Markknochen nag' ich und werde mich zu Tod drüber nagen. Noch bleibt es immer finster über dieser Tiefe für mich: Ich warte noch immer auf einen apokalyptischen Engel mit einem Schlüßel zu diesem Abgrund. [...] Ich muß *glauben* und befinde mich wol dabey, aus Noth Tugend zu machen.«[15] Im Text von *Golgotha und Scheblimini* selbst greift Hamann, um die Frage nach Vernunft und Sprache und ihrer beider Verhältnis zum Glauben einer Antwort näher zu bringen, auf die Definition von *fides* aus der für die Naturrechtstradition verbindlichen Schrift *de officiis* von Cicero zurück. In ihr wird bestimmt, inwiefern »Vernunft und Sprache [...] das innere und äußere Band aller Geselligkeit« sind. Hamann zitiert: »Fundamentum est iustitiae FIDES – dictorum constantia et veritas« (N III 300). Der Grund der Gerechtigkeit ist *fides* – die Gewähr für den Bestand und die Wahrheit des Gesagten; oder, wie Hamanns Zeitgenosse Garve, der in *Golgotha und Scheblimini* zweimal zitiert wird, übersetzt: »der Grund aber aller Gerechtigkeit ist die Redlichkeit, des Gesagten Beständigkeit und Wahrhaftigkeit«.[16] Die Fortsetzung von

Hamanns Cicero-Zitat lautet übersetzt: »Es ist nämlich *fides* das Erste, was die universelle Gemeinschaft des menschlichen Geschlechts auszeichnet, dessen Band aber ist Vernunft und Rede – *vinculum est* RATIO *et* ORATIO –, das die Menschen miteinander verbindet und eine natürliche Gesellschaft zusammenfügt.« (N III 300–301) Die drei von Hamann großgeschriebenen Nomina – FIDES, RATIO, ORATIO – haben den gleichen Begriffsumfang. Vernunft ist Sprache und Sprache Glauben. Es ist eine jeweils geglaubte Beziehung, die die Sprache zu dem in ihr Angesprochenen unterhält, und es sind jeweils geglaubte Bezüge, die auch die Begriffe der Vernunft untereinander zu einer Ordnung verbinden. Jede kognitive Relation kann deshalb nur eine sprachliche, und jede sprachliche nur eine Beziehung in einem Glauben sein, der seinerseits nicht nur das Gebiet der Erkenntnis, sondern die gesamte Welt ethischer Verhältnisse und Handlungen, solcher der Religion, des Rechts und der Politik, fundiert. »Fides« ist denn auch im Text Ciceros, auf den Hamann sich als eine für Mendelssohn nicht weniger als ihn selbst autoritative Urkunde beruft, ausdrücklich nicht bloß als passive Annahme, sondern als Geschehen und Vollzug des Gesagten charakterisiert. In dem Satz nach dem von Hamann zitierten: »fundamentum autem est iustitiae fides« schreibt Cicero unter Hinweis auf etymologische Herleitungen, wie sie von den Stoikern geübt wurden: »credamusque, quia fiat, quod dictum est, appellatam fidem.« (*de officiis* I, 23) »Fides« ist, wenn geschieht – »fiat« –, was gesagt wird. Diktum und Faktum sind darin nicht zwei unabhängig voneinander Vorhandene, die nachträglich in eine semantische, sei's assertorische, sei's imperative Relation zueinander gebracht werden müssten, sondern das Diktum ist selbst das Faktum, das von ihm angesprochen wird. Nur wo die Sprache die Sache selbst ist und das sprachliche Geschehen identisch ist mit dem ethischen, religiösen oder politischen, von dem es handelt, kann von »fides« in dem Sinn die Rede sein, in dem Cicero und mit ihm Hamann dieses Wort gebraucht. Wenn Hamann anstelle von Ciceros Erklärung der »fides« aus dem »fiat, quod dictum est« den Psalm 33,9: »Er spricht: so geschichts!« zitiert (N III 301), dann ist auch damit das Sprechen nicht nur als phatisches, semantisches und kognitives, sondern als ethisches und politisches Geschehen charakterisiert: als gesellschaftliches und geschichtliches Ereignis, in dem Gemeintes und Gesagtes, Sprache und Sache, Sprecher und Angesprochenes in einem fundamentalen Sprachgeschehen sich miteinander verbinden. Man könnte dieses Sprachgeschehen als Sprechakt charakterisieren, wenn es nicht zugleich eine Sprechpassion wäre, und könnte es als performativ bezeichnen, wenn Performativa nicht genau solche Konventionen und Konsensus voraussetzten, wie sie erst von diesem sprachlichen Ur-Geschehen einer Inauguration gesellschaftlicher Verbindungen begründet werden können.[17] Im Sprechen, das geschichtliches Geschehen ist, kommen die beiden aristotelischen Definitionen des Menschen als *zoon logon echon* und als *zoon politikon* überein: In diesem Sprechen, und in ihm allein, ist er ein Wesen der Gemeinschaft; in ihm allein spricht er sich Sein zu; und nur in ihm erspricht er sich ein transitives Sein, dessen Geschehen er göttlich oder Gott nennen kann. Was sich in den Formeln *fiat, quod dictum est* und »Er spricht: so geschichts!« kondensiert, ist eine politische Ontologie und Ontotheologie der Sprache als des je aktuellen gott-menschlichen Geschehens aller Geschehnisse.

Sprache als Realisierung des Gesprochenen und somit als Erschaffung des Bundes zwischen Gott und Welt, als Schöpfung sowohl Gottes wie der Welt: Das ist, nach biblischen und stoischen Quellen, für Hamann das fundamental-performative Geschehen, das er »Glaube« nennt. Um keinen Zweifel daran zu lassen, dass nicht eine von der Sprache abgelöste Vernunft, sondern Sprachglaube das fundamentale Faktum menschlicher Selbst- und Weltverhältnisse ist, zitiert Hamann Mendelssohns Freund Garve, nicht als Cicero-Übersetzer wie auf der ersten Seite seiner Schrift, sondern auf ihren letzten als Kommentator von Ferguson: »Dieser (theils negative, theils positive) Glaube ist früher, als alle Systeme. Er hat sie erst hervorgebracht, um ihn zu rechtfertigen.« (N III 317) Wie in seiner »Metakritik über den Purismum der Vernunft« gegenüber Kant insistiert Hamann hier gegenüber Mendelssohn auf dem Primat der Synthesis in Sprache und Glauben vor jeder begrifflichen Systematik, die sich vom Glauben meint abheben zu können. Nicht *epistéme*, sondern *pístis* ist das alles haltende Grundverhältnis, durch das die gegenwärtigen und vergangenen Gesellschaften zusammen- und in ihre Zukunft hinausgehalten werden. Wer den Glauben mit abstrakten Vernunftrechten zu harmonisieren versucht und darüber die Zukunftsoffenheit des Glaubens verleugnet, der droht, wie es nach Hamanns Überzeugung Mendelssohn in seinem *Jerusalem* tut, die Zukunft selbst und die Ankunft eines Anderen zu verstellen: Der kappt das Band der *religio*, das sie auf sich als künftig andere bezieht. Glaube ist für Hamann, anders als Hegel in seiner Rezension unterstellt,[18] nicht das Prinzip der innerlich bleibenden Subjektivität, die sich gegen ihre Herausarbeitung zu objektiven Manifestationen sperrt, sondern die ursprüngliche Entäußerung des Subjekts, apriorisches Transzendieren zu Anderem, das dessen Andersheit bewahrt und jede systematische Schließung des Bezugs zu ihm suspendiert: Transzendieren ohne Transzendenz und vor jeder transzendentalen Form.

Wenn Vernunft und Sprache, *ratio et oratio*, das »innere und äußere Band aller Geselligkeit« sind, dann wird dieses Band durch die Trennung von Bedeutung und Zeichen, durch die Zerlegung, und sei sie eine bloß begriffliche, in Natur und Gesellschaft, Naturrecht und Institutionenrecht, zerrissen; es wird, so schreibt Hamann, *fides*, nämlich »Glaube und Treue aufgehoben, Lüge und Trug, Schand und Laster zu Mitteln der Glückseeligkeit gefirmelt und gestempelt« (N III 300). Just diese Scheidung zu betreiben, die den Glauben an das einmal gegebene Wort und die Treue zum einander gegebenen Versprechen, damit aber das Fundament jeder uneingeschränkten Gemeinschaft und Gerechtigkeit zerbricht: Diesen Vertrauens- und Wortbruch zu begehen und ihn überdies noch zum Grund und Ziel aller gesellschaftlichen Verhältnisse zu erheben, legt Hamann Mendelssohn zur Last. Der Wortbruch, der mit der Trennung von Gesinnung und Handlung und schon mit der Abtrennung des Wortes von der in ihm gemeinten Sache begangen wird, dieser semiotische Ruptus zerbricht den Grund nicht nur des allgemeinen Menschenrechts, den Mendelssohn in seinem *Jerusalem* zu sichern versucht, er zerstört jede faktisch existierende Gesellschaft und zerbricht noch diejenige Minimal-Gemeinschaft, die der »andächtige Leser« – Hamann zum Beispiel – mit Mendelssohns Schrift zu unterhalten versucht. Mendelssohns Rechts-, seine Handlungs- und Gesinnungstheorie, in der der einigende Glaube – die *fides* als Redlichkeit und Verbindlichkeit – auseinandergebrochen wird, betreibt, wie Hamann es deutet, einen »Schlangenbetrug der Sprache« (N III 298), der ihn dazu verführt, die *religio* einer jeden Sprache, eines jeden Sprach- und Gesellschaftsverbandes und einer jeden Beziehung auf die Zukunft zu korrumpieren. Erstarrung in der Unterwerfung unter positive Gesetze und Zeremonialkonventionen ist die zwingende Konsequenz aus diesem Verrat – dem Selbstverrat, dem »Schlangenbetrug« – einer Sprache, die mit ihrem Verheißungscharakter ihre Zukunftsoffenheit preisgibt und deshalb gelähmt und wirr in staatlichen Rechtsverbänden und ihrem Status quo verharrt: »Die Vernunft [...] steht stille, wie Sonne und Mond zu Gibeon und im Thal Ajalon.« (N III 303) So dass »Jerusalem nicht fürder bleibt in ihrem Ort zu Jerusalem, sondern unter dem Meridian Babels zu liegen kommt.« (N III 302) Dieses Babel des stillstehenden Vernunftrechts ist das Ende der Redlichkeit, der Mitteilungs- und Bindekraft und des ontotheologischen Geschehens, das den Namen Sprache trägt.

4.

Hamanns Anklage ist nicht nur eine sprachphilosophische und moraltheoretische, sie ist in gleichem Umfang eine religionshistorische und religiöse Anklage, denn, so wendet er gegen Mendelssohn ein, der Glaube Abrahams – sein Glaube an das Wort und die in ihm verheißene Zukunft –, damit aber der Grund der monotheistischen Religiosität wird durch die Deaktivierung des Glaubens in Recht und Gesetz beschädigt. In fast vollkommener Übereinstimmung mit Mendelssohn, der das hebräische Wort (*wehemin*), das man durch *Glauben* zu übersetzen pflegt, durch »Vertrauen, Zuversicht, getroste Versicherung auf Zusage und Verheißung« wiedergibt und zur Legitimation seiner Übersetzung einen Vers aus Exodus 15, 6 über Abraham zitiert (J 96), schreibt Hamann – und macht damit Abrahams Glauben zum Kriterium seiner Christlichkeit –: »Daher heißt die geoffenbarte Religion des Christentums, mit Grund und Recht, Glaube, Vertrauen, Zuversicht, getroste und kindliche Versicherung auf göttliche Zusagen und Verheißungen [...]: gleichwie der Vater Abraham dem Ewigen glaubte, froh war, daß er Seinen Tag sehen sollte, ihn sahe und sich freute; [...].« (N III 305) Diesem »gerechten Abraham«, so fährt Hamann in seiner Überlegung fort, »war die Verheißung, aber kein Gesetz, als das Zeichen des Bundes an seinem Fleische gegeben. Gerade in dieser ächten Politik erblickten wir, wie jener Weltweise [Sokrates] sagte, eine Gottheit, wo gemeine Augen den Stein sehen.« (N III 307; cf. J 127) Im Gegensatz zu Abraham, der auf die Verheißung für die Zukunft vertraute, der glaubte und in diesem Glauben den *Tag des Herrn* sah, wurde, so deutet Hamann, dem, der die Verheißung bezweifelte, »dem Gesetzgeber Moses [...] der Eingang in das Land der Verheißung rund abgeschlagen; und durch eine ähnliche Versündigung des Unglaubens an dem Geiste der Gnade und Wahrheit [...] artete dies irrdische Vehiculum einer [...] Gesetzgebung [...] in das verderbte und tödlich schleichende Gift eines [...] abgöttischen Aberglaubens aus.« (N III 305) Die Idolatrie, der nach Hamann der mosaische Zweifel Vorschub leistet, liegt in der Unterwerfung unter Gesetze, die sich dem abrahamitischen Glaubensbund aus bloßer Sprache substituieren. Wenn er auf den ersten Seiten seiner Schrift die Grundzüge von Mendelssohns Naturrecht als die »güldene Hüfte« von dessen *Jerusalem* bezeichnet (N III 294), so nennt er sie später »das Blendwerk einer güldenen Hüfte oder güldenen Kalbs« (N III 301) und legt Moses – nicht nur dem biblischen, sondern auch seinem Zeitgenossen und Freund Moses Mendelssohn – zur Last, durch seinen rechtsphilosophischen Tanz um das »güldene Kalb« aus Gesetzen und Satzungen die »völlige Zerstörung« der ursprünglichen Verheißung betrieben zu haben, die in nichts als Sprache beruhte (N III 306). Hamann unterscheidet also zwei Formen des Judentums, das abrahamitische und das mosaische, das prophetische – insofern messianische und in diesem Sinn christliche – einerseits und das legalistische Judentum andrerseits, und deutet dieses zweite nicht als Restitution, sondern als Ruin des ursprünglichen Sprachglauben-Bundes.

Das Zerbrechen des messianischen Sprachglaubens denkt Hamann als eine Bewegung in diesem Glauben selbst: als einen strukturell unabwendbaren Verfall der Wortsprache in die Sprache eines Gesetzes, das seine Sprachlichkeit leugnet. Und wie für ihn der Glaube in sich widerstrebig ist, so ist sein Verfall die Bewegung zu seiner Erhebung. Moses gesteht Hamann zu, ein doppelter Moses zu sein: »der größte Prophet, und der Nationalgesetzgeber nur der kleinste vergänglichste Schatten seines Amts, welches er selbst zum bloßen Vorbilde eines andern Propheten bekannte, dessen Erweckung er seinen Brüdern und Nachkommen verhieß [...].« (N III 305–06) Moses, so ist damit gesagt, spricht nicht nur die Sprache des Gesetzes, sondern zugleich die prophetische, Zukunft versprechende Sprache des abrahamitischen Glaubens, und er spricht diese Sprache der Zukunft und des Glaubens an sie auch noch im

Schatten-Idiom des »Nationalgesetzgebers«. Erst diese doppelte mosaische Sprache, deren eine sowohl den Verlust als auch das Fortwirken der anderen artikuliert, erst diese Sprache des Glaubens wie seines Zerfalls und des Glaubens noch in seinem Zerfall ist, so schreibt Hamann, »der Fels des christlichen« – nämlich messianischen – »Glaubens«. Dieser Fels des doppelten Moses ist selber ein doppelter und sich selbst entgegenstehender Stein: Er ist ein tragender nur als verworfener Stein, »ein Eckstein, aber des Anstoßes«, der, von den Bauleuten verworfen, zum »Felsen des Skandals geworden ist, daß sie sich aus Unglauben stoßen an das Wort, worauf ihr ganzes Gebäu beruht« (N III 305). Das paradoxe Bild vom anstößigen Grundstein, das Hamann aus Psalm 118, 2 und Römer 9, 33 entlehnt, formuliert das Paradox eines prophetischen Wortes, das um der Stabilität der Gesetzeskonstruktion willen verworfen werden muss, obwohl diese auf nichts anderem als auf just diesem Wort errichtet sein kann.[19] Glaube kann Glaube nur als Skandalon sein, und ein Skandalon ist er zunächst für alles, was glaubensunbedürftig zu sein oder zu machen behauptet: Ein Skandalon ist der Glaube zuallererst für das Gesetz. Mit dem prophetischen Wort und dem Glauben an das darin versprochene Glück verwirft das Gesetz aber seinen eigenen Grund. Ohne Glauben gibt es kein Gesetz, aber da kein Gesetz einen Glauben tolerieren kann, der es zugunsten künftiger Revisionen und Tilgungen aufhebt, muss jedes Gesetz mit dem Glauben seinen eigenen Grund denunzieren und fallen.[20] Indem das Gesetz den Glauben verwirft, verwirft es sich selbst. In Mendelssohns Einschränkung des Glaubens auf Erkenntniswahrheiten und des mosaischen Gesetzes auf Handlungs- und Unterlassungsbefehle (J 96) sieht Hamann ein solches Selbstdementi des Glaubens, in dem sich auch das Gesetz dementiert. Wird der Glaube an Weisungen außer Kraft gesetzt, so sind auch diese Weisungen kraftlos und können weder als Imperative noch als Verbote wirken. Das Jerusalem des gegebenen Wortes, der Verheißung *und* des Gesetzes – so lautet deshalb Hamanns abrahamitische Anklage – wird durch die Verwerfung des skandalisierenden Glaubens in Mendelssohns *Jerusalem* zerstört.

Doch die Logik des Skandals, die Hamann skizziert, ist nicht nur eine des Gesetzeszerfalls, sie ist zugleich die Logik eines Glaubens, der sich an Gesetze verliert, zum Unglauben wird und mit dem Glaubensrest in ihm selbst kollidiert. Jeder Glaube muss nämlich immer auch zum Aberglauben an objektive Erkenntnisse, universelle Handlungsverfahren und formale Regeln, jeder muss zu einem despotischen Dogma werden können, das seinen Grund in der Ungewissheit des Glaubens verstellt. Diese Bewegung führt aber den Glauben nicht mehr nur gegen das Gesetz, sondern gegen sich selbst und macht ihn zu einem Ärgernis an sich, zu einer Selbst-Verstoßung, die ihn in einer paradoxen Wendung zu sich zurückbringt. Wenn die Bauleute von Recht und Gesetz »sich aus Unglauben stoßen an das Wort«, so ist es ebendieser Stoß des Wortes, der in ihrem Aber- und Unglauben den Glauben wecken kann. Das strukturelle Skandalon des Glaubens liegt darin, dass er Glaube erst vermöge des Unglaubens ist, auf den er in sich selbst stoßen muss, solange er nicht Wissen sein kann. Nicht erst bei Kierkegaard, sondern bei dem von ihm bewunderten Hamann ersteht Glaube also in der Erfahrung seines Verlustes.[21] Er mag »der Fels des christlichen Glaubens« heißen, aber er kann es nur als »Fels des Skandals« für ihn selbst sein. Er mag ein Grund- und Eckstein heißen, aber er kann es nur als verworfener, unhaltbarer, als Trümmer- und Bruchstein sein. Die Logik des Anstoßes zeigt sich als Aporetik des Selbst-Anstoßes mit besonderer Schärfe in dem Brief vom 27. Juli 1759 an Kant, wo Hamann seinen schroffen Ton mit dem ›sokratischen‹ Prinzip erklärt: »ich glaube wie Socrates alles, was der andere glaubt – und geh nur darauf aus, andere in ihrem Glauben zu stöhren.«[22] Wenn er aber Andere in einem Glauben »stört«, den er mit ihnen teilt, dann »stört« er in ihrem seinen eigenen Glauben. Sein Glaube ist selbst das Skandalon seines Glaubens, er ist das Auto-Skandalon *kat exochen*, Eckstein nur als von sich selbst verworfener und Grund nur als dessen Selbst-Verwerfung. Während das cartesische *cogito* ein unerschütterliches Fundament legen soll, ist Hamanns *credo* nur in dessen Erschütterung gelegen.

Die Selbst-Skandalisierung des Glaubens muss, da eben dieser Glaube das Ganze der Welt angeht, die Welt zu einem Skandalon für sich selbst machen. Die Welt aus Glauben und Gesetz, aus dem im Glauben fundierten Gesetz und aus dem zum Gesetz erstarrten Glauben, muss in einer Bewegung gedacht werden, die beide, Glauben wie Gesetz, zum Beben bringt und keinen festen Grund mehr kennt. Die Welt insgesamt – deshalb ist sie von Anbeginn Welt-Geschichte – muss in einer Bewegung begriffen sein, in der sich zeigt, dass sie und alles, was zu ihr gehört, »nicht von dieser Welt ist« (N III 314). Wenn Hamann emphatisch versichert: »Der ganze Moses demnach sammt allen Propheten ist der Fels des christlichen Glaubens«, der zum »Felsen des Skandals geworden ist«, dann erklärt er damit, der »ganze«, nämlich nicht nur der Prophet, sondern auch der Gesetzgeber Moses, dem »der Eingang in das Land der Verheißung rund abgeschlagen« wurde (N III 305), sei jener Fels des christlichen Glaubens und des Skandals, er sei der verworfene Eckstein der Weltgeschichte geworden. Damit erklärt er, das Christentum sei, nicht anders als das mosaische Judentum, sowohl eine Religion des abrahamitischen Glaubens wie des »abgöttischen Aberglaubens« an das Gesetz; den Christen wie den Juden sei also das verheißene Land eröffnet und noch in der Eröffnung verwehrt; sie hätten in ihrem Glauben die Erlösung gesehen und seien doch von ihr ausgeschlossen; Moses sei zum – christlichen, nämlich katholischen – »Papst der entweihten Nation, der Leichnam seiner verweseten Gesetzgebung zur Reliquie der Superstition geworden«; kurzum, in Moses habe sich die gesamte, sowohl jüdische wie christliche Geschichte eines Glaubens zusammengezogen, der sich selbst nicht glaubt, Anstoß an sich nimmt und durch eine Selbst-Verwerfung, die ihren eigenen Wurf nicht fassen kann, an Gesetze, Riten, Erinnerungszeichen und andere Reliquien verfällt: an eine semiologische Doxa, die als Prothese für die Leerstelle der nicht-objektivierbaren Zukunft herhalten soll. »Der ganze Moses demnach sammt allen Propheten ist der Fels des christlichen Glaubens«, das besagt: Der Verheißungs- samt dem Gesetzesglauben ist die durch und durch widersprüchliche, weder mit einer Verheißung noch einem Vernunftgesetz vereinbare, zerrissene und zerreißende Gründungsfigur der gesamten und in ihrer Gesamtheit zerrissenen Welt der monotheistischen Religionen, der Riss im Grund ihrer Geschichte und der Riss in einem Messianismus, der sich nicht anders als dadurch bewähren kann, dass er sich in jedem Sinn exekutiert. Dieser »ganze Moses« ist umso entschiedener der »ganze«, als er für Hamann »Pan« und also das All, das Ganze von Natur und Welt ist. »Moses«, schreibt er, »bleibt der große Pan« (N III 309) – so nämlich, wie ihn das Frontispiz zu den *Kreuzzügen des Philologen* und zu den *Essais à la Mosaique* zeigt (N II 113; 277) und wie der von Hamann hochgeschätzte Bacon in *Wisdom of the Ancients* Pan als »sagacious experience and general knowledge of nature«, und zwar »of universal nature« charakterisiert hat.[23]

Doch Moses, Prophet und Gesetzgeber, ist das Ganze der Welt und ihrer Kenntnis nur als ein aus zwei einander nicht nur störenden, sondern zerstörenden Teilen Zusammengesetztes. Wenn er »der Fels des christlichen Glaubens« ist, dann ist er als dieser messianische Glaube auch der »Felsen des Skandals« (N III 305) für das Christentum, insbesondere das katholische, geworden und mit ihm verworfen und zertrümmert. In einer Notiz zum Titel *Golgotha und Scheblimini* hat Hamann »Golgatha« durch »Erniedrigung« und »Christentum« kommentiert, »Scheblimini« dagegen durch »Erhöhung« und »Luthertum« (N III 469). Doch auch der historische und zeitgenössische Protestantismus rückt auf die Seite der Erniedrigung des Sprach- und Glaubensbundes auf

Golgatha: »Grundsätze und Materialien des un- und widerchristlichen Jerusalems [liegen] in den Werkstätten und Waarenlagern der allerchristlichen Dogmatiker, Dictatoren protestantischer Kirchen neuen Styls mit ebenso frecher Stirne feil [...], als der Viehhandel, der Taubenkram und die Wechselbank weiland das allen Völkern bestimmte Bethaus zu einer öffentlichen Messe und Mördergrube entheiligten.« (N III 391) Der »ganze Moses« ist somit nicht nur das Ganze der Welt, er ist die ganze Welt-Geschichte in der Bewegung ihres Zerfalls bis auf Hamanns Zeit, der Glaube in seinem Sturz in Zweifel und Unglaube, die ganze Sprache in der Erstarrung ihres Geschehens zu einem System konventioneller Zeichen, denen keine Bedeutung, keine Gesinnung, kein Sinn entspricht. Die Totalität von Welt und Geschichte, der Hamann die Namen Moses, Christentum – also Messianismus –, *fides* als Glaube, Sprache und Gesetz gibt, zerschellt für ihn an der Stätte, die in der christlichen Rhetorik als »Golgotha« bezeichnet wird, dem Topos und *locus communis*, der nicht mehr im strengen Sinn Stätte und Ort in einer Welt, sondern »Schädelstätte« und also Stätte der Zerstörung der Welt, Ort der Vernichtung jedes Ortes der Sprachwelt, schierer Atopos und Untergang der Welt in etwas anderes als Welt ist. An ihm endet nicht nur der Glaube an das verheißende Wort, an ihm endet der Glaube auch an alle Selbst- und Welt-Stabilisierungen, die ein Gesetz gleich welcher Art diesem Wort bieten könnte: An ihm endet die Sprache und bezeichnet deshalb mit »Golgotha« die Unmöglichkeit zu bezeichnen und, a fortiori, die Unmöglichkeit, Gott oder einen Bund mit ihm zu bezeichnen. Es enden in diesem absoluten Skandalon, in dem der Glaube sich selbst anstößig wird und sich verwirft, Gott und der Mensch, der sich aus seinem Pakt mit ihm definiert, der Monotheismus und der Humanismus, ob er sich rationalistisch oder fideistisch versteht. Wenn der »ganze«, der zu »Pan« und zur Universalfigur der Weltgeschichte gewordene Moses »Eckstein, aber des Anstoßes« ist (N III 305), dann ist er selbst auch diese »Schädelstätte«, die das Nichtsein des Glaubens, der sie so nennt, bedeutet; dann ist sein »Golgotha« aber nicht allein die typologisch-topische Allegorie, die etwas anderes vorstellt, als sie sagt, sondern das Skandalon einer Alogie und Atheologie, die ihr eigenes Nichtsagen sagt und es dem bloßen Glauben überlässt, ob dieses Sagen noch gesagt sei. Dies absolute Skandalon ist die absolute Aporie, dass mit allem, was gesagt wird, zugleich nichts muss gesagt sein können; dass eine Welt, diese Welt, keine sein kann und der Glaube daran zweifelhaft, strittig und unvollziehbar werden muss.

Auf Golgatha endet die Geschichte des »ganzen menschlichen Geschlechts« (N III 308), die Hamann als die Geschichte »vom Glauben Abrahams vor dem Gesetz, bis zum Glauben seiner Kinder und Erben der Verheißung nach dem Gesetze« liest (N III 307). Sie endet in Rechtssatzungen wie den mosaischen und in naturrechtlichen Festschreibungen von Grundsätzen des *transzendentellen* Egoismus, wie Moses Mendelssohn sie versucht, an genau derjenigen Stelle, an der das abrahamitische, das prophetische, versprechende Wort stirbt und an der das versprochene Jerusalem zur Schädelstätte des Rationalismus erstarrt: »Das Capitolium ein Bedlam, und Cohelet eine Schädelstätte!« (N III 316) Die »außerordentliche« – alle Ordnungen erst begründende – »Gesetzgebung«, von der er mit Mendelssohn spricht, ist für ihn mit der Erteilung des Dekalogs auf dem Sinai nicht abgeschlossen. Sinai wird Golgatha. Die letzte Station des historischen Prozesses, den die abrahamitisch-mosaische Gesetzgebung durchläuft, ist erst mit der Durchkreuzung des messianischen Versprechens durch das Gesetz, mit der Hinrichtung des abrahamitischen Glaubens durch Rechtsdekrete erreicht. Erst die Kreuzigung Jesu auf Golgatha ist für Hamann der letzte Akt in der Geschichte der »außerordentlichen Gesetzgebung«, weil erst in ihr diese Gesetzgebung aus dem Sprachglauben sich selber zerstört und in dem Skandal, zu dem sie sich darüber wird, ihre aporetische Struktur offenlegt. Es ist die Struktur einer

Weltgeschichte, die mit ihrem Sprachgrund zerfällt und sich auf etwas anderes als diese Welt und ihre Geschichte öffnet.

Hamann spricht diese Konsequenz nicht in *Golgotha und Scheblimini*, sondern erst in der zweiten Fassung seines Kommentars dazu aus, den er nach Mendelssohns Tod 1786 unter der Überschrift *Ein fliegender Brief* entwirft und bei seinem eigenen Tod im Juni 1788 unvollendet hinterlässt. Dort erklärt er zum Titel seiner Streitschrift und damit zu dem Programm, dem sie folgt: »Golgotha war der letze Triumph der außerordentlichen Gesetzgebung über den Gesetzgeber selbst, und sein auf diesem Hügel gepflanzte Holz des Kreutzes ist das Panier des Christentums.« (N III 403) Diese höchst paradoxe Formel vom letzten, eschatologischen Triumph der »außerordentlichen« – nämlich göttlichen – »Gesetzgebung über den Gesetzgeber selbst« kann zweierlei besagen:

– Sie kann zum einen besagen, dass Gott, der Geber des Gesetzes, nach seinem eigenen Gesetz hingerichtet, und der Glaube von dem Gesetz, das ihn sichern sollte, zerstört wird. Nach diesem Triumph der Gesetzgebung gibt es keinen Bund zwischen Gott und Menschen, keinen Bund und keinen Glauben zwischen den Menschen, also auch keine gemeinsame Sprache mehr, sondern nur noch die Herrschaft eines Gesetzes, das sich in widersprüchlichen Deutungen, kollidierenden Idiomen und Gewalttaten aufreibt. Wenn das Gesetz über den Gesetzgeber triumphiert, dann hat es seinen Grund, seine Einheit und Ordnungskraft verloren. Gott ist tot; ebenso tot ist der mit ihm im Glaubens- und Sprachpakt verbundene Mensch; aber mit dem Tod beider ist auch der des Gesetzes besiegelt, das beide zusammenhalten sollte. Deshalb ist der letzte Triumph der Gesetzgebung ihre letzte, vernichtende Niederlage. Überlebt wird sie allein von dem Glauben, dass von Gesetz und Glaube nichts überlebt, und dieser hyperparadoxe Glaube, der sich über das Golgatha des Gesetzgebers erhebt, kann sich nur in einer Sprache äußern, in der sich eine neue Nähe zwischen ihr und dem in ihr Angesprochenen ankündigt. Diese Sprache spricht sich in dem Versprechen oder der Einladung von Psalm 110, 1 aus: *Scheblimini* – »Sitze zu meiner Rechten.«

– Der »letze Triumph der außerordentlichen Gesetzgebung über den Gesetzgeber selbst«, das kann zum andern besagen: Es gibt fortan keinen Gesetzgeber mehr – heiße er nun Gott oder Moses oder Vernunft –, es gibt nur noch die Gesetz*gebung*, und zwar als eine Gebung, die im bloßen Glauben beruht. Bloßer Glaube ist aber nicht mehr Glaube an etwas, er hat keinen Gegenstand, und sei es der höchste, keinen Inhalt, und sei es der innigste einer Gesinnung, und ist nicht geleitet von der Aussicht auf einen Zweck, ob Gerechtigkeit oder Glück, der außerhalb des bloßen Glaubens läge und als *causa finalis* die Stelle des Gesetzgebers füllen könnte. Eine Gesetzgebung, die über den Gesetzgeber triumphiert, lässt nur noch eine herkunfts- und gegenstandslose Annahme, ein Gesetz ohne Vollzug, einen Glauben ohne Geglaubtes zu: eine Relation ohne Relate. Ein solcher Glaube ohne Gläubigen und ohne Geglaubtes ist zwar der äußerste, *letze*, aber darum auch schon keiner mehr: ein Glaube an nichts, ein Glaube aus einem Nichts an Glaublichem und darum unbedingter Glaube. Seine Unbedingtheit wird erst dort möglich, wo sein einziger Bezug der zum Nicht des Glaubens, zu seinem Fehlen oder zum Unglauben ist. Allein ein solcher Glaube glaubt das Unglaubbare – ein zerstörtes Vertrauen, einen toten Gott, ein Sein, das nicht ist – und spricht, was jeder Sprache widersteht – ein gebrochenes Wort, ein Zeichen, das sich mit keinem Bezeichneten verbindet, eine Aussage, die sich revoziert. Dieser unbedingte, weil gegenstandslose und aussichtslose Glaube ist für Hamann der nach der Kreuzigung des Messias und damit des Messianischen, nach der Hinrichtung des *logos christos* und damit des ontotheologischen Sprachgeschehens einzig noch mögliche. Wenn er von dem auf Golgatha »gepflanzten Holz des Kreutzes« sagt, es sei das »Panier des Christentums«, so in dem Sinn, dass erst mit der Niederlage des Glaubens und dem Tod des Wortes das Christentum als ein Glaube noch jenseits des gestorbenen und als eine Sprache jenseits der zerstörten ihren Anfang nehmen kann. Jede Sprache vor diesem Tod wäre noch eine abhängige, unfreie, bedingte Sprache; erst die aus der Erfahrung ihres Verlustes sprechende, erst diejenige, die von nichts und zu nichts als ihrer Abwesenheit spricht, kann die bloße Sprache selbst sein. *Scheblimini*, »sitze zu meiner Rechten«, ist das, was die Sprache zum Nichts der Sprache sagt. Hamann erläutert dies Wort denn auch ausdrücklich dadurch, dass er ihm »die Tugend und Kraft des einzigen über alle Namen erhöhten Namens« zuspricht (N III 403) –: Es ist der Name, der nichts außer ihm selbst nennt, der Name des Namens, der nichts denotiert, nichts prädiziert, kein Urteil fällt und nichts außer sich selber und darin das bloße Geschehen der Nennung verheißt –: Name einer Göttlichkeit jenseits jeden Gottes und einer Sprachlichkeit jenseits aller bestimmten Sprachen.

Wie immer man die Formulierung vom letzten »Triumph der außerordentlichen Gesetzgebung über den Gesetzgeber selbst« auch liest, dieser Triumph mündet in einen Glauben, der jeden historischen Glauben, sei es der abrahamitische, mosaische, katholische oder protestantische, überlebt und entweder als Glaube an den Tod des messianischen Glaubens oder als bloßer Glaube ohne Geglaubtes eine Nennkraft jenseits aller Namen erhält. Was von Golgatha bleibt und sich über jedes Golgatha der Geschichte erhebt; was von der Geschichte, die Mal um Mal auf Golgatha endet und deshalb nur als endliche und schon überlebte Geschichte in Betracht kommt, bleibt, ist ein Glaube noch jenseits jedes positiven und darum abgestorbenen Glaubens, ein Glaube aus dem Nichtglauben und damit die Kraft, noch ein Nichts in ein Etwas zu verwandeln. Es ist diese generative Kraft, die Hamann als Erhöhung, als *Scheblimini* bezeichnet. Er betont im *Fliegenden Brief*, dass er dieses Wort nicht direkt aus Psalm 110, sondern nach Luthers Zitat dieses Psalms zitiert; und zwar nach einem Zitat, in dem das Wort als Name für einen »Schutzgeist«, einen »Spiritus familiaris« gebraucht wird, »worauf er« [Luther] »sich nicht anders als auf *Gott* im Himmel selbst verlassen hat« (N III 405). Der Schutz, den dieser Geist gewährt, gilt einem Schatz, der in allen Gesetzgebungen – und auch der Gesetzgebung von Sinai, die Hamann mit Mendelssohn als »außerordentliche« bezeichnet – verborgen ist. »Im Worte Schiblemini aber liegt [...] der verborgene Schatz aller außerordentlichen Gesetzgebungen, und mythologischen Religionsoffenbarungen, [...] der einzige Schlüssel des vom unsichtbaren Nichts durch alle Aeonen des den Sinnen allgegenwärtigen Weltalls bis zum Ausgange und Auflösung desselben sich selbst entwickelnden, vollendenden, in Geist und Wahrheit verklärenden Problems und Rätzels.« (N III 403–04) Die Offenbarungen, ob von Gesetzen oder von Religionsbündnissen, machen nicht offenbar, sondern halten verborgen, was sich jeder Offenbarung als das schlechthin Offenbarungsresistente entzieht: dasjenige »Nichts«, aus dem das »Weltall« hervorgeht und in das es sich wieder auflöst, dasjenige, wodurch noch die rückhaltloseste Offenbarung zu einem »Problem und Rätzel« wird und die Selbstentwicklung der Offenbarung, ihre *creatio ex nihilo*, zur Erscheinung eines sich »vollendenden und verklärenden Problems und Rätzels«, nicht aber zur Erscheinung des gelösten und aufgeklärten wird. Wenn *Schiblemini* den »Schlüssel« zu diesem »verborgenen Schatz« enthält, so ist es doch nicht die Aufschließung des Geheimnisses, das sich in der Offenbarung zurückhält, sondern nur die Aufschließung seiner Erschließbarkeit, die Offenbarung einer Offenbarbarkeit, die sich als solche in keiner Offenbarung zeigt. Glaube mag *creatio ex nihilo* sein, aber er ist sie nur, sofern er zugleich *creatio nihili* und somit fortgesetzter Anfang aus Nichts ist, den dieses Nichts in allen seinen Eröffnungen und Setzungen begleitet als das, was jeder Eröffnung und Setzung verschlossen bleibt. Deshalb liegt ein Nicht der Offenbarung in allen Offenbarungen derart zutage, dass, wenn es »mythologische Religionsoffenbarungen« sind, diese Religionen auf ein strukturell Irreligiöses, und wenn es »außerordentliche Gesetzgebungen« sind, diese Gesetzgebungen auf ein schlechthin Gesetzloses offenbleiben. Diese Öffnung auf das Unoffenbarbare, Irrelationale und Unlegitimierbare heißt für Hamann *Scheblimini.* In einer Geste, die die Hyperbel der »überschwenglichen evangelischen Predigt« aufnimmt, kommentiert er dieses *Scheblimini* mit dem »königlichen Worte der Verheissung: Siehe, Ich bin bey euch alle Tage bis an der Welt Ende!« (N III 405) Damit mag, wenig orthodox, gesagt sein, dass alles, wovon gesagt werden kann, dass es ist, vom Nichtsagen eines Nichtseins begleitet ist; dass jeder Glaube mit einem Nichtglauben verbunden und Glaube aus einem Nichtglauben ist; dass jede Setzung – ob eines Gesetzes oder von Sein – mit ihrer Entsetzung und einem Unsetzbaren einhergeht. *Scheblimini*, »Sitze zu meiner Rechten«, das verspricht und besagt – im strengsten Sinn para-logisch und para-ontotheologisch –: Zur Rechten Gottes sitze die Unmöglichkeit Gottes.

Scheblimini ist somit charakterisiert als Wort der Erhebung eines paradoxen Meta-Messianismus über die historischen Messianismen des Judentums wie des Christentums, als Wort der Aufhebung aller Vernunft- und Geschichtswahrheiten und der Suspendierung jedes Gesetzes, sei es Vernunft- oder Glaubensgesetz, logisches oder Zeremonialgesetz. Mit ihnen ist es von Anfang an vorbei, weil der Einsetzung eines jeden sein Golgatha beigesetzt und jedem Golgatha ein Scheblimini mitgegeben ist.

Das Geschehen der Sprache, das als *fides* das Ur-Ereignis einer Verbindung von Sache und Sprache, Sprechendem und Angesprochenem, Äußerung und Handlungsvollzug ist; dieses fundamental-performative Geschehen einer Verbindung im Sprachglauben muss, einmal zum Gegenstand bloßer Erkenntnis und sodann gesetzlicher Dekrete geworden, seinen Geschehens- und Bindecharakter verlieren. Als Objekt von theoretischen und Verfahrensbestimmungen ist das *fiat* der *fides* außer Kraft gesetzt und lässt – nach christlicher Mythologie seit dem Kreuzestod Christi, nach Hamanns Geschichtskonstruktion seit der mosaischen Gesetzgebung, im Ernst aber seit es Sprache gibt – ein weltgeschichtliches Defizit, einen Defekt sowohl des Logos wie der Ontologie, sowohl des Rechts wie der Politik zutage treten, der von allen Religionen verdeckt und von allen Rechtsordnungen verleugnet werden muss – aber einen solchen Defekt, der erst das *fiat* und die *fides* erlaubt, und ein solches Defizit, das erst die Gunst der Sprache und ihres geschichtlichen Geschehens gewährt. Unter solchen Umständen heißt Sprechen, in der möglichen Abwesenheit einer verbindlichen Sprache, mit dem Ausfall der Handlungsfähigkeit der Sprache, aus ihrem Unvermögen zu performativen Akten zu sprechen. Jede Sprechhandlung kann nicht anders, als mit unverhandelbaren Bedingungen ihrer Geltung zu verhandeln. Jeder Bund, den sie einzugehen versucht, muss ein Bund mit dem Unbindbaren und kann deshalb nicht anders als singulär sein. Jede Handlungsform, die sie zu erfüllen versucht, kann nur einem Formlosen, Indefiniten und Infiniten ausgesetzt sein, das ihre Erfüllung verwehrt. Sie kann kein performativer, noch weniger ein fundamental-performativer Akt, sie kann nur ein adformatives und aformatives, sie muss ein afformatives Geschehen und also ein solches sein, das sich jeder universellen, insbesondere jeder rechtlichen Ordnung versagt.[24] Hamann hat dieses im emphatischen Sinn transformative Geschehen in dem Wort *Scheblimini* zu denken und durch eine höchst idiomatische und zugleich ultra-universalistische Schreibweise zu artikulieren versucht.

5.

Golgotha und Scheblimini gibt mit dem Titel zugleich das Programm von Hamanns Kampfschrift an: Er benennt mit der Sache, um die es darin zu tun ist, auch das Verfahren ihrer

Verhandlung. Hamann beschreibt darin nicht nur die Zertrümmerung der Stadt der Verheißung, deren Namen Mendelssohn zum Namen seines Buchs gemacht hat, er versucht, indem er es »blos mit sich selbst und seinem eigenen, von ihm gegebenen Maasstabe« vergleicht (N III 293), vorzuführen, wie dieses »Jerusalem« sich durch seine Inkohärenzen und Widersprüche selbst zerstört, »unter dem Meridian von Babel zu liegen kommt« (N III 302) und zu seinem eigenen Golgatha wird. Er versucht darüber hinaus darzustellen, dass nur der Glaube an den Ruin des Glaubens diesen Prozess überlebt und im *Scheblimini* zum Glauben noch an das Nichtglauben und zu einem Messianismus jenseits der historisch gewordenen Messianismen wird. *Golgotha und Scheblimini* ist also das *Golgotha* und das *Scheblimini* des Mendelssohn'schen wie jedes anderen *Jerusalem*. Sturz und Erhebung der Sprache des Versprechens – und somit jeder Sprache – werden in Hamanns Schrift nicht bloß beschrieben und argumentierend rekonstruiert, sie werden darin betrieben und erwirkt, indem die Widersprüche dieser Sprache des Versprechens – dass sie sich selbst dementiert und sich noch in ihrem Dementi selbst überlebt – exponiert, verschärft und überboten werden. Wenn das geschichtliche Drama von ›Jerusalem‹ aber in *Golgotha und Scheblimini* zum kritischen Meta-Drama werden kann, das dessen Widersprüche intensiviert wiederholt, dann wird die Annahme hinfällig, es könnten dessen *eigene* Widersprüche sein, die in der Kritik bloß hervorgehoben werden. Widersprüche oder bloße Inkohärenzen rauben einem Text ebendiejenige Einheit, der etwas als *eigen* zugesprochen werden könnte. Wenn Widersprüche mit der Form des Eigenen unvereinbar sind, dann muss umso entschiedener das Medium, in dem sie sich artikulieren, das als fundamental deklarierte Eigentumsrecht unterhöhlen, auf dem die neuzeitlichen Rechtskonstruktionen einschließlich derjenigen Mendelssohns errichtet sind. Das Eigentum an der eigenen Person, an unveräußerlichen Besitztümern zum Selbstgebrauch, an Gesinnungen und religiösen Überzeugungen, das Eigentum an Geschichtswahrheiten, Idiomen und Traditionen lässt sich weder beanspruchen noch behaupten, ohne in einer zitierbaren, übertragbaren und widersprechbaren Sprache beansprucht und behauptet – und somit auch schon veräußert, verausgabt, an Andere und wieder Andere übereignet zu werden. Es ist diese Übereignungsstruktur der Sprache und die Sprachlichkeit von Gesetzen und Rechten, an die Hamann in seiner Mendelssohn-Replik erinnert und die er in der Form dieser Replik exponiert, um mit dem Anspruch auf ein unveräußerliches Eigentum zugleich das Fundamentalaxiom des Natur- und Vernunftrechts seiner Widersprüchlichkeit und Widersprachlichkeit zu überführen.

Bereits im Nachwort zu *Golgotha und Scheblimini* vermerkt der erste Satz: »Diese kleine musivische Schrift ist aus lauter Stellen des Mendelssohnschen Jerusalems zusammengesetzt [...].« (N III 319) Ausführlicher kommentiert Hamann in *Ein fliegender Brief* die »musivische« – mosaikartige – Komposition seiner Schrift: »Dieser unmündige, Arme am Geiste hat so selten! so wenig! von seinem Eigenen geredet; hat über die Hälfte seiner fünf Bogen aus dem »merkwürdigen Buche« des Märkischen Jerusalems wörtlich, im verjüngten Maaße, rein aus- und abgeschrieben; [...]. Seine abenteuerliche Belesenheit und musivischer Witz ist aus lauter *Locis communibus,* Speculationen, Argumentationen, Conclusionen, Kameelhaaren, Haderlumpen und Franzen des rabbinischen »Leibnützens, Rousseaus und Xenophons« [also Moses Mendelssohns], mit pedantischer Einfalt abergläubiger Schwärmerey, zusammen geflickt.« (N III 362) Mit dem Ausdruck »musivisch« – in »musivischer Witz« – nimmt Hamann an dieser Stelle, wie er in einer Fußnote anmerkt, eine Formulierung von Hemsterhuis über die »ouvrages à la Mosaique« auf, die als Komposition aus einzelnen Teilen einem »concert de musique« vergleichbar seien (N III 363). Hamann bestimmt damit die Semantik dieses einen Wortes »musivisch« und die Form seiner »musivischen Schrift« durch die dreifache

Anspielung auf die Musen, auf Moses und das Mosaik. Mit den Wörtern »Haderlumpen und zusammen geflickt« gibt er die Bedeutung des Begriffs *Cento* – Lumpenrock, Flickwerk, Flickengedicht – wieder. Und nicht nur als »musivisch«, sondern auch als »Rhapsodie« charakterisiert Hamann im *Fliegenden Brief* seine Mendelssohn-Schrift (N III 375). *Rhaptein* heißt nun aber ebenfalls ›zusammennähen, zusammenflicken oder -fügen‹, so dass *Cento* als lateinische Entsprechung des griechischen *Rhapsodie* gelten kann. Hamann nimmt also in *Golgotha und Scheblimini* dieselbe Darstellungstechnik wieder auf, die er bereits in seiner *Aesthetica in nuce* angewandt hatte. Zur Erläuterung von deren Untertitel »Eine Rhapsodie in Kabbalistischer Prose« (N II 195) zieht er dort aus Platons *Ion* (535 a) die Bestimmung des Rhapsoden als des Deuters der Deuter und, genauer, des Sprechers der Sprecher heran (N II 217). »Rhapsodie in Kabbalistischer Prose« verbindet den Begriff der Rhapsodie überdies mit dem der Kabbala derart, dass das rhapsodische Darstellungsverfahren zugleich als kabbalistisches, die »Kabbalistische Prose« als wesentlich rhapsodische charakterisiert wird. »Was das kabbalistische Beywort betrifft«, so zitiert Hamann bereits 1772 in *Zwo Recensionen* die Mahnung aus den *Unvorgreiflichen Gedanken wegen Verbesserung der deutschen Sprache* von Leibniz: »Man hat die Kabbala oder Zeichenkunst nicht nur in den hebräischen Sprachgeheimnissen, sondern auch bey einer jeden Sprache, zwar nicht in buchstäblichen Deuteleyen, sondern im rechten Verstande und Gebrauch der Wörter zu suchen.« (N III 23)[25] Damit haben der Begriff *Kabbala* und die korrespondierenden Begriffe *Rhapsodie* und »musivische Schrift« eine Extension erfahren, durch die die »hebräischen Sprachgeheimnisse« einerseits und andrerseits die griechische Vortragskunst und die Mosaiktechnik zu universellen Strukturen des sprachlichen Geschehens erhoben werden. Musivisch, rhapsodisch und kabbalistisch in dem von Leibniz bezeichneten und von Hamann praktizierten Sinn ist nicht nur jede einzelne Sprache, sondern jedes Verhältnis, das eine Sprache zu einer anderen unterhalten, und jeder Gebrauch, der von einer Sprache in einer anderen gemacht werden kann: Jede Sprache bezieht sich a priori auf eine andere, ihr vorangehende oder ihr folgende, entlehnt ihr ihre Elemente und Strukturen und setzt, was von ihr adaptiert ist, auf eine durch keine Regel bestimmbare Weise verändert zusammen.

Der Flickentext, den *Golgotha und Scheblimini* nach Hamanns Auskunft bildet, zeichnet sich also durch dreierlei aus: Er ist im strengen Wortsinn ein Text – ein Gewebe –, hervorgegangen aus der Zitierung, Umformung und Rekombination von Elementen anderer Texte und bildet keine organische Einheit, sondern eine artifizielle Komposition von Bruchstücken, für die kein Verfasser die Autorschaft beanspruchen kann.[26] Er ist zum zweiten ein Text, der das kombinatorische und rekombinatorische Verfahren, das die jüdischen Kabbalisten auf die kanonischen Texte der Bibel und des Talmud eingeschränkt haben, auf schlechthin alle Texte, heilige wie profane, ausdehnt und zu einem Sprachstil führt, der die bloß rationale, lineare Argumentation durch historische Allusionen und Umbildungen tradierter und zeitgenössischer Vorlagen zu einem mehrdimensionalen Assoziationsgewebe erweitert. Dadurch wird er fähig, die jüdische Tradition, aber auch die daran – immer wieder centonisch – anknüpfende christliche noch jenseits ihrer kanonischen Schriften auf das unorthodoxeste und profanste fortzusetzen.[27] Er ist zum dritten ein Text, durch den die Sprache eines Anderen über dessen Intentionen hinaus so weiterspricht, dass darin nicht ihr semantischer Gehalt, sondern ihr semiotisches und, genauer, parasemiotisches Geschehen, nicht eine bestimmte Aussage, sondern die Sprache als Ver*a*nderung der Sprache spricht.[28] In allen drei Hinsichten kann Hamanns Text an Ideen und Verfahrensweisen von jüdischen Autoren vor dem Rationalismus anknüpfen, die von Mendelssohn in seiner Rezension von Hamanns *Aesthetica in nuce* mit einer Verachtung, die nicht allein deren stilistischen Zumutungen galt, als »kabbalistische Entzückung« abgetan wurden.[29]

Das Motiv dafür, just in dieser Schrift über Mendelssohns Revision des Natur- und Vernunftrechts extensiv von der rhapsodischen, der Mosaik- und Centotechnik Gebrauch zu machen, liegt nach Hamanns Erklärung in ihrer Fähigkeit, das Recht aller Rechte, das Eigentumsrecht zu suspendieren: »Ohne auf die Schätze und Reichtümer Cartesisch-Leibnützisch-Wolffianischer Weltweisheit, welche der verewigte M. Mendelssohn [...] erworben hatte, sich irgend ein Eigentumsrecht anzumaaßen, unter dem Titul eines theokratischen Plagii oder auch nur typographischen Nachdrucks, entlehnte und borgte der Prediger in der Wüsten [- das ist die Persona Hamanns -] Geräth und Gefäß zu einem ungewöhnlichen Aufzuge und Ausgange seiner kleinen verschmähten Autorschaft. Da er also kein Eigentumsrecht hatte; so äusserte er auch kein Entscheidungsrecht in den Collisionsfällen zwischen ungereimtem Widerspruch und grundloser Bündigkeit: sondern seine poetische Absicht war es blos, diese Collisionsfälle [...] nachzuahmen; welches unmöglich mit mehr Enargie und Energie geleistet werden konnte, als durch die buchstäblichen Bruchstücke des archetypischen Jerusalems [...].« (N III 364) Eine Schrift, die aus Zitaten einer anderen Schrift und im Übrigen »aus lauter Locis communibus, [...] Fransen und Fetzen« noch weiterer Texte »zusammengflickt« ist (N III 363; 365), kann weder dem sei's explizit, sei's inexplizit Zitierten, noch kann sie dem Zitierenden gehören. Die Zitate, aus denen eine »musivische«, mosaikartige Collage zusammengefügt ist, mögen einen neuen und einzigartigen »Aufzug« ergeben, aber als erborgte Aussagen sind sie nicht das Eigentum Hamanns, der mit dem Cento seine »Autorschaft« gerade »verschmäht«, und lassen sich ebenso wenig dem Eigentum Mendelssohns zurechnen, von dem sie entlehnt sind, der sie aber seinerseits, wie Hamann schreibt, aus den Schriften Anderer »erworben« (N III 364) oder »erwuchert« hat (N III 365). So wenig die einzelnen Zitatfetzen unter ein Eigentumsrecht fallen, so wenig liegt auch das Recht an ihrer Zusammenstellung bei Hamann oder bei Mendelssohn. Hamanns Komposition ist, wie er versichert, bloße Nachahmung der »Collisionsfälle«, in denen Mendelssohns Äußerungen sich aneinander stoßen und aufreiben. Wenn sich Mendelssohns Aussagen aber widersprechen, dann fallen sie nicht unter sein Eigentumsrecht, denn dann hat er keinen Gebrauch von seinem Entscheidungsrecht gemacht, der sie von ihren Widersprüchen hätte befreien können. Hamanns Nachahmung ist also auch keine Entwendung und noch weniger ein Diebstahl an der Schrift Mendelssohns, sondern nur die Nachahmung von Widersprüchen, in denen dessen Eigentumsrechte an seinen Aussagen miteinander kollidieren und einander außer Kraft setzen. Was Hamann nachahmt, sind nicht Aussagen, sondern ihre wechselseitige Zerstörung und die Auflösung der mit ihnen verbundenen Rechte. Sein Text – wenn er denn unter solchen Bedingungen noch der seine heißen kann – bietet, wie er schreibt, die »buchstäblichen Bruchstücke des archetypischen und zermalmten Jerusalems« (N III 364–65). Er betreibt Mimesis an das, was durch Selbstzerstörung jeder Mimesis entgleitet: an den Ruin einer Architektur, eines *archetypon trancendentale* und einer *arché*, deren Elemente ursprünglich allen und nach ihrer Zermalmung keinem gehört. Da er etwas Inzitables zitiert, bewegt sich sein centonischer Text auf einem Feld, das nichts Eigenes kennt und auf dem keinerlei Rechtstitel geltend gemacht werden können.

Um Mendelssohns Entscheidungs- und damit um sein Gesinnungsrecht steht es nicht anders als um das Eigentumsrecht, das darauf gegründet sein soll. Damit ein »Mir, und mir allein, kömmt [...] das Entscheidungsrecht zu« ausgesprochen werden kann, wie es in Mendelssohns Schrift (J 46) und in Hamanns Replik geschieht (N III 300), muss es eine Wiederholung, ein Echo oder ein Zitat enthalten, das nicht nur jenes Entscheidungsrecht, sondern bereits den Anspruch darauf einer Übereignung aussetzt, die in keinem »Mir«-Sagenden ihren

Ursprung und in keinem Eigentümer einen Halt finden kann. Kein »Mir, und mir allein« kann den alleinigen Rechtstitel auf eine Sache oder eine Entscheidung fordern, ohne mit dieser Forderung schon die Sprache von Anderen und ihren Ansprüchen zu sprechen, den geforderten Rechtstitel Anderen mitzuteilen und ihn mit ihnen zu teilen. Jede Entscheidung über ein Eigentumsverhältnis, die nicht mit Gewalt herbeigeführt wird, muss eine sprachliche Entscheidung sein, und jede Sprache ist auch dort, wo sie Entscheidungen trifft, eine Sprache mit Anderen und mit ihren Entscheidungen über das unveräußerlich Eigene und das, was an Andere abtretbar ist. Sprache ist also von Anbeginn Übereignung: Sie spricht vor jedem Eigentum und über jedes Eigentum an ihr und an dem in ihr Angesprochenen hinaus. Sie lässt ihre und die Aneignung des Angesprochenen ebenso wie dessen Enteignung zu, und dieses Zulassen liegt diesseits jeden Eigentums, jeden Anspruchs darauf und jeder möglichen Verbürgung eines solchen Anspruchs in Rechten. Mit ihrer Überlassung in das Eigentum Einzelner oder bestimmter Gruppen überlässt sie aber auch ihre Übereignungsstruktur dem Vergessen und lässt es zu, dass sich ihre Mitteilungsfunktion auf eine Teilungs-, Scheidungs- und Entscheidungsfunktion einschränkt. Geschieden und möglicherweise einander entgegengesetzt sind dann nicht nur Gesagtes und Gesinnung, sondern alle Elemente, aus denen sich Gesagtes und Gesinnung konstituieren. Wenn die Bewegung der Sprache Übereignung noch ihres Übereignens ist, dann ist sie nicht nur ein ursprünglicher Bund, wie Hamann ihn mit der Bibel als abrahamitischen Verheißungsbund und mit Cicero als *fides* denkt, sondern dessen nicht weniger ursprüngliche Entbindung und Zerstreuung in Unzusammenhänge, die sich nur noch in Paradoxien artikulieren.

Ein solches Paradox bietet Mendelssohns »Mir, und mir allein, kömmt […] das Entscheidungsrecht zu«, denn in ihm wird von einem isolierten Ich für dieses selbe isolierte Ich ein exklusives Privileg behauptet, dessen Verständnis und dessen

Gebrauch durch die bloße sprachliche Form seiner Behauptung zugleich auch Anderen zugestanden, auf Andere übertragen und mit Anderen geteilt wird. Wenn »mir allein« ein Entscheidungsrecht zukommt, dann allein unter der entgegengesetzten Bedingung, dass es jedem Anderen gleichfalls zukommt, der darüber zu entscheiden hat, welche Bedeutung dieses Recht hat und ob es überhaupt ein Recht ist. Jeder Anspruch auf ein exklusives Entscheidungsrecht muss deshalb die Form einer logischen Paradoxie annehmen; jedes exklusive Entscheidungsrecht kann, sobald es angewandt wird, nur zu einem strittigen Recht werden. Ein dieses Paradox explizierendes und exponierendes Paradox – ein Hyperparadox – bietet Hamanns Cento, indem er jedes Eigentum, jeden Rechtstitel und jede Prärogative eines possessiven Ego, die es zitiert, durch ebendiese Zitation als suspendiert ausweist. Der Cento lässt keinen *auctor* und ursprünglichen Eigner der Sprache und des in ihr Angesprochenen gelten, der sich nicht durch sein bloßes Sprechen schon sein Eigentumsrecht abspricht, derart die Sprache von ihren prädikativen und possessiven Funktionen entbindet und sie in die Bewegung ihrer bloßen Übereignung zurückführt. Insbesondere das Ich als subjektive Instanz der Aussage, von der alle Prädikationen abhängen sollen, wird durch seine Zitierbarkeit als Effekt einer Sprache erwiesen, über die es keine originäre Macht, viel weniger aber ein strukturell und historisch uneingeschränktes Recht haben kann. Der Cento überführt diese Aussage-Instanz »Ego«, die für Mendelssohn das Fundament jedes Rechts und jeder vernunftrechtlichen politischen Verfassung darstellt, ihrer Unlegitimierbarkeit. Er erwirkt die Kenosis von allen Attributen, die jene Ich-Instanz sich zusprechen, und von allen Prädikationen, deren sie sich bedienen kann, um ihre universelle Rechtsherrschaft über sich selbst als *proprium* zu begründen. Hamanns Text betreibt die Reduktion jeder possessiven Sprache auf eine Sprache der anfanglosen Übereignung, jeder Ego-Ontologie auf eine Centologie.[30]

Das Verhältnis von Hamanns centologischer Reduktion zu Mendelssohns Schrift ist eines der Schuld und zugleich ihrer Lösung. Von dieser Schrift, die ihrerseits nicht hätte zustande kommen können, ohne sich an früheren Texten und Theoremen zu verschulden, hat Hamann seine Stichworte entborgt und deshalb charakterisiert er sein *Golgotha und Scheblimini* ausdrücklich als »Schuldbrief«. Da sein Text aber keines der aus Mendelssohns *Jerusalem* entlehnten Worte in ihrer Semantik bestehen lässt und überdies zeigt, dass sie ihre Bedeutung selbst revozieren, ist der »Schuldbrief« zugleich ein *Quittbrief*, der ihn von jeder Schuld freispricht. Deshalb beschreibt Hamann, was er seine »Rhapsodie« nennt, als »ein zweischneidiges Instrument, das sich selbst legitimirt und liquidirt; eine Sphinx bifrons« (N III 375), deren eine Seite nicht gleichgültig neben der anderen steht, sondern die andere tilgt. Wie dabei die Selbstlegitimation liquidiert wird, so jede Legitimation und jede Lex, sei sie universelles Vernunftrecht, sei sie das positive Gesetz, das durch einmalige Offenbarung als besondere »Geschichtswahrheit« etabliert worden ist (J 87–88). Gegen die Allgemeinheit des Vernunftrechts hat Hamann einzuwenden, dass sie sich der Über-Allgemeinheit einer Sprache verdankt, die nicht auf invariante Verstandesbegriffe beschränkt ist, sondern jeden Begriff, auch den der Allgemeinheit, mit geschichtlichen Entwürfen in eine Zukunft jenseits aller Begriffe bewegt. Dem Anspruch auf die Besonderheit einer »Geschichtswahrheit« hält er vor, er könne kein exklusiver sein, solange er kommuniziert, tradiert und in die Form eines allgemeinen Gesetzes gefasst werden kann –: Singularität sei allein in Selbstverborgenheit, diese nur in der geschichtlichen Versprechensstruktur der Sprache und somit in der Freiheit von Gesetzen und uneingeschränkt von Rechten möglich. Was immer gesagt werden mag, es kann sich allein durch seinen Bezug auf eine Zukunft legitimieren, die nicht die seine, nicht die eigene, sondern die einer anderen Sprache sein wird, von der das Gesagte bestätigt, aber auch in nichtprogrammierbare Kontexte versetzt und dementiert werden kann. Jeder Satz ist schon ein Cento früherer Sätze, jedem steht aber auch sein – doch nicht sein ›eigener‹ – Cento bevor, jeder ist nur ein »Vorspiel der herrlichsten und schrecklichsten Auferstehung« (N III 397), in der er sich vielleicht wiedererkennen und vielleicht unerkennbar wird. Da die Zukunft jede Legitimation vorenthält, ist die strukturell futurische Sprache die Bewegung einer Delegitimation, die vor allen anderen ihre eigenen Inhalte und Formen trifft, ihre Eigenheiten, ihre Ansprüche auf ein Eigentum und ihr Recht daran. Hamanns Cento ist die »Auferstehung« von Mendelssohns *Jerusalem*, er ist dessen – doch nicht dessen ›eigene‹ – künftige Sprache, von der Mendelssohns individuelle Eigentumsrechte ebenso delegitimiert werden wie seine Fundierung aller »Rechte der Menschheit« (J 66) in einem universellen Eigentumsrecht.

Es ist Teil von Hamanns Cento und Hyper-Cento, wenn er mit Zitaten aus dem Evangelium sich selbst als einen »Prediger in der Wüsten« (N III 364) charakterisiert und im Hinblick auf seine Schrift beteuert: »Dieser unmündige, Arme im Geiste hat so selten! so wenig! von seinem Eigenen geredet« (N III 362). Als *unmündig* bezeichnet sich hier der, der nichts sagt außer diesem, dass er nichts *Eigenes* sagt. Dies ist das *Wenige*, das er von seinem *Eigenen* sagen kann: dass dies *Eigene* aus den Schriften Anderer entlehnt ist; dies seine *Armut* im Geiste, dass sie ein Eigentum nur am Geist Anderer und also keines hat. Hamann spricht, und darin liegt ein Teil seiner Originalität, eine durch und durch sekundäre Sprache, eine Sprache nach dem Verlust der Sprache und eine Sprache über diesen Verlust. Sie ist eine Sprache nicht nur in der Trümmerwüste eines ehemals verheißenen Jerusalem, sondern auch in einer Sprachwüste, in der die einzige noch nicht dementierte Verheißung die ist, dass auch von dieser Wüste noch, und sei's in Zitaten, gesprochen und derart über sie hinaus gesprochen werden kann. Der Cento ist die Sprache der verwüsteten Sprache und darum die Sprache der Offenbarung – der Auto-

Apokalypse – der Sprache. Sie offenbart nichts als sie selbst und darin die Gegebenheit ihres Entzugs und die Gegenwart ihrer Vorenthaltung. Deshalb beendet Hamann seine Streitschrift mit einem – wiederum centonischen – Gebet an den Gott des Friedens, dessen Tag kommen werde »wie ein Dieb in der Nacht, [...] daß unser Geist sammt Seele und Leib behalten werde unsträflich auf die Zukunft – –« (N III 318). Die Zukunft, doch nicht die antizipierbare und programmierbare, sondern die ungewusste und jederzeit endende, ist die Bewegung, als welche die Sprache, sofern sie bloße Sprache ist, sich offenbart, und die Bewegung, die sie im Abschied von allem schon Gesagten und Wiedergesagten weiterhin anzukündigen und zu verwehren nicht aufhören kann. Aber sie kommt, diese Zukunft, die die Sprache ist, nach dem evangelischen Zitat »wie ein Dieb in der Nacht«, unerwartet und unerwünscht, nicht als eine, die gibt, sondern als eine, die nimmt, ohne in ein Eigentum aufnehmen zu können. Sie kommt als Cento.

Von Hamanns Christentum ist immer wieder betont worden, es sei ein reformatorischer und, genauer, lutherischer Glaube.[31] Aber von diesem ist in Hamanns Schrift nur ein *Scheblimini* übrig geblieben, von dem der *Fliegende Brief* vermerkt, Luther habe »mit sokratischer Laune dem Schutzgeiste seiner verjährten Reformation den kabbalistischen Namen Schiblemini« gegeben (N III 405).[32] Sokratisch und kabbalistisch also soll eine nicht nur in die Jahre gekommene, sondern »verjährte« Reformation geschützt werden, und geschützt allein von einer Verheißung, die in der biblischen Vergangenheit und jedem Jetzt, das sie zitiert, für die Zukunft gegeben ist. Nicht also lutherisch – was immer damit übrigens gemeint sein könnte –, sondern messianisch ist das ›Christentum‹ des späten Hamann. So wenig aber ein Zweifel an diesem Messianismus bestehen kann, er ist keinem konfessionellen Dogma verpflichtet, kann weder als jüdisch noch als christlich verbucht werden, sondern entspringt rückhaltlos wie kaum ein anderer aus der Zerstörung der historischen Messianismen und der Störung jedes verständigen Glaubens. Das messianische Minimum, auf das er Glaube und Sprache reduziert, tritt deshalb in keinem Bekenntnis, sondern in der Cento-Struktur zutage, die Hamann seinen Texten, insbesondere seinen letzten verleiht: Sie zitieren Bekundungen des messianischen Glaubens, führen sie in einem polemisch-prophetischen »Aufzuge« an (N III 365), behandeln sie als »verjährte« und setzen sie durch ihre »musivische« Rekombination in die Klammern einer Epoché, die kaum einen Zweifel daran erlaubt, dass ihr Verfasser nicht nur seine Autorschaft an ihnen verschmäht, sondern auch verschmäht, sich diese Bekundungen zu eigen zu machen. Hamanns Messianismus ist kein konfessioneller, er ist ein Cento-Messianismus. Er zehrt alle Sprach- und Glaubensstoffe auf und liquidiert sie, lässt ihnen von einem »Leser in der Wüsten« (N III 405) einen »Quittbrief« erteilen (N III 375) und hält sich für eine Zukunft jenseits aller zitierten und rezitablen Messianismen frei.

In diesem Sinn ist zu nehmen, was die *Kreuzzüge des Philologen* gegen die Historiographie erklären: »Das Zukünftige bestimmt das Gegenwärtige, und dieses das Vergangene« (N II 175).[33] Da dies Zukünftige aber nie ein schon Angekommenes ist, adressiert Hamann wie seine erste Publikation, *Sokratische Denkwürdigkeiten*, auch seine letzte, vom ihm nicht mehr veröffentlichte Schrift, *Ein fliegender Brief*, an »Niemand, den Kundbaren« (N III 347). Gemeint ist damit das Publikum der künftigen Leser, das, weil und solange es ein künftiges ist, nicht nur ein unbestimmtes und noch zu bestimmendes, sondern auch ein unbestimmbares, ein »Niemand« ist. Wenn Hamann seinen *Brief* an diesen »Niemand« adressiert, dann eignet er ihn einem Künftigen zu, der weder einen Namen – es sei denn einen Fehlnamen –, noch ein Gesicht trägt, weder Subjekt noch Rechtsperson und deshalb schlechterdings eigentumsunfähig ist. An diesen »Niemand« und seine Zukunft gerichtet, ist sein cento-messianischer Text für die unverkürzbare Spanne, die ihn von seinem Leser – und zunächst seinem ersten Leser, dem Verfasser – trennt, ein keno-messianischer Text. Seine Sprache geht, wie jede, durch eine Pause. Sie spricht nur vermöge dieser Pause, in der alle Ordnungen des Bedeutens, der Aneignung, des Gehörens und des Rechts suspendiert sind, aber ohne die keine dieser Ordnungen auskommt. Ob man diese Pause nun »Dieb in der Nacht«, »Schutzgeist« oder »Scheblimini«, »Zukunft«, »musivisch«, Übereignung oder afformativ nennt, sie spricht als Niemandssprache in jeder Sprache und allen sprachlichen Institutionen – der Religion, dem Recht und der Politik – mit und ent-spricht sie, de-legiert, delegitimiert und destatuiert sie.

6.

Hamanns Replik auf Mendelssohns Versuch einer erneuten Grundlegung des Natur- und Vernunftrechts ist kein Modell für die Aufhebung des Rechts. Sie zeigt bloß, dass Recht nicht auf Prinzipien der Vernunft, sondern allein auf dem uneingeschränkten Geschehen der Sprache beruhen kann, aber solange es Recht ist, ebendieses Geschehen durch Kodifizierung zu reglementieren, zu neutralisieren und zu verleugnen versucht. Sie zeigt, dass die Fundierung des Rechts im Entscheidungs- und Eigentumsrecht nur aporetisch ausfallen kann und sich selbst desavouiert; dass jede Rechtsstiftung wie jede Rechtstradierung, ob sie nun universelle Prinzipien, offenbarte Wahrheiten oder sprachliche Evidenzen in Anspruch nimmt, mit ihren eigenen Postulaten in Konflikt gerät und entweder zu unlegitimierbarem Zwang wird oder zerfällt. Sie legt dar, dass die Sprachleugnung der Rechtsinstitutionen ihre Delegitimation herbeiführt und einen sowohl praktischen wie »speculativen und theoretischen Schutt des Eigentumsrechts« produziert (N III 300), der jedes Leben und jede Sprache, die ihm gerecht werden könnte, zu begraben droht. In Analysen, die in Deutschland die scharfsinnigsten vor denen von Marx in *Zur Judenfrage* sind, zeigt sie noch vor der Deklaration der Menschenrechte in Paris, dass diese auf die Privilegierung des Eigentums gegründeten Rechte die Einzelnen wie die Gesellschaften gegeneinander in den Krieg führen, statt sie zu schützen, und zeigt, dass Mendelssohns liberale Rechtstheorie die Sache der Juden, statt sie zu fördern, beschädigt. Aber was Hamann zeigt, hat darum nicht aufgehört fortzubestehen: Das Eigentumsrecht ist trotz wohlmeinender Modifikationen und schamhafter Retuschen weiterhin der Sockel, auf dem das System der Menschenrechte gebaut ist.

Sein Text ist kein Modell für die Suspension der Rechtssphäre. Wer versuchen wollte, ihn wie ein Modell ›umzusetzen‹, ›anzuwenden‹ oder zu ›gebrauchen‹, würde ihm den Status eines Gebots oder einer Vorschrift, eines Programms oder einer Norm zuweisen, das mit konkurrierenden Modellen, Geboten und Normen in Konflikt geraten, eine oberste Entscheidungsinstanz fordern und einen egologisch strukturierten Souverän legitimieren müsste, der Rechthaber nur als Machthaber sein könnte. Die Rechtsordnung wäre dadurch nicht außer Kraft gesetzt, sondern befestigt. Hamanns Schrift ist kein Modell der Suspension des Rechts, sie ist diese Suspension selbst – und deshalb zugleich die Suspension ihrer selbst als Modell. Wenn sie die monströse Form eines Cento annimmt, in dem die Eigentumsrechte an jedem ›Jerusalem‹ liquidiert sind, so sind damit zugleich diejenigen an *Golgotha und Scheblimini*, und mit diesen Eigentumsrechten zugleich die Rechte zu ihrer Übertragung auf andere Rechtsträger, zum Erwerb und zur Kapitalisierung von Erworbenem außer Kraft und Wirkung gesetzt. Der Cento ist eine Sprache ohne Recht, ohne Rechtskraft und ohne Rechtswirkung. Was er beschreibt, geschieht in ihm selbst und nicht andernorts, weder in einer nahen noch fernen geforderten Zukunft. »Er« – aber der Cento – »spricht: so geschichts!« Was in seinem Sprechen geschieht, geschieht nicht als Realisierung der Intentionen des darin Zitierten, sondern als Ablösung von ihnen, nicht als Erfüllung, sondern als Suspension seiner Denotate, nicht als Reaktivierung ihrer Sprachform, sondern als deren Trans-formation, afformativ. Der Cento spricht und geschieht nicht als *pístis* oder *fides*, in keinem messianischen, sei's jüdischen, sei's christlichen Glauben, sondern aus der Erfahrung, dass ein solcher Glaube sich zum Skandalon werden und von sich ablassen muss. Er betreibt die Reduktion aller ontologischen und theologischen Gehalte und Formen auf ihre Zitierbarkeit, Versetzbarkeit und Aussetzbarkeit. Er spricht nicht in Verstandesbegriffen, deren universalistische Ansprüche auf ein allgemeines oder individuelles »Mein« und das darin Vermeinte nur kollidieren können; nicht in Figuren, Typen oder Archetypen, die einander nur aufreiben können, sondern trans-universalistisch und anarchisch in einem Raum, der keiner Allgemeinheit gehört und in dem jeweils mehr als alle ein Anderes als das Gemeinte Gehör finden. Seine Sprache und sein Geschehen sind so wenig an die Welt der 1780er Jahre von Königsberg und Berlin wie an die andere Welt gebunden, die den Namen *Jerusalem* trägt: Beide Welten sind mit dem Cento in ein bewegliches Niemandsland zu einer Niemandszeit versetzt, für die es weder Karte noch Chronologie gibt. Da die Logik des Cento aber die jeder Sprache ist, spricht in jeder – und gehemmt noch in der Sprache des Rechts – eine Niemandssprache mit. In ihr, und ihr allein, können Hamann und Mendelssohn miteinander sprechen. Multipel, rekombinierbar, mobil und über jede ›eigene‹ Sprache und das in ihr Gemeinte hinaus, ist sie als Sprache der Sprache die eine Sprache der Sprachgerechtigkeit und der Gerechtigkeit für die, die sie sprechen. Im centonischen Text, der nichts als die Lektüre eines »Lesers in der Wüsten« ist, wird sie kenntlich. Es kommt darauf an, diese Kenntlichkeit zu erweitern.

Recht ist eine Form. Bloßes Reden keine (Kant)

Recht ist eine Form. Für Kant ist es diejenige Form, der Handlungen zu entsprechen haben, wenn sie dem Kriterium der Konsistenz genügen sollen: Sie sind recht, sind richtige Handlungen und rechtsförmig immer nur dann, wenn sie ohne Widerspruch mit sich selbst und mit anderen Handlungen, auf die sie sich beziehen, zusammen bestehen können. In der Einleitung zur Rechtslehre (*ius*), die dem ersten Teil seiner »Metaphysik der Sitten« vorangestellt ist, beantwortet er die Frage *Was ist Recht?* mit der folgenden Aufzählung: *Der Begriff des Rechts (…) betrifft* erstlich *nur das äußere und zwar praktische Verhältnis einer Person gegen eine andere, sofern ihre Handlungen als Facta aufeinander (…) Einfluß haben können. Aber* zweitens *bedeutet er nicht das Verhältnis der Willkür auf den Wunsch (folglich auch auf das bloße Bedürfnis) des anderen (…) sondern lediglich auf die Willkür des anderen.* Drittens: *in diesem wechselseitigen Verhältnis der Willkür kommt auch gar nicht die Materie der Willkür (…) in Betrachtung, (…) sondern nur nach der Form im Verhältnis der beiderseitigen Willkür, sofern sie bloß als frei betrachtet wird (…).*[1] Wenn Kant diese Bestimmung des reziproken Verhältnisses zweier Willen dadurch ergänzt, dass er von der freien Handlung eines jeden fordert, sie müsse sich *mit der Freiheit des anderen nach einem allgemeinen Gesetze zusammen vereinigen* lassen, so gibt er damit nicht ein viertes Kriterium der Rechtlichkeit des Rechts an, sondern spricht nur die Grundstruktur aus, der die drei genannten Kriterien angehören. Diese drei Konsistenzkriterien sind Interpersonalität, Intervoluntarität und formale Reziprozität. Alle drei implizieren bereits, dass das Rechtsverhältnis ein Verhältnis der wechselseitigen Bestimmung von Handlungen unter einer gemeinsamen Form sein muss, die er als Form der Freiheit denkt. Dass die Freiheit der Willensakte des Einen mit derjenigen des Anderen *nach einem allgemeinen Gesetze zusammen bestehen kann*, ist dadurch gesichert, dass jene Freiheit als Form des Zusammen-Stehens und Zusammen-Bestehens – als Form der Synthesis – definiert ist und nicht allein die einzelnen Akte, sondern diese Akte als Komponenten einer ihnen gemeinsamen und insofern allgemeinen Form bestimmt. Jeder Akt, der als Rechtsakt gelten kann, ist demnach ein Akt der Synthesis. Jeder wird vollzogen im Hinblick auf einen ihm korrespondierenden Akt, jeder antizipiert die Korrespondenz mit diesem anderen Akt, und jeder ist selbst der Vollzug dieses anderen Akts im Modus seiner Antizipation. Wer etwas hergibt, der gibt es unter der Bedingung, dass die Gabe angenommen und durch eine gleichwertige Gegengabe erwidert wird; seine Gabe ist insofern immediat ein Empfangen in inverser Form; seine Handlung, indem sie die komplementäre Handlung des Anderen als ihre eigene formale Bedingung impliziert, ist selbst schon die Handlung des Anderen. Deshalb kann Kant in den zitierten Sätzen den Tauschhandel nicht nur als Beispiel, sondern auch als Paradigma für die Struktur rechtlichen Handelns anführen und schreiben: *z.B. es wird nicht gefragt, ob jemand bei der Ware, die er zu seinem eigenen Handel von mir kauft, auch seinen Vorteil finden möge, oder nicht, sondern nur nach der* Form *im Verhältnis der beiderseitigen Willkür* [...]. (AB 33) Rechtliches Handeln ist in jedem einzelnen Fall Tauschhandeln. Seine Form ist die Reziprozität von Willensakten, deren jeder als Äquivalent des anderen gilt und allein als solches Äquivalent, mithin als formale Entsprechung sowohl den einen wie den anderen Akt definiert. Nur sofern jeder einzelne Akt den formalen Bedingungen genügt, die ein komplementärer Akt erfüllt; nur also sofern jeder Akt die Form jedes anderen Aktes annimmt, der ihm entsprechen soll; also nur dann, wenn die einzelne Handlung schon die allgemeine Form des Handelns angenommen hat und Handlung *nach einem allgemeinen Gesetz* ist, kann sie überhaupt als Handlung vollzogen werden, als Handlung gelten und als solche beantwortet werden. Ausschließlich der universell substituierbare Akt – derjenige, der dem allgemeinen Äquivalent des *Gesetzes* entspricht – erfüllt die Bedingungen, nach denen er überhaupt Akt, nach denen er somit ein seinem eigenen Begriff entsprechender Akt, nach denen er folglich in sich selbst begründeter, autonomer und in diesem Sinn »freier« Akt ist.

Nun ist aber dann, wenn jeder Akt ein Akt der Synthesis mit sich als jedem anderem Akt ist, jeder nicht nur seine immediate Verallgemeinerung zu einem universell gültigen Gesetz, er ist ebendadurch auch seine immediate Transzendentalisierung. Als der Akt des Anderen, und zwar jedes Anderen und darum eines universellen Anderen, ist er seiner Form nach schlechthin universeller Akt, der in sich selbst die Bedingungen seiner Möglichkeit im selben Zug diktiert und erfüllt. Er ist gesetzlicher Akt, indem er sich selbst sein Gesetz gibt und in eins mit der Gebung dieses Gesetzes dieses Gesetz auch befolgt. Sofern er allen mit ihm verbundenen Akten korrespondiert, ist jeder ein Selbstgebungs- oder Selbstsetzungsakt. Kant zieht aus diesem *allgemeinen Prinzip des Rechts* zwei dem Anschein nach widerstreitende Konsequenzen.

Da der Akt der Selbstsetzung unbedingt, nämlich durch keinen äußeren Zwang determiniert und nach keinem anderen als dem mit ihm selbst gegebenen Prinzip vollzogen wird, muss jeder Einzelne frei bleiben, ihn selbst auszuführen oder zu unterlassen, und muss ebenso frei bleiben, ihn, wo er von Anderen ausgeführt wird, zu billigen oder zu verwerfen. Kant erklärt: *ein jeder kann frei sein, obgleich seine Freiheit mir gänzlich indifferent wäre, oder ich im Herzen derselben gern Abbruch tun möchte, wenn ich nur durch meine* äußere Handlung *ihr nicht Eintrag tue.* (A 34) Ich darf die rechtliche Handlung eines Anderen also wohl missbilligen oder mich indifferent zu ihr verhalten, aber ich darf sie nicht behindern oder durchkreuzen, solange ich mich in der Sphäre des Rechts aufhalten will. Meine Freiheit, gleichgültig oder feindselig zur Freiheit eines Anderen eingestellt zu sein, ist mir zwar unbenommen, darf sich aber in keiner Handlung äußern, sondern muss als bloß innerliche Freiheit vom Zusammenhang der Rechtsakte ausgeschlossen bleiben. Diejenige Freiheit, die Kant der Indifferenz und subjektiven Feindseligkeit gegenüber Anderen zugesteht, muss demnach im strengen Sinn nicht nur rechtsunfähig, sie muss handlungsunfähig sein, weil ihre Äußerung die Form der Reziprozität und damit die Form des Handelns überhaupt zerstören müsste. Freiheit in der Rechtssphäre ist folglich strukturell aktferne Freiheit. Sie ist nicht Freiheit der Aktion, sondern Freiheit der reziproken Aktion und deshalb nur der Re-Aktion.

Die zweite Konsequenz, die Kant aus dem Selbstgesetzgebungs-Theorem zieht, scheint dieser ersten zu widersprechen, dehnt sie aber tatsächlich auf die Struktur der Handlung selbst aus. Um mit der Freiheit Anderer zusammen bestehen zu können, schränkt sich die Freiheit im Bereich des Rechtes nämlich nicht – aktiv – selbst ein, sondern ist jeweils – passiv – bereits durch ihre Idee eingeschränkt und muss deshalb auch die Einschränkung durch Andere, die als Platzhalter dieser Idee tätig werden, dulden. *Die Vernunft sagt nur*, so erläutert Kant, *dass sie in ihrer Idee darauf* [nämlich auf die Verträglichkeit mit der Freiheit Anderer] *eingeschränkt* sei *und von andren auch tätlich eingeschränkt werden dürfe* […]. (AB 34) Diese tätige Einschränkung durch Andere wird nicht allein in der Verhinderung unrechter Handlungen, sie wird zunächst in der Erzwingung rechtlicher Handlungen wirksam. Diese Erzwingung geht in jedem empirischen Einzelfall von Anderen aus, weil sie transzendental-juridisch vom universellen Anderen ausgeht, der mit der allgemeinen Form des Gesetzes identisch ist. Recht ist somit die Form der Handlungserzwingung durch ein Gesetz, das die Kompatibilität von Handlungen überhaupt verbürgt. Da Handlungen nur unter der Bedingung rechte und rechtsförmige Handlungen sind, dass sie wechselseitig, äquivalent und nach einem allgemeinen Prinzip vollzogen werden, so kann das Recht, wie Kant schreibt, vorgestellt werden als die Form *eines mit jedermanns Freiheit nach allgemeinen Gesetzen zusammenstimmenden durchgängigen wechselseitigen Zwanges* (AB 35). Wiederum geht also die Initiative der Rechtshandlung und somit des Handelns überhaupt nicht vom Rechtssubjekt aus – seine Freiheit ist nicht die Freiheit, anzufangen –, sondern vom abstrakt-universellen Anderen, der sie seinerseits als Erzwingung ausübt. Rechte und rechtsförmige Handlungen sind, in jedem Sinn des Wortes, Zwangshandlungen: Die Freiheit dazu ist allein die Freiheit, eine Handlung schuldig zu sein, zu ihr verpflichtet oder verbunden zu sein, sie unter dem Zwang der Übereinstimmung mit Anderen und als Antwort auf das Geheiß des einen Anderen vollziehen zu müssen, der alle Andersheit in der Einheit seiner Form homogenisiert. Rechtshandlungen sind Reaktions-Handlungen und deshalb im strengen Sinn nicht Rechts*akte*, sondern Rechts*passionen*. In ihnen wird passiv noch in jeder Möglichkeit, aktiv zu sein, die Forderung des Gesetzes der universellen Handlungs-Äquivalenz erlitten und exekutiert, eines Gesetzes, das seine Subjekte umso unauffälliger zwingt, als sein Zwang bloß einer zur Übereinstimmung jeder Handlung mit sich selbst als der Handlung eines möglichen oder wirklichen Anderen, in diesem Sinn aber ein Zwang bloß zur verallgemeinerten oder auch nur verallgemeinerbaren Form der Handlung überhaupt und somit zur Freiheit der Handlung ist. Recht ist für Kant mithin keine Zwangsform, die von einer transzendenten Instanz dem Leben in der Immanenz auferlegt würde; es ist vielmehr die Immanenz – und, genauer, die Manenz, die Stetigkeit und Beständigkeit – des Lebens als mit sich selbst konsistenter Lebens-Form: Der einzige Zwang, den es ausübt, ist der Zwang zur Form als Zwang zur Übereinstimmung mit sich, Formzwang als Selbstzwang. Die Handlungen, die unter dem Formzwang der Übereinstimmung mit sich und mit anderen vollzogen werden, sind demnach Handlungen nur in der Weise, dass sie als geschuldete, obligatorische, pflichtschuldige Handlungen ihre Schuld gegenüber der Handlungsform selbst abstatten. Aus dem Schuldzusammenhang kann keine im strengen Sinn verstandene Handlung heraustreten, weil sie *als* Handlung immer schon geschuldete Handlung ist. Rechtlichkeit ist Schuldigkeit. Freiheit die Freiheit, sich die Freiheit schuldig zu sein.

Kant denkt die Erzwingung der Rechtlichkeit also nicht als bloß gelegentlich applizierten Aktualisierungsmodus des Rechts, der in die Gewalt einer ihm äußerlichen, zum Beispiel staatlichen Exekutive gegeben ist, diese Erzwingung gehört vielmehr zur Struktur des Rechtes selbst, zur Faktizität seiner Idee und zur Form jeder Handlung, sofern sie für eine andere Handlung verbindlich ist. Dass Rechtlichkeit Schuldigkeit und Schuldigkeit Erzwingbarkeit ist, versteht sich allein aus dem Paradigma des Tausches, das jede Handlung zu einer Tauschhandlung, jeden Akt zu einem Substitutionsakt macht und alles Recht zum Kommerz- und Handelsrecht. Wo der Handelnde sich nicht auf die Äquivalenz seiner Freiheit mit derjenigen des universellen Anderen versteht, dort muss ihn dieser Andere – in Gestalt zunächst des *Rechtsgesetzes* und sodann seiner Repräsentanten – zu dieser Äquivalenz zwingen, ja dieser Andere *ist* nichts anderes als der transzendentale Zwang, der in der Idee der Vernunft am Werk ist, um Handlungen auf die Bedingungen ihrer Reziprozität einzuschränken. Recht ist also nicht nur im Extremfall, sondern stets, und noch bevor es Erwartung oder Forderung der Konformität des Handelns mit seinem allgemeinen Gesetz ist, die Erzwingung der transzendentalen Handlungsform. Damit ist Recht aber als Form der Konformität von Handlungen, als Form ihrer Äquivalenz und als Form ihrer universellen Substituierbarkeit charakterisiert. Wie Geld das allgemeine Äquivalent von Waren, so ist Recht das allgemeine Äquivalent von Handlungen. Nur so kann es jedes Handeln mit anderem Handeln und derart mit sich selbst zur universellen Synthesis zusammenzwingen.

Kant lässt von dieser transzendental-empirischen Zwangs- und Tauschstruktur des Rechts eine einzige Ausnahme gelten. Auf sie ist das Rechtssystem insgesamt angewiesen, während sie von ihm in jeder Hinsicht unabhängig bleibt. Diese Ausnahme ist die bloße Mitteilung von Gedanken. In dem kurzen Kapitel, das unter dem Satz steht *Das angeborne Recht ist nur ein einziges* – nämlich die Freiheit, *sofern sie mit jedes anderen Freiheit nach einem allgemeinen Gesetz zusammen bestehen kann* –; in diesem Kapitel, das die Freiheit nicht als Faktum der Vernunft, sondern als Naturrecht erklärt, zählt er fünf Befugnisse auf, die zum Freiheitsrecht gehören: Gleichheit, Selbstbestimmung, Unbescholtenheit außerhalb der Rechtssphäre und die Befugnis, Rechtsakte zu initiieren. Als fünfte führt Kant die Befugnis an, anderen *bloß seine Gedanken mitzuteilen, ihnen etwas zu erzählen oder zu versprechen, es sei wahr und aufrichtig, oder unwahr und unaufrichtig (veriloquium aut falsiloquium), weil es bloß auf ihnen* [den anderen] *beruht, ob sie ihm glauben wollen oder nicht* (…). (AB 46)[2] Jedermann ist also von Natur frei, zu sagen, was ihm beliebt, ohne Rücksicht auf die Sache, von der er redet, und ohne Rücksicht auf die Adressaten seiner Erzählungen und Versprechungen. Kant handelt hier offenbar nicht von der Freiheit der Meinungsäußerung, denn die wäre an die Bedingung der Aufrichtigkeit gebunden, fiele unter die Rechtsbegriffe des Mein und Dein und unterläge dem Rechtsgesetz der Reziprozität. Wer aber bloß seine Gedanken mitteilt und etwas erzählt oder verspricht, *es sei wahr und aufrichtig, oder unwahr und unaufrichtig,* dessen Rede entzieht sich der Alternative von wahr und unwahr ebenso wie der Alternative zwischen spielerischem Fabulieren und vorsätzlicher Irreführung.[3] Er spricht, ohne dies Sprechen als Mittel zu Zwecken zu gebrauchen, ohne eine Korrespondenz zum Besprochenen und eine Zustimmung vom Angesprochenen zu fordern, geschweige denn zu erwarten; er spricht ohne semantisches, pragmatisches oder dialogisches Äquivalent.[4]

In dieser einen Befugnis des einzigen angeborenen Rechts, der Freiheit, *bloß seine Gedanken mitzuteilen*, sind alle drei von Kant genannten Kriterien der rechtlichen Handlung außer Kraft gesetzt. Diese Mitteilung ist nicht an die Form der Wechselseitigkeit gebunden, denn es bleibt denen, an die sie sich richtet, freigestellt, *ob sie ihm glauben wollen oder nicht.* Damit ist die Minimalform der Reziprozität, die jeder Rechtsakt zu erfüllen hat: dass er darauf angelegt ist, als ebendieser Akt auch angenommen zu werden, suspendiert. Wer spricht, ohne den Glauben des Angesprochenen zu erheischen, kann diesen auch nicht zu einer wie immer gearteten Reaktion, er kann ihn zu keiner Antwort, noch weniger zu einer im strengen Sinn korrespondierenden oder verantwortlichen Antwort, er kann ihn nicht einmal zum Aufmerken, zum Hören oder zum Horchen anhalten: Seine Rede verbindet zu nichts, und da sie keine Obligation oder Pflicht begründet, ist sie in keinem Sinn ein Rechtsakt und deshalb im strikten Sinn dieses Begriffs kein Akt. Wer bloß spricht, ist frei, nichts und zu niemandem zu sagen; er ist ebendarum auch frei, mit seinem Sprechen andere als reziproke Beziehungen zu eröffnen; allein er ist aber auch frei, solche Tauschbeziehungen zu ermöglichen, ohne zu ihnen verpflichtet zu sein. Auch die Form der Intervoluntarität: dass ein Wille auf einen anderen Willen einwirkt, wird von der bloßen Mitteilung von Gedanken nicht erfüllt, denn wo jener andere Wille nicht zu einer korrespondierenden Handlung (des Glaubens an die Mitteilung oder der Befolgung des Versprechens) bewegt wird, kommt keine Wechselbestimmung zwischen Willen zustande, wie es von der Form der Rechtshandlung gefordert wird. Eine Mitteilung, für die die Unterscheidung zwischen Aufrichtigkeit und Unaufrichtigkeit irrelevant ist, lässt überdies die Möglichkeit offen, gar kein Akt des Willens und deshalb auch kein praktischer Akt einer Person zu sein. Das Kriterium der Interpersonalität entfällt für die bloße Gedankenmitteilung auch deshalb, weil sie darauf verzichtet, Einfluss auf andere Personen zu nehmen, und es zulässt, dass jeder Andere *frei bleibt, sie* [diese Mitteilung] *anzunehmen wofür er will.*[5] Während also die Rechtshandlung wesentlich darin besteht, Verbindlichkeiten des Anderen und gegenüber dem Anderen zu erzeugen und abzutragen, ist das bloße Sprechen in jedem Sinn unverbindlich. Es stellt keine Verbindung, keine Synthesis zwischen Handlungen und innerhalb des Handelns her, erzwingt keine Obligation, verpflichtet weder den Sprecher noch den Angesprochen, bewegt sich somit nicht in der Form des Äquivalententausches und untersteht nicht dem transzendentalen Gesetz des universellen Anderen. Der Andere, dem bloß mitgeteilt, erzählt und versprochen wird, ist nicht der Andere aus dem Willen des einen, der spricht, sondern ein von dessen Intentionen unbestimmter Anderer oder auch keiner. Als bloßes Sprechen, irreziprok, inkonsistent und ohne determinierende Form, lässt es das in ihm Besprochene und von ihm Angesprochene frei, ein Unbesprochenes und Unangesprochenes zu sein.

Kant konzediert mit seiner Bemerkung über die eine *angeborne* Freiheit zu sprechen, dass es nicht nur die eine Freiheit der Vernunftidee, sondern zwei verschiedene Freiheiten gibt: diejenige ohne Äquivalent und die der absoluten Äquivalenz, die der uneingeschränkten Zulassung und die der unbedingten Erzwingung. Er deutet damit zugleich auf zwei Sprach-Strukturen: diejenige, in der Mitteilungen zwar offen auf Antworten sind, aber keine antizipieren, intendieren oder fordern, und diejenige, in der Aussagen strukturell ihrer Antwort vorgreifen, sie implizieren und sich selbst ihrer Antwort äquivalent machen. Identifizieren sich im einen Fall Sprechen und Versprechen mit ihrem Tauschwert, so ist die Sprache im anderen inkommensurabel. Die eine Sprache, die der angeborenen Freiheit, kann sich – wie ein Geschenk – Anderen nur darbieten und überlassen, die andere dagegen, die des Rechts, greift auf den Anderen über, verbindet sich ihm und macht ihn zum Substitut oder zur Variante ihrer selbst. Während die Sprache des Rechts eine a priori synthetische ist, in der sich die Rede des einen mit der des von ihm Angesprochenen zu einem unauflöslichen Paar verbindet, ist die Sprache der bloß angeborenen Freiheit virtuell unendlich einsam, eine Sprache vor jeder gesellschaftlichen und insbesondere rechtlichen Synthesis, ohne Anspruch auf Gehör, ohne prästabiliertes Komplement, eine Sprache ohne Konvention und Konsens, sogar ohne sicheren Sinn, eine Sprache vor ihrer Schematisierung zur Kommunikation. Die eine Sprache ist universelle Form, weil sie sich an der ihres impliziten Anderen stabilisiert und universalisiert, die andere nur formoffen, stabilisierungsfähig, aber instabil, zustimmungsfähig, aber unbestimmt, singulär.

Kant spricht es nicht aus, aber legt es nahe, dass diese zwei Sprachen nicht beziehungslos nebeneinander bestehen, sondern dass die eine – die *angeborne* – die Möglichkeit für die andere – die Sprache unter dem Vernunftgesetz – bietet. Nur bietet sie diese Möglichkeit in derselben Weise, wie das bloße Sprechen, Erzählen oder Versprechen die Möglichkeit bietet, ihm Glauben zu schenken oder ihm diesen Glauben vorzuenthalten. Die transzendentale Reziprozität sprachlichen Handelns beruht im Glauben an die Verbindlichkeit der Sprache, während diese Sprache selbst zwar verbindlichkeitsoffen, aber unverbindlich bleibt, geglaubt werden kann, aber die Möglichkeit lässt, nicht geglaubt zu werden. Sie ist die informelle Vorgabe, deren Annahme erst darüber entscheidet, ob sie zur Voraussetzung der Form des rechtlichen Handelns bestimmt wird oder als bloße Vorgabe von dieser Form frei bleibt. Aber in jeden Akt, der dem transzendentalen Handlungsgesetz zu entsprechen versucht, spielt seine attranszendentale Vorgabe zwanglos als die Möglichkeit hinein, jenes Gesetz als eine bloße Mitteilung von Gedanken, als eine Erzählung oder ein Versprechen auf sich beruhen zu lassen.

Recht ist die Form von Handlungen, die aufeinander abgestimmt sind und einander korrespondieren. Die unbedingte

Vorgabe des Rechts dagegen, die Freiheit, bloß seine Gedanken mitzuteilen, tritt nicht in eine Form ein, untersteht keinem – auch keinem selbstgegebenen – Gesetz und qualifiziert sich deshalb auch nicht als Handlung. Was von Austin als *speech act* und *performative*, selbst noch, was als unvollkommener oder missglückter Sprechakt und als *illocutionary act* charakterisiert worden ist, gilt zwar weithin als Aufdeckung einer bislang unbeachteten sprachlichen Dimension, ist aber kaum mehr als die Reformulierung derjenigen Züge einer rechtlichen und justiziablen Sprache, die in Kants Rechtslehre kodifiziert worden ist. Sie ist Akt, weil sie Tauschakt nach dem Reziprozitätsgesetz ist; sie handelt, weil sie mit Äquivalenten, nach Konventionen und in der Intention auf einen universellen Konsens handelt. Bei alldem ist diese Sprache der Rechtshandlungen indessen angewiesen auf jene andere Sprache, die die Freiheit hat, solche Handlungen zu initiieren oder sie zu unterlassen, auf eine Sprache, die jeder die Freiheit hat zu beglaubigen oder zu verwerfen. Diese präjuridische Sprache der bloßen Mitteilung ist zwar formoffen, aber weder Form noch zu einer Form bestimmt, in der sie ihre Erfüllung finden könnte. Sie ist nicht performativ, sondern, *sit venia verbo*, afformativ strukturiert – in der Nähe substantieller Formen, zugleich aber ein unauflöslicher Widerstand gegen sie –, und kein Akt im Sinn eines Rechtsakts, sondern, wo immer sie vorkommt, ein bloßes Begebnis. Wenn die Sprache performativer Rechtshandlungen nun aber auf die afformative Struktur bloßen Sprechens angewiesen ist, so steht sie, die nichts als Erzwingung ist, doch zugleich unter dem Zwang, diese afformativ zu verleugnen, sie von sich auszuschließen und als für ihre Belange irrelevant zu behandeln. Tatsächlich ist sie alles andere als immun gegen die Zumutungen einer Sprache, die dem, was ihr begegnet, mit dem Vorbehalt der Unglaublichkeit gegenübertritt. Denn die gesamte Sphäre des Rechts und die Geschichte seiner Revisionen und Novellierungen kann von dieser anderen Sprache als eine bloße Geschichte, als Fiktion oder unverbindliche Mitteilung von Gedanken abgetan werden. Die afformative Struktur der Sprache lässt die performative zu, aber braucht sie nicht. Die performative dagegen braucht die affirmative, aber lässt sie nicht zu. Da sie das bloße Lassen nicht zulässt; da sie ihre Herkunft aus einer bloßen Zulassung und ihre fortgesetzte Angewiesenheit auf sie verleugnet, kann sie ihrer eigenen Sprachstruktur so wenig gerecht werden wie derjenigen, die sie von sich meint ausgeschlossen zu haben.

Die Sprache des Rechts ist nicht sprachgerecht. Sprachgerecht wäre erst diejenige, die beiden Sprachstrukturen – der der uneingeschränkten Zulassung und der der unbedingten Erzwingung, derjenigen irreziproker Begebnisse und der reziproker Handlungen – in ihren Interferenzen und Überblendungen, Kreuzungen und Durchkreuzungen gerecht würde. Sprachgerechtigkeit steht nicht unter dem Regime des Rechts. Von der Gerechtigkeit als Billigkeit (*aequitas*) schreibt Kant, dass zu ihrer Herbeiführung *kein Richter aufgestellt werden kann*, weil sie außerhalb des eigentlichen Rechtsbezirks liegt und *gleichsam in Epikurs Intermundia* hingehört (AB 38, 39).

Nichts schließt die Annahme aus, dass Kant bei seiner Skizze der natürlichen Freiheit, *bloß seine Gedanken mitzuteilen* und es Anderen zu überlassen, *ob sie ihm glauben wollen oder nicht*, an die berühmten Eröffnungssätze des zweiten Teils von Rousseaus *Discours sur l'origine de l'inégalité* gedacht hat. Dort heißt es nämlich: *Le premier qui ayant enclos un terrain, s'avisa de dire,* ceci est à moi, *et trouva des gens assez simples pour le croire, fut le vrai fondateur de la société civile.*[6] Rousseau, der keinen Zweifel daran lässt, dass mit der Gründung der bürgerlichen Gesellschaft eine Geschichte der Raubzüge, Morde und Kriege einsetzt, warnt seine Leser vor dieser ersten Landnahme und, genauer, dieser ersten Annahme einer Landnahme, indem er schreibt: *Gardez-vous d'écouter cet imposteur; Vous êtes perdus, si vous oubliez que les fruits sont à tous, et que la Terre n'est à personne.* Ihr seid verloren, wenn ihr vergesst, dass die Früchte allen gehören und die Erde niemandem; hütet euch, diesen Betrüger gläubig beim Wort zu nehmen. Hütet euch, als wahr anzunehmen, was dieser eine Satz behauptet: *Dies ist meins.* Kant hat diese Warnung, die seine gesamte Rechtslehre zu einem bloßen Schadenbegrenzungsversuch an der bürgerlichen Gesellschaft macht, weniger vehement als Rousseau, aber deutlich genug wiederholt in dem nüchternen Hinweis, einem jeden stehe es frei, die Erzählungen, die sich in einem Satz wie »Dies ist meins« verdichten, als bloße Mitteilungen eines Gedankens von sich abgleiten zu lassen. Dieser Satz nämlich hat keinen Grund und begründet keine Gesellschaft des Rechts, wenn keiner ihn zu dem seinen macht und jeder ihn versteht wie einen Satz aus einem Roman, in dem jemand sagt »Dies ist meins« und keiner ihm glaubt. Die Gelassenheit zum Unglauben an Rechtsbehauptungen ist ein Anfang der Gerechtigkeit.

P.S.:

Xenien sind Gastgeschenke. Sie sind Gaben aus der Fremde, denen überreicht, die freundlich genug sind, ihre Geber aufzunehmen, aber befremdliche Gaben, die bewirken, dass ihre Empfänger nicht mehr ganz die Herren im eigenen Haus sind. Unter den Xenien von Schiller und Goethe trägt eine (386) den Titel »Rechtsfrage«.

Jahrelang schon bedien ich mich meiner Nase zum Riechen,
Hab ich denn wirklich an sie auch ein erweisliches Recht?

Der Witz wird dadurch noch besser, dass *nasus* im Lateinischen nicht nur Nase, sondern auch Scharfsinn und Witz heißt. Wer hat ein Recht an einem Witz? Der ihn erzählt oder der darüber lacht? Und wer hat ein Recht an Witz? Gibt es ein Recht an Geist? Und kann dieses Recht ›geben‹, wer es schon ›hat‹? Rechtsfragen und Rechtstitel werden durch Witz erledigt.

Das Recht im Spiegel
Bemerkungen zu einem Satz von Pierre Legendre

Der Mensch bewohnt die Spiegel. Mit dieser emphatischen Erklärung resümiert der Psychoanalytiker und Rechtshistoriker Pierre Legendre seine jahrzehntelangen Forschungen im Massiv der juristischen und parajuristischen Literaturen insbesondere des Okzidents. Dies Massiv ist seit der Antike, während des langen Mittelalters und in der beginnenden Neuzeit angehäuft, von weitreichenden Verwerfungen erschüttert, unter dem Druck mächtiger Interessen immer wieder umgeschichtet und stabilisiert worden und bietet sich mittlerweile als eine relativ rational geordnete und überschaubare Masse von wohlbegründeten Annahmen und Anforderungen dar. Aber seine jüngsten Schichten, die dirigistischen Praktiken des internationalen Managements und die Slogans ihrer omnipräsenten Reklame, verdecken seit über einem Jahrhundert den tragenden Teil ihrer Strukturen so vollständig, dass nur noch ihre Decke, aber nicht ihr Fundament und am wenigsten dessen Brüchigkeit vor Augen liegen. Legendre arbeitet als Psychoanalytiker des Rechts. Sein Satz beansprucht den Rang einer Fundamental-Diagnose der Psychohistorie von Rechtskulturen. Er lautet zusammen mit dem Absatz, den er eröffnet, vollständig: *Der Mensch bewohnt die Spiegel, den Rohstoff* [matière première] *der Kulturen. Stumm, unfehlbar, unerbittlich sind sie der Inbegriff der Allmacht – auf »dass der Mensch / erkenne, dass er nur ein Abglanz / ist und Eitelkeit.« (Borges) In Japan inszenieren die traditionellen Riten den verschleierten, den blinden Spiegel, sie besänftigen das menschliche Entsetzen vor dem Nichts.*[1] Die Gedankenbewegung dieser Notiz zum Film »Dominium Mundi« ist ebenso ungewöhnlich, wie sie für Legendres Schreiben charakteristisch ist. Legt der erste Satz nämlich nahe, der Mensch bewohne die Spiegel wie ein Gehäuse oder eine Heimstatt, er finde in ihnen als dem *Rohstoff der Kulturen* seinen festen Grund, von dem er sich nicht entfernen könne, ohne aufzuhören, Mensch zu sein, so legt der letzte nahe, der Mensch bewohne das *Entsetzen vor dem Nichts*, er sei in den Spiegeln nicht zu Hause, sondern in einem unerbittlichen Unzuhause, ruhe nicht auf einem Grund, sondern fliehe vor dem haltlosen Abgrund, der sich in Spiegeln auftut. Der Ort der Kulturen ist also offenbar, aber ohne dass Legendre ihn ausdrücklich bezeichnet, zwischen Heimischkeit und Unheimlichkeit, zwischen Rohstoff und unstofflicher Leere gelegen, er ist kein Standort oder gar Wohnort, kein Habitat, sondern die habitualisierte Flucht, kein Akt des Setzens, sondern eine Geste des Entsetzens, kein Eingehen in das, was trägt, sondern ein Zurückweichen vor dem unerträglichen Anblick dessen, was nichts trägt und von nichts getragen wird. Nicht die Spiegel bewohnt der Mensch, sondern das Entsetzen, das sie auslösen; nicht sie sind der Rohstoff der Kulturen, sondern die an ihnen gemachte Erfahrung, dass es einen Rohstoff, eine Kultur und eine Erfahrungssicherheit nicht gibt. Legendres Leser wird von seiner Sprache, die selten der Rhetorik der angeblich exakten Wissenschaften und ebenso selten der definitorischen Diktion von Juristen und Verwaltungsbeamten folgt; er wird von dieser locker assoziativen und in großen metonymischen Bögen sich ergehenden Sprache angehalten, selber die Paradoxien eines Sprechens durchzumachen, die ihm nur vorgezeichnet sind, ohne ihn zu binden, und selber vor Spiegeln etwas zu sehen – nämlich sich selbst – und doch nur nichts. Ein solches Darstellungsverfahren hat nun nicht nur den Vorteil, jedem einzelnen Leser seine besondere Deutung anheimzustellen – und nur Deutungen, die vom Text nicht programmiert sind, können im emphatischen Sinn zu Erfahrungen werden –, es hat auch den Nachteil, den Leser im Labyrinth widersprüchlichster Deutungen herumtaumeln zu lassen und ihn, wie die schwanke liberale Autorität des Autors es will, einmal der Faszination durch die eine exegetische Möglichkeit, einmal der ebenso faszinierenden anderen folgen zu lassen. Ein solches Verfahren legt die Frage nahe, ob der Text nicht selbst taumelt – oder tanzt – zwischen unvereinbaren – und vielleicht uneinnehmbaren – Stellungen zu der Frage, auf die er eine Antwort zu geben versucht.

Diese Frage lautet: Warum? Und genauer: Warum leben?[2] Kultur ist für Legendre die komplexe Sicherungsmechanik, die diese Frage nach dem Grund zu stellen erlaubt, sie immer wieder zu stellen fordert und sie dennoch behindert und hintertreibt. Da die Rechtsinstitutionen, allen voran die römischen, für Legendre das Paradigma und die Kontrollagentur der Kultur, der Sozialisation, Verwaltung, Wirtschaft und Wissenschaft zunächst im Imperium Romanum, sodann im europäischen und im nordatlantischen Raum und inzwischen weit darüber hinaus sind, ist es das römische Recht, das die Frage nach dem Grund zugleich urgiert und blockiert. Wie die traditionellen japanischen Riten, auf die Legendre verweist, die Verschleierung und Blendung des Spiegels inszenieren, um das Entsetzen vor seinen Abgründen zu mildern, so verschleiert und blendet der europäische Ritus, der den Decknamen ›Recht‹ trägt, den Spiegel, in dem es zugleich einen Abgrund vermuten lässt. Das Recht legt nicht nur einen Schleier – wie den der Maya – über das Nichts, es selbst mitsamt allen seinen kulturellen Effekten ist nichts anderes als dieser Schleier. Da dieselbe Struktur, zwar weniger rationalistisch, so doch kaum weniger effizient, die animistischen und totemistischen Rechts-Kulturen sogenannter ›primitiver‹ Völker regiert, gilt für Legendre als universeller Satz, dass der Mensch die Spiegel bewohnt, den Rohstoff der Kulturen, den Inbegriff der Allmacht, das Entsetzen verbreitende Vakuum, in dem er nichts ist als Abglanz und, nach Borges' barockem Begriff, Vanitas.

Die Frage nach dem Grund hat damit eine doppelte Antwort gefunden. Die eine lautet, dieser Grund liege in der stabilen und sogar statuarischen Gestalt, die das Spiegelbild und alle seine funktionalen Entsprechungen – Mutter und Vater, soziale Stabilisatoren, Traditionen, Gewohnheiten etc. – dem angeschauten und als Selbst identifizierten Phänomen verleihen. Der Grund des ›persönlichen‹ wie des ›kollektiven‹ Daseins ist demnach das Bild, die Imago, die spekulare Prothese des Ich, die in letzter Instanz vom Recht geboten wird. Recht ist im Wortsinn Ideal: nach der von Freud eingeführten Terminologie ein Ich-Ideal und in seinen paralysierenden Zügen ein Ideal-Ich für den Einzelnen wie für große und größte soziale Verbände und ihre Geschichte. Dass Recht die Funktion ein Idols hat, deutet Legendre mit dem Hinweis an, die dogmatische Referenz auf das römische Recht gehorche dem totemistischen Paradigma,[3] das Freud in »Totem und Tabu« analysiert, es sei demnach selber ein Totem, eine psycho-soziale Stammfunktion der Ich-Bildung, Totempfahl weil Identifizierungspol. Allein die Identifizierung mit dem Spiegelbild, das vom Recht geboten wird, erlaubt also die Reproduktion der persönlichen wie der sozialen Existenz, sie ist der Mechanismus und in diesem Sinn der Grund der Reproduktion des Lebens. Wer sich reproduziert – in gleich welcher Bedeutung des Wortes, ob sexuell, sprachlich oder durch Arbeit –, der reproduziert sich im Recht und reproduziert mit dem, was er ›ich‹ nennt, das Recht. Er sagt, wenn immer er ›ich‹ sagt: ›Ich-das-Recht spreche.‹ Wer aus einem Grund lebt, der lebt im Spiegelbild, das ihm das Recht vorhält.

Die andere Antwort auf die Frage »Warum?« ergibt sich für Legendre in guter freudianischer und lacanistischer Tradition aus der Erfahrung der Trennung, die mit jeder Identifikation einhergeht. Das Spiegelparadigma, so schreibt er, bietet *der Untersuchung von institutionellen Montagen die Möglichkeit, die dreigliedrige Struktur zu erkennen: den Platz der Dritten Instanz, die zwei Elemente voneinander trennt.* Und er fährt fort: *In dieser Perspektive ist der Spiegel zugleich die Metapher für eine Machtfunktion und für den normativen Effekt, den dieselbe zeitigt.*[4] Ist der Spiegel also zum einen die Instanz der Identifikation zwischen Beschauer und Bild, so zum anderen die Instanz ihrer Desidentifikation, die keinem Bild, keiner Gestalt und keiner Form zugeschrieben werden kann, weil sie durch die Distinktion zwischen einem Innerhalb und einem Außerhalb des Spiegels erst die Bildung des Bildes und die Formung einer Form zulässt. Die Trennungsmacht lässt sich auf keine imaginäre oder spekulare Figur reduzieren, sie ist nicht Norm, sondern hat ›normative Effekte‹, ist nichts, das selber gemacht, fingiert oder figuriert werden könnte, sondern als Macht der Differenzierung diejenige Instanz, die jeder Form und Figur vorausgeht, jede begleitet und aufstört. Die Macht, von der Legendre spricht, residiert nicht im Spiegel*bild*, sondern wirkt durch die *Erteilung* und *Einsetzung* von Bildern. Sie bietet einen Rechtsgrund und einen Grund zu leben allein dadurch, dass sie die *leges* legitimiert, ohne ihrerseits Effekt oder Gegenstand eines legitimatorischen oder legislativen Aktes zu sein. Sie ist Einsetzungsmacht, die selber nicht eingesetzt ist, wirkt deshalb als Grund ohne Grund und kann den Rechtsinstituten nur einen solchen Grund geben, den sie selber nicht hat. Sie muss aber als die absolute, unbedingte und uneingeschränkte Macht, die sie ist, in jeder Setzung eines Grundes ebendiesen Grund zugleich auch entziehen, denn sie kann die Gesetze der Distinktion und Reproduktion, die sie einführt, nicht nach ebendiesen Gesetzen erhalten. Als souveräne Macht *über* den Gesetzen ist sie selbst keinem Gesetz unterworfen. Da sie ihre Macht allein als Trennungsmacht ausübt, muss sie auch sich selbst noch von sich trennen und kann nur mobil, nomadisch noch vor jedem Nomos, unstet und destabilisierend erscheinen. Sie ist, wie Descartes' und Spinozas Gott, *causa sui*, aber da sie im Unterschied zu jenem nicht dem Gesetz der Reproduktion untersteht und nicht der Logik der Reflexion folgt, ist sie in keiner numerischen Einheit und nicht als synthetische Relation zwischen zweien fassbar. Sie ist – Legendre insistiert mit Nachdruck auf ihrer Äußerlichkeit[5] – nie restlos internalisierbar. Deshalb macht die Gründungsmacht des Rechts nicht anders als der Spiegel, wie Legendre betont, Angst. Die Frage nach dem Grund beantwortet sich demnach so, dass es keinen gibt außer der Macht, die selbst keinen Grund hat.

Das Spiegelparadigma ist für Legendre ein so effizientes analytisches Instrument, weil sich in ihm die beiden Instanzen des Grundes und der Gründung ohne Grund, der Verbindung und der Trennung, des Rechtes und der Rechtsmacht liieren. Die Frage »Warum?« findet angesichts der spekularen Struktur des Rechts eine Antwort, aber vor seiner Macht findet sie keine, weil diese Macht sich in kein Wort fassen lässt, das ihr entsprechen könnte. *Stumm, unfehlbar, unerbittlich, sind sie der Inbegriff der Allmacht*, so charakterisiert Legendre die Spiegel und evoziert mit ihrer Stummheit, ob bewusst oder nicht, den Tod, mit der Rede von der Blendung der Spiegel im japanischen Ritual die Blendung des Ödipus und den Tod des Bildes, das er sich von seiner Mutter, seinem Vater und sich selbst gemacht hat: Die Blendung des Herrschers von Theben ist die der imaginären Sicherungsarmatur der Polis und ihres Rechts. Wenn aber vom Spiegel eine Antwort auf die Frage nach dem Grund zugleich gegeben und verwehrt wird, stellt sich notwendig die Frage, *wie* diese beiden in einem ›Paradigma‹ zu einer Allianz kommen und *ob* sie es können. Und es stellen sich weitere Fragen: ob die Macht im Spiegel einen *Ort* oder einen *Platz* hat, ob sie eine *Instanz* ist und ob sie als *Machtfunktion* charakterisiert werden kann, wie es bei Legendre geschieht. Die lokalisierte Macht ist nämlich die schon gedämpfte, durch andere Mächte beschränkte, sie ist nicht Allmacht, sondern Teilmacht; als *Instanz* wäre sie stetig, kalkulierbar, gebunden, also einer höheren Macht unterstellt; als *Machtfunktion* stünde sie im Dienst anderer Mächte oder wäre Teil einer Struktur, der sie zum Funktionieren verhilft, und wiederum wäre sie weder stumm noch Allmacht, weder unerbittlich noch unfehlbar. Wenn sie die Macht der Sonderung und der Sonderung noch von ihr selbst ist, kann sie in

Orte, Instanzen und Funktionen immer nur eingehen, indem sie diese zu weiteren Scheidungen treibt und zerstreut. Alle Institutionen, die aus ihrer Differenzierungsbewegung hervorgehen, und zuerst ihr stabilisierendes Stamminstitut, das Recht, müssen von derselben Bewegung unablässig ent-stellt: destabilisiert und verschoben werden. Wenn Macht Machterweiterung ist, so ist sie doch als Macht der Differenz unfähig zur Monopolisierung. Was Bilder zusammenfügen, löst die Macht auf. Deren Bemächtigungstrieb ist ein Lösungstrieb. Er findet immer wieder nur Gründe, um Gründe fahren zu lassen, instituiert Rechte, um sie in anderen Rechten oder in keinen zu delegitimieren. Die Allianz des Rechts mit der Macht ist seine Allianz mit dem, was diese und jede Allianz zerreißt.

Freud hat die Auflösung von identifikatorischen Beziehungen am Phänomen der Panik beschrieben, von der Massen in dem Augenblick ergriffen werden, in dem sich ihre Bindung an eine narzisstisch besetzte Führerfigur, eine führende Idee oder institutionelle Regeln auflöst. *Die Masse zerstiebt wie ein Bologneser Fläschchen, dem man die Spitze abgebrochen hat.*[6] Dieses Zersetzungsphänomen gehört zur Bewegungsstruktur einer Macht, die jede ihrer Formen überfordern muss, weil sie als wesentlich kritische – scheidende, unterscheidende, desintegrative – wirksam ist. Macht ist der Ruin ihrer Repräsentanten. Was *Dritte Instanz* heißt und die ›Funktion‹ der Unterscheidung erfüllt, definiert nun aber nach Legendres triftiger Darstellung die formative Struktur der Sprache und des Sprechens. Nicht das Bild unterscheidet, sondern die Sprache – und die Sprache noch *im* Bild, in den Idealen, Idolen und Gestalten des Imaginären. Sprache wird aber von Legendre mit einem der gängigsten, doch zugleich fragwürdigsten Begriffe als *symbolische Organisation* und *symbolische Ordnung* bezeichnet; und Legendre lässt keinen Zweifel daran, dass er diesen Begriff im strengen Wortsinn verwendet, wenn er schreibt: *symbolisch im antiken wörtlichen Sinn eines entzweigeteilten Objekts, dessen Hälften zwischen zwei Perso-*

nen ausgetauscht werden, die durch einen Vertrag miteinander verbunden sind und sicher sein wollen, sich wiederzuerkennen.[7] Diese Charakterisierung des Symbolischen ist, ohne dass Legendre darauf aufmerksam würde, deckungsgleich mit der des Imaginären. Es hat mit ihm die Paarigkeit, die synthetische Verbindung, den Vertrags- und Zwangscharakter, die Wiedererkennbarkeit und die Komplementarität gemeinsam. Das Symbolische, derart als strukturelles Pendant des Imaginären definiert, ist mithin eine denkbar verfehlte Bestimmung jener *Dritten Instanz*, die die ›Funktion‹ der Sonderung in die imaginäre Selbstbeziehung einführen soll. Wie Legendre das Symbolische bestimmt, wie er es denkt und als analytisches Instrument handhabt, ist es nichts anderes als die Stabilisierung der statischen und statuarischen Identifikation, die im Spiegelstadium erreicht werden soll: Es ist nichts anderes als ein Mittel der Angleichung. Legendre hält dem römischen und dem darauf aufruhenden christlichen Rechtsverständnis vor, eine *gewollte Verwechslung des Realen und des Symbolischen* zu betreiben[8] und damit die Sprache auf den Körper – und, genauer, einen biologistischen Begriff vom Körper – und den Körper seinerseits auf die symbolisch verfasste Sprache zu reduzieren. Der Begriff des Symbolischen jedoch, den Legendre selbst verwendet, leistet der Verwechslung zwischen Imaginärem und Symbolischem Vorschub und erlaubt die Reduktion sprachlicher Differenzierungen auf kompakte bildliche und weiterhin phantasmatische Einheiten.

Aus der unbemerkten Identifizierung zwischen Identifizierungs- und Differenzierungs-›Funktion‹ ergibt sich nicht nur eine unabsehbare Serie von konzeptionellen und diagnostischen Problemen in Legendres Werk – sie lassen sich unschwer als Äußerungen einer tiefen Ambivalenz, einer Hassliebe zu seinem zentralen Forschungsobjekt erkennen –, aus ihr ergibt sich auch ein erstaunlich restriktiver Begriff von Sprache. Dass Sprache symbolisch ist, besagt für Legendre nämlich, *dass die Worte, genau wie Banknoten, einen festgeleg-*

ten Kurswert haben und dass niemand die Freiheit besitzt, diese Zwangswährung anzunehmen oder abzulehnen.[9] Man braucht nicht viel von Kursschwankungen zu wissen, von Inflation, Deflation, Kreditwirtschaft und Finanzspekulation, um Zweifel daran zu hegen, dass irgendein Kurswert auf Dauer *festgelegt* sein könnte und nicht die Freiheit ließe, ihn zu ändern. Die Relation zwischen jedem (finanziellen oder sprachlichen) Signifikanten und ›seinem‹ Signifikat ist instabil, flottierend und einer Spekulation anheimgegeben, die nicht der Starre der Bilder im *speculum* und nicht dem bewaffneten Zwang von Rechtsinstituten korrespondiert. Keiner, der *Pierre* heißt, kann sich oder Andere daran hindern, seinen Eigennamen als generellen Terminus und also in der Bedeutung von ›pierre‹ (Stein) zu verstehen; keiner, der den Namen *Legendre* trägt, ist gegen die dumme Witzfrage geschützt, ob er nun ›Legendre‹ oder ›le gendre‹ (der Schwiegersohn) oder ›légende‹ (Legende) und somit ein Derivat von *legere* oder *lex* sei. Die unbewussten, vorbewussten und bewussten Effekte der Zwei- und Mehrdeutigkeiten auf der Ebene phonetischer und graphischer Markierungen, der Wörter, Silben, Syntagmen, Diskurse und nicht-diskursiven Kontexte sind schlechthin unabsehbar, weil die Reichweite der Differenzierungsbewegungen, aus der sie hervorgehen, unendlich ist. Sprache ist nicht *sym*bolisch verfasst; über jede festgelegte Komplementaritätsrelation, die sie mit genau einem Signifikaten und genau einem Referenten verbindet, geht sie hinaus und ist irreduzibel *hyper*bolisch. Die Ironie, der Humor, der Sarkasmus in der Sprache sind keine wohlbestimmten rhetorischen Figuren, die gleichrangig neben dem Symbol stehen, sie sind Artikulationen jener sogenannten *Dritten* – tatsächlich unbezifferbaren – *Instanz*, die unaufhaltsame und unabsehbare Sonderungen in die psychische, soziale und institutionelle Ökonomie des Symbolischen einführt und keinem Teil erlaubt, mit Gewissheit seine Ergänzung in einem anderen zu finden. Das Wirken der *Dritten*, dieser strukturell sprachlichen *Instanz* ist nicht komplementär. Es erzeugt keine Äquivalente, sondern Inkommensurabilitäten. Das Phantasma vom zerstückelten Körper, das Lacan mit dem Spiegelstadium einsetzen lässt, ist die Realität einer zerstückelten – und zerstückelnden – Sprache, die nie ein Körper, ein Organismus, ein organisches Ganzes gewesen ist und niemals eine organische Totalität erzeugen kann. Wer spricht, der zerstückelt, noch wo er universelle Begriffe verwendet und synthetische Urteile fällt. Er spricht im Zug einer Macht, die selber stumm bleibt und ins Verstummen zieht. Freud hat die eigentlich moralische und sozialisierende Macht, die des kritischen Gewissens, als die eines Toten, eines ›ermordeten Vaters‹ bezeichnet. Wenn Sprache die Agentin der Scheidung, der Distinktion, der Kritik, des Gewissens und Wissens ist, dann ist sie immer auch und zunächst eine Agentin des Todes. Wenn das »Dritte« – und tatsächlich Nichtbezifferbare – spricht – oder schweigt –, lässt es den Tod zur Sprache kommen. Deshalb kann seiner Sprache und ihrem Schweigen keine imaginär-symbolische Korrelation, keine Institution, kein Recht entsprechen, aber deshalb kann ihr auch keine Institution, kein Rechtsinstitut, das aus der *materia prima* des Spekularen gebildet ist, auf Dauer ihren Widerstand entgegensetzen.

Die Lage, die sich aus der Kollision zwischen Imaginärem und Sprachmacht ergibt, könnte fataler kaum sein. Die Modelle, in denen das Recht alles Leben zum Erstarren bringen muss, um wirksam zu sein, sind tödlich: Keiner, der ihnen in Gedanken und Werken entspräche, könnte noch leben. Ihm wären seine Herkunft wie seine Zukunft verschlossen. Legendres Werk versammelt die historischen Zeugnisse für die Verelendung durch das Recht und seine Verwalter von der christlich-römischen Frühzeit bis in die Gegenwart des internationalen Managements. Wem seine Bilder von der Rechtswelt als einer danteschen Hölle als unrealistisch, phantastisch, ›literarisch‹ erscheinen, muss sich nur über die Zustände in den Gefängnissen weltweit informieren, um sich eines Besseren, eines Übleren belehren zu lassen. Der Rechtsapparat ist mörderisch. Aber die strukturell kritische Differenzierungs-, Teilungs- und Zerstückelungsmacht der Sprache, auf die das Recht angewiesen ist und die es zu den von ihm gesetzten Zwecken unablässig in Dienst stellt, muss, wenn sie unbeschränkt bleibt, nicht nur zerstörerisch für die Rechtsinstitutionen, sie muss auch tödlich für jedes Leben *ohne* solche Institutionen wirken. Zwischen diesen zwei Toden lässt sich nicht wählen, denn sie sind an jeder Wahl zwischen ihnen beteiligt. Vor diesen unmöglichen Alternativen bleibt nur die Frage, ob es einen Zwischenraum, der sie zu Alternativen allererst werden lässt, gibt und ob eine strukturelle Differenz zwischen Identifizierungs- und Scheidungsmacht die Möglichkeit bietet, sich den tödlichen Effekten von beiden zu entziehen. Die von Legendre gestellte Frage muss also in Erwartung einer weiteren Antwort noch einmal gestellt werden: Welchen Grund gibt es zu leben?

Was von Legendre, und nicht nur von ihm, als *Dritte Instanz* charakterisiert wird, so könnte die Skizze zu einer Antwort auf diese erneute Frage nach einem Grund lauten, muss als Differenzierungs›instanz‹ schon in der Bildung des Spiegelbildes, im Umriss seiner Gestalt, in der Formung seiner Form am Werk sein. Die Macht der Distinktion, die auch im Imaginären nicht fehlen darf, lässt sich nun ihrerseits nicht darauf beschränken, Unterschiedenem wieder und wieder die einmal verliehene Kontur zu sichern, sie zu bestätigen und auf Dauer zu fixieren, sie muss *fortgesetzt* unterscheiden und auch vom Unterscheiden selbst noch abrücken, wenn anders sie *Macht* des Unterscheidens ist. Sie muss im Abrücken von sich auch noch der Auflösung der Formen und also sich selbst eine – wenn auch noch so passagere – Form gewähren.

Damit ist zum einen gesagt, dass die Sprache es ist, deren Distinktionsmacht Bilder, Ideale und Idole hervortreten lässt, und dass von einer originären spekularen Funktion nicht die Rede sein kann: Der Spiegel ist nicht die *materia prima* der Kulturen. Das Bild, das er bietet, ist jeweils ausgeschnitten, gerahmt und determiniert von anderen Bildern, Gesten und sprachlichen wie affektiven Bezeugungen, die sich nie zur organischen Totalität einer Anschauung fügen. Deshalb ist das spekulare Bild nie bloß Stoff oder Rohstoff im Sinn eines soliden materiellen Grundes, sondern Stoff im Sinn einer Textur, die auf ihre Bildfunktion nicht reduzierbar ist, vielmehr durch Anderes als diese zu einer solchen Funktion allererst disponiert werden muss. Weder *materia* noch *prima*, ist der Spiegel bloß trübes oder blendendes Element in einem Spiel, das, so unverzichtbar er scheinen mag, er nicht beherrscht.

Mit dieser Antwort ist zum anderen gesagt, dass die *differentielle* Bewegung der Sprache (also der ›Dritten Instanz‹) von Anbeginn eine *ultra-differentielle* Bewegung (einer 4 + n-ten Instanz) ist, die der fortschreitenden Sonderung immer aufs Neue Grenzen setzt und der Zersetzung Einhalt gebietet. Die Bewegung der Differenz ist nämlich – durch die linguistische Morphologie zum Beispiel, durch die vergleichende Anthropologie oder die historische Soziologie – zernierbar; sie lässt sich als eine definite intra- und inter-systemische Bewegung aber nur dann erfassen, wenn eine zusätzliche Differenzierung vollzogen wird, die diese Bewegung suspendiert, ihr Formgesetz artikuliert und den durch diese Bestimmungen gewonnenen Stoff zu weiteren, zu Ultra-Differenzierungen jenseits des Bereichs der Ausgangs-Bewegung bereitstellt. So lässt sich ein Wort wie »Bild« linguistisch nur unter der Bedingung untersuchen, dass es aus seinen geläufigen Verwendungszusammenhängen isoliert und von seiner Bedeutung abgetrennt wird: nur dann kann an ihm deutlich werden, dass es »Bild« nur im Unterschied zu »bald«, aber auch zu »Schild«, zu »bellt«, »Kilt« und »killt« etc. ist. Die Bewegung der Differenzierung, aus der das Wort »Bild« resultiert, kann sich auf der begrifflichen Ebene durch seine Unterscheidung vom ›Vorbild‹ und eine andere Unterscheidung vom ›Symbolischen‹ fortsetzen, aber durch jede solche Unterscheidung ergibt sich ein Differenzierungs-Komplex, der zwar provisorisch als Einheit gefasst werden kann, aber ebendarum auch die Fortsetzung der internen und externen Differenzierung von anderen provisorischen Einheiten erlaubt. Mit jeder Differenz öffnet sich die Möglichkeit einer weiteren, die jene zu ihrem Stoff macht, indem sie sie ihrem Ausgangsgebrauch entrückt, sie neutralisiert und einem anderen Gebrauch zuführt. Wenn sich derart jede differentielle Bewegung als solche nur vermöge ihrer Öffnung auf eine ultra-differentielle darstellen kann, dann ist die gesamte Bewegung der Wahrnehmung und des Denkens, der Artikulation und des Handelns in allen ihren Momenten nie nur durch Differenzen determiniert, sondern jeweils zugleich durch Ultra-Differenzen über-determinierbar – determinierungsoffen und geschichtsfähig. Wenn Sprache und alle von ihr tingierten psychosozialen Komplexe ad infinitum bestimm*bar* bleiben, dann bleiben sie bestimmungs*fähig*, weil sie bestimmungs*frei* bleiben.

Sprache wäre demnach keine *symbolische Organisation*, in der sich, wie Legendre mit Anderen meint, ein differentielles Element einem komplementären zweiten anschmiegt, sondern ein ebenso *sym*bolisches wie *hyper*bolisches, sie wäre ein *hyper-sym-bolisches* Geschehen. Hyper-sym-bolisch wäre sie in dem Sinn, dass sie jede Trennung über das Maß einer bloß vorstellbaren, sei's imaginären, sei's begrifflich fixierbaren Distinktion hinaus intensiviert, dass sie Differenzen multipliziert – sie ist *poly*bolisch – und den Horizont jeweils erreichter Differenzierungen und absehbarer Differenzierungsmöglichkeiten in das Feld unabsehbar weiterer verrückt – sie ist kein durchweg gerichtetes, teleologisch kontrolliertes Geschehen, sondern ebenso anarchisch wie atelisch –; aber hyper-symbolisch wäre sie auch in dem anderen Sinn, dass ihre hyperbolische Bewegung jeweils symbolische Effekte, Spuren, synthetische, syntaktische Zusammenhänge zurücklässt, in denen diese Bewegung gehemmt, aufgehalten und stillgestellt erscheint. Wenn das Wort »Bild« nicht mehr gebraucht, sondern analysiert wird, ist es zwar nicht jedem Gebrauch, am wenigsten dem analytischen, entzogen, aber es ist gegen jeden

Gebrauch immunisiert und für jeden tabu, in dem es noch »Abbild«, »Nachbild« oder »Vorbild« bedeuten und in dem es überhaupt *bedeuten* und zu Zwecken des Bedeutens verwendet werden kann –: Es ist, sei's auch nur für die Zeit der Analyse, sei's auch nur für die vageste Möglichkeit fernerer Analysen, ebenso unbrauchbar wie unbedeutsam. Zur Struktur der Hyper-Symbolisierung gehört mithin *das* Moment – und *der* Moment – des Außer-Gebrauch- und Außer-Geltung-Setzens, das Husserl als *Epoché* charakterisiert hat. Hyper-symbolische Strukturen wie die Sprache deaktivieren die symbolische Geltung ihrer Elemente. Sie reduzieren sie damit nicht nur auf Erinnnerungsspuren und Ruinen einer über sie hinausgehenden Bewegung, die in ihnen nicht enthalten und nicht erhalten werden konnte, sondern auf Markierungen dessen, was sich jeder Bezeichnung und jedem Gebrauch versagt –: auf Markierungen eines Nichts und also Markierungen der Unmöglichkeit einer Markierung. Sie erst, diese Ammarkierungen, erlauben, wenn auch jeweils nur unter dem Vorbehalt ihrer Jeweiligkeit, die Bildung von ›symbolischen Organisationen‹, ›symbolischen Interaktionen‹, Institutionen und Reglements, die als ›kommunikativ‹ gelten können.[10]

Alle Institutionen einschließlich des Rechts gehen demnach aus einem doppelten Scheidungsprozess hervor, in dem Differenzierung und Ultra-Differenzierung zusammen- und gegeneinander spielen. In dieser Bewegung der Ultra-Differenz verhalten sie sich zu sich selbst und zueinander in einem fortgesetzten Spiel von Annäherung und Entfernung, Aneignung und Verlust, Stabilisierung und Zerstreuung – nicht unähnlich demjenigen Spiel, das Freud in »Jenseits des Lustprinzips« als Spiel mit der Differenz zwischen *o* und *a*, zwischen *Fort* und *Da* beschreibt. Wenn das Recht gerecht und wenn es Gerechtigkeit werden soll, dann müsste es zunächst diesem Sprach- und Spielcharakter jeder Institution gerecht werden. Es müsste vor den in ihm herrschenden zerstörerischen Tendenzen entsetzt oder einfach ernüchtert und verständig zurücktreten und sich selbst und allen in ihren Strudel Hineingezogenen gegenüber Abstand wahren wie ein mildes Über-Ich Abstand wahrt gegenüber den zerstörerischen Impulsen des Ideal-Ich. Es müsste ein Recht sein, das sich selbst aufhält und zurücknimmt, müsste zu einem *suspendierten* Recht werden und dürfte keine anderen Verfahren und Richtsprüche zulassen als die komischen, die selbst-ironischen, witzigen und humorvollen, wie sie von Rabelais in seinen Gerichtssatiren, von Kleist im »Zerbrochenen Krug«, Hebel in seinen Rechtsanekdoten, Brecht im »Kreidekreis« ersonnen worden sind. Das Recht, statt im Spiegel zu erstarren oder zu versinken, müsste sich mit sich selbst verschonen und ein Recht in der *Epoché* werden –: Erst so würde es der ultra-differentiellen Bewegung der Sprache gerecht, erst so würde es sprachgerecht. Zu einem menschlichen Aufenthalt wird das Recht erst, wenn es verlassen wird.

Die damit skizzierte Antwort ist nicht die von Legendre. Aber sein Interesse am Tanz, an der Dichtung, der Malerei und Musik, von denen er sagt, keine Kultur käme ohne sie aus, bewegt sich in ihrer Nähe. Doch im Unterschied zu den Riten und Rechten, die das Leben stabilisieren und unter feststehende Formen und haltbare Regeln bringen, werden in den Künsten, die Legendre nicht hinreichend von ihnen unterscheidet, Bewegungen aufgeführt, weil keine Form in ihnen feststeht, keine denkbare Stellung einnehmbar und keine ihrer Auflösungen haltbar ist. Zwischen uneinnehmbaren und unhaltbaren Stellungen bleibt nur der Tanz mit beiden. Kunst ist das Spiel mit strukturell unmöglichen Stellungen und Lösungen und deshalb immer auch das Spiel mit sich selbst als einem unmöglichen Ideal und seiner unmöglichen Vermeidung.

Wenn Kunst etwas kann, dann nicht sie selbst sein.

Diejenige Rechtskunst, die mehr als eine Technik der Menschenfabrikation und -verwaltung wäre, wäre die Kunst, sich selbst – in jedem Sinn – *bleiben* zu lassen.

In Spiegeln, von denen Legendre behauptet, sie seien der

Wohnort des Menschen, lässt sich so wenig leben wie in Rechten. In ihnen stirbt man. Leben lässt sich nur im Sprechen von ihnen und von ihnen weg, im Spiel – einem völlig untheatralischen – mit ihnen oder in einem Tanz, der sie als bloße Requisiten verwendet. Nur das Recht, das von seiner Exekution absteht, wird seiner Herkunft aus dem Spiel der Sprache mit sich und ihrem Versagen gerecht. Nur das Recht, das sich in allen seinen Instanzen von sich entfernt, hat, aus dieser Entfernung, eine mögliche Zukunft in der Gerechtigkeit.

Die Frage »Warum?« kann dann hinter die Frage »Wozu?« zurücktreten. Und diese Frage erledigt sich, indem sie sich ausspricht und damit schon, vorläufig, selber die Antwort gibt: um weiter zu sprechen und weiter zu leben.

Der Rückzug vom Bild, das jeder von sich selbst hat und dem er das Recht zugesteht, sein Verhalten, sein Tun und sein Lassen zu definieren, dieser Rückzug wird in einem Witz angedeutet, den ein anderer Dichter als Borges, nämlich Heiner Müller in den frühen achtziger Jahren bei einem sehr späten Frühstück erzählt hat: *Steh ich verkatert morgens am Spiegel, kuck rein und sage: Kenn ich nicht, rasier ich nicht.*

Freistätte – Zum Recht auf Forschung und Bildung

Man sollte sich keine Illusionen machen: Es ist nicht mehr gesichert, dass es Universitäten gibt. Was es gibt, sind höhere Bildungsanstalten, die sich mehr und mehr in polytechnische Hochschulen verwandeln und sich auch in ihren geisteswissenschaftlichen Abteilungen seit Jahren immer rückhaltloser als Ausbildungsstätten von Arbeitern für Industrie und Bürokratie, für Management und *human engineering*, für die Reproduktion, Expansion und Ökonomisierung staatlicher und privater Routinen definieren.

Man sollte sich auch darüber keine Illusion machen, dass das allein nicht in jeder Hinsicht bedauernswert ist. Jene Routinen, die privaten wie die staatlichen, werden gebraucht, bedürfen der Reproduktion, deshalb der Expansion, deshalb des ökonomischen Kalküls. Komplexe Gesellschaften sind ohne Bürokratie so wenig lebensfähig wie ohne Finanzsysteme, Gesellschaften ohne Ausbildungsinstitutionen können so wenig wie solche ohne Industrie überleben. Es ist selbstverständlich, dass für diese Gebilde Gebildete gebraucht werden, dass sie im Hinblick auf ihre Arbeit und deren mehrstellige Funktionen unterrichtet und dass sie über den gesamten Zusammenhang ihrer gegenwärtigen und künftigen Tätigkeiten nach dem jeweils besten Stand des Wissens informiert werden müssen. Arbeiter sind unbrauchbar, wenn sie nicht darüber im Bilde sind, was sie tun und wie sie es in welchen Zusammenhängen, unter welchen Bedingungen und zu welchen Zwecken tun sollen. Ist ihre Arbeit unbrauchbar, dann ist das Binde- und Lebensmittel ihrer Gesellschaft zerfallen. Folglich muss jede Gesellschaft, die Gesamtheit ihrer Agenturen, Institutionen,

Systeme und jedes einzelne ihrer Mitglieder ein Interesse an der umfassenden, der möglichst lückenlosen und ununterbrochenen Ausbildung ihrer Arbeiter haben. Dies Interesse kann kein Interesse neben anderen, es kann noch weniger ein untergeordnetes, es muss ein elementares, uneingeschränktes und mit allen gesellschaftlichen, staatlichen wie privaten Mitteln gefördertes Interesse sein. Und das gilt selbst dann, wenn nicht in Betracht gezogen wird, dass es ein Interesse gibt, das weiter geht als das an der *Ausbildung*: das Interesse nämlich an *Bildung* und an allem, was ihr in Forschung und Lehre zugutekommt.

Die Bildungspolitik erlaubt aber seit langem keine Illusionen darüber: Das fundamentale gesellschaftliche wie individuelle Interesse an Unterrichtung, Ausbildung und Information wird von den staatlichen Institutionen in Europa, in den amerikanischen Ländern und wahrscheinlich weltweit *nicht* als vorrangiges, *nicht* als elementares und *nicht* als universelles Interesse behandelt. Im Gegenteil, die mächtigste Institution der Gesellschaft, der Staat, vernachlässigt das vitale Interesse der Gesellschaft an ihren Bildungsinstitutionen und vernachlässigt es nicht nur bei Gelegenheit, sondern systematisch und in einer Weise, die Zweifel daran weckt, ob der Staat tatsächlich eine Institution der Gesellschaft ist. Die Missverhältnisse zwischen Aufgaben und Leistungen des Staates werden mancherorts als dermaßen bedrohlich eingeschätzt, dass sie den Verdacht erregen, staatliche Agenturen führten einen verdeckten Krieg gegen die Gesellschaft, die sie zu repräsentieren, zu verwalten und zu fördern den Auftrag haben. Die Misere der Bildungs- und Ausbildungspolitik hat inzwischen in etlichen Ländern nicht nur massive verbale Proteste, sondern langanhaltende Streiks gegen eine Regierungspolitik provoziert, die zentrale Funktionen der Schulen und Universitäten so angreift, als handle es sich um Versorgungsadern einer feindlichen Macht. Dem summarischen Verdacht auf einen Staatskrieg gegen Bildungsinstitutionen steht tatsächlich kaum mehr als der Umstand entgegen, dass die in diesem Kampf eingesetzten Mittel seit langem vertraut sind und leicht die Illusion erwecken können, es handle sich um routinemäßige Verwaltungsmaßnahmen, die überalterte Strukturen an neue Lebensverhältnisse anpassen, um eine Art *restyling*, ein *lifting*, eine *wellness cure* im Dienst der Funktionalität, ein insgesamt nicht nur harmloses, sondern heilsames Regenerations*event*.

Aber die Reformen, die nach 1999 in Europa unter dem Sammelnamen »Bologna-Prozess« implementiert wurden, sind Demontagen. Sie greifen in ein Gebiet ein, das zum einen verfassungsrechtlich geschützt und zum andern seit der Erfindung der modernen Universität im von Humboldt beratenen Preußen tatsächlich gegen staatliche Direktiven weitgehend immunisiert war – und solchen Direktiven erst von den Nazis und den Faschisten unterworfen wurde, später von den Regimes, die sich als sozialistisch oder kommunistisch deklarierten. Diese Reformen wurden von der Exekutive der europäischen Staaten ohne die Einwilligung der legislativen Organe beschlossen und durchgesetzt, obgleich ihre Durchführungsbestimmungen so weitgehende Eingriffe in die intellektuelle Praxis der Hochschulen erzwingen, dass die von den Verfassungen – aber eben nur von ihnen – garantierten Grundrechte auf Forschung und Bildung nicht nur empfindlich eingeschränkt, sondern verletzt werden. Der verwaltungstechnische Coup der europäischen Ministerien, der mit der Berufung auf die europäische Einheit gerechtfertigt wurde, diente nämlich ausschließlich der Vereinheitlichung der akademischen Bewertungsmaßstäbe, der Einheitlichkeit der Studiengänge und dem Wert der europäischen Hochschulen in der Konkurrenz mit nordamerikanischen: Er diente ausschließlich der Rationalisierung der Ausbildung für den Arbeitsmarkt und dessen Verwertungsinteressen und schloss jede Rücksicht auf Bildung und auf Forschung aus. Dieser Ausschluss trifft nun aber vornehmlich die geisteswissenschaftlichen Fakultäten, deren Arbeit den Verwertungsimperativen von Verwaltungen und Märkten nicht unmittelbar unterworfen sind und deren erste Aufgabe sogar darin besteht, die Struktur und Geschichte solcher – wie aller anderen – Imperative zu befragen und den Wert der Werte, denen sie dienen, in Frage zu stellen. Unter den Bedingungen der seit einem Jahrzehnt erzwungenen Reformen kommt ein Unterschied zwischen Ausbildung und Bildung nicht mehr ernsthaft in Betracht; es gibt fortan nur noch – und zwar drastisch verminderte – Ausbildung. Es kommt deshalb auch keine Alternative zum Marktwert der Ausbildung in Betracht – es gibt fortan nur noch eine einzige Funktion der Hochschulen: die fraglose und alternativlose Ausrichtung auf die Arbeits- und Verwaltungsgesellschaft. Unter der Fassade einer Reform wird vom »Bologna-Prozess« nicht weniger als die allmähliche Liquidierung der Geisteswissenschaften, die Aushöhlung der universitären Praxis von Forschung und Bildung und damit die *de facto*-Annullierung des konstitutionellen Schutzrechtes für die Freiheit der Forschung und Bildung betrieben. – Das ist, grob skizziert, die Lage. Sie wird im Folgenden genauer beschrieben und in ihren wissenschaftspraktischen und rechtstheoretischen Implikationen analysiert. Beschreibung und Analyse folgen einer Frage. Sie lautet: Was jetzt?

Humboldt hat in seinen Denk- und Programmschriften von 1809 und 1810 die Universität als *Freistätte der Wissenschaft* bezeichnet und nicht postuliert, sondern konstatiert, das, was man höhere wissenschaftliche Anstalten nennt, *ist, von aller Form im Staate losgemacht, nichts Anderes als das geistige Leben der Menschen.* Der Staat, so folgert er, müsse sich immer bewusst bleiben, *dass er nicht eigentlich dies bewirkt noch bewirken kann, ja, dass er vielmehr immer hinderlich ist, sobald er sich hineinmischt* […].[1] Dieses Nichteinmischungsgebot wird von Humboldt mit Nachdruck auf die Organisationsformen und Betriebsmittel der wissenschaftlichen Anstalten bezogen, weil schon diese allein die *Einsamkeit und Freiheit* der Forschung gefährden und die Sache der Wissenschaft, der theoretischen wie der technischen, nicht bloß behindern, sondern verderben können. Humboldts Gebot, dessen Realisierung er selbst als schwierig einschätzte, insistiert unter dem Geleitschutz von Erfahrungsargumenten, die heute so gut wie vor zweihundert Jahren gelten, auf der Unabhängigkeit wissenschaftlicher und auch technischer Forschungen, indem es die Formdifferenz zwischen administrativen und intellektuellen Prozessen betont.

Der Staat ist für formale Verwaltungsakte zuständig, gewiss, aber in Fragen der Forschung und der Lehre ist er inkompetent, weil diese nicht in der Verwaltung bereits gegebener Güter, sondern im Erwerb noch nicht gegebener – im Erwerb nämlich von Einsichten – beruht. Da Forschung wie Lehre einer Logik folgen, die mit derjenigen der Verwaltung völlig inkompatibel ist, können Verwaltungseingriffe in ihren Bereich die Forschung nur lähmen und der Lehre nur schaden. Die Lähmung und Schädigung der wissenschaftlichen Einrichtungen lähmt aber und schädigt die Gesellschaft insgesamt, für deren Gedeihen der Staat die verwaltungstechnische Verantwortung trägt. Aus diesem sachlichen Grund müssen die Sphären von Wissenschaft und Staat, die im Übrigen vielfältig aufeinander angewiesen sind, streng voneinander geschieden bleiben. Forschungs-, Bildungs- und Ausbildungsstätten müssen, wie Humboldt sie nennt, *Freistätten* sein, die prinzipiell gegen staatliche Intervention zu schützen sind, und zwar nicht erst gegen Eingriffe in die inhaltliche Bestimmung ihrer Praxis, sondern gegen Eingriffe in ihre formale Organisation.

Der »Bologna-Prozess« ist ein Eingriff in die Form-Autonomie der Universitäten, wie er massiver kaum gedacht werden kann. Dass die einschlägigen Beschlüsse nicht allein von Politikern gefasst worden sind, sondern dass ihnen die Hochschulrektoren *und -präsidenten* bei diesen Beschlüssen sekundierten und sich erbötig zeigten, sie ohne Konsultation mit ihren Fakultäten zu realisieren, ist gegen diesen Befund, es handle sich um einen staatlichen Eingriff, ja, eine staatliche Invasion in universitäres Schutzgebiet, kein hinreichendes Argument. Denn selbstverständlich haben Hochschulrektoren in dem Augenblick, in dem sie ihr Amt antreten und aufhören, als Hochschullehrer zu wirken – wenn sie denn je Hochschullehrer und nicht Manager waren –, die Fronten gewechselt und arbeiten nicht mehr als Forscher und Lehrer, sondern als leitende Verwaltungsbeamte und Chefmanager von Ausbildungsbetrieben – also als Exekutivorgane, im günstigsten Fall als Vermittlungsbeamte und diplomatische Vertreter des Staates. Die Tatsache, dass diese Chief Executive Officers – um sie in der Sprache zu benennen, die sie zur *lingua franca* der europäischen Universitäten erklärt haben –, dass diese CEOs die Bologna-Beschlüsse ohne Konsultation mit den Fakultäten, die sie hätten repräsentieren sollen, befürwortet und an ihren Hochschulen durchgesetzt haben, lässt sich nur unzureichend durch den Machtzuwachs erklären, der ihnen durch die etwa gleichzeitige Entdemokratisierung der Hochschulverwaltung garantiert wurde. Dieser Zuwachs hätte nach dem Willen des Gesetzgebers zugunsten der besonderen Interessen der Hochschulen eingesetzt werden können. Erklärt – und beileibe nicht gerechtfertigt – ist die Tatsache der Nicht-Konsultation allein dadurch, dass diese Rektoren von ihren Fakultäten nur selten, aber tagtäglich von ihren Ministerien zur Verantwortung gezogen wurden. Die Loyalität der Rektoren und der Ministerien gegenüber den Forschern und Lehrern war also geschwächt, weil die Loyalität der Forscher und Lehrer gegenüber ihrer eigenen Sache, der Forschung und Lehre, geschwächt war. Die historischen und strukturellen Motive dafür mögen manches erklären, rechtfertigen können sie das faktische Degagement der Hochschullehrer von ihren sachlichen und ihren damit verbundenen politischen Aufgaben nicht. Ihr Widerstand gegen die Implementierung der Bologna-Reform war, als er sich mit jahrelanger Verspätung meldete, lau, er war in aller Regel konfus und er bediente sich im Wesentlichen derselben Argumente der technischen Effizienz, die zuvor von administrativer Seite in Anschlag gebracht worden waren, um jener Reform den Schein der Vernünftigkeit zu verleihen. Dass die Logik der Verwaltung und die Logik von Forschung und Lehre miteinander inkompatibel sind, diese simpelste aller Einsichten war offenkundig bereits in der Routine einer Forschungs-Verwaltung verlorengegangen, die von der Forschung nur das positive, das handliche, das in jedem Sinn manipulierbare Wissen und von diesem am Ende nur noch seine Verwaltung übrig gelassen hatte. Wenn die Bologna-Beschlüsse, dieses Manifest der Inkompetenz europäischer Minister und Hochschulrektoren in Fragen der Forschung wie der Lehre, mit so widerstandsloser Effizienz hat implementiert werden können, dann auch deshalb, weil die Hochschullehrer selbst in ihrer Majorität zu Verwaltern nicht nur ihrer Ämter, sondern ihrer Wissenschaften geworden sind. Die Invasion des Staates in die *Freistätte der Wissenschaft* war nur möglich aufgrund der passiven Billigung und maulenden Willfährigkeit der Wissenschaftler selbst. Auch sie verhielten sich in ihrer *Freistätte* schon als Verwaltungsagenten des Staates, und mit ihrer verdrossenen Toleranz waren auch sie es, die die Interessen von Forschung und Lehre an einen unbelehrten Verwaltungsapparat preisgegeben haben.

Man mache sich also keine Illusionen: Die Demarkationslinie zwischen Staat und Hochschule ist – und zwar seit langem – so durchlässig, dass die Frage sich aufdrängt, ob sie überhaupt noch existiert, ob der Versuch, sie zu ziehen, eine Chance und in welchem Sinn er – auch diese Frage drängt sich auf – ein »Recht« hat. Dass solche Fragen sich überhaupt stellen, versteht sich nicht von selbst, denn für Humboldt lag die praktische Notwendigkeit und die Legitimität einer solchen Schutzlinie offen zutage. Mit dieser Selbstverständlichkeit ist es vorbei, weil es vorbei ist mit der Sicherheit der Einsicht in die Formdifferenz zwischen Verwaltung einerseits und Forschung und Lehre andrerseits. Ob man von mentalitätsgeschichtlichem Wandel sprechen will, von Differenzierungsverfall oder schlicht von Opportunismus: Dass die staatliche Verwaltungspolitik und ihre ökonomische Ratio einen Etappensieg nach dem anderen über Forschung und Lehre erringt und dabei auf die Unterstützung durch die Forschungs- und Lehrinstitutionen selbst rechnen kann, ist ein schauerliches Phänomen, das von keiner dieser Erklärungen aufgelöst wird. So fragt sich denn, welche Interessen und welche Prinzipien es sind, die nach den Regierungsplänen an die Stelle des Prinzips der Forschung und forschender Lehre bereits getreten sind und noch treten sollen: an die Stelle also des Befragens, der Analyse, der Erforschung von Phänomenen, die noch keine zureichende Klarheit und oft nicht einmal die ihnen gebührende Aufmerksamkeit gewonnen haben, an die Stelle eines offenen Achtens auf etwas Unabgeschlossenes und an die Stelle der Achtung dafür. Um eine Antwort auf diese Frage zu finden, ist es hilfreich, das Augenmerk auf vier der auffälligsten ›Innovationen‹ zu richten, die mit der Reform und den sie flankierenden Maßnahmen zur »Bildungs-« oder »Qualitätsoffensive« eingeführt worden sind. Neuerungen stellen sie vornehmlich für die Geisteswissenschaften dar, in den technischen und Naturwissenschaften sind sie zum größeren Teil seit langem Routine. Hier und im Folgenden ist darum ausschließlich von den Geisteswissenschaften die Rede.

– Mit der Einführung der »Evaluation« ins Lehrsystem und in das System der Qualifikationsbemessung von Hochschullehrern der neu gebildeten W-Gruppen wird in die Universität ein marktwirtschaftliche Prinzip der Konkurrenz eingeführt, das ihr bislang fremd war. Bei dieser »Evaluation«, die man sich offenbar schämt, bei ihrem unenglischen Namen »Bewertung« zu nennen, geht es nicht um offene Deliberation und wechselseitige Kritik zwischen in gleicher Weise an einer Sache beteiligten Diskutanten, sondern um eine Bewertung der Forscher und Lehrer durch die universitäre Administration oder ihre Repräsentanten: eine Bewertung, die weder auf Gegenseitigkeit beruht noch auf sachlichen Kriterien, sondern auf dem Umfang »eingeworbener« »Drittmittel«, der Anzahl von Publikationen und der Benotung von Lehrveranstaltungen durch Studenten. Diese quantitative Einschätzung von prinzipiell nicht quantifizierbaren Leistungen dient einem wiederum bloß quantitativen Effekt – sie dient als Bemessungsgrundlage *für die »leistungsbezogene Komponente«* der individuellen Besoldung der Hochschullehrer. Der Riesenaufwand, der um ein paar Scheine getrieben wird, wäre eine Spießerfarce und der Rede nicht wert, wenn er nicht als Propagandamittel für eine Arbeitsmoral eingesetzt würde, von der die Ethik der Forschung und einer mit ihr verbundenen Lehre abgelöst werden soll. Durch die »Evaluation« wird die Einzelleistung demonstrativ aus dem Zusammenhang mit der Arbeit von nahen und fernen, geschätzten und ungeschätzten Kollegen isoliert, das Ideal der Kollegialität in Forschung und Lehre wird systematisch auf Dauer entwertet, und offiziell honoriert wird ein tendentiell forschungsfeindlicher Separatismus. Forschungsfeindlich ist aber nicht erst die Zerschlagung der *community of researchers*, wie eng oder weit sie auch gefasst werden mag. Forschungsfeindlich ist schon die Annahme, Denken lasse sich umstandslos observieren, benoten, an Normen messen und in seinem Wert mit statistischen Mitteln fixieren. Gerade aber dies, die Errechenbarkeit und Kontrollierbarkeit intellektueller Praxis, wird vom Bewertungsimperativ nicht nur unterstellt, sondern auf Biegen und Brechen instituiert. Sokrates hat nichts geschrieben, Nietzsche las, solange er noch Professor war, mal vor zwei, mal vor drei oder fünf Hörern, Wittgenstein hätte unter Evaluationsbedingungen im Nu seine Stelle verloren. Niemandem würde einfallen, einen der drei zum Maßstab der Bewertung geisteswissenschaftlicher Leistungen an einer Universität zu machen. Man würde das für grotesk halten – und damit einräumen, dass jede Bewertung dieser Art auf Abstrusitäten hinausläuft. Denn intellektuelle Leistungen in den Geisteswissenschaften sind jeweils singulär, und die Annahme, Singularität lasse sich messen, errechnen, bestimmten Einzelnen vorbehalten und anderen absprechen, diese Annahme ist so widersinnig, dass sie aufgegeben werden müsste, sobald nur ihre Implikationen deutlich geworden sind.

– Die Bildung von Kollegs (»Graduiertenkollegs«), Bereichen (»Sonderforschungsbereichen«), Gruppen (»Forschergruppen«), Zentren (»Kompetenzzentren«), Clusters (»Exzellenz-Clusters«) und einer wachsenden Zahl weiterer Varietäten aus dem Technotop der Forschungs- und Lehr-Kollektivierung erzeugt artifizielle »Verbünde«, die allein einer opulenteren »Ausstattung, sachlich und personell«, nicht aber der intensivierten Zusammenarbeit zwischen Kollegen und der Förderung ihrer Forschung und Lehre dienen. Zwanglose Kooperationen gibt es seit eh und je, und sie kommen in aller Regel der Forschung wie der Lehre zugute, wenn sie nicht zu Dauereinrichtungen erstarren. Wo genau das, wie in den neuen akademischen Arbeitskollektiven, geschieht, können Einzelforschungen kaum anders denn als Konkurrenzforschungen überleben. Die neue Kollektivierung fördert die Isolation. Und zwar die Isolation zwischen den Mitgliedern der jeweiligen Kollektive, zwischen den darin vertretenen Disziplinen und den daran beteiligten Universitäten. In ihnen herrscht das Prinzip der Konkurrenz, der gegenseitigen Überbietung, des Willens zur Macht – und damit ein Prinzip, das mit dem der Forschung wie der Lehre schlecht vereinbar ist. Wer wie die Wissenschaftsförderorganisationen unterstellt, es gehe in der Wissenschaft um die ›Kraft des besseren Arguments‹, der geht davon aus, dass Argumente in einer Hackordnung stehen und die jeweils überlebensfähigsten, konsensgewandtesten oder ökonomischsten sich auf dem Weg quasi-natürlicher Selektion durchsetzen. Aber die Macht des besseren Arguments ist fast regelmäßig nur die Macht des Arguments, das sich auf die Seite der Macht schlägt und selbst nur als Argument für die Macht in Anschlag gebracht werden kann. Mit den Konkurrenz-Kollektiven, in denen der Wettkampf um die tauglichsten Erkenntnisse ausgefochten werden soll, ist den Hochschulen ein Organisationsprinzip implantiert worden, das der Form der Erkenntnis nicht nur heterogen, sondern ihr feindlich entgegengesetzt ist. Erkenntnis erträgt prinzipiell kein ihr fremdes Prinzip, und am wenigsten das Prinzip einer Macht, unter der sie aufhören müsste, Erkenntnis zu sein. Und selbstverständlich ist es völlig gleichgültig, ob diese Macht sich in barer Münze auszahlt oder in irgendeiner anderen Form von Vergünstigung: Jede Form, nach der sich die Wissenschaft streckt, entstellt sie.

– »Drittmittel« sind für die Haushalte der Hochschulen nicht neu, haben aber inzwischen eine neue Funktion für die Verteilung ihrer Mittel übernommen. In dem Maße, in dem die Forschungsfinanzierung Instanzen außerhalb der Universität anvertraut wird, wird nämlich von außen auch die hochschul*interne* Finanz- und Stellenausstattung ganzer Institute dirigiert. Um die Selbstverwaltung und die Selbstbestimmung über Formen und Inhalte universitärer Arbeit ist es damit geschehen. Die Schlüsselgewalt über Kassen und Verwaltungsmacht ist an Förderinstitute übergegangen, die, ob staatlich oder privat, ihre Entscheidungen nicht nach den Meriten akademischer Arbeit, sondern nach der Darstellung dieser Meriten und ihrer Konsensfähigkeit treffen. Forschung, aber auch Lehre, wird dadurch abhängig von einer Rhetorik der Bewerbung und der Werbung, wie sie bislang nur auf dem »freien« Markt und bei großen Firmen- und Staatsaufträgen gebräuchlich war. Von Wissenschaftlern wird erwartet, den Habitus von Lobbyisten auszubilden.[2] Der Effekt ihrer Reklame-Rhetorik mag nun in der Ausschüttung magerer oder immenser Geldmittel liegen, er hat in den Geisteswissenschaften keinerlei sachlichen Wert für die Forschung und keinen für die Lehre, es sei denn, jene Mittel dienten – was selten, aber immerhin manchmal der Fall ist – der Einrichtung neuer Professuren (die freilich besser auf anderem Weg gewonnen und auf andere Weise vergeben würden). Drittmittel für Forschungs-»Initiativen« »einzuwerben« hat zunächst und vornehmlich Ausstellungswert. Einwerbeskalen, »Ranking«-Listen, Internet-»Auftritte«, »Vernetzungsziffern« führen zu Schummelstatistiken, die über die sachliche Qualität akademischer Arbeit nicht die mindeste Auskunft geben, dafür aber den Tageskurswert des »standing« eines Forschungsinteresses, eines Clusters, eines Universitätssegments verbuchen und mit jenem Kurswert aus Reklamedaten ihrerseits Reklame für ein bestimmtes akademisches »Produkt«: ein Thema, ein Paradigma, ein Modell, einen Fokus, einen Trend machen. Und da die Universitäts-Administratoren und -Politiker in aller Regel nicht die blasseste Ahnung von der Sache haben, um die es bei der Forschung an ihrer Universität geht, sondern nur vom Schein dieser Sache und von der Show, die um sie inszeniert wird, lautet die Maxime: Einfühlung aller Universitätsmitglieder in den Show-Wert, Konkurrenz um den Kurswert-Hochstand, Wettbewerb bis aufs Messer um die griffigste Phrase, die ein paar Evaluationspunkte oder Akklamationsgrade oder Geldscheine mehr einspielt als die konkurrierende von nebenan oder gestern. Es herrschen die Regeln des Kapitalmarktes, also des Kredits, also der Suggestion. Wenn Wissenschaft bisher der Auflösung von Illusionen und der Erkenntnis dessen, was ist, galt, so kann sie unter den neuerdings staatlich verordneten Arbeitsformen nur überleben, wenn sie die Illusion von Wissenschaftlichkeit und die Neigung zu dem verbreitet, was bestenfalls so scheint, als wäre es, und oft genug bloß so scheint, als scheine es. Die »Ideen«, mit denen Drittmittel eingeworben werden, reduzieren sich zusehends darauf, Reklame für sich selbst, für die Werber und ihre Hochschulen zu sein.[3]

– Da es fortan Doktoranden-Stipendien vornehmlich im Zusammenhang mit den eben genannten »Kollegs«, »Bereichen«, »Gruppen« und »Clustern« geben wird, gibt es nach dem Willen der Politiker und Universitätspolitiker, die diese Änderung zu verantworten haben, künftig drastisch weniger

Dissertationen zu individuell gewählten Themen, dafür eine Flut von Arbeiten, die ein und demselben, nicht selbst gewählten und deshalb zumeist lieblos, neugierlos, ergebnislos traktierten Themenkomplex gewidmet sind. Die Drei- und Sechs- (und maximal Neun-)Jahrespläne, die die Kollektivbewirtschaftung eines Themas garantieren, laufen natürlich auf Raubbau an diesem Thema und Raubbau an den Talenten der jungen Forscher hinaus. Vor Jahren war eines dieser vielbestellten Themen »Memoria« und man konnte leicht ein Dutzend Probevorträge für die Besetzung einer Professur hören, von denen genau zwölf der »Memoria« gewidmet waren und genau zwölf kaum etwas Scharfsinniges oder gar Geistreiches darüber mitzuteilen hatten. Zwar hat sich seither eine Memoria-Allergie ausgebreitet, aber die Kräfte, die sich inzwischen an das alte Thema kaum noch erinnern können, waren damals für Jahre bis zur Paralyse daran fixiert. Nach demselben Schema, mit den gleichen Effekten wird seither verfahren. Statt Selbständigkeit Gängelung, statt Förderung individueller Einsichten Planwirtschaft und Abrichtung auf Markttendenzen. Und wo emotional relativ balancierte Verhältnisse zu den Gegenständen von Forschung und Lehre förderlich wären, setzt sich mit ihrer Zurichtung zu Massenartikeln eine tiefe Aversion gegen diese Gegenstände fest.

Die fünfte Neuerung, die allgemein für besonders dramatisch gehalten wird: die Einführung »modularisierter« Studiengänge für den Bachelor (den es bisher an kontinentaleuropäischen Hochschulen nicht gab) und den Master (der den alten Magister Artium ablöst), entspricht aufs genaueste den Strukturen der vier bereits genannten. Auch sie stellt eine Veränderung der Arbeitsformen dar, auch sie führt eine Verschärfung der Kontrolle von Leistungen ein und ersetzt gemeinsame Diskussion durch hierarchische Bewertung, auch sie ordnet individuelle Interessen einem kollektiven, über viele Jahre mechanisch wiederholten Schema unter, auch sie trainiert die Orientierung auf Marktwerte ein – *und sichert diese*

Orientierung durch die Beteiligung berufsständischer Organisationen bei der Akkreditierung jedes einzelnen Studiengangs –, auch sie verkürzt durch die Einschränkung der Studienzeit die Freiheit der individuellen Wahl von Stoffen, von Weisen der Aufmerksamkeit und des Verhaltens zu Problemen, sie verkürzt sogar die Möglichkeit, diese Wahlfreiheit zu erwerben. Lehre kann unter den Bedingungen der modularisierten Studiengänge nur Wiedergabe und Weitergabe von Gegebenem sein, nicht aber, wie sie es müsste, Erschließung dessen, was noch nicht gegeben, bekannt oder gekonnt ist: Sie kann nicht ein Modus gemeinsamen Forschens sein, keine kritische Distanz zum Überlieferten eröffnen und nichts Unbekanntes entdecken. Die Rationierung der Lehre zur Informationsübermittlung mag, so unwahrscheinlich es ist, für die technischen Wissenschaften keine Gefahr, sondern ein Gewinn sein; für die Geisteswissenschaften ist sie tödlich. Denn sie schränkt das Studium auf den Erwerb von Kenntnissen ein, während es in ihm doch zunächst und vor allem um die Tätigkeit des Erkennens und um die geduldige Zurückführung aller Kenntnisse auf ihre Herkunft aus Erkenntnissen zu tun sein muss. Da diese Erkenntnistätigkeit auf das Sprechen und das gemeinsame Gespräch angewiesen ist und da sie niemals Erkenntnis sein kann, wenn sie nicht zur Sprache gebrachte Erkenntnis ist, bewirkt die Schrumpfung der Lehre auf Information nicht weniger als eine Verkümmerung der Erkenntnisfähigkeit; die Verkürzung und Reglementierung des Studiums beschneidet die Redefreiheit und behindert die Ausbildung der Rede zu einem Organ der Forschung und der Entdeckung: Sie blockiert den Weg zur Mündigkeit, während alles am Studium dazu beitragen sollte, ihn zu bahnen. Wo Unterweisung zur bloßen Anweisung wird, ist sie schon Anweisung zur Stummheit und Dummheit geworden.

Die rezenten Reformen des Bildungs- und Ausbildungssystems in Europa sind also keineswegs bloß verwaltungstechnische Rationalisierungen, die der größeren Effizienz in

Forschung und Lehre dienen. Als solche werden sie wohl in allen einschlägigen Propagandaveranstaltungen angepriesen, als solche mögen sie sogar geplant gewesen sein, aber als solche wirken sie nicht. Nichts an den »Innovationen« trägt in den Geisteswissenschaften zur Intensivierung der Forschung und nichts zur Verbesserung der Lehre bei –: nicht die »Evaluationen«, die nur die Verachtung oder die Servilität der Wissenschaftler provozieren können; nicht die Kollektivierung in »Kollegs« und »Clusters«, die zwar den Willen zur Macht stärkt, aber die Fähigkeit zur Erkenntnis im selben Maß vermindert; nicht die »Drittmittel«-Agenturen, denn sie begünstigen nicht die Forschung, sondern die standardisierten Illusionen über sie; und nicht die Reglementierung und Restriktion von Studienstoffen, -formen und -zeiten, denn sie verkümmern die Sprach- und Erkenntniskräfte, statt sie zu fördern. Sollten die Reformen jemals als Verbesserung der Lehr- und Forschungsbedingungen an Hochschulen geplant gewesen sein, so sind sie durchweg unzweckmäßig ausgefallen, denn sie haben diese Bedingungen verschlechtert. Es wird nicht etwa mehr, sondern bloß von mehr Forschern über dasselbe Thema geforscht; nicht besser geforscht, sondern bloß mit der Approbation von Experten über ein Thema geforscht, das sie besser finden als ein anderes Thema – aber die Expertise jener Experten kann sich mit der der Beurteilten in der Regel kaum messen. Nicht mehr, sondern weniger wird studiert, und nicht intensiver, sondern flüchtiger, denn es muss in kürzerer Zeit und unter strengeren formalen Einschränkungen studiert werden als früher. Es wird auch nicht effizienter, berufs- oder marktgerechter studiert, denn es gibt keinen Markt und keine vorgebahnte berufliche Karriere für Bachelors oder Masters irgendeines geisteswissenschaftlichen Fachs: Was es dagegen sehr wohl gibt, ist die allgemeine Forderung, dass mindestens eine geisteswissenschaftliche Disziplin gründlich und in möglichst großer Breite studiert worden ist – und genau diese Minimalforderung, die noch vom Magister annähernd erfüllt werden konnte, kann unter den Bedingungen der Modularisierung von keinem Master mehr und erst recht von keinem Bachelor erfüllt werden. Die neuen Studienordnungen, was immer sonst noch ihre Defizite sein mögen, haben also den elementaren Fehler, das Studium unbrauchbar zu machen, die Lehre als Repetitorium zu missbrauchen, die Forschung den forschungsfeindlichen Prinzipien der Konkurrenz- und der Planwirtschaft zu unterwerfen und Dozenten und Studenten einander und ihrer gemeinsamen Sache, der Erkenntnis, zu entfremden.

Damit ist die Situation der reformierten Universitäten in Europa charakterisiert: Sie sind zu polytechnischen Hochschulen herabgestuft, aber nicht einmal mehr imstande, ihre Aufgabe als Ausbildungsstätten für den Arbeitsmarkt zu erfüllen. Dazu wäre es nicht nur nötig, dass die Studierenden in allen Kenntnissen und Fertigkeiten unterrichtet werden, die für ihre künftige Funktion auf dem Markt wichtig sind, es wäre dazu auch nötig, dass sie über den gesamten Zusammenhang ihrer gegenwärtigen und künftigen Tätigkeiten nach dem besten Stand des Wissens informiert würden. Diese Minimalansprüche einer komplexen Arbeitsgesellschaft an ihre Universitäten können nach dem »Bologna-Prozess« von den geisteswissenschaftlichen Instituten nicht mehr erfüllt werden. Daher der – sehr verspätete – Schock der Studenten, die merken, dass sie mit BA- und MA-Abschlüssen in die Arbeitslosigkeit entlassen werden; daher ihre Streiks; daher die Überzeugung, der Staat führe einen schlecht verdeckten Krieg gegen die Bildungsinstitutionen und gegen die Gesellschaft, die auf sie angewiesen ist. Die charakteristischen Züge der Reform lassen kaum einen Zweifel daran, dass dieser Krieg durch die Umbildung der Logik der Forschung in eine Logik der Konkurrenz, die Umbildung der Analyse in Suggestionen, die Umbildung der Untersuchung des nicht Bekannten in die Vermessung des als schon bekannt Geltenden ausgetragen wird. Auf dem Weg zu einer durch und durch von Zahlen gelenkten, messenden und sich messenden Gesellschaft wird jedes Defizit und sogar der pädagogische und wissenschaftliche Bankrott der reformierten Hochschulen in Kauf genommen, solange nur dem *Prinzip* der Messung, Zählung, Planung, der Wertung und Verwertung selbst noch Kredit gewährt werden kann. Ob polytechnische Ausbildung für die Gesellschaft oder für irgendetwas sonst aktuell brauchbar ist oder nicht, kann so lange eine zweit- und drittrangige Frage bleiben, wie das Prinzip der Verwertung und der sie leitenden Bewertung, der Wertsetzung, des Werturteils und der Wertkontrolle, ohne Einschränkung implementiert werden. Und genau diese Implementierung des Wertungsprinzips ist der strukturelle Sinn der jüngsten Bildungsreformen. Wertung ohne Maß, Wertung ohne ein anderes Maß als diese Wertung selbst: Das ist die Strukturformel, nach der sich die Bildungs-»Offensiven« des letzten Jahrzehnts in Europa vollziehen. Das ist zugleich die Formel des Mehrwerts, der kein Summum kennt, die Formel des Kapitals – des kulturellen wie des Finanzkapitals –, das sich selbst heckt, die Formel der Konkurrenz, die jeden erreichten Wert durch einen höheren überbietet, und die Formel der Reklame, die nur noch ein einziges ›Produkt‹ bewirbt, nämlich sie selbst.

»Alles ist leer, alles ist gleich, alles war« – so lautet Nietzsches Formel für das, was er Nihilismus nennt.[4] Sie bezeichnet den Fluchtpunkt aller Veranstaltungen zur Reform der Hochschulen. Mit der Bologna-Reform ist die Wertungsobsession auf dem Gebiet der Bildung – der Ermöglichung intelligenten gesellschaftlichen Lebens – und auf dem Gebiet der Ausbildung – der Reproduktion intelligenten gesellschaftlichen Lebens – in ihre kritische Phase getreten. Wertung ohne Wert, das besagt: Alles kann auch noch anders sein, alles kann auch anders gewesen sein, alles muss noch anders, noch besser, noch genauer dem Schema des Anders-sein-Könnens entsprechen: Deshalb ist alles, sobald es ist, nicht das, was es sein könnte, alles ist schon gleich, weil gleichermaßen entwertet, alles schon leer, weil durch Anderes überboten und zu einem

Vergangenen geworden. Die Wertungsformel ist eine Entwertungsformel. Nach ihrer Maßgabe ist alles, was im Bereich der Bildung und der Ausbildung produziert wird, nichts als eben ein ›Bild‹, ein Phantasma, eine Illusion, die allenfalls durch weitere Illusionen überboten, aber auf keine Wirklichkeit hin überschritten werden kann. Das Schema der Wertbildung mag zwar alle Werte, die gebildet werden, der Entwertung überlassen, dieses Schema selbst behauptet sich dagegen als invariant, beharrlich und starr. Kontingenz soll selber nicht kontingent sein. Von dieser Essenzialisierung der Kontingenz weiß man, dass sie die Struktur der Neuzeit bestimmt, dass sie in der Ökonomie des Kredits und der Surplusproduktion, in der psycho-sozialen Konkurrenzmechanik, in den Katastrophen-cum-Errettungs-Phantasien der Kulturindustrien herrscht. Mit den jüngsten Reformen wird sie von den staatlichen Verwaltungsinstanzen auch dem Ausbildungs- und Bildungssystem imputiert. Als verwaltete Willkür okkupiert die strukturell gewordene Wertungsgewalt einen Ort, an dem sie nicht herrschen, sondern analysiert werden sollte: an dem niemand und nichts herrschen dürfte, sondern alles und jedes bedacht werden müsste.

Dieser Ort, die Hochschule, wurde erfunden, um den Wissenschaften eine *Freistätte* zu bieten – eine Stätte, die frei wäre von Eingriffen des Staates, frei von seiner Politik und Verwaltung, frei von den Zwängen der Wirtschaft und den Faszinationen der ›Weltanschauungen‹ –, eine *Freistätte*, an der über die Strukturen der Wirklichkeitskonturierung und Wirklichkeitserzeugung nachgedacht, an der diese Strukturen entworfen und erprobt, verworfen und transformiert würden, an der sie aber ebendeshalb außer Geltung gesetzt, deaktiviert, suspendiert werden mussten. Er sollte, noch heute, der Ort der Befreiung von Wertungen wie Entwertungen sein können, weil es der Ort des Abschieds vom Wertungsschema insgesamt, der Distanzierung von Substantialisierungen, alten und neuen, und der Würdigung des Kontingenten *als* Kontingenten sein müsste. Alles, was ist, müsste sich hier als etwas zeigen, das nicht als gesichertes Datum gegeben, sondern als nie gesichertes Datier*bares* aufgegeben ist – und sich deshalb schlechterdings jeder Gewalt und jeder Verwaltung, die über Wirklichkeiten disponieren, entzieht. Forschung wäre nicht Forschung und Lehre wäre nicht Lehre, wenn irgendeine Deutungs- oder Handlungsnorm in ihrem Bereich unbefragte Geltung beanspruchen dürfte. Eine *Freistätte der Wissenschaft* kann nur diejenige sein, an der sich die Wissenschaft von allem, das nicht sie selbst ist, von allen privaten Interessen und normativen Rücksichten, von allen Verpflichtungen und Zumutungen, die nicht von ihr selbst ausgehen, löst – und sich löst noch von jeder der Formen, Verfahren, Genres und Techniken des Erwerbs, der Artikulation und der Vermittlung von Wissen, die sie im Gang ihrer Geschichte angenommen hat. An der *Freistätte der Wissenschaft* befreit sich die Wissenschaft von allem Anderen und befreit sich noch von ihren eigenen Formtraditionen. Um Wissenschaft zu sein, muss es ihr nämlich in jedem Moment zweifelhaft sein, ob sie schon oder noch Wissenschaft ist und ob sie überhaupt und in welchem Sinn sie Wissenschaft sein kann. Es muss ihr deshalb zweifelhaft sein, ob Wissen die fundamentale Form des Zugangs zu dem, was ist, und zur Wahrheit seines Daseins eröffnet; es muss ihr zweifelhaft sein, ob der Zweifel es ist, der ihr diesen Zugang zur Welt und zu ihr selbst gewährt; es muss ihr sogar fraglich werden, ob sie zu ihrer Tätigkeit einer bestimmten, wohlumschriebenen Stätte bedarf, die ihr von einer bestimmten Gesellschafts- und Staatsform eingeräumt wird; und fraglich, ob damit auch schon die Bedingung ihrer Freiheit, die Bedingung ihrer Unbedingtheit und also die Form ihrer Autonomie gegeben ist –: die *Freistätte der Wissenschaft* könnte als Reservat, statt zum Ort einer Idee, idyllisch werden wie ein Naturschutzpark; sie könnte eine allzu lokal determinierte Einfriedung, eine Klause und ein Ghetto sein; sie könnte auf einem egologisch bornierten Begriff von Freiheit beruhen und

Wissenschaft nur in der Verkürzung auf theoretische Aussagen erlauben. All das müssen, wohlgemerkt, Vorbehalte der Wissenschaft selbst gegen die dogmatische Definition ihrer Tätigkeit und ihres Orts in der Universität und des Ortes der Universität in der Gesellschaft sein können. Wissenschaft ist sie, kurzum, nicht als historische Disziplin und Institution, sondern allein als Tat und geschichtliches Geschehen, das auf keinen zuvor schon bestimmten institutionellen Ort fixiert ist.

Aus diesen Überlegungen ergeben sich mindestens zwei weitere. Die erste betrifft das prekäre Verhältnis, das die so verstandene und betriebene Wissenschaft zu jeder verfassten Gesellschaft und insbesondere zum Staat unterhält. Als absolute Skepsis ist intellektuelle Praxis denkbar wenig konservativ. Ihre Aufmerksamkeit richtet sich zwar mit größter Intensität auf alles, was ist und gewesen ist, aber jeweils unter dem Vorbehalt, dass es anders sein oder hätte sein können. Bei aller praktischen Ohnmacht, die ihr auferlegt ist, wirkt sie, wie sonst nur noch die Kunst, als Agentin eines anderen als des jeweils normalen oder normativen Blicks auf die Welt, sie wirkt als Agentin von Normerschütterungen im Bereich der Erkenntnis wie in dem des Verhaltens. Wissenschaft destabilisiert. Jeder Gesellschaft dagegen, und der staatlich bewehrten zumal, kommt es um fast jeden Preis auf die Erhaltung ihrer Stabilität an. Die durchweg skeptisch und gegen sich selbst »kritisch« gewordene Wissenschaft, die Geisteswissenschaft, findet sich deshalb, kaum anders als in der idealen Polis Platons die Dichtung, schnell unter Kuratel gestellt. Sie rechnet nicht und ist unberechenbar, sie wertet nicht und stellt jedes stabile Wertmaß in Frage. Deshalb die Invasion des auf Maß und Wert bedachten Staates in das Hoheitsgebiet der Wissenschaft, deshalb die Verletzung ihrer *Freistätte* durch massive verwaltungstechnische Eingriffe in ihre Forschungs- und Lehrformen, deshalb das bildungspolitische Revirement, das den Studenten ihr verbürgtes Recht auf Bildung und Ausbildung, den Dozenten ihr Recht auf Forschung und Lehre beschneidet. Mit dem »Bologna-Prozess« versucht die Politik, die von den Hochschulen drohende Destabilisierung abzuwehren; man kann auch sagen: Sie versucht, die Wissenschaft durch einen präventiven Eingriff ihren eigenen Konservierungstendenzen gefügig zu machen. Wissenschaftsberuhigung ist die erste Staatspflicht.

Aber die Geisteswissenschaften, die noch ihre eigenen Grundannahmen permanent in Bewegung versetzen, lassen sich nicht leicht ruhigstellen. Auch kann keinem Staat und keinem von ihm geschützten Privatinteresse die gänzliche Lähmung der Wissenschaften gelegen kommen. Ihre Leistungen werden zur Expansion der Güterverwertung gebraucht, kommen deshalb selbst nur als Güter in Betracht und können nur aufgrund ihrer Verwertbarkeit darauf rechnen, vom Staat gehegt zu werden. Vielleicht kann sogar allein ihre Verwertbarkeit die geisteswissenschaftlichen Fakultäten noch für eine Weile vor ihrer restlosen Eliminierung bewahren. Nun ist aber – und dies wäre die zweite Überlegung – schon die Frage nach dem Grund der Wertung, dem Zweck der Verwertung, dem Schema des Wertvergleichs und der Wertsteigerung eine Frage, die selbst nicht verwertbar ist. Erst sie ist aber eine genuin wissenschaftliche, eine geisteswissenschaftliche Frage. Als die *Frage*, die sie ist, kann sie nicht im Dienst von Instanzen stehen, die ihr ein Maß vorgeben; sie kann nicht aufgrund von Kriterien der Tunlichkeit oder Nützlichkeit beantwortet werden, die nicht ihrerseits in Frage stehen; sie ist eine Frage, die die Wissenschaft an sich selbst und an den gesamten mit ihr verbundenen Komplex von Denkgewohnheiten und Handlungsroutinen ihrer Epoche stellt, und eine Frage, die nur sie allein und die sie ausschließlich mit ihren eigenen Mitteln untersuchen und, vielleicht, auf den Weg zu einer Antwort bringen kann. Derart fragend steht die Wissenschaft selbst in Frage, und mit ihr ihre Geschichte und ihr gegenwärtiger gesellschaftlicher Ort, die Universität. Was aber derart in Frage steht, steht, ohne Zuflucht und ohne Rückhalt, auf keinem gesicherten Grund, an keinem festen institutionellen, systematischen oder ontologischen Ort: Es steht allein auf sich selbst – und auf sich als einem in Frage stehenden »Selbst«. In dieser Frage nach sich steht die Wissenschaft, da sie nicht mehr oder noch nicht weiß, *was* sie ist und *ob* sie ist, im Freien: frei von jeder Bestimmung, an der sie sich messen, frei von jeder Instanz, mit der sie sich vergleichen, frei von jeder Wertung, durch die sie sich sichern könnte, und darum frei, ihr durch nichts bestimmtes Selbst zu sein. Mit der Frage nach ihrem und nach jedem Wert verwandelt sich die Wissenschaft aus der methodischen, auf bestimmte Zwecke gerichteten Untersuchung eines bestimmten Gegenstandes in die Untersuchung dieser Untersuchung selbst, in die Erforschung der Axiome, Prämissen und Kriterien, auf denen ihr Verfahren und ihre Gegenstands- und Zweckbestimmungen beruhen. Als fragende hört sie auf, dogmatische Voraussetzungen in Anspruch zu nehmen und selbst bloß dogmatisch zu sein; als noch sich selbst mit allen ihren Implikationen erforschende wird sie zu einer Erfahrung ohne messbaren und bezifferbaren Wert. Sie ist damit nicht in die Bewegung einer »Umwertung« eingetreten, in der bislang gültige historische Werte durch neue ersetzt würden, sondern in die Bewegung einer Suspendierung des Wertungsprinzips selbst, die keinen Ersatz und also keine Erhaltung des historischen Wertungskontinuums duldet. Ob die Wertung der Wissenschaft orientiert ist an ihrem Nutzen für private oder kollektive Zwecke, ob sie am Willen zur Macht oder Bemächtigung, am Willen zum Wissen und zur Macht des Wissens über praktische Lebensvollzüge, ob sie am bloßen Akt der Wertsetzung aus der Kraft der Subjektivität orientiert ist –, die Wertung selbst wird mitsamt ihren Orientierungsdaten in der Frage danach und in der Analyse ihrer Komponenten ausgesetzt, und allein diese *Aussetzung* ihrer Geltung, die zugleich Aussetzung aller konventionellen und konsensuellen Bestimmungen der Wissenschaft ist, kann die *Freisetzung* desjenigen Geschehens sein, das mit traditionellen Namen »Wissenschaft« und »Forschung« heißt, das aber auch Analyse, intellektuelle Praxis oder einfach Denken heißen kann. Denken ist sich freisetzendes Denken, es ist Denken aus der Distanz zu jedem ihm vorgesetzten Datum, aus der Entfernung zu jedem ihm übergeordneten Prinzip und jedem ihm beigelegten Wert, und deshalb, ebenso anarchisch wie autonom, die Bewegung der Freiheit: es selbst – das ausgesetzte, wertungslose – seine eigene, die einzige *Freistätte der Wissenschaft.*

Damit ist gesagt, dass die sich selbst befragende, sich analysierend transformierende Wissenschaft – wie sonst nur noch die Kunst – der Vollzug der Freiheit und dass sie, als dieser Vollzug, die Idee – die einzige Idee, der Kant diesen Namen ohne Einschränkung zugesteht –: die Idee der Freiheit ist. Es wäre widersinnig, von der ›Freiheit der Wissenschaft‹ so zu reden, als wäre Freiheit ein Prädikat der Wissenschaft, das ihr unter gewissen Umständen zukommen, unter anderen aber abgesprochen werden könnte, oder als wäre Freiheit der Oberbegriff, der durch die spezifische Freiheit der Wissenschaft näher bestimmt und konkretisiert würde. Freiheit ist kein Begriff. Sie ist Idee, und Idee nicht im Sinn eines Bewusstseinsinhalts, sondern als *Faktum der Vernunft*, mithin als Vollzug, Tat und Geschehen der Vernunft.[5] Allein als Betätigung der Freiheit, als Freiheit *in actu* ist Wissenschaft sie selbst. Und nur wo sie sich in der Ablösung von allen ihr fremden »Werten« allein auf sich selbst stellt, so fragwürdig dieses Selbst dabei bleiben mag, ist sie eine – und zwar eine ausgezeichnete, sich und ihre Welt explizit erforschende – Wirklichkeit der Freiheit. Freiheit und Wissenschaft – und Kunst – sind koextensive Größen. Deshalb kann man ihnen mit Kant *Würde* und nicht bloß einen *Wert* zuschreiben. In einer kanonisch gewordenen Passage der »Grundlegung zur Metaphysik der Sitten« heißt es zur Unterscheidung zwischen Wert und Preis einerseits und Würde andrerseits: *Was einen Preis hat, an dessen Stelle kann auch etwas anderes, als Äquivalent, gesetzt werden; was dagegen über allen Preis erhaben ist, mithin kein Äquivalent verstattet, das hat eine Würde.*[6] Wenn Wissenschaft und Kunst diejenigen Praktiken sind, die unabhängig von allen Verwertungsinteressen ihren eigenen Wert erst erforschen, dann muss ihnen ein unbedingter, unvergleichbarer Wert – das heißt eine Würde – zukommen, und zwar in jedem ihrer Selbstbefragungs- oder Selbsterfindungsakte eine jeweils singuläre Würde, die an keiner anderen messbar und durch keine andere substituierbar ist. Diese Würde kommt ihnen als Betätigungen der Freiheit oder als Befreiungen zu, die sich nicht zunächst negativ, in der Abweisung fremder Bestimmungen, sondern kreativ in der Erzeugung ihrer eigenen Handlungsformen manifestieren. So gedacht ist Wissenschaft nicht eine analytische Praxis innerhalb vorgegebener Institutionen, sondern eine Praxis, die ihre institutionellen Formen selbst generiert und die eben deshalb auch frei ist, solche Formen, insbesondere wo sie von heterogenen Interessen okkupiert werden, zu suspendieren, zu verwandeln und abzustreifen. Das humboldtsche Projekt der höheren Bildungsanstalten war ein Projekt für ebendiese Selbst-Generierung und Selbst-Transformation der Wissenschaften und ihrer Arbeitsformen. Es sollte dem an sich selbst praktisch werdenden Denken und also der Selbsterzeugung – der Selbstbildung – jenes bildlosen, unanschaulichen und vorstellungsfremden ›Bildes‹ entsprechen, das die *Idee* – die Freiheit – ist.

Wissenschaft ist also keine institutionsfundierte oder auch nur durchgängig institutionsbedürftige Praxis. Selbst die *Freistätte*, die ihr an der Hochschule eingeräumt wurde, war als Institution zum Schutz gegen andere Institutionen, als Schutz-Institution und Asyl gedacht, das der neuzeitliche Staat ihr *gegen* seine eigenen dirigistischen Verwaltungsinteressen und *zugunsten* der von ihm partiell vertretenen, partiell geduldeten Privatinteressen gewährte. Die höheren Forschungs- und Bildungsanstalten sollten also Institutionen von ganz besonderem Schlag sein: Institutionen gegen die Institution *par excellence*, den ›Staat‹, Institutionen zur Suspension durchgreifender Institutionalisierung. Die Wissenschaften müssten, wie Humboldt als Erster erfasste, für das Gemeinwohl und für die Erkenntnis am produktivsten dann werden, wenn ihnen jede institutionelle Form, insbesondere jede von außen auferlegte, erspart bliebe.[7] Da aber Forschung und Lehre, wenn sie nicht in die Abhängigkeit von Partikularinteressen geraten wollen, auf die ökonomischen Ressourcen des Staates angewiesen sind und da der Staat eine Sache nur dann fördern kann, wenn sie durch Institutionalisierung eine Gewähr dafür bietet, dass sie dem Gemeinwohl zugutekommt, lässt sich das strukturelle Dilemma zwischen Staatsinstitution und Autonomie allein durch die Kompromissform einer Institution ohne Kontrollinstitution beheben. Wird dieser Kompromiss eingeengt durch die staatliche Erzwingung bestimmter Leistungen oder Arbeitsformen, dann ist die Schädigung beider Parteien – der Wissenschaft wie der Gesellschaft – die Folge und der Kompromiss ist *de facto* aufgekündigt. Der besondere Status einer nicht-institutionshörigen Institution gebietet also, dass der Staat den Hochschulen und die Hochschulen der in ihnen betriebenen Forschung und Bildung die uneingeschränkte Autorität über alle für ihre Organisation relevanten Entscheidungen zugestehen. Die Wissenschaft muss also nicht nur frei sein, sich genauso wie von Vorurteilen auch von Verwertungs- und Verwaltungsinteressen zu lösen, es muss ihr diese Freiheit vom Staat auch ausdrücklich zugebilligt werden. Es muss ihr aber darüber hinaus, entsprechend der Logik von Kompromissen, ausdrücklich die Möglichkeit zugestanden werden, ihrerseits auf den staatlichen Verwaltungsapparat einzuwirken und seine Ordnungswerte zu revidieren, um ihrer einen Aufgabe gerecht zu werden: durch Einsicht die Möglichkeiten eines jeden für ein bewusstes und mündiges Leben zu erweitern. Wenn Forschung, Bildung und Ausbildung für eine lebensfähige und mündige Gesellschaft unverzichtbar sind und wenn die Wissenschaft, die sie betreibt, die einzige *Freistätte* ihrer selbst ist, dann muss die Wissenschaft es sein, die unter *ihren* Bedingungen den gesellschaftlichen Institutionen Asyl gewährt, und sie muss es sein, die dazu beiträgt, die staatlichen und privatwirtschaftlichen Wertungs- und Verwaltungszwänge einer Reform zu unterziehen. Nur so kann sie, wie es ihr zusteht, eine Institution zum Schutz vor Institutionen sein. Nur so kann es ihr gelingen, auch Institutionen zu mündigen Institutionen, auch den Staat zu einem mündigen Staat zu machen.

Ein Asyl oder eine Freistatt ist ein prekärer Ort – ein Ort der letzten Zuflucht für Verfolgte, ein Exil fernab von gewohnten Lebensumständen, eine bedrohte und bedrohliche Enklave in feindlicher Umgebung. Bei der Wahl seiner Metapher für den Ort der Wissenschaft im Staat dürfte Humboldt der Akzent auf die Freiheit wichtig gewesen sein, die der Wissenschaft in der Hochschule als einer *Freistätte* zugesichert werden sollte, aber nicht minder wichtig mag ihm die von der Metapher betonte Dringlichkeit gewesen sein, mit der die Wissenschaft dieses absolute Minimum an Schutz gegen staatliche Gewalt brauchte. Es ist bis heute ein Minimum geblieben für einen so elementaren, umfassenden, gesellschaftsgenerativen Prozess, wie es der ist, der als Forschung, Lehre und Bildung bezeichnet wird. Bedenkt man, dass mit diesen unscheinbaren Begriffen nicht weniger benannt ist als das seiner selbst bewusst werdende Leben jeder Gesellschaft, dann muss dessen Fundierung auf dem engen Boden eines Asyls einfach grotesk erscheinen. Nicht weniger minimal und nicht weniger grotesk scheint aber, zumindest auf den ersten Blick, der Freiheitsumfang, den das Pendant zur *Freistätte der Wissenschaft*, das konstitutionelle Recht auf die Freiheit der Forschung und Bildung, sichern soll. Es wird von den Verfassungen der europäischen Länder als Schutzrecht gegen staatliche Übergriffe auf die so genannten »Grundfreiheiten« ihrer Bürger garantiert. Dieses Recht gewährt also wie die von Humboldt erdachte Hochschule eine *Freistätte* dadurch, dass der Staat seiner Verwaltungsmacht und auch seiner legislativen Gewalt Grenzen setzt und ausdrücklich eine Betätigung zulässt, in die einzugreifen er sich wie Anderen verwehrt. Das Recht auf Freiheit der Forschung und Bildung – wie das Recht auf die benachbarten Freiheiten des Gewissens, der Meinungsäußerung und der Religionsausübung – wird dadurch von der Verfassung ausdrücklich zum Grund der Verfassung insgesamt und zur unaufgebbaren Basis sämtlicher rechtsstaatlichen Verfahren erklärt, deren Gegenstand die Wissenschaft, die Bildung, die Forschung und Lehre sind.

Im »Zusatzprotokoll zur Konvention zum Schutze der Menschenrechte und Grundfreiheiten«, das die Mitgliedsstaaten des Europarates 1952 unterzeichnet haben, stellt Artikel 2 fest: »Das Recht auf Bildung darf niemandem verwehrt werden.« In dem Vertrag über eine Verfassung, den die Staaten der Europäischen Union 2004 abgeschlossen haben, heißt es in diesem Sinn im Artikel II-73 unter dem Titel »Freiheit der Kunst und der Wissenschaft« lapidar: »Kunst und Forschung sind frei. Die akademische Freiheit wird geachtet.« Und im folgenden Artikel II-74: »Jede Person hat das Recht auf Bildung sowie auf Zugang zur beruflichen Ausbildung und Weiterbildung.« Der Scharfsinn der Juristen, die die Freiheit der Kunst und der Forschung nur konstatieren, ohne von einem *Recht* auf diese Freiheit zu reden, ist – zumal keine der anderen Freiheiten aus diesem Katalog der Verwandlung in ein *Recht* auf diese Freiheit entgeht – nur zu bewundern. Aber selbstverständlich hat auch diese schlichte Konstatierung im europäischen Verfassungswerk Rechtsstatus. Kunst und Forschung, so wird damit erklärt, haben ein Recht auf Freiheit, wie jede Person ein Recht auf Bildung hat. Es wird damit aber implizit auch erklärt, dass weitere Entscheidungen über diese Freiheitsrechte, über ihre Handhabung, ihre Förderung oder Vernachlässigung, dem staatlichen Verwaltungsapparat überlassen bleiben, wenn diese Rechte nicht durch die Legislative präzisiert und erweitert oder durch Ausführungsbestimmungen ergänzt werden. Und der Verwaltung der europäischen Staaten war es tatsächlich überlassen, diese Rechte im »Bologna-Prozess« durch das Diktat von Studienformen und -zeiten auf das empfindlichste einzuschränken, ohne dass diese Einschränkung von der Legislative auch nur diskutiert worden wäre. Nun sind diese – wie übrigens auch die anderen – Freiheitsrechte, als würden sie sich nur auf private Güter und partikulare Interessen erstrecken, auffälligerweise nicht als Freiheits*förderungs*rechte formuliert und deshalb für die staatlichen Organe nicht mit einer Freiheits*förderungspflicht* verbunden. Wenn überdies die »akademische Freiheit« – erstaunlicherweise im Unterschied zu derjenigen der Kunst – »geachtet« wird, so gilt diese Achtung offenbar nicht einem geschichtlichen gesellschaftlichen Gut – und zwar dem ausgezeichneten Gut expansiver intelligenter Vergesellschaftung –, für das sämtliche staatlichen Instanzen eine umfassende Sorgepflicht zu erfüllen hätten, sondern diese Achtung gilt der Freiheit, der akademischen, als wäre sie ein Naturstoff wie Kohle. Im Übrigen erlaubt die vage Bestimmung des Gegenstands dieser Achtung, die Freiheit der Forschung und Bildung als Freiheit bloß ihrer Gegenstandswahl zu deuten, und erteilt damit *ex vacuo definitionis* der staatlichen Administration die Lizenz, auf die Organisationsformen, aber auf diesem Umweg auch auf die Inhalte der Bildung nach Belieben Einfluss zu nehmen. Dass Wissenschaft und Kunst und Bildung frei sind, heißt seit der Verkündung ihrer Freiheitsrechte also auch, dass sie vogelfrei sind. Die staatliche Rechtsformel enthält keinen Schutz dagegen, als Zulassungsformel für staatlichen Rechtsmissbrauch benutzt zu werden.

Kurzum, alle grundgesetzlichen und verfassungsrechtlichen Erklärungen zur Bildungs- und Forschungsfreiheit aus dem letzten halben Jahrhundert bezeugen durch ihre Naivität, Laxheit und technische Unzulänglichkeit, dass die europäischen Staaten diese Freiheit vernachlässigen, dass sie ihre unbedingte Förderung und Ausdehnung nicht als vordringliches, ja überhaupt nicht als Ziel betrachten und dass sie prinzipiell gewillt sind, ihre Beschränkung und Manipulation hinzunehmen und selbst zu betreiben. Während sie Achtung versprechen, verhalten sie sich achtlos. Aus welchen Motiven sich diese aggressive Indifferenz im Einzelnen herleitet – aus rechtssystematischen oder aus politischen – und auf welche Vorstellungen von Wissenschaft sie sich stützt – sie dürften zwischen Serviceleistung und Luxussport liegen –, kann hier dahingestellt bleiben. Offenkundig genug werden aber Forschung und Bildung, obgleich sie als »Grundfreiheiten« bezeichnet werden, nicht als irreduzible und existentielle Tätigkeiten einer freien oder zumindest freiheitsfähigen Gesellschaft behandelt, und offenkundig genug geht das freiheitsbedrohende Missverhältnis zwischen den Freiheiten und den ihnen zugebilligten Schutzrechten aus der Struktur der Rechte selbst, geht also aus dem Basisinstitut des Rechtsstaats und aus seiner Abtrennung von den darin geschützten Freiheiten hervor.

Zu den heiklen rechtsphilosophischen Fragen, die in diesem Zusammenhang zu bedenken sind, gehört die, in welchem Verhältnis Rechte zu Freiheiten und die Rechtssphäre insgesamt zur Freiheit stehen. Die Frage wird in zwei geläufigen Alternativen präziser gefasst. Die diachrone Variante, die sich leicht mit Überlegungen von Hobbes verbinden lässt, lautet: Ob jemand oder etwas ein Recht auf Freiheit haben kann, ohne *zunächst* die Freiheit auszuüben, für die ihm *sodann* ein Recht zugestanden wird? In dieser Frage werden Freiheit und Recht auf zwei verschiedene Akteure und zwei aufeinanderfolgende Zeiten verteilt, ohne dass klar würde, wozu es eines Rechtes bedarf, wenn es die Freiheit schon gibt, die dadurch legiferiert werden soll. Überdies wird von dieser Frage nahegelegt, das Recht sei eine höhere Instanz der Normierung, durch die in das naturwüchsige Chaos der Freiheit Ordnung und Sinn, aber auch Einschränkungen und Unfreiheiten gebracht würden. Die zweite Variante der Frage vermeidet die Dualismen und Hierarchien der ersten. Sie geht vom Recht als einem

Verhältnis der Freiheit zu sich selbst aus, und fragt: Ob Recht nicht diejenige Form der Freiheit sei, durch die sich die Freiheit selbst vor ihrem Verlust schützt? Im Fall von Forschung und Bildung dürfte es unbestreitbar sein, dass ein Gesetzgeber oder eine gesetzgebende Körperschaft, ein »souveränes Volk« oder seine legislativen Treuhänder, die uneingeschränkte Freiheit der Erkenntnistätigkeit nur dann als ein Recht erklären und durch ein Recht schützen können, wenn sie diese Freiheit selbst bereits zuvor ausgeübt haben und wenn sie diese Freiheit weiterhin auch in der Weise ausüben, dass sie sie durch ein Recht schützen. Als Schutzrecht wiederum kann es nur so lange wirksam sein, wie die Freiheit, die es in seine Obhut nimmt, kein bloßer Begriff bleibt, sondern sowohl als geschützte wie auch als schützende praktiziert wird.

Mit dem Gedanken, dass die Freiheit sich selbst schützt, indem sie sich als Recht behauptet, ist die Alternative zwischen der diachronen und der strukturellen Deutung des Verhältnisses zwischen Freiheit und Recht zwar aufgehoben, aber aufgehoben zunächst nur im Begriff vom Recht als der Praxis der Freiheit. Dieser Begriff, der die kantische und hegelsche Tradition der europäischen Jurisprudenz bis heute leitet, fordert nun trotz seiner explikativen Meriten die Frage heraus, ob die Freiheit sich darin erschöpfe, sich als Recht zu etablieren; ob sie Freiheit ausschließlich als geschützte und gehegte Freiheit sei; ob sie nur dieses einzige Telos – das Recht – kenne, in dem sie sich erfüllt, und nur diese einzige Tätigkeit, ihren Selbstschutz? Und weiter muss gefragt werden, ob denn prinzipiell gesichert sei, dass die rechtsgeschützte Freiheit noch Freiheit sei; ob Freiheit denn in ihrer Sicherungsverwahrung, dem Recht, noch bei sich selbst sei; ob sie sich nicht im Medium ihrer Erhaltung verliere? Wie immer diese Fragen weiter präzisiert, selber befragt und vielleicht beantwortet werden mögen, es ist klar, dass sie nur gestellt werden können, weil die rechtsgeschützte Freiheit eine strukturell andere ist als die Freiheit ohne Rechte. In ihrer Selbstversicherungsbewegung muss die Freiheit sich in Freiheitsrecht verwandeln, sich als schützende vor sich als geschützte Freiheit stellen und sich einer Instanz überlassen, die ihr nicht nur bewahrend, sondern auch einschränkend und feindlich begegnen kann. Im Recht steht die Freiheit zu sich selbst nur in der Weise, dass sie gegen sich steht. Recht ist Freiheit-gegen-Freiheit – und an den Staat als Garanten, Exegeten und Exekutor des Rechts müsste die gesamte Bewegung der Freiheit übergehen, um in ihm aufgehoben zu sein. Aber an den Staat, und zwar als Rechtsstaat, geht die Freiheit tatsächlich nur als an ihren Verwalter über, der seine eigenen, die Verwaltungsinteressen am Gegebenen verfolgt, nicht aber die Tendenzen der Freiheit – und insbesondere der Freiheit der Forschung und Bildung – zum Nichtgegebenen, Möglichen, Künftigen fördert. So unverzichtbar vielleicht die juristische und staatliche Verwaltung der Freiheit sein mag, sie ist nie ein Schutz und eine weitere Chance, ohne ein Risiko und eine Gefahr für sie zu sein. Diese Gefahr wird bereits dort zur manifesten Bedrohung, wo von der Freiheit, wie in den Grund- und Menschenrechtserklärungen, suggeriert wird, sie sei erst vom Recht gewährt und in ihm fundiert; sie wird zum handfesten Missbrauch, wo staatliche Organe unter Berufung auf ihre Verwaltungshohheit und unter dem Vorwand windigster ökonomischer Argumente Grundfreiheiten wegrationalisieren.

Man wird also die Freiheit nicht nur in Schutz nehmen, man wird sie auch gegen ihren Schutz in Schutz nehmen müssen. Die Freiheit als Recht ist nur die vom Recht geschützte Freiheit, und sie verdankt sich jener besonderen Struktur der Selbstverwehrung, durch die der Staat sich und alle anderen Kräfte daran hindert, diese Freiheit zu behindern. Wie die Forschungs- und Bildungsanstalten für Humboldt, sind also die Freiheitsrechte der Forschung und Bildung – und der Kunst – *Freistätten* allein aus dem Gewaltverzicht derjenigen Institution, die im Übrigen das Monopol an jeder Gewalt beansprucht. Sie sind nicht Gaben, sie sind Karenzen des Staates.

Soweit der Schutz dieser Freiheit aber nur darin besteht, dass sie vom Staat als tabu respektiert wird, ist er nicht Schutz genug. Bildung, Forschung und Kunst können ihre Freiheit und damit sich selbst durch Abtretung an partikulare Interessen, namentlich der Industrie, religiöser Kongregationen, politischer Parteien verlieren, und vor diesem Verlust schützt nicht die Interventionsabstinenz des Staates, sondern allein die Förderung – und das heißt auch die bedingungslose finanzielle Förderung – ihrer Freiheit durch ihn. Wenn der Staat eine Schutzpflicht gegenüber Forschung und Bildung hat, dann hat er sie als Förderungspflicht, und zwar als Freiheitsförderungspflicht wahrzunehmen. Er tut, trotz solcher Propagandaslogans wie »Bildungsförderung«, »Wissenschaftsförderung«, »Forschungsförderung«, das Gegenteil, wenn er seine Förderkriterien aus den Wertungskartellen der Industrie, der Kongregationen und Parteien bezieht und derart eine von Andern vorbestimmte Bildung, aber nicht ihre Freiheit fördert. Wo diese nicht gefördert wird, da wird sie nicht nur nicht geschützt, sondern verletzt oder Verletzungen preisgegeben: Einschränkungen der Gegenstandswahl, der Arbeits-, Kooperations- und Nicht-Kooperationsformen, der Forschungs-, der Lehr- und der Studienzeit können, wie sie es gegenwärtig unter Bologna-Bedingungen tun, so restriktiv werden, dass von der Bildung nur ein Diplom und von der Forschung der Antrag dafür übrig bleibt. Nur: Was lässt sich tun gegen diesen schädigenden Schutz und was für eine Förderung der Forschungs- und Bildungsfreiheit, die nicht zu ihrem Ausverkauf führt?

Nicht viel. Vor allem ist die Klärung der Begriffe und ihre energische Handhabung vonnöten: Philologenarbeit. Wie es klar sein muss, dass Rechte nicht der Boden der Freiheit, sondern ihr Schutz sind, und dass Schutz der Freiheit nur durch ihre Förderung gelingen kann, so muss klar sein, dass diese Förderung nicht der Forschung und nicht der Bildung, sondern der Freiheit ihrer Ausübung zu gelten hat. Nicht der

Staat, sondern die Schulen und Hochschulen, und an ihnen nicht die Administration, sondern die einzelnen Lehrer und Forscher treiben Wissenschaften und sorgen für Bildung. Vom Staat und seinen Subinstitutionen brauchen sie nichts als die Gewähr, ihre Sache nach ihrer eigenen Logik tun – und dabei noch diese Logik selbst in Frage stellen zu können. Die Geisteswissenschaften brauchen keine Instanz, die ihnen Zwecke vorgibt, sie selbst sind die Instanz, die Zwecke setzt und sie außer Kraft setzt, dabei selbst weder Mittel zu anderen Zwecken noch Zweck ihrer selbst, sondern die Befreiung von Zweck-Mittel-Relationen; Geisteswissenschaften brauchen keine Unternehmensberater, die ihnen angeblich effizientere Arbeitsformen zudiktieren, sondern die Freiheit, seit langem bewährte Sprach- und Gesprächsformen zu kultivieren und neue zu entwickeln, wenn es ihrer Sache zugutekommt; sie brauchen keine Drei- oder Fünfjahres-Pläne, sie brauchen die Abwesenheit von Leistungs- und Effizienzprogrammen; Prämien auf Erfolge und andere Konkurrenzhochdruckmittel gehören in die Welt des Spektakels, Forschungs- und Bildungsanstalten sind keine Schaubühnen, sie arbeiten unscheinbar, leise, auf Dauer und für einen Gewinn, den niemand in die Tasche stecken kann; Bildung, wenn sie frei ist, ist keine Disziplinierungsprozedur und erst recht kein *human engineering*, sie passt nicht an Standards an, sondern löst Leitbilder auf, sie dient nicht der Mechanisierung der Intelligenz, sondern betreibt ihre Belebung, Ermunterung, Erweiterung. Forschung, Lehre und Bildung, ob innerhalb oder außerhalb der Schulen und Hochschulen, sind, kurzum, intellektuelle Praktiken der Freiheit. Ihnen schwebt Freiheit nicht als ein Ideal vor, dem sie als Mittel in der Gegenwart dienen, um ihm zur Realisierung in der Zukunft zu verhelfen. Sie selbst *sind* die Freiheit, die ausgeübte Freiheit, die sich in jedem Akt der Forschung, der Lehre, der Bildung ereignet: die ganz un-ideale, die prosaische Freiheit, die sich in der Befreiung von vorgegebenen Denk- und Handlungsformen betätigt und deren Befreiung *von* solchen Formen die Freiheit *zu* ihnen und *zu* ihrer wie immer verändernden Wiederholung nicht ausschließt, sondern begründet, ohne sie daran zu fesseln.

Als schemaloses Geschehen jeweils ein Anfang, bieten Forschung und Bildung keine Sicherheit für eine bestimmte Zukunft und keine Gewähr für die Überlieferung unbefragter Traditionen. Aber sie sind der einzige denkende Zugang zu solchen Traditionen und der einzige zu einer Zukunft, die nicht durch Reproduktionen des Vergangenen verstellt, sondern durch Einsicht in andere Möglichkeiten offengehalten wird. Forschung, Lehre, Studium sind also Modi einer *Eröffnung*: einer Eröffnung *von* Anderem, bislang Unbedachtem, Ungewusstem, Unerfahrenem, das durch sie *für* Andere zugänglich wird. Die Freiheit der Forschung und Bildung ist deshalb Freiheit für Anderes als die jeweils gegebenen Institutionen der Forschung und Bildung; sie ist als *sich mitteilende* Freiheit die Ausbreitung, Ausbildung und Vergesellschaftung dieser Freiheit, und sie müsste unfrei werden, wenn ihre Expansion nicht auch eine Veränderung ihrer einmal ausgebildeten Praxisformen und eine Veränderung ihrer Expansionsformen wäre, und unfrei, wenn diese verändernde und sich verändernde Expansion behindert oder gelenkt würde. Das Recht auf Forschungs- und Bildungsfreiheit dürfte also von niemandem als Schutzwall um sie, hinter dem sie wie eingekerkert bei sich bleiben könnte, missverstanden werden. Der Schutz, den dieses Recht ihr gewährt, kann sich nur in der Förderung und diese Förderung kann sich nur in der Generalisierung ihrer Freiheit und der Eröffnung weiterer Freiheiten finden. Recht ist keine bloße Sicherung, sondern die Expansion der Freiheit, die es schützt.

Forschung und Bildung sind das Gegenteil von selbstgenügsam monologischen Tätigkeiten. Sie gelten, jede von ihnen und beide zusammen, in ihrem ganzen Umfang jeweils Anderem und Anderen. Als Zugänge zu Phänomenen, die noch nicht bekannt, durch Ansprüche an Adressaten, die noch nicht bestimmt sind, sind sie wesentlich sprachliche Expansionen, und wenn sie die Praxis der Freiheit sowohl epistemischer als auch sozialer – und epistemischer *als* sozialer – Beziehungen sind, dann müssen sie Expansionen dieser tätigen Freiheit der Sprache in jeder Art von Rede und Schrift sein. Wird diese Praxis durch den Druck von debilitierenden Wertungs- und Wertesystemen gedrosselt, dann ist es eine der dringlichsten Aufgaben von Forschung und Lehre, genau diesen Sachverhalt deutlich zu machen, ihn öffentlich zu machen und durch seine Offenlegung zu seiner Auflösung beizutragen. Es muss aber nicht nur klarwerden, dass die systemische Gewalt von Wertungen und Entwertungen ein Erkenntnis- und ein Sprachhindernis und dass sie folglich ein Freiheitshindernis ist, es muss klarwerden, dass auf diese Gewalt verzichtet werden kann, dass die intellektuelle Praxis von Forschung und Lehre sie in jeder ihrer Gesten faktisch außer Kraft setzt und dass es nicht etwa nur möglich und ratsam, sondern für jeden Einzelnen und jede Gesellschaft lebensnotwendig ist, mit ihren je eigenen Mitteln ein Gleiches zu tun –: und zwar innerhalb wie außerhalb der Schulen und Hochschulen, in denjenigen gesellschaftlichen Institutionen, die sich militant für die Kreditierung und Reproduktion jenes Wertungsschemas einsetzen, wie in den nicht immer bloß wertungsmildernden Semi-Institutionen, die, wie die Familien, an Erziehung und Bildung eminent beteiligt sind. Kurz: Die Freiheit der Sprache, der Forschung, der Kunst, der Wissenschaft, der Bildung fordert nicht nur, sie fördert und sie betreibt, wo immer sie nicht bloß angerufen, sondern ausgeübt wird, ihre Ausbreitung und Intensivierung.

Freiheit ist nicht selbstgenügsam. Dass sie nur in ihrer Ausübung und ihre Ausübung nur in ihrer Ausbreitung und also im Zugang zu Anderem liegt, zeigt sich mit besonderer Deutlichkeit an der Freiheit der Forschung und Bildung. Das Recht auf diese beiden ist das einzige unter den in den europäischen Verfassungen verbürgten Freiheitsrechten, das zukunftsgerichtet ist – denn Forschung richtet sich jeweils auf das, was noch nicht bekannt, Bildung immer auf das, was noch unabgeschlossen ist –, und das zugleich, wie das Recht auf die Freiheit der Kunst, der Meinungsäußerung und der Versammlung, ein Recht auf die Freiheit der Sprache und der Gemeinschaftlichkeit in der Sprache ist. Alle anderen Rechte – insbesondere das Eigentumsrecht und das Recht auf Arbeit – schützen Verhältnisse des Habens und ihre Reproduktion; sie gelten Routinen, die derivativ sind, sofern sie vom sprachlichen Austausch von Einsichten und von einem Minimum dessen abhängen, was in seiner erweiterten Fassung als Forschung und Bildung bezeichnet wird. Diese Routinen gehören allesamt den Konstitutionsbedingungen der Rechtssphäre an, aber ihnen fehlt der Bezug auf eine Zukunft, die etwas Anderes sein könnte als die Reproduktion des bereits Gegebenen. Die einzigen Tätigkeiten aus dem Katalog der Grundfreiheiten, die sich nicht im Kreis von Eigentum und Reproduktion aufhalten, sind Kunst, Forschung und Bildung. Sie mögen auf ein Ziel gerichtet sein – die Forschung auf eine Erkenntnis oder Einsicht, die noch fehlt; die Bildung auf eine künftige Menschheit, die sich mündig zu ihrer Geschichte und ihren Möglichkeiten verhalten kann –, aber dieses Ziel können sie nur unter der Bedingung ins Auge fassen, dass sie, *als* Forschung und Bildung, darüber nicht verfügen: Forschung besteht nicht in der Reproduktion von Kenntnissen, Bildung nicht in der Programmierung ihrer Adressaten. Beide sind also wohl zukunftsgerichtet, aber die Zukunft ihrer Tätigkeit, und zwar die nächste wie die fernste, ist die Fortsetzung dieser Tätigkeit ins Unbekannte hinein. Humboldt hat in diesem Sinn eine *Eigenthümlichkeit der höheren wissenschaftlichen Anstalten* darin gefunden, *dass sie die Wissenschaft immer als ein noch nicht ganz aufgelöstes Problem behandeln und daher immer im Forschen bleiben.*[8] Wo die anderen rechtlich verbürgten Freiheiten, selbst die der Religionsausübung, sich auf das Endliche, seine Erhaltung und Beherrschung beziehen, gehen Forschung und Bildung auf ein Nicht-Endliches, ein nicht und vielleicht nie gänzlich Erforschtes, ein noch nicht und vielleicht niemals Gebildetes, einstweilen und vielleicht immer Unabgeschlossenes hinaus. Ihre Freiheit ist deshalb eine Freiheit nicht nur für die Zukunft, sondern für die Freiheit der Zukunft von endlichen Bestimmungen und deshalb noch für ihre Freiheit von den Einschränkungen, denen sie durch den Prozess der Forschung und der Bildung selbst unterworfen ist.

Forschung und Bildung sind zukunftsgerichtete sprachliche Prozesse, für die es konstitutiv ist, dass sich ihnen ihr Ziel versagt. Solange geforscht wird, verfügt die Forschung noch nicht über die Kenntnisse und Erkenntnisse, die sie erstrebt; solange die Bildung in Gang ist, hat sie ihr Ziel, die gebildete Weltgesellschaft – eine, wie man annehmen darf, nicht bloß ›bildungsbürgerliche‹ Gesellschaft –, noch nicht erreicht. Es ist also kein peinliches Malheur, sondern eine strukturelle Eigentümlichkeit sowohl der Forschung als auch der Bildung, dass es ihnen nicht gelingt, sich ihrer Ziele in Feststellungen zu versichern. So sehr sie auf Sprache angewiesen und dem Künftigen zugewandt sind, beide sind Erfahrungen des Sich-Versagens ihrer Objekte, und beide können nicht anders, als in ihrer Praxis von diesem Sich-Versagen auszugehen. Ihre Freiheit liegt immer auch darin, Anderem seine Freiheit zu lassen. Deshalb ist die Freiheit der Forschung und Bildung nie nur ihre eigene, sondern nicht weniger die Freiheit des Anderen und der Anderen, denen sie sich zuwendet. Wo sie beschnitten wird, wird auch die Freiheit dessen beschnitten, was ohne sie keine Möglichkeit hätte, sich zu zeigen, keine Möglichkeit, zu sein und es selbst zu sein. Die Freiheit der Forschung und Bildung ist die Freiheit zur Zukunft dieser Freiheit, zur Zukunft jeder anderen Freiheit und zur Zukunft der Freiheit jedes Anderen, die sie eröffnet – die sie aber nicht eröffnen und nicht offenhalten könnte, wenn sie bereits gesichert, in Begriffe gefasst und durch Rechte bestätigt wäre. Das Freiheitsrecht auf Kunst, Forschung und Bildung ist deshalb das einzige Recht auf die

Freiheit einer Zukunft, die von Gesetzen unbesetzt und von Rechten ungeregelt bleibt; das einzige Recht *für* das Rechtlose und das einzige *des* Rechtlosen und sogar Rechtsunfähigen, nämlich der nicht-antizipierbaren und nicht-programmierbaren Zukunft. Als Recht freilich begründet es deren Freiheit nicht etwa, sondern kommt ihr entgegen, lässt sie explizit zu und schützt die Möglichkeit ihrer Ankunft.

Dieses Freiheitsrecht ist Recht auf eine Sprache, die, was vorliegt, nicht definiert, sondern aufschließt, und Konventionen des Verhaltens und Handelns nicht befolgt, sondern eröffnet; die also, *wie* die Kunst oder *als* Kunst, diesseits von konstativen und performativen Sprechhandlungen, die Möglichkeit von Feststellungen erst erforscht und die Bedingungen für Konventionen erst entwirft, in denen performative Akte gelingen können. Sowenig wie für die Kunst sind für Forschung und Bildung Konventionen und Regeln ein Gegebenes, sie sind ein Aufzufindendes und Auszubildendes, und aufgefunden oder erfunden und gebildet werden sie jeweils unter dem Vorbehalt – der *reservatio* –, dass sie unabgeschlossene Regeln sind und abgeändert, transformiert oder, im Fall besserer Einsicht, außer Kraft gesetzt werden können. Da nun aber auch Rechte zu den Regeln gehören, die erst von der ihre eigene Struktur erforschenden und sie ausbildenden Vernunft entworfen und in bestimmten historischen Lagen in Kraft gesetzt werden, ergibt sich für die Freiheitsrechte der Kunst, der Forschung und Bildung, dass sie unter allen Rechten die einzigen sind, die die Möglichkeit zu Rechten überhaupt eröffnen, und deshalb die einzigen, die nicht aufgehoben werden können, ohne dass damit das gesamte *corpus iuris* kassiert würde. Ohne dieses eine Recht hätten alle anderen nicht das Recht, Rechte zu sein. Ohne es hätten sie nicht die Möglichkeit, erkannt, formuliert und deklariert zu werden; ohne es gäbe es nicht die Möglichkeit ihrer Novellierung, ihrer Korrektur und Ergänzung. Nur das Recht auf die Freiheit der Kunst, der Forschung und Bildung erklärt und sichert die

Möglichkeit sowohl der Struktur von Rechten überhaupt als auch ihrer geschichtlichen Entstehung und Umbildung. Noch die Rechte der Gewissensfreiheit und der freien Meinungsäußerung sind auf es angewiesen, um Gewissen und Meinung zu gesellschaftlich und politisch relevanten Instanzen jenseits bloß punktuell wirkender Willkür auszubilden. Wenn es aber nur vermöge der Freiheit der Kunst, der Forschung und der Bildung auch alle anderen Freiheiten gibt; wenn es nur vermöge ihres Rechts alle anderen Rechte geben kann, dann muss dieses Recht aller Rechte dasjenige empirisch transzendentale – genauer: ad-transzendentale – sein, an dem die Rechtmäßigkeit jedes einzelnen Rechtes sich ausweisen muss. Das entscheidende Kriterium für diese Rechtmäßigkeit der Rechte und eines auf Rechte gegründeten Staats oder Staatenbundes; das entscheidende Kriterium für die Rechtmäßigkeit auch der Verwaltungsakte, durch die jene Rechte umgesetzt werden sollen, liegt also in der *Eröffnung* und *Offenhaltung* der Möglichkeit expandierender Beziehungen der Forschung und Bildung eines jeden zu Anderen und Anderem.

Die Formulierung der Forschungs- und Bildungsrechte in der europäischen Verfassung wird diesem Kriterium nicht ausreichend gerecht; und die Exekution dieser Rechte im »Bologna-Prozess« beschneidet die darin verbürgten fundamentalen Freiheiten, statt sie zu erweitern, und schneidet das Recht insgesamt von seinem Grund in der Freiheit – und vor allem der Freiheit der Forschung und Bildung – ab, um es zur Manipulationsmasse der Verwaltung zu schlagen. Davon ist nicht nur ein einzelnes Recht betroffen; davon ist die Rechtlichkeit des Rechts insgesamt und seine Kraft betroffen, zur Gerechtigkeit beizutragen. Die Freiheit der Kunst, der Forschung und Bildung fördert etwas Anderes.

Mit diesen Bemerkungen ist der Sinn eines ausgezeichneten Grundrechts und derjenigen Institution, die es emphatischer in Anspruch nimmt als jede andere, deutlicher gemacht, als die einschlägigen juristischen Deklarationen es tun. Mit dieser Verdeutlichung, die in manchem nicht ohne Deutung auskommt, üben sie die Freiheit, die jenes Recht verteidigt, aus und tragen, in wie auch geringem Umfang, zu ihrer Präzisierung, Ausweitung und Verbreitung bei. Sie machen aber vor allem deutlich, dass mit der Einschränkung dieser Freiheit auch jede andere eingeschränkt wird, mit ihrer Reglementierung jede andere unter das Regime von Obsessionen gerät, die ruinös sind für das Leben jedes Einzelnen und jeder Gesellschaft. Diese Obsessionen sind die gemeinsamen Ordnungswerte des Finanzmarkts und der Staatsverwaltung. Die europäischen Forschungs-, Bildungs- und Ausbildungsinstitutionen sind im Begriff, nach jenen Werten eingerichtet zu werden.

Was also jetzt? – Die *Freistätte der Wissenschaft* ist so gut wie verkauft. Wer einen Platz darin erhalten will, wird dafür mit seinem freien Kopf zahlen – oder er wird sich mit jedem Wort dafür einsetzen, dass der Verkauf aufgehalten oder rückgängig gemacht, die *Freistätte*, von innen wie von außen, Stück um Stück befreit wird. Wie sich zeigt, ist die Freiheit der Forschung und Bildung durch Grundgesetze und Rechte nicht hinreichend gesichert. Sie kann diese Freiheit nur sein, wenn sie als diese Freiheit praktiziert, wenn sie innerhalb und außerhalb der Hochschulen, in Forschung, Lehre und Studium – und darüber hinaus – ausgeübt und von jedem, dem an ihr liegt – also von jedem –, gefördert wird. Diese Praxis ist der einzige Grund und der einzige Garant ihrer Freiheit.

Kein Schweigeasyl – Bestechlichkeit ist keine Hoffnung (Celan)

Bestechlichkeit | ist keine Hoffnung, so lauten die ersten Verse eines Gedichts von Paul Celan, das am 29. Juli 1968 geschrieben, aber nicht von ihm selbst veröffentlicht wurde.[1] Wie das zehn Tage zuvor entstandene »Aus dem Moorboden« bezieht es sich auf den großen Aufsatz, den Walter Benjamin zum zehnten Todestag von Franz Kafka im Jahr 1934 geschrieben hat, und gibt eine Antwort auf Bemerkungen Benjamins über die Behandlung der Rechtssphäre in Kafkas Werk. Die erste Strophe dieses Gedichts lautet:

Bestechlichkeit
ist keine Hoffnung,
Normen, auch Vorwelt genannt,
versanden diesseits
der Freiheit.

Von den Rechtsbeamten und Gerichtskanzleien, denen K. in seinem Prozess ausgeliefert ist, schreibt Benjamin: *ihr Kern ist von solcher Beschaffenheit, dass ihre Bestechlichkeit die einzige Hoffnung ist, die die Menschlichkeit in ihrem Angesicht hegen kann.*[2] Celan widerspricht dieser Einschätzung. Er tut es aber mit einem Argument, das Benjamin selbst ihm bietet, wenn er schreibt: *Gesetze und umschriebene Normen bleiben in der Vorwelt ungeschriebene Gesetze* – in jener Vorwelt nämlich, die unvergleichlich jünger ist als die Welt, der schon, wie es im Kafka-Aufsatz heißt, *der Mythos die Erlösung versprochen hat.*[3] Auch der Vorwelt und ihren Normen ist demnach die Erlösung versprochen. Die bloß umschriebenen Normen und ungeschriebenen Gesetze, die in der Vorwelt regieren, schützen zwar die Macht undurchschauter Gewalten der ›Natur‹ und des ›Schicksals‹, da sie aber amorph bleiben, unbestimmt und weder zu einem juristischen Zwangsapparat noch zur internalisierten Pflicht ausgebildet werden, schwächen sie diese Gewalten zugleich und eröffnen die Aussicht auf die Befreiung von ihnen. Die Gerichtskanzleien, die Kafkas Werk beschreibt, gehören jener amorphen Vorwelt an, die weder die Bestimmtheit noch die Öffentlichkeit von geschriebenen Gesetzen erreicht hat und in der deshalb die Korruption herrschen kann. Darum kann Benjamin in der Verfassung der Vorwelt eine Hoffnung – und sogar *die einzige Hoffnung* – entdecken, ihr und der Herrschaft der Gesetze zu entkommen.[4] Da aber andererseits jene korrumpierbaren Normen der Vorwelt Normen bleiben und noch ihre Korruption den Normen der Macht unterliegt, kann Celan mit ihnen die Hoffnung auf Freiheit nicht verbinden. Er insistiert deshalb gegen Benjamin: *Bestechlichkeit / ist keine Hoffnung.* Aber mit Benjamin, der von den Gesetzen von Kafkas Welt bemerkt, sie seien zwar in geschriebenem Recht niedergelegt, würden *jedoch geheim* gehalten,[5] kann Celan im Geheimen, Unbestimmten und Ungegenständlichen die strukturelle Vorbedingung der *Hoffnung*, er kann das *Offene* und darin den Anfang der Freiheit finden. Die dreizeilige zweite Strophe von Celans Gedicht lautet:

Überliefert ist
der im Offenen heimliche
Anfang.

Der Anfang – und zwar jeder Anfang von etwas – ist *im Offenen* daheim, er ist darin zu Hause und deshalb *heimlich*, ist darin aber zugleich auch geheim und verborgen, durch nichts bestimmt und in keiner Norm fassbar. Wenn der Anfang der *im Offenen heimliche* ist, dann ist er selber dies Offene und Indefinite, er ist aber auch, anders als jede normierende Satzung und jedes Gesetz, nicht die Definition, sondern die Indefinition dessen, was mit diesem Anfang beginnt. Er ist eine Eröffnung und entzieht sich der Determination ebenso, wie er seinerseits das Andere, dessen Anfang es ist, nicht determiniert, sondern freilässt und ihm die Möglichkeit einräumt, zu erscheinen und sich vom Erscheinen zurückzuhalten. Dieser Anfang, diese in jedem Sinn *heimliche* Eröffnung und Freilassung ist, so sagen Celans Verse, *überliefert* –: Wenn aber die Eröffnung, und nur sie, überliefert ist, dann ist Überlieferung nicht eine normative Tradition, die in Vorschriften, Gewohnheiten und Bräuchen, noch weniger in positiven Gesetzen fixiert werden könnte, sondern diejenige Bewegung, in der der Anfang in seiner ›Heimlichkeit‹ und Offenheit jeweils Anderem mitgeteilt und diesem Anderen auch sein Anfang erschlossen wird. Die Überlieferung des Anfangs ist Überlieferung des Anfangs zunächst der Überlieferung und ist daher nichts anderes als dieser Anfang in seiner fortgesetzten Bewegung: Eröffnung und Freilassung in Permanenz, immer erneutes Beginnen einer initialen Novellierung, die durch keine umschriebene Norm und kein geschriebenes Gesetz reglementiert werden kann, weil es als Offenes und Unbesetztes jeder Umschreibung, jeder Schrift und jeder Setzung voraus- und über jede hinausgeht. Der Anfang der Überlieferung und die Überlieferung dieses Anfangs gewährt erst die Freiheit zu Normen und Gesetzen, aber *zu* ihnen nur so, dass sie die Freiheit *von* ihnen gewährt. Während *Normen, auch Vorwelt genannt, / versanden diesseits / der Freiheit,* kennt die Bewegung des Anfangens kein Diesseits und Jenseits, sie folgt keiner topographischen Ordnung, weil sie sich, jeweils anfangend, in der Atopie des Offenen, im Freien und frei von Raum- und Zeitbestimmungen bewegt. Auch die Zeit und der Raum gehören zu den Normen der Vorwelt, die dort außer Kraft gesetzt sind, wo es keine Normen und keine Vor- und Nachwelt, sondern allein, immer wieder anders, den Anfang einer Welt gibt. Wenn es nun heißt: *Überliefert ist /*

der im Offenen heimliche / Anfang, dann ist damit gesagt, dass dieser Anfang bis hierher ins Gedicht überliefert ist und dies Gedicht selbst ihn als diesen Anfang überliefert. Es bildet ihn nicht ab, bedeutet oder bezeichnet ihn nicht und bietet keine Darstellung von ihm als dem vorgesetzten Gegenstand oder dem Prinzip seiner Sprache. Das Gedicht ist nicht Darstellung, sondern Überlieferung des Anfangs und somit selber ein Anfang, ist selbst *im Offenen* und ist darin *heimlich,* weil es erst der Anfang von etwas ist, das noch kommen oder auch nicht kommen mag. Anfang sein heißt Anfang einer unabsehbaren Zukunft und daher selber künftig sein.

Spricht der Beginn des Gedichts von der Bestechlichkeit, so nimmt die Frage, mit der seine dritte und letzte Strophe einsetzt, das Thema Korruption in der Rede vom Geld wieder auf:

Fiel der Groschen bei dir?

Die umgangssprachliche Wendung, die so viel besagt wie: ›Hast du verstanden?‹, erklärt das Verstehen hier zu einer Form der Bestechlichkeit, die zwar den Normen und Rechtsordnungen der Vorwelt entspricht, aber ebendarum mit ihnen diesseits der Freiheit endet. Freiheit, das Offene, der Anfang einer anderen Zukunft, ist kein möglicher Gegenstand und deshalb auch kein Gegenstand des Verstehens oder des Kaufs. Wer sagen könnte, der Groschen sei bei ihm gefallen, der hätte durch sein Verstehen die Normen des Tauschgeschäfts und des rechtlichen Handelns mit Äquivalenzen erfüllt, aber die Freiheit von ihnen verfehlt und das Offene verstellt. Nicht Verstehen ist das Verhältnis zum Offenen, das diesem und einer Gerechtigkeit jenseits von Normen gerecht wird, sondern die Bewegung des Überlieferns, nicht Fallen – das Fallen des Groschens –, sondern Steigen – das Steigen auf ein Pferd, das weiterträgt. Dazu heißt es in der Fortsetzung der dritten Strophe:

Bei mir
stieg das Nachbardorf auf
mein Pferd.

Von Pferden, Dörfern und Nachbardörfern ist in Benjamins Kafka-Aufsatz mit größter Ausführlichkeit die Rede, darunter auch von dem *Dorf am Schlossberg*, in dem der Landvermesser K. lebt, von dem Dorf, in dem eine Prinzessin lebt, der die Ankunft ihres Bräutigams, des Messias, angekündigt ist,[6] und von dem unwahrscheinlichen Ritt in das nächste Dorf, der in einem bekannten Text Kafkas das Staunen des Großvaters weckt. *Das Leben ist erstaunlich kurz*, zitiert ihn Benjamin. *Jetzt in der Erinnerung drängt es sich mir so zusammen, daß ich zum Beispiel kaum begreife, wie ein junger Mann sich entschließen kann ins nächste Dorf zu reiten, ohne zu fürchten, daß – von unglücklichen Zufällen ganz abgesehen – schon die Zeit des gewöhnlichen, glücklich ablaufenden Lebens für einen solchen Ritt bei weitem nicht hinreicht.*[7] Wenn Celan nun schreibt: *Bei mir / stieg das Nachbardorf auf / mein Pferd*, so lässt er das nächste Dorf in noch größere Nähe rücken, er lässt es mit dem jungen Mann, von dem der Großvater redet, zusammenrücken und macht die unbegreifliche Schwierigkeit, das nächste Dorf zu erreichen, zu der unausdenkbaren Schwierigkeit für das nächste Dorf, sich selbst zu erreichen. Dies allernächste Dorf ist unterwegs zu sich selbst, ist dieses Dorf, wie es bei sich ist, und zugleich unerreichbar fern und ist also bei sich als seiner Ferne. Nicht die heimelige Nähe, die nach der Überbrückung von Distanzen gewonnen werden könnte, sondern die unheimliche, die noch die nächste von sich selbst entfernt, wird von Celans Text gesteigert und hyperbolisch so übersteigert, dass das Allernächste nur die Ferne selbst sein kann. Doch damit entspricht die Zusammenziehung von Reiter und Dorf, die im Wortsinn eine Verdichtung und Dichtung ist, genau der Wendung von dem im Offenen heimlichen Anfang: Denn in jenem Offenen ist der Anfang nicht nur daheim, er ist sich darin selbst ein Geheimnis, sofern er sich als Anfang im Offenen vorenthält und nichts als diese Vorenthaltung ist. Die Entstellung von Zeit und Raum, von der nach Benjamins Kommentar die Erfahrung des Großvaters Zeugnis ablegt, ist in Celans Text nicht rückgängig gemacht und korrigiert, sondern derart überentstellt, dass sie von einer anfänglichen, einer Ur-Entstellung im Anfang zeugen kann. Indem er nämlich die räumliche und zeitliche Entfernung zwischen Reiter und Dorf auf ein irreduzibles Minimum zusammenzieht und das Dorf den Reiter sein lässt, erlaubt er beiden, sich selbst nicht so sehr *in* der, denn *als* die Entfernung von sich zu begegnen. Das Dorf ist nicht mehr das ferne Ziel, das am Ende eines durchmessenen Raums liegt, es selbst ist die Entfernung und das Außereinander, der Raum; es ist nicht mehr das Ziel, das nach der Durchmessung einer zeitlichen Distanz erreicht werden könnte, es ist selbst diese Distanz, die Zeit. Celan mehr noch als Kafka verwandelt alle innerzeitlichen und innerräumlichen Gestalten in Gestalten des Raums und der Zeit, und zwar des Raums und der Zeit der Selbst-Entfernung ins Offene. Alle Extensionen werden kontrahiert zu der kleinsten Spanne, in der sie selbst ihre Selbst-Ferne sind. Das ›kurze Leben‹ von Kafkas Erzählung wird so zu einem allerkürzesten, aber dies allerkürzeste ist ebendeshalb schon am erhofften Ziel, dem *Offenen* einer Zeit und eines Raums, das nicht nach Normeinheiten als kurz oder lang, hinreichend oder unzureichend beurteilt werden kann. – Da nun in Benjamins Kafka-Deutung das Dorf, zumal das nächste, ein messianischer Ort, ein Ort der Erwartung des Messias ist, wird das Paradox vom unbegreiflichen Ritt ins nächste Dorf zu dem messianischen Paradox, dass die Ferne des Messias er selbst in seiner prägnantesten Erscheinung ist. Das messianische Ende der Zeit ist nicht die Zeit dieses Endes, sondern: Zeit. Das Ende des Raums nicht der Raum dieses Endes, sondern: Raum. Und wie das messianische Ende der Überlieferung: Überlieferung, so ist das messianische Ende der Sprache: Sprache. Zeit, Raum und Sprache, so legt es das

Apophtegma der Mittelstrophe nahe, sind der noch in jedem Ziel oder Zweck, in jedem Ende un-endliche Anfang, wie er im Offenen daheim und geheim bleibt. Das kann heißen, dass das messianische Reich der Gerechtigkeit schon hier und jetzt, in den Formen der tiefsten Ungerechtigkeit, erreicht ist, weil die Ferne der Gerechtigkeit ihre größte, wenn auch verborgene Nähe ist; oder weil die Entfernung von (unserem Verständnis) der Gerechtigkeit der ihr eigene Modus ihres Nahens ist. Es kann auch heißen, dass nicht der Messias, sondern allein die Ent-fernung zu ihm messianisch ist. Und es kann heißen, dass noch der Messias eine erlösungs- und gerechtigkeitsbedürftige Gestalt ist, die erst in der Ent-fernung zu sich jenes Offene erreicht, das ihn freimacht, Messias zu sein. Gerechtigkeit wäre dann wie das Messianische ein Begriff, der selbst auf eine andere und wiederum andere Gerechtigkeit verwiese und nur in dieser Verweisung und vielleicht minimalen Verrückung bei sich und daheim wäre. Die alte Maxime der Gerechtigkeit ›Jedem das Seine‹ besagte dann: ›Jedem das, in dem er sich undurchschaubar wird‹, ›Jedem das, worin er sich nicht selbst gehört‹ oder: ›Jedem sein Geheimnis‹.

Wie immer man die Verse über den Ritt des Selben zum Selben deuten mag, sie sind Verse eines Gesprächs über die Struktur der Gerechtigkeit, eines Gesprächs mit Benjamin, der seinerseits ein Gespräch mit Kafka führt. Zu ihnen gesellt sich ein vierter Gesprächspartner, Bert Brecht, wenn das Gedicht fortfährt und endet:

Wo der Kieselstein liegen
sollte,
stillt der Berg seinen Baum
hinauf ins Gespräch.

Im selben Juli 1968, in dem »Bestechlichkeit« geschrieben wurde, hat Celan eine Antwort auf Verse aus Brechts Gedicht »An die Nachgeborenen« verfasst, in denen die Frage nach der

Möglichkeit gerechten Sprechens aufgeworfen wird.[8] Brechts Verse, sie wurden zum ersten Mal 1939 publiziert, lauten: *Was sind das für Zeiten, wo / Ein Gespräch über Bäume fast ein Verbrechen ist, / Weil es ein Schweigen über so viele Untaten einschließt!* Nur dasjenige Gespräch, das über Untaten nicht schweigt, so wird von Brechts Versen gesagt, hätte eine Chance, nicht *fast ein Verbrechen* zu sein; nur das Sprechen über Untaten ist nicht selbst in Gefahr, eine Untat zu begehen. Die Zuversicht, dass die Sprache – auch die des Gedichts – ein Schutz vor Unrecht sein könnte, baut auf den Gegensatz zwischen Sprache und Tat oder Untat, auf den Unterschied zwischen Sprechen und einem Schweigen, das mit der Untat gemeinsame Sache macht. Celan teilt diese Zuversicht nicht, weil er nicht ihre Prämisse teilt, das Sprechen könnte von der Tat und es könnte vom Schweigen geschieden werden. Seine Antwort auf Brechts Verse lautet: EIN BLATT, *baumlos, / für Bertolt Brecht: // Was sind das für Zeiten, / wo ein Gespräch / beinah ein Verbrechen ist, / weil es soviel Gesagtes / mit einschließt?*[9] Auch was gesagt worden ist, kann ein Verbrechen sein, jedes jemals gebrauchte Wort kann zu einer Untat beigetragen haben und selbst eine Untat gewesen sein, deshalb muss jedes Gespräch, in das es aufgenommen wird, jedes Gespräch, sofern es Sprache und Sprechen mit Anderen ist, *beinah ein Verbrechen* sein – auch dasjenige Gespräch, das ein Gedicht ist, auch das Gedicht, das nicht von Bäumen handelt und selbst kein Baum, sondern nur ein Blatt ist wie Celans ›baumloses Blatt‹ für Bertolt Brecht.[10]

Auch in den Versen: *stillt der Berg seinen Baum / hinauf ins Gespräch* wird, weniger prononciert als im »Blatt«-Gedicht, ein Gespräch mit Brecht geführt und das mit Benjamin und mit Kafka zugleich fortgesetzt. Und genauer: Es wird auch hier, wie im Gespräch mit Benjamins Gespräch mit Kafka, ein Gespräch mit einem anderen Gespräch, ein Gespräch mit Brechts *Gespräch über Bäume* geführt. Es wird *mit* ihm, aber nicht *über* es geführt: Jenes andere Gespräch ist an diesem beteiligt und spricht in ihm mit, so wie Celans Verse an jenem Gespräch teilnehmen und es mit seinen Worten, doch ohne seine Intentionen fortsetzen. Celans Antwort ist nicht Teil eines dialogischen Austauschs, in dem nach dem Programm des *do ut des, dico ut dices* verfahren oder Gleichwertiges mit gleichem Groschen zurückgezahlt würde. Von einem solchen Äquivalententausch rückt Celans Gespräch ab, es ist eine freie, darum aber nicht unkritische Variation auf Brechts Verse, keine Gegenleistung unter der verbindlichen Norm eines allgemeinen Äquivalents. Der Baum wird in den Versen *stillt der Berg seinen Baum / hinauf ins Gespräch* von einem Thema des Gesprächs zum Gespräch selbst, von einem bloßen Gegenstand zur mehrstimmigen Weise, sich sprachlich nicht zu Gegenständen, sondern zueinander als zu Sprechenden zu verhalten: Er wird von einem besprochenen Baum zu einem Baum aus Sprache. An ihn kann die Frage, ob ein Gespräch über Bäume – oder ein Gespräch über Gespräche – nicht beinah ein Verbrechen sei, zwar immer noch gestellt werden, aber gestellt kann sie nur in einem Gespräch werden und nur so, dass noch diese Frage das Eingeständnis enthält, selbst *beinah ein Verbrechen* zu sein. Da es kein Jenseits des Gesprächs – kein Meta-Gespräch – geben kann, das nicht am Gespräch teilnähme, gibt es keine Möglichkeit, über das Gespräch zu sprechen, keine, über es zu richten, keine, es als Gegenstand der Reflexion zu beurteilen. Über das Gespräch lässt sich nur in der Fortsetzung und der Überlieferung des Gesprächs sprechen – das heißt: Das Gespräch kann über sich selbst nur schweigen. Das ist der strukturelle Grund dafür, dass es in Celans Versen heißt: *stillt der Berg seinen Baum / hinauf ins Gespräch.* Diese Verse sprechen nicht von einem Gespräch, in dem etwas verschwiegen würde, sondern unterhalten eines, das selbst schweigt und die Herausstellung seiner Stille ist. Sprechen und Schweigen durchdringen einander, wie ›Stellen‹ – der thetische Akt – und ›Stillen‹ – das Aussetzen aller thetischen Akte der Rede – durch Paronomasie beinah ununterscheidbar werden. In diesem nicht gestellten, sondern gestillten, satt und still werdenden Gespräch kulminieren alle Bewegungen von Celans Gedicht als in derjenigen Geste, in der jedes Sprechen zu einem Mit-Anderen- und Mit-Nichtssprechen und deshalb zu einem Sprechen mit dem Nicht-Sprechen wird. In ihm, und allein in ihm, wird es zu einem über nichts und zu niemandem – und deshalb still –, zu einem Sprechen, über das von niemandem außerhalb des Gesprächs Recht gesprochen und über niemanden ein Urteil gefällt werden kann. Nur dieses Sprechen mit dem Nicht des Sprechens wird der Sprache gerecht und entspricht – auf dem Weg der Ent-sprechung – ihrer Gerechtigkeit. Es durchläuft die Bewegung eines Transzendierens ohne Transzendenz – eine Bewegung, von der kein Leser oder Kommentator sich ausnehmen kann, ohne seinerseits in sie einzutreten.

Celans Gedicht spricht *vom* Gespräch und führt ein Gespräch *mit* anderen Gesprächen, indem es selbst *als* Gespräch spricht. Wie hier der *Baum* als vielstimmiges, verzweigtes, aber in der Stille an sich haltendes Sprechen mit Anderen spricht, so sprechen auch im *Berg*, der ihn trägt, verschiedene Berge miteinander –: Sinai, der Berg des göttlichen Gesetzes, wird in ihm zum Berg des Gesprächs; Golgatha, der den Kreuzesbaum trägt, an dem das göttliche Wort als Verbrechen geahndet wird; der *Schlossberg* aus Benjamins Kafka-Aufsatz, der dort in die Nähe des Messias gerückt wird; und endlich auch der Berg als einer von denen, über die ein bekannter Vers der »Ars poetica« (139) des Horaz sarkastisch vermerkt: *Parturient montes, nascetur ridiculus mus* – Berge wollen gebären, geboren wird eine lachhafte Maus (soll heißen, ein misslungenes kleines Gedicht)[11] –, eine Maus wie Kafkas Josephine, deren Gesang nichts als Stille und dennoch Sprache ist. Die Berge, die hier zu dem einen *Berg* zusammentreten, gehören nicht nur verschiedenen Landschaften, geschichtlichen Zeiten und Denkkulturen an – der jüdischen der Bibel, der christlichen, der römischen, der jüdischen der Moderne –; sie sind nicht nur heterogen, sondern unvereinbar und sprechen dennoch in diesem einen *Berg* miteinander und führen, ohne dass eine Entscheidung zwischen ihnen möglich wäre, ein Gespräch. Es ist ein Gespräch zwischen Weisen des Sprechens, deren jede einen bestimmten Modus der Entscheidung über eine Norm, ein Gesetz, einen Glauben, und jede somit eine Entscheidung über das, was Recht und Gerechtigkeit ist, promulgiert. Deshalb erhebt es sich dort, *Wo der Kieselstein liegen / sollte* – der Kieselstein, der eine Grenze markiert, der als Abstimmungsstein in Gerichtsprozessen der Antike eine Entscheidung herbeiführt, eine Unterscheidung zwischen günstigen und ungünstigen Tagen trifft (wie in der französischen Redewendung *marquer la journée d'un caillou blanc*) oder, nach jüdischem Brauch auf ein Grab gelegt, ein Zeichen der Sonderung zwischen Lebenden und Toten setzt. Während jeder einzelne Berg und jeder Baum, der von Celans Versen evoziert wird, für eine Scheidung und Entscheidung, eine Teilung und ein Urteil einsteht, ist in dem Berg aller Berge, dem Baum aller Bäume und dem Gespräch aller Gespräche keine Entscheidung und kein Urteil möglich. An die Stelle des Richtspruchs ist die Stille des Gesprächs gestellt. Wo heteronome und miteinander unverträgliche Sprachen dennoch miteinander sprechen, wie in Celans Gedicht, da sprechen sie in ihrem einzigen gemeinsamen Medium: Sie sprechen die Sprache. Aber sie sprechen sie miteinander und zueinander als diejenige, die sich jedem Urteil und jedem Richtspruch entzieht und, derart sich versagend, gerade wegen ihrer uneingeschränkten Offenheit sich selbst verborgen bleibt. Wenn die Mittelstrophe von Celans Gedicht sagt: *Überliefert ist / der im Offenen heimliche / Anfang*, so kann vom Gespräch, in dem es kulminiert, gesagt werden, es sei die Aktualität jener Überlieferung, das Offene, das *als* dieses Offene jeder thematischen Fixierung entgleitet und darum so *heimlich* wie geheim, als *Berg* birgt und verbirgt, was es exponiert, und *stillt*, was es herausstellt. Das Gespräch ist also nicht allein die Bewegung des Mit-Anderen-Sprechens; es ist die Bewegung des Sprechens mit der Stille als dem Anderen seiner selbst. Nur so ist das Gedicht Gespräch und als Gespräch die Sprache einer Gerechtigkeit ohne Recht und Norm.

Die einzige Gerechtigkeit, die Celans Gedicht kennt und die es übt, ist Gesprächs-Gerechtigkeit. Es ist die Gerechtigkeit einer Sprache, die kein Privileg einer historischen oder gegenwärtigen Einzelsprache, einer bestimmten Kultur oder Überzeugung duldet, kein Vorrecht einer Bedeutung vor einer möglichen anderen und nicht einmal das Vorrecht der Sprache als verlautender Bekundung behauptet. Sie findet ihre Gerechtigkeit allein in einem Mit-Anderen-Sprechen, das auch das Schweigen, die Stummheit und die Stille nicht ausschließt. Es ist als Gespräch die Versammlung des Sprechens verschiedener Sprachen, aber zugleich seine Versammlung mit dem, was sich ihnen und ihrer Versammlung versagt. Als Sprechen mit dem Nicht-Sprechen ist es zu allernächst die Offenheit für dasjenige Andere, über das kein Urteil ergehen und von dem kein Richtspruch ausgehen kann. Es ist ein Sprechen ohne Recht, nicht ein Nachsprechen der *Normen*, die *diesseits der Freiheit* versanden, sondern ein normfreies, ein Sprechen der Anomie, das für das Rechtlose, das Anormale und selbst in Anormalitäten spricht, wenn es sagt: »*stillt* der Berg seinen Baum / hinauf ins Gespräch.« Die Diktion dieses Gesprächs ist weder die der Jurisdiktion noch der Legislation. Sie untersteht nicht einem alles durchherrschenden Souverän, der für sich das Privileg einer authentischen Interpretation beansprucht und darüber die Diversität und sogar Heterogenität von Sprachen, Bedeutungen und Zeiten verleugnet; aber so wenig sie den Monolog des Gesetzes und seiner Fortsetzungen aufführt, so wenig folgt sie dem Muster des dialogischen Äquivalententauschs, das von einem obersten Gesetz als der Figur des einen allgemeinen Anderen diktiert wird. Das Gespräch ist polylogisch, ohne dass seine Vielheit durch eine verbindliche Regel – zum Beispiel die eines universellen *logos* – zusammengehalten werden könnte; es ist *a*logisch und poly*a*logisch, sofern es wider-sprachlich noch mit dem spricht, was nicht zur Sprache und nicht zu dem von ihr Benennbaren gehört. Das Gedicht ist kein Gericht –: keins über Bäume und die Gespräche darüber, keins über Verbrechen und das Schweigen davon. Es stellt sie zur Rede, die Bäume, Verbrechen, Gespräche und Schweigen; aber stellt sie so, dass es sie zur Sprache kommen lässt, sie in das Gespräch hineinzieht, das sie verweigern, und sie in diesem Stellen dem Stillen, Stillwerden und Verstummen aussetzt. Auf diese Weise wird es der Sprache eines jeden als einem Sprechen-mit-Anderen, Sprechen-mit-dem-Anderen-des-Sprechens und Sprechen-mit-dem-Nicht-Sprechen gerecht; es wird gesprächs-gerecht und allein so denen gerecht, die nicht anders als im Gespräch leben und noch an ihm oder für es sterben. Sprach-Gerechtigkeit, Gesprächs-Gerechtigkeit wäre der unreglementierte, unnormierte und darum menschliche Anfang jeder ›bürgerlichen‹ und jeder ›politischen‹ Gerechtigkeit. Dieser *Anfang*, dieser *im Offenen heimliche*, diese an-archische Arche der Gerechtigkeit wäre der freie Anfang der Freiheit. Er setzt ein mit der mehrstimmigen, unstimmigen und stillen Sprache der Dichtung.

The one right no one ever has

1.

Einer der entscheidenden Sätze der Geschichte des Rechts und der Rechtstheorie besagt, dass es für Recht und Rechte keinen substantiellen Grund gibt. Dieser Satz erklärt: *We became aware of the existence of a right to have rights (and that means to live in a framework where one is judged by one's own actions and opinions) and a right to belong to some kind of organized community, only when millions of people emerged who had lost and could not regain these rights because of the the new global political situation.* Der Satz aus dem Kapitel *The Decline of the Nation-State and the End of the Rights of Man* und seinem letzten Segment *The Perplexities of the Rights of Man* aus Hannah Arendts Buch »The Origins of Totalitarianism« stellt drei Behauptungen auf, ohne deren Klärung die darin enthaltene zentrale Formel vom *right to have rights* unverständlich bleiben muss.[1]

Zum einen wird damit erklärt, dass das Recht, Rechte zu haben, allen einzelnen Rechten und ihrer Gesamtheit rechtslogisch vorausgeht und der Pluralität dieser Rechte als ein einziges irreduzibles Recht ihren Grund gibt. Dieses eine Recht ist das eminente Recht schlechthin, weil es alle historischen, aber auch alle denkbaren Einzelrechte und Rechtssysteme allererst rechtmäßig machen oder ihrer Unrechtmäßigkeit überführen kann. Das eine Recht, Rechte zu haben, ist somit der einzige Legitimationsgrund für jede Legalität. Da zwei oder mehr derartige Rechte miteinander kollidieren und jeden Rechtsgrund zerreißen könnten, wenn sie nicht ihrerseits durch einen in sich einigen Grund zusammengehalten würden, kann es nur ein einziges, es kann nur *das* Recht, Rechte zu haben, geben. Deshalb gebraucht Arendt diese Formel an anderer Stelle nicht mehr mit dem unbestimmten Artikel *a right*, sondern mit dem bestimmten und spricht von *the right to have rights.*[2] Weil dieses eine Recht aber der Rechtssphäre insgesamt vorausgeht, kann es ihr im strengen Sinn nicht angehören und nur uneigentlich als ›Recht‹ bezeichnet werden. Deshalb heißt die entsprechende Formulierung in Arendts deutscher Übersetzung ihres Buches: *so etwas [...] wie ein Recht, Rechte zu haben.*[3]

Zum Zweiten erklärt Arendt mit dem zitierten Satz, dass dieses Recht aller Rechte keine empirische Rechtsverordnung, kein positives und öffentlich festgesetztes Rechtsstatut, aber auch kein ›von Natur‹ gegebenes oder geschichtlich erworbenes Recht ist, das von Politikern formuliert und von Juristen kodifiziert worden wäre. Arendt betont vielmehr, dass ›wir‹ der *Existenz* dieses einen Rechtes erst in dem Augenblick gewahr wurden, in dem ›wir‹ es durch den Zerfall der Nationalstaaten im 20. Jahrhundert verloren hatten. Damit ist gesagt, dass die *Existenz* dieses Fundamentalrechts von jeder theoretischen Formulierung und verbindlichen Zusicherung in einer Deklaration unabhängig ist, dass es, zumindest der Tendenz nach und in Teilen, die unausgesprochene Prämisse früherer Rechtsordnungen und Rechtspraktiken gewesen ist – denn allein mit diesen zusammen hat es ›verloren‹ werden können – und dass wiederum unabhängig von der empirischen rechtspolitischen Lage – der *neuen globalen politischen Situation* – auch seine Existenz und Fortexistenz behauptet werden kann. Das von Arendt formulierte Recht, Rechte zu haben, bleibt demnach ein fundamentales, alle anderen Rechte begründendes und sie *als* Rechte allererst legitimierendes Recht auch dann, ja gerade dann, wenn ihm jede institutionelle Evidenz abgeht und jede Aussicht auf politische Implementierung fehlt. Es ist kein natur- oder gottgegebenes, es ist kein

Vernunftrecht, aber ein allen Rechtspraktiken implizites, ein vor-juristisches und vor-legales ›Recht‹.

Das elementare Recht, durch das alle anderen – historischen und virtuellen – Rechte erst ihren Rechtsstatus erlangen, wird von Arendt charakterisiert als das Recht *to belong to some kind of organized community* und, in der Parenthese desselben Satzes, als das Recht *to live in a framework where one is judged by one's own actions and opinions.*[4] Das Recht, Rechte zu haben, liegt demnach in dem vor-juristischen ›Recht‹, an der Definition von Rechten mitzuwirken. Eine *organized community*, so lässt sich aus Arendts Doppelbestimmung entnehmen, ist jeweils diejenige, die ihre Mitglieder nach ihren Handlungen und ihren öffentlich geäußerten und gemeinschaftsrelevanten Aussagen beurteilt: Sie ist zunächst eine Urteils- und nur deshalb auch eine Rechtsgemeinschaft. Dieses Recht, so schreibt Arendt, ist ›verloren‹. Es ist ›verloren‹, spätestens seit zwischen 1913 und 1933 fast alle europäischen Nationalstaaten durch sogenannte Denaturalisierungs-Gesetze große Segmente ihrer Populationen ›ausgebürgert‹, das heißt, ihrer Staatsbürgerschaft entkleidet, ihrer Zugehörigkeit zu Sprach-, Handlungs- und Rechts-Gemeinschaften beraubt und damit aus der sogenannten zivilisierten Welt exiliert haben – *ohne* dass sie nach ihren Handlungen und Meinungen beurteilt worden wären und *ohne* dass andernorts irgendein Rechtsanspruch auf Exil für sie bestanden hätte. Die gewaltigen Gruppen von staatenlosen Flüchtlingen und *Displaced Persons* waren Exilanten ohne Exil, ohne Asyl, ohne Freistatt. Sie waren nicht allein aus ihren nationalstaatlichen Verbänden, sie waren, da sie über keinerlei Rechtstitel für die Zugehörigkeit zu einer territorial gebundenen Gesellschaft verfügten, aus der Menschheit exiliert. Das Recht, Rechte zu haben, ist aber nicht durch historische Zufälle, episodische Opportunismen oder nationale Infamien, es ist durch fundamentale Konstruktionsdefizite des Rechtssystems insgesamt ›verloren‹gegangen. Jede *organized community* konstituiert sich nämlich als Rechtsgemeinschaft nur, indem sie sich das Recht vorbehält, einem Teil ihrer Mitglieder jedes Schutzrecht zu entziehen und es denen zu verweigern, die sich um die Aufnahme in diese Gemeinschaft bewerben. Rechtsgemeinschaften definieren sich als Gemeinschaften mit dem Recht zur Rechtsverweigerung. Die Folge aus dieser juridischen Fundamental-Aporie – ihretwegen spricht Arendt von den *perplexities* of the rights of man – lautet – und damit ist das dritte Implikat von Arendts Satz bestimmt –: Das eine und einzige Menschenrecht, das Recht auf Zugehörigkeit zu einer politischen Gemeinschaft, kann nicht einmal von der menschlichen Gesamtgesellschaft verbürgt werden. Das Recht aller Rechte findet in der Gesellschaft aller Gesellschaften keinen Grund. Es ist also nicht nur verloren, es lässt sich auch nicht wiedergewinnen.

Die prinzipielle Forderung, die sich aus dem Zerfall nationalstaatlicher Rechtsgarantien ergibt, sollte zwar lauten: *the right to have rights, or the right of every individual to belong to humanity, should be guaranteed by humanity itself.*[5] Aber Arendt hält nicht nur die Realisierung, sie hält schon die Möglichkeit einer solchen Rechtsgarantie, wie sie von *idealistic-minded organizations* angestrebt wird, für zweifelhaft. Denn, so lautet ihr Argument, *it is quite conceivable, and even within the realm of practical political possibilities, that one fine day a highly organized and mechanized humanity will conclude quite democratically – namely by majority decision – that for humanity as a whole it would be better to liquidate certain parts thereof.*[6] Das Argument lässt sich durch Zuspitzung verdeutlichen: Wenn im mechanisierten demokratischen Prozess die arithmetische Minorität jeweils liquidiert werden kann, stehen an seinem Ende zwei gleichmächtige Parteien einander gegenüber, die nicht mehr eine Menschheit, sondern einen leerlaufenden, inhalts- und gegenstandslosen Rechtsmechanismus repräsentieren. Was Arendt *one of the oldest perplexities of political philosophy* nennt, besteht also darin, dass der politische und der Rechtsstatus des Menschen weder gegenwärtig noch in Zukunft von einem umfassenden Rechtssystem gesichert werden kann. Als eines der ältesten kann Arendt dieses Dilemma bezeichnen, weil es bereits von Platon in seinen »Nomoi« (716 c) erkannt worden ist und nur einer Lösung zugeführt werden konnte, die keine politische und keine juristische, also auch keine menschliche ist; ihr Zitat dieser Nicht-Lösung lautet: *»Not man, but a god must be the measure of all things.«*[7]

Das Dilemma, auf dem Arendt gegen alle politischen Idealismen und Ideologien beharrt, ist, wie ihre historischen Erläuterungen und ihre systematische Argumentation deutlich machen, nicht nur so alt wie die Rechtspraxis verfasster Gesellschaften, es ist ein strukturelles Dilemma, das auch von der Rechtsform majoritär verfasster Gesellschaften wie der Demokratie nicht gelöst werden kann. Das besagt aber, dass das Recht, Rechte zu haben, noch nie ein gesichertes Recht war – deshalb auch nicht nur nicht ›wiedergewonnen‹ werden kann, sondern auch nicht ›verloren‹ werden konnte – und dass es unerreichbar bleibt, solange Rechtsformen auf Urteilsformen beruhen, die kontradiktorische Prädikate und das durch sie Prädizierte voneinander ausschließen. Die Konsequenz aus diesem Befund lautet schlicht: Das Recht auf Rechte mag zwar *existieren*, aber niemand *hat* es jemals gehabt und niemand *kann* es jemals *haben.* Wenn aber das elementare Recht auf Rechtsdefinition und somit auf eine Definitionsgemeinschaft keine Habe sein kann, dann auch alle darauf gegründeten Rechte nicht, von denen es heißt, dass sie ›gehabt‹ werden. Nach Arendts Befund lebt die Menschheit, allen gegenteiligen Proklamationen und Suggestionen zum Trotz, unter der globalen Herrschaft eines Rechtsmechanismus, der einen Zustand ebenso diffuser wie grenzenloser Rechtlosigkeit herbeiführt, aufrechterhält und kaschiert.

Es sind vornehmlich zwei Suggestionen, denen Arendt mit diesem Befund entgegentritt: die Suggestion, Menschenrechte kämen Menschen »von Natur« oder als Mitgift eines göttlichen Schöpfers zu und gehörten deshalb zum Wesen des Menschen, und die Suggestion, sie seien eine Erwerbung der Geschichte, durch die der Mensch sein Wesen selbst bestimmte. Arendt schreibt: *When the Rights of Man were proclaimed for the first time* – und also als historisches Ereignis ersten Ranges proklamiert wurden –, *they were regarded as being independent of history and the privileges which history had accorded certain strata of society.*[8] Damit ist deutlich gemacht, dass historische Rechte bisher jeweils *Vor*rechte, dass sie Privilegien von Familien, Sippen, Ständen oder Klassen, nicht jedoch *Menschen*rechte waren. Zugleich ist deutlich, dass auch die französische Menschenrechts-Erklärung nur eine historisch besonders mächtige Schicht, nämlich das Besitz- und Handelsbürgertum privilegierte und dieses wiederum innerhalb der Grenzen des nationalstaatlichen Eigentums an Gütern und im Horizont nationaler Geschäftsinteressen. Diese historischen Privilegien werden nur maskiert von dem Privileg, das einer anonymen und allgemeinen Natur zugesprochen wird. Arendt fährt in diesem Sinn fort: *Historical rights were replaced by natural rights, »nature« took the place of history, and it was tacitly assumed that nature was less alien than history to the essence of man.*[9] Aber wo immer in der Geschichte eine ›Natur‹, eine *essence*, eine Substanz des Menschen als Grund für Rechte in Anspruch genommen wird, werden die Antagonismen jener ›Natur‹ und ihrer jeweiligen historischen Nutzung verdeckt: Es wird somit verdeckt, dass es keine mit sich einige ›Natur‹, kein konsistentes Wesen und keine (natur)geschichtliche Substanz von Rechten gibt. Arendts Konklusion lautet: *History and nature have become equally alien to us, namely, in the sense that the essence of man can no longer be comprehended in terms of either category.*[10]

Die dritte historische Legitimationsmacht für die Rechte des Menschen, die nach der Delegitimierung von ›Natur‹ und ›Geschichte‹ als deren *essence* und Grund angesetzt wird, ›die Menschheit‹, erweist sich gleichfalls als paradoxe Kategorie, da sie eine formelle Allgemeinheit bezeichnet, die alles unter sie

Befasste auf seine nackte Existenz reduziert. *The world found nothing sacred in the abstract nakedness of being human.*[11] Die *unqualified, mere existence* des Menschen[12] ist das einzige Überbleibsel jener *essence*, das fähig wäre, eine politische Gemeinschaft und mit dieser die Rechte des Menschen zu begründen. Aber *mere existence* ist im Unterschied zu *essence* kein haltbarer Rechtsgrund; sie ist die Existenz derer, die keine politische und keine Rechtsgemeinschaft haben, sondern einer jeden beraubt sind: *The fundamental deprivation of human rights is manifested first and above all in the deprivation of a place in the world which makes opinions significant and actions effective. […] This extremity, and nothing else, is the situation of people deprived of human rights. They are deprived, not of the right to freedom, but of the right to action; not of the right to think whatever they please, but of the right to opinion.*[13] Da *people deprived of human rights* – das heißt aber strukturell: alle – keinen Platz und keine Rechtsgemeinschaft in der Welt haben, der durch Sprache mit Anderen zu handeln erlaubt, *hat* strukturell niemand einen Platz, eine Gemeinschaft, eine Welt, in der er als politischer Akteur zu leben vermag.

Arendts Argumentationsgang ist damit an sein äußerstes Ende gekommen: Mit dem für jedes Rechtssystem – nicht nur für das Rechtssystem der modernen Nationalstaaten, sondern, noch einmal, für jedes bisher bekannte historische Rechtssystem – konstitutiven Recht, Rechte zu verweigern, ist das Recht insgesamt strukturell ausgehöhlt und der Grund, den es in der Natur, in der Schöpfungsordnung, in der Geschichte und schließlich in der Menschheit als der Essenz des Menschen haben soll, kann nicht anders als kollabieren. Wer kein Recht in einer politischen Gemeinschaft *hat*, der *hat* auch keinen Platz in einer internationalen oder interstaatlichen Gemeinschaft, *hat* keinen Platz in irgendeiner menschlichen Gemeinschaft, keinen Platz in einer Ordnung des Sprechens und Handelns mit Anderen, *hat* also nicht die Fähigkeit zu einer gemeinsamen, deliberativen Sprache und zum gesellschaftsrelevanten

Handeln, *hat* somit weder Welt noch Geschichte, noch Sprache, noch eine durch sie konturierbare und als *eigene* qualifizierbare Existenz –: Er *hat* nichts, wodurch er von Anderen bestimmt werden und seinerseits Andere bestimmen könnte. Seine *unqualified, mere existence* ist eine Existenz ohne Substanz, da sich seine Substanz in seiner Existenz, der *abstract nakedness of being human*, erschöpft, aber dieses *being human*, *deprived of expression within and action upon a common world, remains without significance.* Diese nicht etwa nur virtuelle, sondern strukturelle und also auf höchst reale Weise nackte Existenz ist – wie Arendt mit Nachdruck am Ende des Kapitels über das Ende der Menschenrechte betont – *despite all appearances* die Existenz aller, die im Geltungsbereich der Menschenrechte leben, denn dieser Geltungsbereich ist koextensiv mit dem Bereich seiner Ungültigkeit. Menschliche Existenz – die Existenz eines jeden – ist, *despite all appearances*, die Existenz von Rechtlosen, Exkommunizierten, *outlaws*, ›friedlos‹ Gestellten, *expulsed from humanity altogether,* [14] *savages*, die dem ›*civil death*‹ überantwortet sind.[15]

2.

Was Arendt beschreibt, ist die weltgeschichtliche Reduktion der Essenz auf die bloße Existenz des Menschen und die damit einhergehende Reduktion der menschlichen Gesellschaft, der Einzelgesellschaften und jedes Einzelnen auf einen Zustand ohne Gesellschaft und ohne Recht. Arendt beschreibt diese Wendung zu einer Welt ohne Welt und einer Geschichte ohne Geschichte als Entfaltung einer Paradoxie, die bereits mit der Konstitution von Gesellschaften und ihren Rechten einsetzt, deren desaströse Konsequenzen aber erst mit dem Niedergang der Nationalstaaten und der Tilgung der von ihnen gewährten Rechtsgarantien für unabsehbare Massen zur alltäglichen Erfahrung werden. Diese in jedem Sinn epochale Reduktion wird von Arendt nicht nur als anti-zivilisatorische *Regression*,[16] sie wird vorzugsweise als Privation charakterisiert, als *fundamental deprivation of human rights, loss of home and political status, loss of some of the most essential characteristics of human life, expulsion from humanity,* also als Prozess, in dem eine als Eigentum und Eigentümlichkeit des Menschen, als essentiell und *unalienable* deklarierte Habe sich als entzogen – und zwar seit jeher entzogen – erweist. Das harte Faktum des Rechtsentzugs erweist sich als identisch mit dem härteren Faktum des Substanzentzugs, wenn deutlich wird, dass das erste aller Rechte darin liegt, Rechte zu definieren, dass dieses Recht das elementare Eigentum des Menschen ist, sich selbst als Menschen zu definieren, und dass ihm just dieses Eigentum nicht gehört und nie hat gehören können. Die *fundamental deprivation […] of the most essential characteristics of human life* liegt in seiner Enteignung von dem Eigentum, das er an sich selbst hat; es liegt im Selbst-Entzug. Mit dieser Privation ist ihm nach allen klassischen Begriffen vom Menschen der Grund seines Menschseins entzogen.

Das Recht auf Rechte erweist sich also im Gang der von Arendt beschriebenen Reduktion als das Recht auf Eigentumsrechte, Eigentumsrechte wiederum erweisen sich als Rechte, die mit diesem Eigentum selbst ›gegeben‹ sind – und somit als Eigentum an Rechten. Recht verleiht nicht nur Eigentum, Eigentum verleiht auch Recht: Die Begriffe von Recht und Eigentum sind koextensiv. Erst der Verlust des Eigentums, des Gehörens und der Zugehörigkeit, des Eigenen und Unveräußerlichen macht deutlich, dass Rechte nicht nur kontingente Relationsbegriffe sind, sondern solche Relationen bezeichnen, durch die ein Wesen als das, was es eigentlich und also wesentlich ist, konstituiert wird. Rechte werden in der gesamten europäischen Tradition, und nicht allein in ihr, als konstitutive Relationen gedacht und darum als solche, in denen der

Rechtsinhaber zu sich selbst als dem von ihm Gehabten steht, als dem Sich-selbst-Habenden, über sich als den ihm unveräußerlich Eigenem Verfügenden. Wenn Selbst-Verhältnisse gemeinhin als Relationen zwischen bereits vorfindlichen Relaten gedacht werden, so ist das Grundrecht auf das Eigene gedacht als diejenige immediate Relation eines jeden zu sich, die allererst ihre Relate aus sich hervorgehen lässt. Die als unhintergehbar und ursprünglich angenommene Ur-Relation soll also in einem Selbst-Verhältnis beruhen, das als Anhalt an sich, als Selbst-Verfügung, unableitbare und unauflösliche Selbst-Habe und darum als Selbst-Sein gedacht wird. Da dieses angeblich irreduzible Selbst-Verhältnis sich als Verhältnis zu einem Grund, einer Ursache, einem Prinzip darbot, konnte spätestens seit dem aristotelischen Gedanken der politischen *autárkeia* (Pol. 1252b29, 1280b34) die Selbst-Habe im Sinne der Suisuffizienz als Grundstruktur nicht nur von Einzelnen, sondern von Einzelnen in ›ihrer‹ Gemeinschaft und somit als Grundstruktur auch jeder Gemeinschaft gedacht werden. Arendt trägt diesem Umstand Rechnung, wenn sie in Erinnerung ruft, dass die Minoritäten, denen das Bürgerrecht der europäischen Staaten entzogen worden war, sich um ihre *re-integration into a national, into* their own *national community* bemühten.[17] Ihre Rechtlosigkeit erwies sich als irreparabel in dem Augenblick, als sich herausstellte, dass *they no longer* belong *to any community whatsoever,*[18] dass *no country would »claim« these people* – nämlich »›claim‹ them as their own«.[19] Mit dem Abbruch des Verhältnisses, das als Zugehörigkeit zum ›eigenen‹ Volk, zur ›eigenen‹ Nation und zur ›eigenen‹ Rechtsgemeinschaft charakterisiert wurde, verfiel auch das Selbst-Verhältnis, das jeder Einzelne aus dem Kreis der Minoritäten zu sich als Rechtssubjekt unterhielt, verfiel das Recht selbst als Form des Selbst-Verhältnisses auch der Nation und schließlich der Menschheit und verfiel die Möglichkeit der im emphatischen Sinn verstandenen Teilhabe und der Habe insgesamt. Spätestens seither ist – *despite all appearances* –

deutlich, dass es kein Recht auf Zugehörigkeit, *belonging*, *one's own national community*, folglich auch kein Eigentum an sich selbst und dass es somit die substantielle Form des Selbst-Verhältnisses ›Eigentum‹ und ›Recht‹ nicht gibt.

Dass die stehenden Syntagmen *to have rights* und *the right to have* eine tautologische Bewegung durchlaufen, die von Arendts Wendung *the right to have rights* zwar aufgegriffen, aber radikal durchbrochen wird, ist bereits aus der klassischen, auf Platon zurückgehenden und römisch reinterpretierten Formel *suum cuique* – jedem das Seine – ersichtlich, mit der im Eröffnungssatz des »Corpus Iuris Civilis« aus dem Jahr 533 Gerechtigkeit und Recht definiert wird. Sie lautet: *Iustitia est constans et perpetua voluntas ius suum cuique tribuens* – ›Gerechtigkeit ist der beständige und unablässige Wille, jedem sein Recht zuzuteilen‹ (I. 1; cf. I. 3). Das Seine, das jeweils Eigene wird damit als Recht, dieses als das einem jeden Gebührende und Zukommende, weil ihm Gehörige definiert. Recht ist Eigentum, weil es das *suum* und damit die Substanz, den Bestand und das ihm allein vorbehaltene unveräußerliche Wesen von jemandem ausmacht. Entsprechend wird im »Corpus Iuris« definiert: ›Was jedes Volk sich selbst als Recht gesetzt hat, das ist das seiner Bürgergesellschaft eigentümliche Recht‹ – *ius proprium ipsius civitatis* (I. 2. 1) –, wobei das *proprium* als Intensivum des *ius* fungiert. In das Eigentum – das *dominium* – eines Einzelnen wird eine körperliche Sache – *res* – durch Ergreifung – *captatio* –, und sei es auch nur eine Ergreifung durch den Blick oder die Absicht, gebracht (II. 1. 12); aber auch das Recht, das sich nicht anfassen lässt, sondern unkörperlich ist, wie das Recht der Erbschaft, des Nießbrauchs und der Obligation, ist eine Sache, die unter das Eigentum fällt und als das jeweils Eigene ergriffen oder preisgegeben werden kann (II. 2). Recht ist, in jedem Sinne, eine Sache des *homo capax*, weil er selbst es ist, der sich in ihm ergreift. Wie im Lateinischen scheint auch in anderen Sprachen von alters her ein Zusammenhang zwischen dem Eigenen und dem Wesen als dem dauernden Bestand einer Sache sowohl im Sinn des griechischen *ousía* wie der *substantia* bestanden zu haben. Jacob Grimm notiert in seinen »Deutschen Rechtsaltertümern« zum Stichwort »Eigenthum«: *Allgemeine benennungen für den begriff von dominium sind* 1. *goth.* aigin (ousía), *ahd. eikan, nhd. eigen von aigan* (échein, *tenere, habere), woher auch das ahd.* êht. Und weiter: 9. *ags.* âr *(honor) für opes, substantia.*[20] Damit wird zugleich klar, dass das Eigene und das Eigentum ein *dominium* und also das Beherrschte und Festgehaltene, Bewahrte und Wahre, Echte und Authentische ist, das beständig in der Verfügungsgewalt seines Eigentümers, unter seinem *ius proprium* gehalten bleibt. Recht ist substantiell Eigentumsrecht; Eigentum ist Substanz.

In dieser Sprach- und Denktradition stehen jene politischen und Rechttheorien des 17. Jahrhunderts auf dem europäischen Kontinent, in England und Amerika, die zu den ersten Kodifizierungen der Menschenrechte beigetragen haben. Bei den Levellern und bei Locke haben diese Theorien zu der liberalistischen Überzeugung geführt, das Recht aller Rechte sei das Eigentumsrecht an der eigenen Person und der eigenen Arbeit. An diesen Gedanken schließen alle relevanten politischen Philosophien seither an, auch Marx, der mit Hegel das Wesen des Menschen als Arbeit, das Wesen der Arbeit als Aneignung der Natur und des eigenen Selbst fasst. Richard Overton erklärt in »An Arrow against all Tyrants« 1646 als Prinzip der Natur und Regel der Gerechtigkeit: *To every individual in nature is given an individual property by nature not to be invaded or ursurped by any. For every one, as he is himself, so he has a self-propriety, else could he not* be *himself; and of this no second may presume to deprive any of* [...].[21] Etwa vierzig Jahre später formuliert Locke in »The Second Treatise on Government« denselben Gedanken in ähnlichem Wortlaut: *every Man has a Property in his own Person. This no Body has any Right to but himself.*[22] Prononcierter als Locke behauptet Overton mit seiner Begründung des Rechtes auf Eigentum am eigenen Selbst, dass dieses Recht fundamental ist, weil es ein ontologisch fundiertes Recht ist. Denn wenn ein jeder nur als derjenige er selbst *sein* kann, der ein Eigentum an sich selbst *hat*, dann meint Selbst-Sein Selbst-Habe und somit Verfügungsgewalt über sich als primäres und unveräußerliches Eigentum. *Self-propriety* oder *Property in his own Person* sind Rechtstitel, weil sie Seins-Titel sind. Als solche nehmen sie den Rang von Natur- und Vernunftprinzipien ein, und als solche geben sie jedem Rechtssystem seinen substantiellen Grund. Wer diesem Prinzip der Eigentums-Ontologie widerspricht oder zuwiderhandelt, zerstört nicht nur jede Möglichkeit von Einzelnen und ihren Gesellschaften, er zerstört zu allererst sich selbst, indem er seine eigene Person aufgibt und nicht als der spricht oder handelt, der er selbst *ist*. Selbst-Sein und Selbst-Haben sind koextensiv. Wer diesem Prinzip folgt, bewegt sich im auto-tautologischen Kreis von Selbst, Sein, Eigentum und Recht. Haben ist für ihn Recht-Haben; Sein Recht-Sein. Wer *sum* sagt, reklamiert ein *suum*. Der Sinn von Sein ist Haben, Recht-Haben, Recht.

Wie alle – und nicht nur die juridischen – Fundamental-Ontologien ist auch die Eigentums-Ontologie von Overton und Locke außerstande zu erklären, warum sie erklärt werden muss, obgleich sie doch mit unbestreitbaren Natur- und Vernunftevidenzen zu operieren behauptet. Wenn nur derjenige auf natürliche oder vernünftige Weise er selbst *ist*, der sich selbst von Natur her und kraft der Vernunft als sein Eigentum *hat*, dann müsste er auch gegen die Usurpation dieses eigenen Seins durch Andere und gegen seinen ›eigenen‹ Eingriff in das Sein Anderer auf natürliche und vernünftige Weise gefeit sein. Allein weil seine *self-propriety* ihn gegen ihre Verletzung *nicht* schützt, weil also Natur und Vernunft vor ihrem *eigenen* Prinzip, dem Natur- und Vernunftprinzip und seiner immediaten Rechtlichkeit versagen, bedarf es der Explikation, der Deklaration und Implementierung eines Rechtes, das die Schwächen von Natur und Vernunft kompensiert. Kompensieren kann das Recht seine Schwächen aber nur, wenn es selbst weder der Natur noch der Vernunft angehört oder ihnen eigen ist. Hätte, wie Overton und Locke behaupten, die Grenze zwischen dem eigenen Selbstsein und dem Selbstsein Anderer unverrückbaren Bestand, dann bedürfte sie nicht immer wieder aufs Neue der Redefinition durch ein Recht, das zum Natur- und Vernunftrecht *hinzu*kommen muss, aber als Zusatz-Recht nicht jenem Eigentumsprinzip unterstehen kann, das der Korrektur bedarf, sondern von diesem unabhängig und ihm überlegen sein muss, ohne jedoch seinerseits über eine *eigene* Logik des Eigenen zu verfügen.

Das Recht des ontologischen Possessivismus ist also angewiesen auf ein völlig *anderes* Recht, das nicht das allgemeine Recht des Eigentums an der eigenen Person ist, das aber auch nicht der bloßen Vermittlung zwischen der eigenen und der Person Anderer dient, sondern ebenso ihre Entmittlung, ihre Fusion und ihre gegenseitige Verletzung zulässt, da in ihm das Prinzip des Eigentums außer Kraft gesetzt ist. Dieses *andere* Recht kann weder ein universelles noch ein individuelles Recht im Sinn des Eigentums an Sein, es muss ein zugleich trans-universelles und infra-individuelles Recht sein, von dem kein substantielles, possessives Sein konsolidiert wird und das deshalb auch keinem Rechtsbegriff korrespondiert, der an possessivem Sein sein Maß nimmt. Dieses *andere* Recht ist nicht Recht einer bereits gegebenen Person im Unterschied zu einer anderen, sondern ›Recht‹ einer Unterscheidung, die der einen wie der anderen Person ›ihr Recht‹ und ihre Rechts-Persönlichkeit allererst zukommen lässt, mithin ›Recht‹ nicht des einen und des anderen Eigentümers, sondern der *Zu*eignung und *Er*anderung. Nicht das aus sich und für sich selbst gegebene Eigene und Andere, auch nicht ihre Mitte, die zwischen den isoliert Gegebenen nachträglich die rechte Proportion herstellen und dazu ihrerseits als *substantiale* gegeben sein müsste, sondern erst eine nach keiner vorgegebenen Regel verlaufende Distribution *zwischen* Eigenem und Anderem eröffnet gesellschaftliche Verhältnisse, die der unprogrammierbaren Singularität der Einzelnen und dem strukturell und historisch veränderbaren Beziehungsgeschehen zwischen ihnen gerecht werden können. Eigentum, und zunächst das Eigentum an der eigenen Person und ihrer Arbeit, kann keine Konstante, es kann noch weniger eine substantielle Bestimmung des Menschen sein, solange es auf einen Prozess der *Zu*eignung und der *Er*anderung angewiesen ist, der selbst nicht unter dem Prinzip des Eigentums und seiner Erhaltung steht.

Arendts Analyse der Menschenrechts-Aporien behandelt das Eigentumsrecht extrem lakonisch, weil sie es – zusammen mit *life, liberty, and the persuit of happiness, equality before the law, according to the American formula, liberty, and national sovereignty, according to the French* – zu den Bürgerrechten zählt, die allesamt *can be granted (though hardly enjoyed) even under conditions of fundamental rightlessness.* Sie nennt seine Formulierung in den Menschenrechts-Deklarationen *antiquated* und charakterisiert es als *unqualified right to property.*[23] Wäre es ›qualifiziert‹, so darf man diese knappe Bemerkung deuten, dann würde es nicht den Besitzstand einer bestimmten, historisch limitierten und deshalb schon jetzt antiquierten Klasse und würde nicht die davon determinierten Interessen von Nationalstaaten und Staatenföderationen sichern, sondern dann könnte es als Recht auf die Definition und Redefinition von Eigentums-, Personen- und Menschenrechten zu dem einen, fundamentalen Menschenrecht aufrücken. Erst dasjenige Recht nämlich, das definiert, jedoch zugleich offen auf andere Definitionen bleibt, das prinzipiell uneingeschränkt plurale und also zukunftsoffene Recht auf Rechtsdefinition und fortgesetzte Redefinition, also allein das infinite Definitionsrecht könnte Menschenrecht heißen –: dasjenige *andere* Recht also, das prinzipiell und explizit offenlässt, was Recht und was Eigentum, was das Eigene und was Zugehörigkeit ist, was *to have* und *to own* heißt und was *Property in [one's] own Person*; das mithin prinzipiell und explizit offenlässt, was überhaupt als Prinzip von Unterscheidungen, Entscheidungen und Ausschlüssen fungieren kann.

Dem spätrömischen »Codex Iuris« zufolge wurden nach dem *ius gentium*, dem Völkergemeinrecht, alle Menschen am Anfang frei geboren – *iure enim naturali ab initio omnes homines liberi nascebantur* (I. 2. 2). Sie waren demnach alle gleichermaßen freie und in diesem Sinn gleiche Rechtspersonen. Für Arendt ist der Satz von der natürlichen Gleichheit ein historisch spätes und irriges Postulat, von dem die Herkunftsbedingungen der Gleichheit, damit auch der Freiheit und Selbstbestimmtheit, verdeckt werden. Sie hält dagegen: *We are not born equal; we become equal as members of a group on the strength of our decision to guarantee ourselves mutually equal rights.*[24] Damit ist gesagt, dass Gleichheit mitsamt ihren Folgequalitäten nicht von der einen und einigenden Naturmacht gegeben, aber auch nicht mit der bloßen Existenz der zu einer Gattung – aber nach welchem Kriterium? – gehörigen Einzelnen mitgegeben, sondern dass sie durch die Gemeinsamkeit von Entscheidungen erworben und allein von dieser Gemeinsamkeit erhalten wird. Wie prekär und wie aporetisch diese Gemeinsamkeit und die mit ihr verbundene Gleichheit und Gegenseitigkeit sind, zeigt sich mit aufdringlicher Evidenz im Zerfall der nationalen, also ›natürlichen‹, und der staatlich verfassten, also auf Konventionen und Setzungen beruhenden Gesellschaften im 20. Jahrhundert. Arendts Formulierung *to guarantee ourselves mutually equal rights* bleibt in ihrem Versuch, die Inkonsistenz des Naturrechts abzuwehren, den Bürgerrechtsprinzipien verhaftet, die sie doch gleichfalls als inkonsistent zurückweist. Die Formulierung macht mit der Gegenseitigkeit (*mutually*) der Gleichheitsgarantie nämlich die Gleichheit zur Voraussetzung derjenigen Gleichheit, die doch erst gewonnen und garantiert werden soll. Arendts unvermerkte *petitio principii* ist umso gravierender, als sie eine Reziprozität als gegeben voraussetzt, die sie nach ihrer eigenen Einsicht nicht voraussetzen kann, da die von den Bürger- und

Menschenrechten ausgeschlossenen *Displaced Persons* sich nur durch eine einzige ›Gegebenheit‹ auszeichnen –: durch Differenzen und durch ihre Singularität, also durch das, was inkommensurabel und irreziprok bleibt. Unmittelbar vor dem Satz, in dem Gleichheit als Ergebnis wechselseitiger Garantien dargestellt wird, heißt es: *The whole sphere of the merely given, relegated to private life in civilized society, is a permanent threat to the public sphere, because the public sphere is as consistently based on the law of equality as the private sphere is based on the law of universal difference and differentiation. Equality, in contrast to all that is involved in mere existence, is not given us, but is the result of human organization* [...].[25] Wenn Gleichheit aber Resultat von Organisation ist, so kann doch diese Organisation ihrerseits nur Resultat aus dem sein, was ihr vorgegeben, als Vorgegebenes aber ungleich ist. *The merely given*, das ist *mere existence* als das schlechthin – mit sich und mit Anderen – Ungleiche, das innerhalb einer Rechtsorganisation *ex definitione* keinen Platz finden kann. Bloße Existenz *ist*, was sich nicht selbst *hat.*

Die mit steigender Intensität von Arendt wiederholte Charakterisierung des *merely given, merely and mysteriously given*, der *mere existence* und *unqualified, mere existence* bietet nicht nur eine Beschreibung der Lage von Entrechteten, sie bietet zugleich die Charakteristik eines ›Naturstandes‹, der mit den Suggestionen eines ursprünglichen Schöpfungsstandes nichts zu schaffen hat, von dem aber die gesamte Rechtswelt mitsamt ihren Substantialitäts-, Identitäts- und Eigentumsansprüchen ihren Ausgang genommen haben muss. Nicht von einer vernünftig organisierten Natur kann die Organisation einer politischen Gesellschaft ausgegangen sein, sondern von einer disparaten und desorganisierten Welt singulärer Existenzen, die durch keine rechtsförmige Gemeinsamkeit, keine Gleichheit und keine Gegenseitigkeit zusammengehalten wird. Aus diesem ernüchterten Befund ergibt sich die Frage, wie Recht und Politik möglich sind: wie sie möglich sind, *ohne* dass ihre

Möglichkeit bereits der Struktur des Gegebenen inhäriert; *ohne* dass diese Möglichkeit in der durch keine Essenz stabilisierten Existenz disparater Einzelner gesichert; *ohne* dass diese Möglichkeit mit einer teleologischen oder providenziellen Tendenz zu ihrer Verwirklichung ausgestattet wäre. Die Frage, die von Arendt nicht explizit gestellt wird, sich aber in der Disposition ihres Textes umso dringlicher abzeichnet, umreißt denjenigen Bereich, in dem eine Antwort *nicht* gefunden werden kann.

›Bloß gegeben‹ ist nämlich, was *nicht* festgehalten, *nicht* angeeignet, integriert oder inkorporiert, was *nicht* sozialisiert und in keinem Sinn juridifiziert, legalisiert oder auch nur legitimiert werden kann. *Unqualified, mere existence* ist rechtsresistent, weil sie kein möglicher Gegenstand und kein möglicher Agent von Deliberationen, keiner von Entscheidungen und Urteilen ist. Sie beruht allein, wie Arendt schreibt, in *the shape of our bodies and the talents of our minds,* und genauer in all dem, was daran *single, unique, unchangeable* ist.[26] Als das schlechthin Äquivalenzunfähige, Inkommensurable, Kommunikationsferne bezeugt dieses einzig Gegebene jeweils die *Nicht*-Gegebenheit einer für es geeigneten politischen Gemeinschaft und die *Nicht*-Gegebenheit der gesamten Sphäre des Rechtes und zuerst des Grund-Rechts auf Eigentum. Daraus ist nicht der Schluss zu ziehen, dass es keine Möglichkeit für Rechte gibt, sondern nur der völlig andere Schluss, dass keine *substantielle* Möglichkeit, keine von einer vorgegebenen Substanz des Menschen verbürgte Möglichkeit für Rechte und vor allem für das Recht auf Rechte gegeben ist. Nicht das präsumtiv immerwährende Recht der Natur oder der Vernunft und nicht das stabilisierte geschichtlich erworbene Recht von Ständen oder Klassen, sondern erst die Rechtsvakanz, die sich in der prädikatlosen Existenz bekundet, eröffnet die Möglichkeit, Gemeinschaften, Rechte und Eigentum auszubilden. Rechte können erst erteilt und *zu*geeignet werden, wo es zuvor *keine* gegeben hat. Allein das *nicht*-gegebene Menschenrecht auf Rechtsdefinition kann *noch* – jetzt und in Zukunft – gegeben werden.

Wenn Rechte den Bereich geregelter Gegenseitigkeit konstituieren, so verläuft sich die prädikatlose Existenz im Feld des Nicht-Reziproken. »Wir« garantieren *ourselves mutually equal rights,* so schreibt Arendt, aber von dem, was sie *mere existence* nennt, ist sie einzuräumen genötigt, sie *can be adequately dealt with only by the unpredictable hazards of friendship and sympathy, or by the great and incalculable grace of love [...].*[27] Dem Inkalkulablen kann allein der inkalkulable Zufall, dem Kontingenten kann allein das Kontingente – und dies nur auf wiederum kontingente, unregulierbare Weise – entgegenkommen. Die Initiative zur Formulierung von Rechten kann also nach Arendts Beschreibung – im Unterschied zu ihrer am aristotelischen Polis-Modell orientierten politischen Theorie – allein vom ›Privaten‹, von Freundschaft, Sympathie und Liebe ausgehen, somit von vorrechtlichen Verhältnissen, die nicht durch die beständige Habe und Teilhabe an bereits Gegebenem, sondern durch das Geben einer Gabe charakterisiert sind. *The incalculable grace of love,* so erinnert Arendt, *which says with Augustine,* »Volo ut sis *(I want you to be)*«, *without being able to give any particular reason for such supreme and unsurpassable affirmation.*[28] Freundschaft, Sympathie und Liebe, Affirmation des bloßen Daseins des Anderen – eines hier zum ersten Mal genannten *du* – in der *privat* und also rechtsfrei genannten Sphäre (tatsächlich in einem Bereich, der weder als ›privat‹ noch als ›politisch‹ charakterisiert werden kann), gehen für Arendt jeder Selbst-Bestätigung und Selbst-Aneignung der ›eigenen Person‹ voraus, die von allen juridisch-politischen Ontologien als Grund von Gemeinschaft und Recht behauptet wird. Diese inkalkulable Affirmation des inkalkulablen Anderen geht der ›eigenen Person‹ sogar so weit voraus, dass sie keinen Grund – keine *reason* – in dieser Person selbst oder in ihrem generalisierten Ideal finden kann, durch den die Gabe – *grace*, Gunst, Gnade – dieser Affirmation gerechtfertigt werden könnte. Da diese grundlose, unableitbare, unregulierbare und unüberbietbare Affirmation des Anderen in seiner inkommensurablen Existenz als Geben allererst ein Gegebenes gewährt und als Geschenk die Möglichkeit eines Eigentums eröffnet – freilich ohne diese Möglichkeit sicherzustellen –, eröffnet sie auch – ohne sie zu erzwingen – die Möglichkeit des Rechts. Sie eröffnet, indem sie den Anderen in seiner Andersheit bejaht, den Spielraum für eine Gemeinschaft, aber für eine Gemeinschaft allein zwischen denen, die keine Gemeinschaft *haben*. Es ist dies also nicht die Gemeinschaft eines bereits vorgegebenen Typus, einer Klasse, Rasse, eines Genus oder sonst einer Allgemeinheit, keine zoologische oder ethnische, keine Gemeinschaft, die durch technisches Können, kognitives Vermögen oder irgendwelche anderen Qualitäten definiert wäre, kurzum keine Gemeinschaft von Eigenschaften [properties], sondern eine Gemeinschaft der bloßen Existenz und als solche eine Gemeinschaft der Eigenschaftslosen, Eigentumslosen, Rechtlosen. Die Eröffnung dieser Gemeinschaft lässt zwar die Ausbildung einer Eigentums- und weiterhin einer Rechtsgemeinschaft zu, aber diese Zulassung kann selbst nicht unter einem Eigentumsvorbehalt stehen und keinerlei Rechtsprinzipien folgen oder solche auch nur antizipieren. Die Affirmation der bloßen Existenz, von der Arendt redet, bietet dem Gemeinschaftslosen eine Gemeinschaft, aber sie gibt sie ihm nicht als die *seine*, ihm *gehörige* und *eigene*, sondern stellt sie ihm, den *unpredictable hazards of friendship and sympathy* folgend, nur frei. Da sie selbst kontingent ist, eröffnet sie eine kontingente Gemeinschaft vor jeder Rechtsgemeinschaft und gibt ihr, ohne Natur- oder Vernunftregeln, einen kontingenten, einen Grund ohne Grund. Allein diesen grundlosen Grund kann bieten, was Arendt als Recht, Rechte zu haben, bezeichnet.

*Zu*eignung und *Er*anderung, nicht aber Aneignung und Gleichstellung ist die Bewegung, die den Ansatz zu einem gesellschaftlichen Verhältnis gewährt. Sie *kon*stituiert keine

Gemeinschaft, sie *dis*poniert zu ihr. Aber sie *dis*poniert zur Gemeinschaft allein in der Weise, dass sie dem schlechthin Gemeinschaftsfremden *ex*poniert und dieses und sich selbst in dieser Exposition hält –: Sie hält beide im Haltlosen. Dieses Verhältnis ist nicht intersubjektiv oder auch nur interdiskursiv, es ist interkontingent, eine Begegnung zwischen mindestens zwei kontingenten Existenzen, die durch keine vorgeordnete Instanz herbeigeführt oder garantiert werden kann. Ihr Verhältnis ist keine Korrelation zwischen zuvor gegebenen Relaten, aber auch kein autarkes Selbst-Verhältnis, es ist eine Relation, die von mindestens zwei indefiniten Seiten zur jeweils anderen unterhalten wird –: eine Doppelrelation zum Irrelationalen. Es beruht nicht in der Gemeinsamkeit der Verfügung über eine Habe und nicht in der Gemeinsamkeit, die durch den Austausch zwischen äquivalenten Gütern erreicht wird, sondern in der doppelten Irreziprozität des Gebens dessen, was nicht schon gegeben ist.

Geben ist kein Gegebenes. Es geht nicht von einem bereits Gegebenen, ob Instanz, Sache oder Subjekt, aus, ist nicht an den Vorbehalt der Rückgabe oder der Gabe eines Äquivalents gebunden und ist nicht dadurch charakterisiert, dass es in einem Gegebenen resultiert. Wenn Arendt die primäre außerrechtliche Affirmation mit der kondensierten Fassung eines Satzes von Augustinus kommentiert, der die Liebe als Bejahung der bloßen Existenz eines Anderen bestimmt – *»volo ut sis (I want you to be)«* –, dann charakterisiert sie ein Geschehen, mit dem diese Existenz nicht aus der Machtvollkommenheit jener Affirmation gesetzt, mit dem sie vielmehr zum ersten Mal zugestanden, mit dem also die bloße Existenz *als* bloße Existenz freigegeben wird. Existenz ist somit kein schlicht Gegebenes; sie ist jeweils *Zu*gegebenes, von der Neigung Anderer Zugelassenes und Gewährtes. Einem Geben verdankt, ist sie wie dieses kein Zustand, sondern ein Geschehen, und zwar das Geschehen nicht bloß *einer* Existenz und nicht der Einheit einer abstrakten All-Existenz, sondern als das jeweils singuläre Geschehen jeweils mehrerer Einzelner ein ebenso irreduzibel singuläres wie plurales Geschehen. Die Existenz-Affirmation des *ut sis* ist der Anfang dieses pluralen Geschehens und bleibt es als Bewegung einer Vergemeinschaftung, ohne deren Fortsetzung es eine Gemeinschaft nicht gäbe. Sie ist also die Befreiung *von* der bloßen Existenz, die im isolierten Vorkommen einer indifferenten Erscheinung verschwinden müsste, jedoch zugleich die Befreiung *zur* Existenz einer singulären Pluralisierung, die kein vorbestimmtes Ende hat. Sie ist somit zugleich die initiale und die paradigmatische Geste einer Befreiung *vom* Recht – vom Recht der Naturgewalt und der Regelvernunft, aber auch vom ›Recht‹ des Zufalls –, und Befreiung *zu* einem anderen Recht, dessen Definitionsoffenheit von seiner Fixierung auf eine Ordnung von Prädikaten und Qualifikationen freihält und freihält für anderes *als* Recht. Das *ut sis* ist mithin auch die Freigabe des Eigentums: seine Befreiung *von* der ›eigenen‹ Person und deren Extensionen in Körperschaften und ›nationalen‹ wie internationalen Gesellschaften; die Befreiung der Rechtsperson und des Rechts insgesamt *von* der Obsession, das Eigentum seines Eigentums zu sein, und zugleich die Befreiung des Eigentums *zu* einer anderen Bestimmung als der, als Eigentum zu jemandem zu gehören, seine Befreiung *zur* Über-Eignung, zur Über-lassung und zum Geschenk für Andere. *Ut sis* ist damit zugleich auch die Befreiung *von* einer Freiheit, deren Grund auf die Habe des eigenen Selbst beschränkt ist, *zu* einer Freiheit, die ›ihren‹ Grund nicht *hat*, sondern empfängt, verweigert oder dahingibt. Wer nur hat, was immer schon gegeben war, für den ist Haben kein Geschehen; er *hat* noch gar nichts, er ist von seinem Besitz nur besessen. Erst das Geben ist die Befreiung zum Haben: zum Haben auch eines Nicht-Habens, Nie-Gehabt-Habens und Nie-jemals-Habens. Geben ist die Befreiung des Habens *von* und *zu* diesem ›selbst‹, und so erst die Eröffnung eines ›selbst‹.

Die Doppelbewegung der Befreiung *von* und *zu* ist die Bewegung des *ut sis* und somit die Bewegung des einen Menschenrechts. Es gibt – ohne weitere Bestimmung – Sein. Wenn Sein – das des Anderen und das des ›eigenen‹ Selbst – erst mit dem *»sis«* des *»I want you to be«* freigegeben wird, dann kann der Sinn von Sein nicht im Haben, Recht-Haben, Recht liegen. Dieser Sinn kann nur im Geben der Öffnung auf *anderes* Sein und Anderes *als* Sein, kann also nur als Öffnung auf *anderen* Sinn und auf Anderes *als* Sinn geschehen.

3.

Mit dieser knappen Skizze sind einige der Implikationen und Konsequenzen von Arendts Überlegungen zum rechts- und menschenrechtsfreien Raum umrissen, der sich mit dem Desaster der Totalitarismen des 20. Jahrhunderts aufgetan hat. Dieses Desaster der Zivilisation und ihrer endogenen Barbarei gehört nicht der Vergangenheit an. Seine Dimensionen haben erst angefangen, sich abzuzeichnen, und was sich von ihnen seit dem Ende der Weltkriege gezeigt hat, macht deutlich, dass selbst ihr horrendes gegenwärtiges Ausmaß überbietbar ist. Die strukturellen Totalitarismen expandieren, zum Teil ohne Namen, zum Teil unter anderen und mit anderen Leitideologien als in der ersten Hälfte des 20. Jahrhunderts, aber ob sie sich als Liberalismen oder Kommunismen, Sozialismen oder Demokratismen, Ethnizismen, Konfessionalismen oder schlicht, wie die meisten, als dumpfe Opportunismen präsentieren, sie bleiben – bei allen ernsten und weitreichenden Differenzen zwischen ihnen – allesamt an den einen Komplex aus Possessivismus und Juridismus fixiert und definieren aus ihm, ob schwankend, stabil oder superstabil, Leben, Haltung und Verhalten derer, die zu ihnen ›gehören‹, ohne durch deren faktische Majoritäten dazu legitimiert worden zu sein oder daran gehindert zu werden. Es geht ihnen, ob regional und mit penibler Konkretion oder global und mit der Schein-Generosität des Formalismus, um das Recht auf das Eigene: die eigenen ›Interessen‹, die Eigen-›Maximierung‹ und ›-Optimierung‹, die eigene ›Religion‹, die eigene ›Überzeugung‹, das eigene ›Eigene‹, das eigene ›Und so weiter‹. Dass ihr ›eigenes‹, aber regelmäßig vom juro-possessiven Komplex diktiertes Gesetz sie in frontale oder diffuse Kriege – vorzugsweise unblutig-blutige Finanzkriege – um ›Interessen-‹ und ›Einflusszonen‹ gegeneinander führt, hat im letzten Halbjahrhundert Abermillionen ihrer ›Bürger‹ oder ›Angehörigen‹ um Rechte und Leben gebracht. Es hat sie aber auch untereinander – und zwar oft genug trotz förmlicher gegenseitiger ›Anerkennung‹ ihrer ›Existenzrechte‹ – faktisch rechtlos und zum Freiwild für die Eigentumsinteressen der jeweils Mächtigeren unter ihnen gemacht. Wären sie nicht so tödlich, wie sie es sind, man möchte ihnen ihrer Recht- und Weltlosigkeit wegen jemanden wünschen, der ihnen mit der augustinischen Formel versichern könnte, er wünsche, dass sie bloß *sind*.

Mit Neigung, Freundschaft und Sympathie ist gegen eine suizidäre Rechts-Wirtschaft nur wenig auszurichten, solange es keine Welt, keine Öffentlichkeit, keine gemeinsame Sprache gibt, die sagen könnte, was geschieht, weshalb und zu welchem Ende es geschieht. Friedensparolen wären Sentimentalismen, die den Status quo bedienen. Kampfparolen würden das Schicksal von Pfadfinderexpeditionen teilen, sportiv, in Grenzen amüsierlich und unbegrenzt ineffizient zu sein. Der Appell an Rechte, Rechtsinstanzen und den guten Willen zum Recht wäre nur geeignet, alle betroffenen Lager aufs Neue auf ›ihre‹ jeweils ›eigenen‹ Rechte pochen zu lassen. Das Problem liegt bei den Rechten, den klassischen Menschenrechten und Bürgerrechten selbst und somit bei denen, die meinen, für sie eintreten zu sollen, allzu oft ohne geprüft zu haben, was sie sind und ob sie überhaupt bestehen. Arendt hat nüchtern vor Augen geführt und unzweideutig konstatiert, dass das eine, alle weiteren Rechte allererst legitimierende Recht auf Rechtsdefinition inkonsistent bleibt, und sie hat – wie energischer vor ihr nur Marx – zumindest darauf hingedeutet, dass die bisher definierten Menschenrechte auf einer Privilegierung des Eigentums beruhen, die sich durch ihre Paradoxien selbst eliminiert. Sie hat mit der Formulierung vom ›Verlust‹ dieses einen und einzigen Menschenrechts zwar das Missverständnis zugelassen, nichts dergleichen existiere außer im Bereich einer zerschlagenen Illusion, aber sie hat unmissverständlich auf der *Existenz* dieses einen ›Rechtes‹ beharrt und damit das gröbere Missverständnis abgewehrt, es hätte den Status einer natur- oder gottgegebenen Substanz. (In Arendts deutscher Übersetzung heißt die einschlägige Formulierung bedachter: *Daß es so etwas gibt wie ein Recht, Rechte zu haben,* womit nicht nur das im folgenden Text gewichtige *geben* hervorgehoben, sondern auch der nicht-juridische Charakter dieses ›Rechtes‹ betont wird: Es ist nur *so etwas wie* ein Recht.) Dass Recht nicht das Wesen und nicht die eine, wesentliche Möglichkeit ›des‹ Menschen sein kann, wird daran ersichtlich, dass seine *mere, unqualified existence* durch keine Rechte qualifiziert ist. Sie *hat* kein Recht; die Existenz jedes Einzelnen *ist* vielmehr der vorrechtliche Anspruch an Andere, ebendiese Existenz zu bejahen – sie in ihrer Unbejahtheit, ihrer Unbedingtheit, in ihrer Unabhängigkeit von jeder Bejahung zu bejahen – und ihr somit Recht zu geben, ohne sie einem Recht zu unterwerfen: Recht zu geben, ohne sein Geben zu einem Gegebenen und einer Habe zu machen. Selbst dieser dürftigste aller Ansprüche bliebe nichtig ohne den Zuspruch, der seine Existenz mitsamt ihrer Nichtigkeit bejaht und erst derart zu einem Geschehen werden lässt.

Darauf, und darauf vor allem kommt es an: Mit allen Mitteln der Analyse, der Dokumentation und der Argumentation, ›öffentlich‹ wie ›privat‹ und in allen Zwischen- und Nebenbereichen, die diese artifiziellen ›Sphären‹ umgeben, deutlich zu machen, was jeder weiß oder spürt, aber noch kaum einer klar und distinkt ausspricht: dass in schlechthin keinem Bereich des Handelns, Machens, Denkens, Redens und Verhaltens ein Recht gesichert, ein Rechtsanspruch garantiert oder ein Rechtsweg gebahnt ist, der zur Wahrnehmung und Erfüllung eines vorgesetzten Rechts führt. Es kommt deshalb darauf an, alle bestehenden, mit den Mitteln der Gewalt, der Propaganda und der Suggestion etablierten und reproduzierten Rechtsinstitute, allen voran diejenigen, die zur Durchsetzung und Wahrung von Eigentumsansprüchen bestellt sind, explizit und immer wieder aufs Neue ihrer strukturellen Illegitimität zu überführen. Ebendies hat Arendt mit dem Nachweis getan, dass die Rechtsinstitute, denen die Sicherung der Menschenrechte oblag, kollabieren mussten und dass erst mit dem Kollaps der *garantierten* Menschenrechte die garantielose *Existenz* des einen Menschenrechts bewusst werden konnte.

Erst mit dem Aufweis der Rechtsvakanz tut sich eine Rechtschance auf: die Chance zu *so etwas wie* dem Recht, Rechte zu haben. Eine Habe ist dieses Recht nicht, und ›Recht‹ ist, wie Arendts Formulierung im Deutschen klarmacht, nicht einmal sein ›eigentlicher‹, nicht sein ›eigener‹, nicht sein Eigen-Name. Es *hat* keinen eigenen Namen, dieses ›Recht‹, es sei denn, ihm würde einer *gegeben*, der etwas anderes als eine stabile Fähigkeit, ein gesichertes Vermögen oder einen Eigentumstitel anzeigt; es *hat* auch keinen vorbestimmten semantischen Inhalt und keinen definiten Gegenstand – die ›Rechte‹ von Kindern, von Kranken, von Tieren und Pflanzen, von Toten, die ›Rechte‹ der Erde und also der überwältigenden Mehrheit aller Rechts-›Objekte‹ sind seit Menschengedenken kontroverse, das heißt aber indefinite und rechtsoffene ›Rechte‹ –; dieses ›Recht‹ mit indefinitem Namen und indefinitem Gegenstandsbereich *hat* nicht einmal ein definites Subjekt, denn erst durch plurale und deshalb strukturell definitionsoffene Definitionen kann sich ein Subjekt dieses ›Rechts‹ definieren –: es kann also nicht anders als sich fortgesetzt zu *in*definieren und sich *in*definieren zu *lassen.*

Was sich selbst nicht *hat* und nicht Gegenstand eines *Habens* ist, kann nur *gegeben* werden; aber gegeben kann es nur werden als das noch und immer wieder Ungegebene, nie Vorausgesetzte, nicht Gesatzte. Dass etwas nicht, nicht mehr oder noch nicht ›Recht‹ ist, dieses Nicht wird in jedem Geben eines Rechtes und vor allem im Geben des einzigen ›Rechts‹ – des ›Rechtes‹ auf das Geben von Rechten – *mit*gegeben. Es kommt also darauf an, im Geben dieses einen ›Rechts‹ seine Nicht-Gegebenheit kenntlich zu machen; es kommt darauf an, dieses Geben so zu disponieren, dass es Anderen, *anderen* Anderen gegeben und von ihnen weitergegeben werden kann; es kommt darauf an, dieses Geben nicht zu einem Gegebenen, einem Eigentum und einem Privileg werden zu lassen. Noch das Haben bedarf, um Haben sein zu können, eines – und nicht nur *eines* – Gebens, mit dem es sich zu seinem äußersten Umfang im Haben eines Nicht-Habens erweitert. Es kommt darauf an, das Nicht-Haben zu geben.

Das Menschenrecht ist kein Ideal, noch weniger ein Idol. Es liegt nicht bereits vor, nicht als Vorstellung, nicht als regulative Norm, nicht als allgemeine Handlungsregel. Man kann es nicht ergreifen und in Besitz nehmen, um es auf geeignete Weise zu applizieren und zu exekutieren. Sowenig es aber vorliegt, so wenig kann seine *Existenz* verleugnet werden, ohne sie damit auch schon zu bezeugen. Es gibt dieses ›Recht‹ nur, wenn es die gibt, die sich seiner *an*nehmen, die es *über*eignen und in der Bewegung des Gebens halten. Es ist, ohne je in irgendeinem konventionellen Sinn ein Recht sein zu können, eine *Praxis* – und vielleicht *die* Praxis schlechthin –, zunächst eine sprachliche für alles, was keine Sprache hat, jedes Mal singulär, jedes Mal anders, jedes Mal *mit* Anderen und *ohne* das Mit, das die Anderen zu den *eigenen* Anderen machen müsste. Es lässt sich nur geben als das, was niemand je hat.

Editorische Notiz

Unter dem Titel *Sprachgerechtigkeit* fasste Werner Hamacher zum ersten Mal öffentlich am 24. und 25. August 2010 drei Vorträge zusammen, die er als Gastdozent im Rahmen des Workshops »Kulturtechniken des Rechts« der Bauhaus-Universität Weimar hielt.
Im November desselben Jahres folgte seine Vorlesungsreihe *Justice in Language* an der Princeton University, bestehend aus: 1. »Right is a Form«; 2. »Autoritas, non veritas, facit legem«; 3. »Conversation by Divorce«; 4. »Right in the Mirror« und 5. »Conversing with Silence«. Im März 2012 waren es folgende Texte, die er am Institut für europäische Literatur und Kultur der Eötvös Lorand Universität in Budapest – teilweise auf Deutsch, teilweise in englischer Übersetzung – zur *Sprachgerechtigkeit / Justice in Language* vortrug: *Right is a Form (*Kant*), Right in the Mirror (*Legendre*), Conversation by Divorce (*Milton*), Gespräch mit dem Schweigen (*Celan*)* und *Centologie (*Hamann*).*
Alle diese Texte plante Werner Hamacher eigens für das hier nun vorliegende Buch. Sie nahmen ihren gedanklichen Anfang spätestens mit seinen Arbeiten »Vom Recht, Rechte zu haben« und »Vom Recht, Rechte nicht zu gebrauchen«. Hamacher unterwarf sie einer kontinuierlichen Entwicklungsarbeit – ob es nun marginale Korrekturen, Überarbeitungen und Ergänzungen oder ob es umfassende Neufassungen und seitenreiche Erweiterungen mit einhergehenden Titeländerungen waren –, die mindestens bis zum Jahr 2014 reichten.
Die hier abgedruckten Texte entsprechen den letzten von ihm verschriftlichten Fassungen. Der Großteil von ihnen erscheint hier zum ersten Mal respektive zum ersten Mal in der deutschen Originalfassung.

1. Dike – Sprachgerechtigkeit
Dike – Sprachgerechtigkeit sollte das einleitende und erste Kapitel von »Sprachgerechtigkeit« werden. Unter den in diesem Buch versammelten Texten ist es jener, dessen Abfassung am kürzesten zurückliegt. Werner Hamacher konnte ihn nicht mehr fertigstellen. Der Text liegt hier in unvollendeter Form vor.

2. Vom Recht, Rechte zu haben
2003
The Right to have Rights
(Second Colloquium on »Globalization and Political Theology«, Center for the Study of World Religions, Divinity School, Harvard University.)
2004
The Right to have Rights
(Abendvortrag an der European Graduate School, Saas-Fee, Schweiz.)
The Right to have Rights, Continued (Responses)
(Third Colloquium on »Globalization and Political Theology«, Universität Amsterdam.)
The Right to have Rights (Four-and-a-Half Remarks)
(ins Englische übersetzt von Kirk Wetters, in: *The South Atlantic Quarterly Bd. 103, Nr. 2/3, Frühjahr/Sommer 2004: Sondernummer »And Justice for All? The Claims of Human Rights«*, herausgegeben von Ian Balfour und Eduardo Cadava, S. 343–356).
2014
On the Right to Have Rights. Human Rights; Marx and Arendt
(ins Englische übersetzt von Ronald Mendoza-de Jesús, in: *The New Centennial Review 142, Herbst 2014*, Michigan State University Press, S. 169–214).

3. Vom Recht, Rechte nicht zu gebrauchen
2004
The Right not to use Rights
(Vortrag im Deutschen Haus der New York University sowie Vortrag im Department for Comparative Literature der State University of New York in Buffalo).
2006
Vom Recht, Rechte nicht zu gebrauchen
(in: *Urteilen/Entscheiden*, herausgegeben von Cornelia Vismann und Thomas Weitin, München: Wilhelm Fink Verlag 2006, S. 269–290).
2011
Vom Recht, Rechte nicht zu gebrauchen: Menschenrechte und Urteilsstruktur
(in: *Die Revolution der Menschenrechte*, herausgegeben von Christoph Menke und Francesca Raimondi, Berlin: Suhrkamp Verlag 2011, S. 215–243).

4. Recht *oder* Leben. *Zur Logik der Rede vom »Recht auf Leben«*
2007
Right *Or* Life: On the Logic of the »Right to Life« Doctrine
(übersetzt ins Englische und Hebräische von Einat Ohana, in: *Bare Life* (Oktober 2007), herausgegeben von Raphie Etgar und Roy Brand, Jerusalem, Museum on the Seam: Socio-Political Contemporary Art Museum 2007, S. 205–198).
2011
»Recht *oder* Leben«. Zur Logik der Rede vom »Recht auf Leben«
(in: *Walter Benjamin: Moderne und Gesetz*, herausgegeben von Ashraf Noor, München: Wilhelm Fink Verlag 2011, S. 155–174).

5. Authoritas, non veritas, facit legem (Hobbes)
Um Missverständnisse der Hörerschaft oder die Vermutung eines Rechtschreibefehlers zu vermeiden, wurde im Zuge der Übersetzungsarbeit ins Englische der Vortragstitel in »Authentical Interpretation« abgewandelt.

6. Recht auf Scheidung vom Recht (Milton)
Conversation by Divorce
(In englischer Übersetzung)

7. Rechte. Glauben. Centologie. Mendelssohns *Jerusalem* und Hamanns *Golgotha und Scheblimini*
2006
Glaube ohne Recht: Die Kontroverse zwischen Hamann und Mendelssohn
(Max Weber-Kolleg, Erfurt)
2008
Rechte, Glauben – Moses Mendelssohns *Jerusalem* und Hamanns *Scheblimini*
(Colloquium »Jüdisches Sprachdenken in Deutschland«, Van Leer Institute, Jerusalem)
2009
Eine Diskussion um die Erneuerung des Naturrechts im 18. Jahrhundert (Mendelssohn, Hamann)
(Vorlesung und Seminar an der Universität Luxembourg)

8. Recht ist eine Form. Bloßes Reden keine (Kant)
Den Titelzusatz »Bloßes Reden keine« fügte Hamacher 2012 hinzu.

9. Recht im Spiegel. ***Bemerkungen zu einem Satz von Pierre Legendre***
Recht im Spiegel. Bemerkungen zu einem Satz von Pierre Legendre (in: *Die Zivilisation des Interpreten. Studien zum Werk Pierre Legendres*, herausgegeben von Georg Mein, Wien/Berlin: Verlag Turia + Kant 2011, S. 201–213).
Right in the Mirror
(Vortrag und Kompaktseminar an der European Graduate School (EGS) Saas-Fee zum Verhältnis von Recht und Sprache bei Hobbes, Milton, Kant, Celan, Legendre.)

10. Freistätte – Zum Recht auf Forschung und Bildung
Freistätte – Zum Recht auf Forschung und Bildung
(in: *Unbedingte Universitäten: Was passiert? – Stellungnahmen zur Lage der Universität*, Berlin / Zürich: diaphanes 2010, S. 217–247.)

11. Kein Schweigeasyl – Bestechlichkeit ist keine Hoffnung (Celan)
2013 änderte Hamacher den Titel von »Gespräch im Schweigen« oder »Conversing with Silence« zu dem oben genannten Titel.

12. The one right no one ever has
Am 31. 1. 2017 verfasste Werner Hamacher folgende Textanmerkung für die Publikation der englischen Übersetzung in der Zeitschrift *Philosophy Today*:
»Der hier abgedruckte Text war ursprünglich für einen Sammelband bestimmt, in dem verschiedene Autoren die einzelnen Begriffe analysieren sollten, aus denen sich Hannah Arendts Formel für das einzige Menschenrecht, ›the right to have rights‹, zusammensetzt. Als dieser Essay über ›to have‹ ihnen vorlag, bestätigten die beiden Herausgeber dem Verfasser in einer Mail vom Juli 2015: ›It's exactly what we were hoping for: argued in a scholarly way, accessible for a general intellectual audience, beautifully written, and at times punchy.‹ Anderthalb Jahre später hatte sich diese Einschätzung unter dem Druck des Verlags in ihr gerades Gegenteil verkehrt. Im Januar 2017 teilten die Herausgeber nämlich mit: ›In the end we find ourselves agreeing with Verso that the text does not fit the proposal of the book prospectus to write a book pitched to a general audience.‹ Die Verkürzung einer ›general intellectual audience‹ zu einer ›general audience‹ war mitsamt ihren Konsequenzen offenkundig auf Betreiben oder mit der Hilfe einer Copy-Editorin durchgesetzt worden, die jeden zweiten Satz des Haben-Essays stereotyp mit dem Vorwurf belegte, er sei ›abstract‹, ›jargon-y‹ oder ›academic‹. Sie empfahl allen Ernstes, diesen Essay den

anderen Kapiteln des Buchs, von denen er stilistisch abweiche, stilistisch zu assimilieren; sie verwechselte die Entwicklung eines Gedankens mit dessen Wiederholung, empfahl missliebige Überlegungen als überflüssig zu streichen und verriet bei jeder Gelegenheit, dass sie Arendts Menschenrechts-Argument entweder nicht verstehen oder nicht billigen wollte. Wie immer man die Politik eines Verlags, der sich solcher Argumente und Techniken bedient, charakterisieren mag: ob als anti-intellektuellen Dirigismus oder als Dienst am Mythos einer ›general audience‹, sie kann nur einem debilitierenden Konformismus, aber keiner politischen Praxis förderlich sein. Da die vom Verlag geforderten Änderungen inakzeptabel waren und da meine Forderung, meinen Text so abzudrucken, wie er von den Herausgebern bereits akzeptiert worden war, auch von diesen selbst nicht unterstützt wurde, habe ich ihn von der Veröffentlichung in deren Band zurückgezogen. Ich danke ›Philosophy Today‹ für das Asyl, das er diesem Essay gewährt.«

Shinn Sara Ottenburger

Anmerkungen

Dike – Sprachgerechtigkeit

1 Benjamin, Walter, *Karl Kraus*, in: Ders., Gesammelte Schriften, Bd. II,I, S. 363.

2 Jane E. Harrison hat in »Themis – A Study of the Social Origins of Greek Religion« mit besonderem Nachdruck auf diese wohlbekannten, aber in Übersetzungen und Kommentaren selten berücksichtigten Zusammenhänge hingewiesen und als Beleg die Wendungen von Pindar (*Pyth.* II 84) und Aischylos (*Septem*, 85) zitiert (London 1963, Reprint nach der Ausgabe von 1912; S. 516).

3 *Areté* wird hier mit ›Tatkraft‹ übersetzt, weil sie in NE 2, 1103a-b in diesem Sinn gebraucht wird. Die geläufigen Übersetzungen durch Tauglichkeit oder gar Tugend bewahren nicht den teleologischen Sinn, der bei Aristoteles und schon bei Platon (Menon, Republik, vgl. Peeter) mit diesem Begriff verbunden ist. *Areté* ist jeweils Tauglichkeit zu …, und diese Richtungsbestimmtheit ist in den genannten deutschen Begriffen seit langem verblasst. – Sowohl *phronesis* wie *areté* können zu den entgegengesetzten Zwecken (*tanantía*) gebraucht werden, weil beide sich von ihrer ›natürlichen‹ Funktion abkehren können.

4 Der in diesem Satz paraphrasierte Abschluss der Einleitung zur »Politeia« I, 2 (1253a37-39) stellt mit seinem pointierten *díke tou dikaíou krísis* die Klimax des Argumentationsgangs der vorangehenden Passagen dar. In ihm werden mit Kurzdefinitionen und Schlüssen die entscheidenden Überlegungen zu Sprache und Gemeinschaft zusammengeführt, deshalb hat in ihm jedes einzelne Wort eine besonders markante terminologische Kontur. Den Übersetzern, insbesondere den deutschen, hat dieser Satz die größten Schwierigkeiten bereitet, vermutlich, weil sie unter dem Druck einer eigentümlichen Obsession durch das Recht, insbesondere das Staatsrecht, sowohl im Rechten wie in der Gerechtigkeit immer wieder bloß das Recht oder eines seiner Derivate haben erkennen wollen. F. Susemihl übersetzt: *Die Gerechtigkeit* (dikaiosyne) *stammt aber vom Staate her, denn das Recht ist die Ordnung der*

staatlichen Gemeinschaft; das Recht (díke) *aber ist die Entscheidung darüber, was gerecht ist.* E. Rolfes schreibt: *Denn das Recht ist nichts anderes als die in der Polis herrschende Ordnung und eben dieses Recht ist es auch, das über das Gerechte entscheidet.* E.-W. Böckenförde, ein Rechtsgelehrter, der auf sprachliche Nuancen zu achten versteht, macht in seiner »Geschichte der Rechts- und Staatsphilosophie« (Tübingen 2002; S. 106) darauf aufmerksam, dass das Subjekt des letzten Kolons ohne Zweifel *díke* ist und Rolfes das Verhältnis zwischen ihr und dem Rechten verkehrt. Rolfes' Übersetzung identifiziert dieses Rechte, das *dikaion*, überdies umstandslos mit dem Recht. Dieselbe widersinnige Verkehrung findet sich schon bei Susemihl, der seinerseits *díke* in *Recht* übersetzt, ohne die Differenz zwischen dem Plural *díkes* und dem emphatischen Singular *díke* zu beachten. Böckenförde seinerseits folgt E. Schütrumpf, wenn er schreibt: *Die Gerechtigkeit aber entscheidet über das, was rechtmäßig ist,* bleibt damit der Syntax treu, trifft den Sinn von *díke* als Gerechtigkeit, entstellt aber das *díkaion* zu *rechtmäßig*, während es doch bloß das Rechte ist, von dem das Recht, das Böckenförde ›konkretes Recht‹ nennt, im Sinne von Aristoteles nur eine Ableitung sein kann. Nicht das *díkaion* ist für Aristoteles nach dem Maße des Rechts, sondern das Recht nach dem Maße des Richtigen, des Gemäßen, des *díkaion* gebildet. Die Reihe der Entstellungen, durch die die deutschen – und nicht nur die deutschen – Übersetzungen den aristotelischen Text unzugänglich machen, ist länger, als mit diesem Hinweis auf die Entstellungen eines einzigen Teilsatzes auch nur angedeutet werden kann. – Wenn J. Aubonnet in seiner französischen Übersetzung das Schlusskolon mit den Worten wiedergibt: *c'est l'exercice de la justice qui détermine ce qui est juste;* und wenn in der besten englischen Übersetzung der »Politeia« Carnes Lord schreibt: *adjudication is judgement as to what is just,* so erkennen beide der *díke* einen Vollzugssinn zu, der im aristotelischen Wort höchst gegenwärtig ist, im deutschen ›Gerechtigkeit‹ dagegen fehlt.

5 Der beste, wenngleich in vielen Hinsichten philologisch konservative Kommentar zur Bewegungs- und Steresis-Lehre des Aristoteles wird von Heidegger in seiner Vorlesung »Aristoteles, Metaphysik IX, 1–3. Von Wesen und Wirklichkeit der Kraft« (GA 33) gegeben. – Zum Motiv der *dynamis adynamís* sei auf das Eröffnungskapitel meines Buches »Entferntes Verstehen – Studien zu Philosophie und Literatur von Kant bis Celan« (Frankfurt 1998, S. 23 und passim) verwiesen.

6 Die Übersetzung folgt der von Franz Dirlmeier in der Akademie-

Ausgabe, Bd. 7 (Berlin 1984), S. 79. *Emplektos*, meistens mit ›verstrickt‹, ›verflochten‹ oder ›umflochten‹ wiederzugeben, wird dort treffend mit ›zerfahren‹ übersetzt. – *Emplekton* heißt eine Art Mauerwerk, bei der der mittlere Raum zwischen zwei Stirnmauern mit Schutt und dgl. ausgefüllt ist. (Vgl. Franz Passow: Handwörterbuch der griechischen Sprache, Bd. 1; Leipzig 1841; S. 897.)

7 Hier zitiert nach der Übersetzung der »Antigonae« von Friedrich Hölderlin, Sämtliche Werke und Briefe (ed. Michael Knaupp), Bd. II; München 1992, S. 334.

Vom Recht, Rechte zu haben

1 Tertullian: *Apologeticum – Verteidigung des Christentums*, ed. Carl Becker; Kösel Verlag: München 1961; p. 180 (38. 3). – Das tertullianische Argument ist offenkundig nach der Weisung Jesu aus dem Matthäus-Evangelium 22, 21 gebaut: Gebt dem Caesar, was Caesars ist, und Gott, was Gottes ist. Damit ist die Disjunktion zwischen politischer und religiöser Gemeinschaft vollzogen: Der einen gebührt die Steuer, der anderen etwas mit ihr völlig Inkommensurables. Eine derart strikte Scheidung ist aus der griechischen Antike allein von den Kynikern bekannt. Von Diogenes aus Sinope ist das paradoxe Wort überliefert, er sei ein *kosmopolites*, ein Bürger des Kosmos (Diogenes Laertius: *Leben und Meinungen berühmter Philosophen*, VI 63). Wie von der religionshistorischen Forschung inzwischen plausibel gemacht worden ist, war Jesus ein kynischer Weisheitslehrer in der Tradition des Diogenes (vgl. Bernhard Lang: *Jesus der Hund, Leben und Lehre eines jüdischen Kynikers*; Verlag C. H. Beck: München 2010).

2 Römerbrief I, 8.

3 Zu den determinierenden Einwirkungen radikaler Verfechter der Christlichkeit auf die politischen Fundamentalvorstellungen der Neuzeit vgl. vor allem die Arbeit von Georg Jellinek: *Die Erklärung der Menschen- und Bürgerrechte. Ein Beitrag zur modernen Verfassungsgeschichte*, München 1895. In ihrer jüngsten Fassung, mit ergänzendem Material und präzisierenden Diskussionen zu dieser Studie: Roman Schnur (ed.): *Zur Geschichte der Erklärung der Menschenrechte.* Wissenschaftliche Buchgesellschaft: Darmstadt 1964. Zur Weiterentwicklung von Jellineks Thesen, auch zu ihrem Einfluss auf Max Weber, mit neuerer Forschungsliteratur vgl. Hans Joas: *Die Sakralität der Person. Eine neue Genealogie der Menschenrechte.* Suhrkamp: Berlin 2011.

4 Karl Marx: »Zur Judenfrage«, in: Karl Marx / Friedrich Engels *Ge-*

samtausgabe (MEGA), I, 2; Dietz Verlag: Berlin 1982; dieses und die folgenden Zitate p. 154.

5 L.c., p. 151.
6 L.c., p. 155.
7 L.c., p. 159.
8 L.c., p. 157–158.
9 L.c., p. 159.
10 L.c., p. 150.
11 L.c.
12 L.c., p. 158. Von dort auch das folgende Zitat.
13 Vgl. zum Begriff der Polizei, an dem sich Marx orientiert, Hegel: *Grundlinien der Philosophie des Rechts* (1821), §§ 230–249. Dazu auch Fichte: *Grundlage des Naturrechts nach Principien der Wissenschaftslehre* (1796), § 21, sowie von Justi: *Grundsätze der Policey-Wissenschaft* (1756).
14 L.c., p. 156.
15 L.c., p. 154.
16 Marx: »Zur Judenfrage«; l.c., p. 154.
17 L.c., p. 168.
18 L.c.
19 L.c., p. 150.
20 L.c., p. 150.
21 Hannah Arendt: *The Origins of Totalitarianism*, Harcourt Brace: New York 1951, 1973; pp. 290–302. Die davon abweichende deutsche Fassung: *Elemente und Ursprünge totaler Herrschaft*, Piper Verlag: München 1958; pp. 601–625.
22 L.c., p. 279 (dt. 585–86).
23 Hier zitiert nach: *Menschenrechte – Ihr internationaler Schutz*; ed. Bruno Simma und Ulrich Fastenrath. Deutscher Taschenbuch Verlag: München 1979; p. 10.
24 Als eine der Politikwissenschaftlerinnen, die zu einer anderen Einschätzung der Lage neigen, sei Seyla Benhabib zitiert, die zu dokumentieren versucht, dass *die Nationen der Welt aus den Schrecken des vergangenen Jahrhunderts gelernt haben*, und dazu auf die Verträge und Institutionen verweist, die *jene schützen, denen das Recht, Rechte zu haben, vorenthalten wird:* die Genfer Flüchtlingskonvention von 1951 und ihr Protokoll von 1967, der Hohe Kommissar für Flüchtlingsfragen der Vereinten Nationen, der Internationale Gerichtshof in Den Haag sowie seit kurzem der Internationale Strafgerichtshof. Am Ende ihres Plädoyers muss Benhabib aber in aller Form einräumen, dass sich *Arendt trotz der erheblichen Fort-*

schritte […] nicht ganz und gar geirrt hat, *als sie im Konflikt zwischen Menschenrechten und Staatssouveränität das zentrale Problem einer […] internationalen Ordnung* erblickte. (Seyla Benhabib: *Die Rechte der Anderen*; Suhrkamp Verlag: Frankfurt a. M. 2008; pp. 73–74.) In deutlicheren Worten: die *erheblichen Fortschritte* sind unerhebliche, Arendt hat sich nicht *nicht ganz und gar geirrt*, sie hat sich nicht geirrt.

25 L.c., p. 614 (amerikanische Fassung pp. 296–97).

26 L.c., p. 559; amerikanische Fassung p. 267.

27 Die amerikanische Fassung wurde erst 1949 publiziert in: *Modern Review* 3/1; die deutsche im selben Jahr in: *Die Wandlung*, Jahrgang IV, pp. 754–770. Seither wieder in: *Die Revolution der Menschenrechte*, eds. Christoph Menke und Francesca Raimondi, Suhrkamp Verlag: Berlin 2011, pp. 394–410. – Im Brief vom 9. September 1946 an Broch kündigt Arendt *einen Artikel über Human Rights an, den ich halb um Ihres Artikels wegen schrieb.* (Hannah Arendt / Hermann Broch: *Briefwechsel* 1946–1951, Jüdischer Verlag: Berlin 1996; pp. 14–16) Mit diesem Artikel sind Brochs »Bemerkungen zur Utopie einer ›International Bill of Rights and Responsibilities‹« gemeint. Broch hat diese »Bemerkungen« Mitte 1946 an Eleanor Roosevelt geschickt, der Vorsitzenden der seit Anfang des Jahres tätigen UN-Kommission für Menschenrechte, die an der Formulierung der »International Bill of Human Rights« arbeitete. Ein weiterer Adressat von Brochs »Bemerkungen« war Bischof G. Bromley Oxnam, der die Ausarbeitung dieser »Bill« und die Beschleunigung ihrer Verabschiedung durch eine Kommission zu fördern versuchte und dazu auch Broch um Unterstützung gebeten hatte. Brochs Beitrag konzentriert sich auf den Schutz der Menschenwürde und unterbreitet dazu sowohl einen Formulierungsvorschlag für einen Anti-Diskriminierungs-Artikel als auch detaillierte Empfehlungen für die Einrichtung eines internationalen Strafgerichtshofs. (Vgl. seine »Bemerkungen« in: Hermann Broch: *Politische Schriften*, Suhrkamp Verlag: Frankfurt a. M. 1978, pp. 243–276, und die Kommentare des Herausgebers Paul Michael Lützeler, pp. 276–77.) Angesichts dieser Umstände ist es wahrscheinlich, dass Arendt mit ihrem Menschenrechts-Aufsatz trotz aller Vorbehalte den Versuch unternehmen wollte, Brochs Interventionsversuch zu unterstützen. Broch gratulierte ihr am 19. September 1946 zu diesem Aufsatz mit den Worten: *präziser und geradliniger konnte der Schwindel (und die Selbstbeschwindelung) mit den Menschenrechten nicht aufgedeckt werden* (*Briefwechsel*, l.c., p. 18).

28 »Es gibt nur ein einziges Menschenrecht«, l.c., p. 406, p. 410.

29 Hannah Arendt / Hermann Broch: *Briefwechsel*; l.c.; p.118. – Seit der Abfassung des Menschenrechts-Aufsatzes 1946 war – am 10. 12. 1948 – die »Universal Declaration of Human Rights« abgegeben worden.

30 *Elemente und Ursprünge totaler Herrschaft*, l.c., p. 618; amerikanische Fassung p. 299. – Ähnlich, und nicht weniger drastisch, spricht Arendt sieben Jahre später vom Weltstaat als der *furchtbarsten Form der Tyrannis* in ihrem Aufsatz »Karl Jaspers: Bürger der Welt«, in: *Menschen in finsteren Zeiten*, München: Piper Verlag 1989, pp. 99 sq.

31 L.c., p. 614, amerikanische Fassung p. 297.

32 L.c., p. 625, amerikanische Fassung p. 302.

33 Im »Preface to the First Edition« der amerikanischen Fassung heißt es, *that human dignity needs a new guarantee which can be found only in a new political principle, in a new law on earth, whose validity this time must comprehend the whole of humanity while its power must remain strictly limited, rooted in and controlled by newly defined territorial entities.* (L.c., p. IX)

34 L.c., p. 615.

35 Vgl. die Diskussionen in: *Philosophie der Menschenrechte* (eds. Stefan Gosepath, Georg Lohmann), Suhrkamp Verlag: Frankfurt a. M. 1998; *Recht auf Menschenrechte* (eds. Hauke Brunkhorst, Wolfgang Köhler, Matthias Lutz-Bachmann), Suhrkamp Verlag: Frankfurt a. M. 1999; Seyla Benhabib; *The Right of Others. Aliens, Residents and Citizens* (Cambridge University Press: New York 2004); dt.: *Die Rechte der Anderen*, Suhrkamp Verlag: Frankfurt a. M. 2008; Christoph Menke: »Die ›Aporien der Menschenrechte‹ und das ›einzige Menschenrecht‹«, in: *Hannah Arendt und Giorgio Agamben – Parallelen, Perspektiven, Kontroversen* (eds. Eva Geulen, Kai Kauffmann, Georg Mein), Fink Verlag: München 2008; pp. 131–147.

36 Menschenrechte – Ihr internationaler Schutz, l.c., p. 6. – Arendt hält dagegen ausdrücklich fest: *Gleichheit ist nicht gegeben, und als Gleiche nur sind wir das Produkt menschlichen Handelns. Gleiche werden wir als Glieder einer Gruppe, in der wir uns kraft unserer eigenen Entscheidung gleiche Rechte gegenseitig garantieren.* (L.c., p. 622) Amerikanische Fassung p. 301.

37 L.c., p. IX.

38 L.c., p. 616–617. In der amerikanischen Fassung: *this new dignity was of a rather ambiguous nature* (l.c., p. 298).

39 L.c., p. 614. – In der amerikanischen Ausgabe heißt es: *We became*

aware of the existence of a right to have rights […] only when millions of people emerged who had lost and could not regain these rights *[…].* Dieser Plural der verlorenen *rights* beschränkt den Verlust auf Einzelrechte; er wird in der deutschen Fassung in einen Singular verwandelt, der sich auf das Recht bezieht, solche Einzelrechte zu haben. Es ist nach der Logik von Arendts Überlegung erst der Verlust dieses ›Rechtes‹ auf Rechte, der uns auf die Existenz dieses einen, alle anderen Rechte tragenden ›Rechts‹ aufmerksam gemacht hat: Wir gewahren es erst, wenn es uns versagt wird. Seine Existenz ist unabhängig von juristischer Geltung und politischer Anerkennung.

40 L.c., p. 615; amerikanische Fassung p. 297.

41 L.c., p. 624; die ausführlichere amerikanische Fassung l.c., p. 302.

42 Das gilt auch noch unter den Bedingungen, die durch Artikel 6 der »Allgemeinen Erklärung der Menschenrechte« geschaffen worden sind. Wenn es darin heißt: *Jeder Mensch hat überall Anspruch auf Anerkennung als Rechtsperson,* so bleibt nicht nur fraglich, wer als *Mensch* angesprochen wird, es bleibt ebenfalls offen, welche Bedeutung mit dem Begriff *Anspruch* verbunden ist. Wenn damit ein Rechtsanspruch gemeint sein sollte, dann lautet der Satz: ›Jeder Mensch ist eine Rechtsperson‹ und wiederholt damit nur die fragwürdige Bestimmung von Artikel 1, alle Menschen seien frei und gleich an Würde und Rechten geboren. In diesem Sinn lautet denn auch Artikel 3 der »American Convention on Human Rights« vom November 1969 mit einer charakteristischen Tautologie: *Every person has a right to recognition as a person before the law.* Wenn *Anspruch* aber nicht Rechtsanspruch, sondern Anspruch auf ein Recht heißt, das erst durch die Anerkennung des Anspruchs verliehen wird, dann ist damit der Weg zur Abweisung oder zum Entzug dieser Anerkennung und folglich zur Verweigerung des Status einer Rechtsperson geöffnet. Diese Deutung wird unterstützt durch die Betonung, die Artikel 6 auf das *überall* legt, während ein entsprechendes *jederzeit* fehlt. Damit kann angedeutet sein, dass ein Rechtsanspruch auf Anerkennung als Rechtsperson nicht jederzeit besteht, sondern abgewiesen oder revoziert werden kann. Das in Artikel 14 formulierte Asylrecht, das für solche Fälle der Rechtsverweigerung aufgestellt ist, rechnet unausgesprochen mit der Verfolgung rechtlos gestellter Rechtspersonen auch durch die Signatarstaaten, wenn es versichert: *Jeder Mensch hat das Recht, in anderen Ländern vor Verfolgungen Asyl zu suchen und zu genießen.* Der Satz lässt es überdies dabei bewenden, das Recht auf Asylsuche

– wohlgemerkt: auf die Suche – und das Recht, Asyl zu genießen, für *andere* Länder zuzusichern, statt es auf *alle* anderen auszudehnen und damit *allen* Ländern die Verpflichtung aufzuerlegen, dieses Recht zu gewähren und die Asylsuchenden nicht an *andere Länder* zu verweisen. Selbst dann aber, wenn auch noch diese Verpflichtung zum Bestandteil einer neuen Menschenrechtsordnung gemacht würde, könnte sie, als Rechtsordnung, nicht verhindern, dass die Verpflichtung in einer Weise erfüllt wird, die von der Wahrnehmung dieses Rechtes abschrecken oder sie unmöglich machen muss. (Zitate nach: *Menschenrechte – Ihr internationaler Schutz*, l.c., pp. 6; 326; 7.) – Menschenrechte bleiben, kurzum, auch in ihrer jüngsten und in jeder noch möglichen Fassung Menschenrechts-Verweigerungsrechte.

43 L.c., p. 618; amerikanische Fassung l.c., p. 299.

44 L.c., p. 625; amerikanische Fassung p. 302.

45 L.c., p. 614; (296–97).

46 L.c., amerikanische Fassung p. 301; deutsche Fassung p. 619, 620

47 L.c., p. 623; amerikanische Fassung p. 302.

48 L.c. der amerikanischen Fassung p. 302.

49 Die in manchen Hinsichten an Arendts Einsichten anschließenden *Homo sacer*-Studien von Giorgio Agamben unternehmen den Versuch, paradigmatische Gestalten einer ›Lebensform‹ zu identifizieren, die sich mit dem Zusammenbruch juristischer Sicherungen – auch der Menschenrechte – herausgebildet haben. Agambens Projekt berührt mit dem Rückgriff auf die aristotelischen Form- und Vermögensbegriffe seinen äußersten, heikelsten Punkt. An ihm müsste problematisch werden, ob ohne weitere Qualifikationen überhaupt noch von ›Form‹, von ›Leben‹ und von ›Vermögen‹ – und selbst noch von einem Vermögen zum Unvermögen – gesprochen werden kann. Cf. insbesondere: Giorgio Agamben: *Homo sacer – Il potere sovrano e la nuda vita* (Einaudi: Turin 1995), dt. *Homo sacer – Die souveräne Macht und das nackte Leben* (Suhrkamp Verlag: Frankfurt a. M. 2002).

50 Amerikanische Fassung, l.c., p. 301 (fehlt in der deutschen Fassung).

51 L.c., p. 979; amerikanische Fassung p. 479.

52 Hannah Arendt: *Vita activa oder Vom tätigen Leben*; Piper Verlag: München 1981; p. 166.

53 L.c.; p. 322 (Fn. 8).

54 Cf. Fußnote 4.

Vom Recht, Rechte nicht zu gebrauchen

1 Emmanuel Levinas, *Autrement qu'être ou au-delà de l'essence*, La Haye 1974, S. 63.
2 Ebd., S. 63 f., 204.
3 Immanuel Kant, *Werke*, hg. v. der Königlich Preußischen Akademie der Wissenschaften, Bd. 8, Berlin 1923, S. 292 (A 239).
4 Ebd. (A 240).
5 Levinas, *Autrement qu'être* (Anm. 2), S. 204.
6 Ebd., S. 63 f. [Übers. W. H.]
7 Ebd., S. 64.
8 Déry, Tibor, *Herr G. A. in X.*; Frankfurt a. M. 1966, S. 291–293.
9 Benjamin, Walter, »Idee eines Mysteriums«, in: ders., *Gesammelte Schriften*, hg. von Rolf Tiedemann und Hermann Schweppenhäuser, Bd. II/3, Frankfurt a. M. 1977, S. 1153–54.

Recht *oder* Leben

1 Sigmund Freud: »Über den Gegensinn der Urworte« (1910), in: Gesammelte Werke, Bd. VIII (S. Fischer Verlag: Frankfurt a. M. 1969), p. 219. – In »Totem und Tabu« (1912/13) hat Freud das hebräische *kadosch*, das griechische *hagos* und das lateinische *sacer* mit dem polynesischen *tabu* in Analogie gesetzt und dazu erklärt: *Es heißt uns einerseits: heilig, geweiht, anderseits: unheimlich, gefährlich, verboten, unrein.* (GW IX; Frankfurt a. M. 1969; p. 26) Einer verwandten Dopplung geht er in seiner kleinen Studie »Das Unheimliche« (1919) nach (GW XII, pp. 227–68).
2 Die folgenden Zitate sind den ersten elf Abschnitten des ersten Kapitels (*de rerum divisione*) des Zweiten Buchs der »Institutiones« aus dem »Corpus iuris civilis« entnommen. Die Übersetzung, die in der zweisprachigen Ausgabe von Behrends / Knütel / Kupisch / Seiler enthalten ist (Heidelberg: C. F. Müller Juristischer Verlag 1993, pp. 46–47), wird hier leicht modifiziert, um insbesondere die Bedeutung der Wortgruppe um *capere* auch im Deutschen deutlich zu machen.
3 L.c., Inst. 2.1 (7–10); p. 46.
4 Inst. 2.1 (12); p. 47.
5 Cf. Inst. I. 3 (11); p. 5.
6 Der Ausdruck *homo capax* findet sich nicht in den justinianischen Institutionen, wohl aber wiederholt in den früheren »Divinae institutiones« des Lactantius (IV 1.2, III 25) und in seinem »De ira dei«, wo es vom Menschen heißt, er sei *capax rationis intellegere possit deum* (14.2). Erst das »Corpus iuris« macht aus dem Fas-

sungsvermögen das Ergreifungs- und Besitzergreifungsvermögen, das die Struktur der Rechtlichkeit des Rechts definiert.

7 Inst. 1.1(1); l.c., p. 1.

8 Inst. 2.1 (10); p. 46–47.

9 Marcel Mauss hat Materialien zu diesen Überlegungen in der bedeutenden Studie von 1938 *Une catégorie de l'esprit humain: la notion de personne, celle de »moi«* versammelt (in: »Sociologie et anthropologie«, Paris: PUF 1968; pp. 333–362) und seine Beobachtungen in dem Satz zusammengefasst, das römische Recht sei auf die *persona* – die Übergabe, Übernahme oder Usurpation von Ahnenmasken und Namen – begründet gewesen (l.c., p. 354). Wird diese Bemerkung so ernst genommen, wie ihr Kontext es fordert, so ergibt sich daraus, dass das römische Rechtssystem insgesamt auf einem Totenkult errichtet ist und dass auch seine neueren Überbauungen und Übermalungen diesen Grund bis heute nicht verlassen haben. Die Hinweise von Mauss sind leicht zu ergänzen durch die Beobachtungen und Konstruktionen, die Freud zur Psycho- und Soziogenese von Rechtsvorstellungen bereits 1912 in »Totem und Tabu« vorgelegt hat. (Freuds kultur-archäologische Grabungen stoßen auf eine problematische Schicht, als er in seiner letzten großen Studie – »Der Mann Moses und die monotheistische Religion« – den Versuch unternimmt, die Genesis des ägyptisch-jüdischen Monotheismus dem Modell des römischen und anderer primitiven Ahnenkulte zu adaptieren.)

10 Inst., l.c., p. 13.

11 Ed. Johannes Hoffmeister, Meiner Verlag: Hamburg 1952; p. 265.

12 Walter Benjamin – Gesammelte Schriften, Bd. II/1 (Frankfurt a. M.: Suhrkamp 1977), p. 202. – Zitatnachweise dazu werden fortan nach dieser Ausgabe mit Band- und Seitenzahl angegeben.

13 Cf. Walter Benjamin: Ursprung des deutschen Trauerspiels, in: Gesammelte Schriften Bd. I/1 (Suhrkamp: Frankfurt a. M. 1974); p. 226. – Zur Erläuterung der Ursprungslogik des Nicht-Nichts siehe meine Bemerkungen in »Schuldgeschichte« (in: »Kapitalismus als Religion«, ed. Dirk Baecker; Berlin: Kadmos Verlag 2003; pp. 111–113 zur »Logik des Umsprungs«.)

14 Die Struktur der reinen Gewalt im Generalstreik und der ihm entsprechenden Sprache wird untersucht in meinem Aufsatz »Afformativ, Streik« (in: »Was heißt ›Darstellen‹?«, ed. Christiaan L. Hart Nibbrig, Frankfurt a. M.: Suhrkamp 1994; pp. 340–371).

15 Gershom Scholem, Tagebücher 1913–1917 (Frankfurt a. M.: Jüdischer Verlag 1995); pp. 401–02.

16 Der erste Satz von Kants »Grundlegung zur Metaphysik der Sitten« lautet: *Es ist überall nichts in der Welt, ja überhaupt auch außerhalb derselben zu denken möglich, was ohne Einschränkung für gut könnte gehalten werden, als allein ein guter Wille.* (AB 1,2) Die Unterscheidung zwischen Gerechtigkeit und Tugend, die Benjamin trifft, entspricht der kantischen Unterscheidung zwischen dem Guten und der Tugend. Die entscheidende Veränderung liegt in Benjamins völlig neuem Gedanken der Gerechtigkeit als desjenigen Guten, *das nicht Besitz sein kann* und *durch das die Güter besitzlos werden.* Es ist der Gedanke eines Anspruchs auf Gerechtigkeit, *dessen letzte Richtung möglicherweise nicht auf ein Besitzrecht der Person, sondern auf ein Guts-Recht des Gutes geht.* Tatsächlich ist alles bisherige Recht in römischer Tradition Personenrecht und Besitzrecht der Person. Der Gedanke der Gerechtigkeit, dem Benjamin nachgeht, nimmt seinen Ausgang nicht bei der Person und dem Willen des Subjekts, sondern bei dem Gut und dem, was gut ist für das Gut. Er stellt dem Personen-Recht die Güter-Gerechtigkeit entgegen. – Am Ende von Brechts »Der kaukasische Kreidekreis« wird ein sehr ähnlicher Gedanke der Gerechtigkeit formuliert: *dass da gehören soll, was da ist / Denen, die für es gut sind.*

Authoritas, non veritas, facit legem. (Hobbes)

1 Carl Schmitt. *Über drei Arten des rechtswissenschaftlichen Denkens*, Berlin: Duncker & Humblot 1993, p. 23. Die Schrift erschien in erster Auflage 1934 und markiert sein Abrücken Schmitts vom Dezisionismus und seine Hinwendung zum »neuen Typus« eines »konkreten« Rechtsdenkens, wie es der Reichsjustizkommissar des Naziregimes Hans Frank im Hinblick auf eine »dem deutschen Geist entsprechende ›*Sachgestaltung*‹« propagiert hatte (p. 54). – Schmitt zitiert die Sentenz von Hobbes unrichtig als *Autoritas, non veritas facit legem.*

2 Hier zitiert nach Thomas Hobbes, Opera philosophica vol. III (ed. Molesworth), Reprint der Edition 1839–45, Scientia Aalen 1961; p. 202. – Der englische Text wird zitiert nach der Edition des *Leviathan* durch Richard Tuck, Cambridge University Press 1996. Das Kapitel 26 trägt dort den Titel »Of Civill Lawes«, pp. 183 sqq.

3 Im Canon 16, § 2 des Codex Iuris Canonici heißt es: *Interpretatio authentica per modum legis exhibita eandem vim habet ac lex ipsa et promulgari debet; si verba legis in se certa declaret tantum, valet retrorsum; si legem coarctet vel extendat aut dubiam explicat, non retro trahitur.*

4 In der *Vernunftlehre* des Christian Thomasius wird in § 98 von der authentischen Interpretation gehandelt; in der *Ausübung der Sitten-Lehre* in § 29 des 3. Hauptstücks.

5 Kant handelt von der *authentischen Interpretation* in seiner Schrift »Über das Mißlingen aller philosophischen Versuche in der Theodizee« von 1791. Cf. dazu den ersten Teil meiner Untersuchung »Das Versprechen der Auslegung« in *Entferntes Verstehen* (Frankfurt a. M.: Suhrkamp 1998), pp. 53–77.

6 Leviathan, l.c. der englischen Fassung, p. 190.

7 L.c., p. 191.

8 L.c., p. 191.

9 L.c., p. 190.

10 L.c., p. 191.

11 *The Interpreter of the Law is the Judge giving sentence viva voce in every particular case.* L.c., p. 191.

12 L.c., p. 192.

13 Bernd Rüthers hat in seiner Studie »Die unbegrenzte Auslegung – Zum Wandel der Privatrechtsordnung im Nationalsozialismus« (Athenäum: Frankfurt a. M. 1973) die Konsequenzen aufgezeigt, die die Ermächtigung der Richter zu uneingeschränkter Gesetzesdeutung haben muss, wenn sie mit zusätzlichen staatlichen Direktiven verbunden wird.

14 Zu diesem *ex nihilo* bei Hobbes und den Komplikationen einer Schöpfung aus Nichts, die aus diesem Nichts nie zur Gänze herausführt, cf. Werner Hamacher, »Wilde Versprechen. Die Sprache ›Leviathan‹«, in: (ed. Manfred Schneider) »Die Ordnung des Versprechens« (München: Wilhelm Fink Verlag 2005), pp. 171–200, hier 176 sqq.

15 Andere Bauernregeln für Verfassungsjuristen: pacta sunt servanda, lex est rex, L'état c'est moi, Le roi règne et ne gouverne pas. Die Sprache des Rechts ist eine Formelsprache, sentenziös und apodiktisch wie nur die Sprache des Gesetzes vom Dekalog über die Zwölf Tafeln bis in die Gesetzeswerke der Gegenwart. Ihre Sprüche sind ›kurz angebunden‹ nicht nur aus Gründen der mnemotechnischen Ökonomie und um als Merksprüche dienen zu können, sondern weil sie als Machtsprüche jede Gegenmacht ausschalten müssen. Eine Gegenmacht ist die Frage – deshalb müssen Gesetze »deutlich« und »unzweideutig« sein –, eine andere Gegenmacht ist die Interpretation – deshalb sind Gesetze strukturell gegen ihre Kommentare geschrieben, sie geben sich als deutungsunbedürftig. Die Sprache von Recht und Gesetz tendiert durch Verkürzung und

Unmittelbarkeit, ihren Sprachcharakter zu tilgen. Ihr Ideal liegt in der Reduktion auf das eine urteilende Wort und, mehr noch, die stumme Geste, die Recht nicht spricht, sondern exekutiert. Deshalb ist unter allen gesellschaftlichen Techniken die Rechtssprache der Musterfall eines Sprachentzugs durch Sprache. Als Gegengift gegen die paralysierende Wirkung ihres *double bind* ist jedem, der versucht ist, den Richter zu spielen, die langsame Lektüre aller langen Sätze der späten Romane von Henry James oder von Prousts *Recherche* zu empfehlen.

16 Engl. 192

17 Lat. 203.

Recht auf Scheidung vom Recht (Milton)

1 Miltons Texte werden hier und im Folgenden zitiert nach: »Complete Prose Works of John Milton«, Bd. II (1643–1648); Yale University Press 1959; hier: pp. 220–21. – Seitenzahlen dieser Ausgabe werden im Text angegeben.

2 Cf. das Vorwort von Lowell W. Coolidge zum ersten Scheidungs-Traktat, l.c., p. 217.

3 Zitiert in l.c., »Tetrachordon«, p. 609.

4 Cf. l.c.; p. 235. Entsprechend in der Ausgabe von Miltons Werken durch Stephen Orgel und Jonathan Goldberg (Oxford University Press 1991); p. 808 zu p. 183.

5 Nach der Niederschrift dieser Arbeit finde ich eine erfreuliche Bestätigung dieser Beobachtung – es ist die einzige in der umfangreichen Literatur zu Milton, der ich begegnet bin – in dem Buch von Stanley Cavell: *Persuits of Happiness. The Hollywood Comedy of Remarriage* (Cambridge: Harvard University Press 1981), p. 87 sq.

6 Milton zitiert und kommentiert die Bibel: *It is not good, saith he* [God], *that man should be alone; I will make him a help meet for him. From which words so plain, lesse cannot be concluded, nor is by any learned Interpreter, then that in Gods intention a meet and happy conversation is the chiefest and the noblest end of marriage; for we find here no expression so necessarily implying carnall knowledg, as this prevention of lonelinesse to the mind and spirit of man.* (245–46)

7 Victoria Kahn verweist in ihrem Buch *Wayward Contracts – The Crisis of Political Obligation in England,* 1640–1674 (Princeton University Press 2004) auf eine Reihe von Arbeiten, in denen Derridas Begriff des ›gefährlichen Supplements‹ zur Deutung der Eva

in *Paradise Lost* herangezogen wird; freilich ohne Derridas Arbeiten zu erwähnen (cf. dort p. 206, p. 345).

8 So übersetzt André Chouraqui in *La Bible* (Desclée de Brouwer 1989).

9 Platon: Lysis 214 a; Aristoteles: Nikomachische Ethik, IX 1170 b 10; Cicero: Laelius de amicitia XXI 80.

10 Cf. l.c., pp. 334–337. – In der neueren Forschung wird eine Deutung des griechischen *porneia* als Inzest erwogen. Cf. dazu die Anmerkung zu Matthäus 19, 9 in »Neue Jerusalemer Bibel (Einheitsübersetzung)«, Freiburg: Herder Verlag 2000; p. 1411.

11 Miltons Andeutungen beziehen sich auf die Heilung von Kranken und auf die Besänftigung eines Sturms durch Jesus, von denen in Matthäus 8: 3, 8:15 und 8: 26 berichtet wird.

12 Im Unterschied zur Scheidung ist die Ehe, wie Milton besonders energisch in »Tetrachordon« betont, im Sinn der aristotelischen Ontologie eine Form. Cf. 612–613.

13 Cf. l.c., p. 353, wo als mutmaßliche Quelle von Miltons einschlägiger Argumentation die *Christian Oeconomie* von Perkins genannt wird, der den *Paterfamilias* nicht nur *the father and chiefe head of the familie*, sondern auch einfach, wie Milton, *master of the familie* nennt.

14 Lawrence Stone: The Family, Sex and Marriage in England 1500–1800. Gekürzte Ausgabe. London 1979; pp. 102–03.

Rechte. Glauben. Centologie

1 »Zufällige Geschichtswahrheiten«, so heißt es in Lessings *Beweis des Geistes und der Kraft*, »können der Beweis von notwendigen Vernunftswahrheiten nie werden.« Gotthold Ephraim Lessing, *Werke*, Bd. VIII, hrsg. von H. G. Göpfert, München 1979, S. 12.

2 Hier und im Folgenden werden Hamanns Schriften im Text mit Band- und Seitenzahl zitiert nach: Johann Georg Hamann, *Sämtliche Werke*, hrsg. von Josef Nadler, Wien 1950.

3 Es ist dasselbe Kriterium, das Alexander Popes satirische Poetologie »Peri bathous: or, Of the Art of Sinking in Poetry« in den Satz fasst: »None but Himself can be his Parallel«, um ihm als Variation nachzuschicken: »This is the greatest Elephant in the World, except Himself.« Alexander Pope, *Poetry and Prose*, hrsg. von Aubry Williams, Boston 1969, S. 402.

4 Hier und im Folgenden wird Mendelssohns *Jerusalem* im Text mit Seitenzahl zit. n.: Moses Mendelssohn, *Jerusalem oder über religiöse Macht und Judentum*, hrsg. von David Martyn, Bielefeld 2001.

5 Cf. die Hinweise in der Einleitung von Lothar Schreiner zu dem von ihm herausgegebenen Band 7 (»Golgatha und Scheblimini«) von *Hamanns Hauptschriften erklärt*, Gütersloh 1956, S. 26.

6 Cf. dazu meine Untersuchung »Wilde Versprechen. Zur Sprache im ›Leviathan‹« in: *Die Ordnung des Versprechens*, hrsg. von Manfred Schneider, München 2005, S. 170–198.

7 Der Begriff wurde eingeführt durch die Studie von C. B. Macpherson, *The Political Theory of Possessive Individualism*, Oxford 1962, und bezieht sich vornehmlich auf die politischen Theorien von Hobbes und Locke. Kein Zweifel, dass Mendelssohn, nicht nur in seinem Toleranzgedanken, sondern auch in dem wichtigeren Grundsatz, allein das Eigentum an der eigenen Person begründe politische Rechte, zu den Adepten Lockes gehört.

8 John Locke, *Two Treatises of Government*, hrsg. von Peter Laslett, Cambridge 1988, S. 287.

9 Nicht weniger ablehnend als Hamann antwortet Hegel in seinen frühen Schriften aus den späten 1790er Jahren zum *Geist des Christentums* auf die Privilegierung der Rechtlichkeit in Mendelssohns *Jerusalem* und begründet seine Ablehnung explizit mit eigentumskritischen Überlegungen: cf. Georg Wilhelm Friedrich Hegel, *Werke*, Bd. 1, hrsg. von E. Moldenhauer / F. Michel, Frankfurt a. M. 1971, S. 288 ff. Beide, Hamann und Hegel, orientieren ihre Kritik zwar an der paulinischen Distinktion zwischen Gesetz und Liebe, aber ebenso sehr an den Inkonsistenzen des zeitgenössischen Legalismus und der von ihm geschützten politischen Ökonomie. In seiner großen Rezension von 1828 über »Hamanns Schriften« nennt Hegel »Golgotha und Scheblimini« »ohne Zweifel das Bedeutendste, was er geschrieben«, stimmt vor allem Hamanns Kritik an Mendelssohns Trennung von Gesinnung und Handlung zu, hält ihm aber entgegen, die Beschränkungen durch das Recht nicht als eine Notwendigkeit des »darin endlichen Geistes« anerkannt zu haben. (*Werke*, Bd. 11, S. 321, 324)

10 Moses Mendelssohn, *Gesammelte Schriften. Jubiläumsausgabe*, Bd. 5.1, Stuttgart 1991, S. 187–199. – Dieser Rezensionsartikel, der in drei Folgen erschien, war der letzte vor demjenigen, den Mendelssohn am selben Ort über Hamanns *Sokratische Denkwürdigkeiten* veröffentlicht hatte (cf. Anmerkung 14).

11 Die umfassendste und differenzierteste Darstellung von Mendelssohns Semiotik und ihrem historischen Kontext gibt Daniel Krochmalnik: »Das Zeremoniell als Zeichensprache – Moses Mendelssohns Apologie des Judentums im Rahmen der aufkläre-

rischen Semiotik« in: *Fremde Vernunft: Zeichen und Interpretation* IV, hrsg. von Josef Simon, Werner Stegmaier, Frankfurt a. M. 1998, S. 238–285.

12 Mendelssohn geht zu Beginn seiner semiologischen Überlegungen in *Jerusalem* auf die Erfahrung ein, dass wir mit denselben Worten immer wieder verschiedene Begriffe verbinden, und schließt daran den Stoßseufzer an: »O! wer diese Erfahrung in seinem Leben gehabt hat, und noch intolerant seyn, noch seinen Nächsten hassen kann, weil dieser in Religionssachen nicht denkt, oder sich nicht so ausdrückt wie er, den möchte ich nie zum Freunde haben; denn er hat alle Menschheit ausgezogen.« (J 65) An späterer Stelle betont er: »Um eurer und unserer aller Glückseligkeit willen, *Glaubensvereinigung ist nicht Toleranz*; ist der wahren Duldung grade entgegen!« (J 133) Für Mendelssohn ist wie für Locke in seinem *Letter concerning Toleration* (geschrieben 1685–1704) die gegenseitige Duldung eine anthropologisch begründete Fundamentalpflicht. Ihr Begriff liegt Lockes Programm der Trennung von Staat und Kirche, also der staatlichen Neutralität gegenüber Gesinnungen und Glaubensäußerungen ebenso zugrunde wie demjenigen, das Mendelssohn unter ausdrücklicher Berufung auf Lockes Toleranz-Briefe (J 36) in seinem *Jerusalem* verfolgt. Die explizit sprachtheoretische Begründung dieses Programms, an der Locke nur peripher interessiert sein konnte, ist Mendelssohns Werk. An ihr und, durch sie vermittelt, an der Politik der Trennung von Staat und Kirche, Recht und Gesinnung setzt Hamanns Versuch einer Kritik an. (Die beste Edition von Lockes Schrift ist bis heute die durch Raymond Klibansky angeregte und von Julius Ebbinghaus übersetzte und kommentierte zweisprachige Ausgabe *Ein Brief über Toleranz*, Hamburg 1957.)

13 Brief vom 27. Juli 1759 in: Johann Georg Hamann, *Briefwechsel*, Erster Band 1751–1759, hrsg. von Walther Ziesemer und Arthur Henkel, Wiesbaden 1955, S. 379. – Vernunft und Gesetz können nach der Darstellung in diesem frühen Brief günstigenfalls Supplemente des Glaubens, nicht aber stabilere Stützen des Weltverhältnisses bieten als er. Beide dienen sogar der Provokation des Glaubens, indem die Unbegreiflichkeit des Gesetzes und unsre Unangemessenheit an die Prinzipien der Vernunft uns energischer zum Glauben nötigen, als unsre alltäglichen Verrichtungen es tun. Zu Hume bemerkt Hamann in der zitierten Passage weiter: »Er sagt: Moses, das Gesetz der Vernunft, auf das sich der Philosoph beruft, verdammt ihn. Die Vernunft ist euch nicht dazu gegeben,

dadurch weise zu werden, sondern eure Thorheit und Unwissenheit zu erkennen; wie das Mosaische Gesetz den Juden nicht sie gerecht zu machen, sondern ihre Sünden sündlicher.«

14 Den ersten dieser Sätze zitiert Mendelssohn in seiner Rezension der *Sokratischen Denkwürdigkeiten* vom 19. Juni 1760 in *Briefe, die neueste Litteratur betreffend* und merkt dazu an: »Wie will sich denn der Verfasser Rechnung machen, dass der seinige [Glaube] Beyfall erhalten wird? – Socrates hätte sich auf Anhörung desselben in seinen Mantel eingewickelt, und seinem Schüler selbst entgegen gerufen: Ich weiß nichts. –« (Moses Mendelssohn, *Gesammelte Schriften. Jubiläumsausgabe*, Bd. 5.1, Stuttgart 1991, S. 205) Mendelssohn hätte mit seiner sokratischen Replik nur dann recht, wenn Hamann sich tatsächlich hätte »Rechnung machen« und »Beyfall erhalten« wollen. Aber das eine wie das andere ließe sich allenfalls glauben.

15 Johann Georg Hamann, *Briefwechsel*, Fünfter Band 1783–1785, hrsg. von Arthur Henkel, Frankfurt a. M. 1965, S. 177. – Die ersten zwei Sätze dieser Passage werden von Heidegger zitiert in »Die Sprache« (*Unterwegs zur Sprache*, Pfullingen 1959, S. 13). Der letzte Satz wird von ihm nicht zitiert, wie denn auch die Verbindung zwischen Sprache und Glauben bei Hamann von ihm nicht kommentiert, aber, ohne Beziehung auf Hamann, unter dem reicheren Begriff des Vermutens bedacht wird. – Benjamin zitiert in seinem frühen Sprachaufsatz »Über Sprache überhaupt und über die Sprache des Menschen« eine ähnliche Äußerung Hamanns aus seinem Brief an Jacobi vom 22. Oktober 1785: »Sprache, die Mutter der Vernunft und Offenbarung, ihr A und O.« (*Gesammelte Schriften* II, 1, hrsg. von R. Tiedemann / H. Schweppenhäuser, Frankfurt a. M. 1977, S. 147) Auch diese Formulierung steht im engsten Zusammenhang mit »Golgotha und Scheblimini« und der wenig früher verfassten »Metakritik« an Kants »Kritik der reinen Vernunft«. Sie lautet im Zusammenhang: »Bey mir ist weder von Physik noch Theologie die Rede – sondern Sprache, die Mutter der Vernunft und Offenbarung, ihr A und O. Sie ist das zweyschneidige Schwert für alle Wahrheiten und Lügen.« (J. G. Hamann, *Briefwechsel*, Sechster Band 1785–1786, hrsg. von Arthur Henkel, Wiesbaden 1975, S. 108)

16 Hier zitiert nach *Hamanns Hauptschriften erklärt*, Bd. 7, S. 86.

17 In seinem Buch *Das Sakrament der Sprache. Eine Archäologie des Eides*, Frankfurt a. M. 2010, widmet Giorgio Agamben dem Phänomen der *fides*, nicht unter Rekurs auf Hamann, wohl aber auf

die von Hamann herangezogene Cicero-Passage, wichtige Seiten, auf die ich erst nach der Niederschrift dieses Textes aufmerksam werde. Trotz der Nähe ihrer Motive – Sprache, Glaube, Recht – folgen unsere Untersuchungen sehr verschiedenen Wegen, die insbesondere in ihrer Auffassung von Sprechakten divergieren. Wenn Agamben die Theorie performativer Akte von Benveniste zu präzisieren versucht, indem er die Performativa durch ein *Aus*setzen ihrer denotativen Funktion charakterisiert (S. 70–71), so ist dem entgegenzuhalten, dass sich Performativa für die Sprechakttheorien – und auch diejenige von Benveniste – gerade durch die *Ein*setzung dieser Funktion definieren. »Ich verspreche« denotiert den Akt des Versprechens als genau den, der sich mit dieser Denotation verwirklichen soll: Er ist ein Einsetzungs- und Setzungsakt, der die (semantische) Bezeichnung mit dem (phatischen) Geschehen des Bezeichnens zur Übereinstimmung zu bringen beansprucht. Wo es eine Denotationslücke in den Performativa gibt, dort hören sie auf, Performativa zu sein, oder haben noch nicht angefangen, als solche zu wirken. Wovon Cicero spricht, ist kein performativer und auch kein perlokutionärer Akt, sondern ein Geschehen, das jedem möglichen Akt vorausgehen oder in jedem mitwirken muss, damit er im Sinne von Rechtskonventionen Geltung beanspruchen kann. Daher auch die dritte Person in der ciceronianischen Formel *fiat, quod dictum est*, während für Benveniste kein Sprechakt ohne die erste, das Ego, auskommt.

18 Hegels Vorbehalte gegen den von ihm geschätzten Hamann konzentrieren sich auf die »subjektiven Partikularitäten« sowohl des Stils seiner Schriften – »sie« haben »nicht sowohl einen Stil, als dass sie durch und durch Stil« sind – wie des Inhalts seines Glaubens und seiner Haltung. Über seinen alles bestimmenden Humor schreibt er: »Der Humor für sich ist seiner subjektiven Natur nach zu sehr auf dem Sprunge, in Selbstgefälligkeit, subjektive Partikularitäten und trivialen Inhalt überzugehen […].« Die Wahrheit bleibe bei ihm, mit einer Metapher, die Hamann selbst gebraucht, eine »geballte Faust«; das einzig Verdienstliche für die Wissenschaft, sie »in eine flache Hand zu entfalten«, überlasse er seinen Lesern. (Hegel, *Werke*, Bd. 11, S. 321, 281, 336, 330)

19 Die Formel vom Stein des Anstoßes, eine der paradigmatischen für Hamanns Glaubens- und Sprachbegriff, die er in seinen Schriften mindestens ein halbes Dutzend Mal zitiert, aber hundertfach umspielt und zur Strukturformel seines gesamten Schreibens gemacht hat, findet sich weiter entwickelt bei Jesaja 8 (14–12) und 28 (16)

und im ersten Petrus-Brief 2 (6–8). Man hat davon auszugehen, dass Hamann mit allen diesen Stellen vertraut war. Der Psalm 118 (22) lautet übersetzt: »Der Stein, den die Bauleute verworfen haben, ist zum Eckstein geworden.« Die Passage im Römerbrief: »Sie stießen sich am ›Stein des Anstoßes‹, wie es in der Schrift heißt: ›Siehe, ich richte in Zion einen Stein auf, an dem man anstößt, einen Fels, an dem man zu Fall kommt. Wer an ihn glaubt, wird nicht zugrunde gehen.‹« – Von Hamann wird das Prinzip des Skandals und der Skandalisierung jedes Prinzips so ernst genommen, dass er im November 1780 das folgende Exzerpt aus einer Freimaurer-Publikation in sein Studienheft einträgt: »Stein des Anstosses und Fels der Aergernis allen meinen teutschen Mitbürgern inn und ausser der siebenten Provinz, entdeckt von Ich weiss nicht, von Wem? Es wird nichts so klein gesponnen Es kommt endlich an die Sonnen. […]« (N V 353)

20 Auch das Rechtssystem »bewaffneter Toleranz und Neutralität«, das für Hamann eine Erfindung »welscher Cardinäle oder welscher Ciceroni« (N III 312), also der französischen Rationalisten am Hof Friedrichs des II. ist, bietet nur einen unzulänglichen Schutz gegen das Skandalon des Glaubens. »Die Toleranz seiner weisen Maximen und heroischen Experimente«, die nur ein »todte[r] Gott der Erde« ersonnen hat (N III 313), bleibt unverträglich mit dem Skandal, dass es noch eine andere als die Welt der Vernunft und ihrer Rechtlichkeit geben soll. Hamann schreibt, und bestimmt damit den engen Spielraum, den staatliche und kirchliche Toleranz dem Glauben an etwas anderes als die vorhandene, die gegenwärtige Welt lässt: »Ein Reich, das nicht von dieser Welt ist, kann daher auf kein ander Kirchen-Recht Anspruch machen, als mit genauer Noth geduldet und gelitten zu werden; weil alle öffentliche Anstalten von blos menschlicher Autorität neben einer göttlichen Gesetzgebung unmöglich bestehen können […].« (N III 314) Sprache, Glaube, Zukunft, diese drei, sind für Hamann das, was »nicht *von* dieser Welt« und dennoch *in* dieser Welt ist. Dass sie darum auf diese Welt reduziert werden könnten, wie jedes System von Rechten, selbst wenn sie Freiheitsrechte heißen, es fordert, ist ebenso widersinnig, wie dass sie bloß toleriert werden könnten –: Sie sind, vor jeder möglichen Toleranz, die Öffnung *im* Horizont dieser Welt *auf* diesen Horizont. Jedes Toleranzgebot impliziert jedoch Sprache, Glaube und Zukunft, damit aber die Möglichkeit einer Welt überhaupt könnten unter Verbot gestellt

werden. Von jedem derartigen Gebot wird damit zugleich eingeräumt, dass, was »geduldet und gelitten« wird, a limine jeweils das ist, was jede Duldung überfordert und »unmöglich bestehen« kann. Messianischer Glaube ist ein intolerables Skandalon. Er löst staatliche und zwischenstaatliche Gesetze auf, wenn er sich ihnen nicht akkommodiert und aufhört, Glaube und messianisch zu sein.

21 Cf. Kierkegaard: *Einübung im Christentum*, 2. Teil: »Die Denkbestimmungen des wesentlichen Ärgernisses«, Abschnitte 5–7. – Mit der transzendentalphilosophischen Ermäßigung des Ärgernisses zur *Möglichkeit* des Ärgernisses gibt Kierkegaard dort dem Skandalon einen Grund, auf dem die »Wahl« für den Glauben ebenso gut wie gegen ihn getroffen werden kann. Diese »Wahl« steht bei Hamann nicht frei. Nicht die Möglichkeit der »Wahl« ist das Ärgernis, sondern der Stoß, den der Glaube, oder derjenige, den der Unglaube empfängt. Hamann spricht auch von »Schlage eines Worts«, das, wie der Kontext erhellt, Wort im Glauben an eine Sache ist, insbesondere im Glauben an die Zerstörung einer Sache. (N III 375)

Benjamin und Heidegger, beide ebenso aufmerksame Kierkegaard- wie Hamann-Leser, haben »Stoß« und »Schlag« zu gewichtigen Irritations-Begriffen ihres Denkens gemacht, der eine in seiner Streik- und seiner Schock-Theorie, der andere in seinen Überlegungen zum Stoß im Ursprung des Kunstwerks. In beiden dürfte der Gedanke des biblischen Skandalon virulent sein.

22 J. G. Hamann – *Briefwechsel*, Erster Band, hrsg. von Walther Ziesemer und Arthur Henkel, Wiesbaden 1955, S. 377. – Der Hinweis auf Sokrates bezieht sich vermutlich auf die *Apologie* (30 e) oder auf *Menon* (80 a-c). – Kant hat 1787, wohl nicht ohne den Anstoß der von Jacobi ausgelösten Debatten über Lessings Spinozismus und vielleicht auch nicht ohne die Kenntnis der Hamann'schen Mendelssohn-Schrift, in der letzten, langen Fußnote zur Vorrede der zweiten Auflage der *Kritik der reinen Vernunft* den Begriff des Skandals aufgenommen, indem er einräumte: Es bleibe »immer ein Skandal der Philosophie und allgemeinen Menschenvernunft, das Dasein der Dinge außer uns [...] bloß auf Glauben annehmen zu müssen, und, wenn es jemand einfällt, es zu bezweifeln, ihm keinen genugtuenden Beweis entgegenstellen zu können.« (B XL) Kants eigener Versuch eines Beweises vom Dasein der Dinge außer uns: dass ich mir in der Erfahrung meines Daseins in der Zeit mehr als bloß meiner Vorstellung bewusst bin, trägt dem Umstand

nicht Rechnung, dass Zeit nach seiner Darstellung nur in der Bewegung des Vorstellens erzeugt wird, aus dem Gebiet des Vorstellens also niemals einfach hinausführen kann, am wenigsten zum »Dasein der Dinge außer uns«. Der »Skandal der Philosophie und der allgemeinen Menschenvernunft« bleibt also auch nach Kants »Kritik«, wie er selbst schreibt, *immer* ihre Angewiesenheit auf Glauben. Man könnte unkantianisch hinzufügen: Ihre Angewiesenheit auf Glauben ist selbst das *ens reale*, das von keinem Beweis sichergestellt werden kann, und diese Angewiesenheit bleibt ein Skandalon, das auch vom Glauben nicht behoben werden kann, solange er nicht ›beweisbare‹ Erkenntnis und Wissen ist. Nicht nur das »Dasein der Dinge außer uns«, sondern Dasein überhaupt gibt sich an nichts anderem als einem Skandalon zu erkennen, vornehmlich am Nichtversicherbaren, Unbeweisbaren, Unglaublichen. Die Abtrennung des Glaubens von der Welt, die Hamann an Mendelssohn moniert, moniert Heidegger an Kant, wenn er dessen Skandalon-Rüge umkehrt und den »Skandal der Philosophie« nicht im ausstehenden Beweis der Außenwelt, sondern darin sieht, dass ein solcher Beweis immer wieder gefordert und versucht wird (cf. *Sein und Zeit*, § 43 a, S. 205).

23 Cf. Francis Bacon, *Essays* and *Wisdom of the Ancients*, Boston o. J., S. 341, 333.

24 Zum ›Begriff‹ des Afformativen und seiner Distanz zu den Sprechakttheorien und ihren ontotheologischen und rechtsphilosophischen Implikationen cf. unter anderem meine Studien »Afformativ, Streik«, in: *Was heißt »Darstellen«?*, hrsg. von Christiaan L. Hart Nibbrig, Frankfurt a. M. 1994, S. 340–371, und »Lingua Amissa – The Messianism of Commodity-Language and Derrida's ›Spectres of Marx‹«, in: *Ghostly Demarcations*, hrsg. von Michael Sprinker, London 1999, S. 168–212.

25 Von dem »Kabbalistischen Brunnen einer heimlichen Weisheit« spricht Hamann im *Fliegenden Brief*, weil er weiß, dass Mendelssohn diesen Brunnen mit »scheuem Grauen« meidet (N III 389). Es ist eine »heimliche« Weisheit und nicht nur eine esoterische, die dieser Brunnen enthält, eine irreduzibel und unauflöslich »heimliche«, die sich für Hamann, anders als für Leibniz, der Übertragung in eine Verstandessprache entzieht. – Zu Hamann und Kabbala cf. die einschlägigen Kapitel in Andreas B. Kilcher, *Die Sprachtheorie der Kabbala als ästhetisches Paradigma*, Stuttgart 1998.

26 Hamann, dessen Zitierobsession seinen Zeitgenossen – zum Beispiel Mendelssohn in seiner Rezension der *Sokratischen Denk-*

würdigkeiten – anstößig war und dessen Stil seither immer wieder als centonisch charakterisiert worden ist, hat das Schreiben aus zweiter Hand nicht nur praktiziert, er war auch daran interessiert, dass andere es praktizierten. Es war ihm offenbar wichtig, dass der Cento nicht nur seine ›eigene‹, sondern die Technik einer großen Gruppe von Autoren, und zwar nicht nur derer, die sie als Kunstform übten, und andrerseits nicht nur übel beleumundeter Plagiatoren war. Mit solchen Kompilatoren treibt er in »Konxompax« seinen Spott (N III 215–28). Ein Zeugnis seines Interesses an klassischen Zeugnissen »mosaischer« – also wiederum: mosaikartiger – »Arbeit« ist das lange Exzerpt aus *Pitavals Kunst den Verstand im Scherz zu zieren* (1732), das er in sein Lesetagebuch unter dem Titel *Sendschreiben über die Gelehrten Diebe* eingetragen hat. Dort heißt es unter anderem: »Das Alterthum wirft dem Aristoteles vor, dass seine bewundernswürdigen Werke so viel als mosaische Arbeit gewesen sind, an denen ihm die Zusammensetzung und Kunst, die mannigfaltigen Theile daran aber verschiedenen einzelnen Personen zugehört haben.« (N V 267–68)

27 Als Eigenart der hebräischen Dichtung und Prosa des mittelalterlichen Judentums hat Leopold Dukes in großer Ausführlichkeit den *Musivstil* beschrieben. Die »neuhebräischen Stylisten hätten ihre Gedanken in ein Gewebe von Bibelstellen gekleidet, vergleichbar den kunstreichen Mosaikarbeiten […], wo unzählige ungleiche Stücke zu einem schönen Ganzen sich verbinden.« Als Beispiel für einen neueren Meister des Musivstils führt Dukes den Hamann-Bewunderer Jean Paul an, der von seinem Stil schreibt: »er copulire verschiedene Ideen und lasse sie in wilder Ehe zusammenleben.« (Leopold Dukes: *Zur Kenntnis der neuhebräischen religiösen Poesie*; Frankfurt a. M. 1842, S. 112–135, hier: S. 116.)
Die gewichtigsten Überlegungen zum mittelalterlichen Musivstil finden sich in den Tagebuchaufzeichnungen von Gershom Scholem aus dem Jahr 1919, *Tagebücher, 2. Halbband* 1917–1923, Frankfurt a. M. 2000, besonders S. 356–358, 367–69, 586–88. Sie schließen an Dukes' Darstellung an, stehen zugleich in engster Verbindung mit Scholems Überlegungen zur Klage und zum Klagelied und beziehen sich mit unverminderter Prägnanz noch auf die stilistische Technik eines zeitgenössischen Autors wie Karl Kraus. Für Scholem ist der Musivstil »Kommentar im Text« und deshalb ein »wahrhaft historischer« Stil (356): »Die Wandlung der Worte braucht gleichsam nicht erzwungen zu werden wie sonst, sondern ist eben darin a priori beschlossen, dass sie biblisch sind.«

(356–57) Der »dauernde Aufschub des kanonischen Wortes« der Bibel, macht es zu einem »metaphysisch urteilslosen« und diese Urteilslosigkeit geht an das »urteilsverhüllende, also witzige«, das musivische Wort über. Von ihm kann Scholem deshalb sagen: »Witz ist ein ironischer Messianismus.« In ihm wird nicht das mit Bedeutung erfüllte Wort, sondern allein »das Tradier*bare*« – soll heißen seine Tradierbarkeit – »tradiert«. Was Scholem »die innere Selbstironie der Sprache« musivischer Texte nennt (368), beruht also darin, dass sie nicht urteilend über etwas aussagen, sondern urteilslos seine bloße Sagbarkeit offenbaren.

Walter Benjamin, an dessen Theorem der Mitteil*barkeit* aus »Über Sprache überhaupt und über die Sprache des Menschen« von 1916 diese Gedanken anknüpfen, hat seinerseits vermutlich auf Scholems Kenntnisse des Musivstils zurückgreifen können, als er in der erkenntniskritischen Vorrede seines Trauerspielbuchs das »Mosaik« zum ebenbürtigen Verwandten des Traktats in der Darstellung der Wahrheit erklärte und an seiner Technik Methode und Stil seines Buchs erläuterte. (*Gesammelte Schriften* I.1, Frankfurt a. M. 1974, S. 208) Drei Jahre zuvor hatte Franz Rosenzweig 1922 in seinem Nachwort zu den Hymnen und Gedichten des Jehuda Halevi »das Schlagwort ›Musivstil‹« zu deren Charakterisierung für untauglich erklärt, aber nur, um desto energischer zu betonen, dass diesseits eines bloß epigonalen Formalismus das mittelalterliche Judentum in ihm »die geprägte Form« gefunden habe, in der sich jeder Gedanke zu legitimieren hatte. »Das Zitat ist hier ganz und gar nicht ein schmückendes Anhängsel, sondern es ist der Zettel für den Einschlag der Rede.« (Franz Rosenzweig: *Die Schrift. Aufsätze, Übertragungen und Briefe,* hrsg. von Karl Thieme, Königstein 1984, S. 92)

28 Die Centotechnik, die vornehmlich von alexandrinischen, spätlateinischen, mittelalterlichen und humanistischen Schriftstellern geübt wurde, mag Hamann insbesondere aus den Werken von Ausonius und Rabelais vertraut gewesen sein – Werke, aus denen Hamann vielfach zitiert und durch deren Zitierung seine Texte tendentiell zu Hyper-Centones werden. Indem er in die Liste des vom ihm in *Golgotha und Scheblimini* Zitierten außer den »Speculationen, Argumentationen, Conclusionen« auch die »Kameelhaare, Haderlumpen und Franzen« von Mendelssohns Text aufnimmt (N III 362), charakterisiert er dessen Text als centonisch, den seinen als Cento aus den Flicken von dessen Cento. Diese hyper-centonische Struktur von Hamanns Schrift wird besonders auffällig

an den »Kameelhaaren«, die mit ihrer Allusion auf Matthäus 3,4 das Kamelhaar-Kleid von Johannes dem Täufer evozieren. Auch dieses Gewand ist faktisch ein Cento, nämlich wie »Haderlumpen« aus einzelnen Fasern zusammengefilzt, es konvertiert aber Mendelssohn, auf dessen Text es angewandt wird, in den prophetischen »Prediger in der Wüsten«, dessen Persona Hamann im Übrigen für sich selbst in Anspruch nimmt, und stellt sein Kleid aus Kamelhaaren in den Zusammenhang dessen, was ein geplanter Titel des »Fliegenden Briefs« als »Entkleidung und Verklärung« bezeichnet (N III 347). Die »Kameelhaare«, zunächst bloß ein Zeugma in der Liste des Zitierten, sind der Hyper-Cento auf den für Hamann paradigmatischen biblischen Ur-Cento, ein Hyper-Paradigma centonischer Sprache und somit der Sprache überhaupt, und sie sind es als Zitat dessen, was Hamann als ihre prophetische – proleptische – Zukunft eröffnende Struktur erkennt. Sprache, auf solche »Kameelhaare, Haderlumpen und Franzen« reduziert, bedeckt eine Sprachblöße, ob sie die künftige Sprache des messianischen *logos* verspricht oder sie, wie die Mendelssohns, verleugnet. Eine »Rhapsodie von Feigenblättern« ist die erste Kleidung des Menschen und seine erste Sprache (N II 198). Wenn der Cento verwebt, so entwebt er zugleich und lässt die von ihm bedeckte Sprachblöße durchscheinen: In ihm sind Sprache und Blöße, Kleid und Entkleidung voneinander durchwirkt. Er ist nicht mehr nur ein »philologisches«, sondern ein »psilologisches« Faktum (cf. z. B. N III 370, 410).

29 Mendelssohns Urteil über Hamanns *Kreuzzüge des Philologen* in den *Briefen, die neueste Litteratur betreffend* von 1762 richtet sich zunächst gegen den Musivstil. Er schreibt dort nämlich über *Aesthetica in nuce*: »Hier ist der Verfasser in seinem Elemente, und er treibet in der That seine Grillen bis zur Ausschweifung. Was für ein Mischmasch von satyrischen Schwärmereyen, witzigen Luftsprüngen, verblümten Anspielungen, aufgedunsenen Metaphern, kritischen Orakelsprüchen, mit Schriftstellen bespickt, mit Versen aus dem Lateinischen und Englischen bebrämt, mit häufigen Noten aus dem *Plato, Baco, Michaelis, Ausonius, Wachter*, der heiligen Schrift, *Petronius, Shakespear, Roscommon, Young, Voltaire* und noch hundert andern versehen, daß der Leser, der einen gesunden Verstand sucht, vor Ungeduld rasend werden möchte.« Die lange Liste der Verstöße gegen guten Geschmack und »gesunden Verstand« gipfelt in der Abtadelung von Hamanns »kabbalistischer Entzückung« und führt zu dem vernichtenden Schluss, dass

»der gute Kopf auf seinem Eigensinn beharret und sich nicht bessern« will. (Mendelssohn: *Gesammelte Schriften* [FN 14], Bd. 5.1, S. 565–66) Die Rede von »kabbalistischer Entzückung« mag noch als kunstrichterliches Urteil gelten, in Verbindung mit der verächtlichen Abkanzelung des »Eigensinns« wird sie zu einem moralischen und politischen Urteil, das in Hamann einen ›Juden‹ treffen soll, der ›jüdischer‹ schreibt als Mendelssohn und sich durchaus nicht zur Stil- und Staatsräson bringen lässt. Was »Kabbala« und »Eigensinn« angeht, folgt Mendelssohn, tolerant bis zur Intoleranz, dem Programm rationalistischer Assimilation.

30 So deutlich die Stileigentümlichkeiten der *satura* in der Dichtung, der *farce* in der dramatischen Literatur, des Pasticcio in der Musik, der Kompositfiguren und Vexierbilder in der Malerei – zum Beispiel eines Arcimboldo – voneinander abgehoben werden können, sie alle haben teil an einer grundstürzenden Veränderung der impliziten Ontologie kunstsprachlicher Konventionen und darüber hinaus aller sprachlichen Praktiken überhaupt –: Sie bewegen sich von einer Ontologie der Elemente und ihrer Relationen, die sich im Sinn der Repräsentationslogik und des Illusionismus stabilisieren ließen, auf eine Ontologie der Bewegung und weiterhin der Alteration zu, in der die Elemente und Elementarrelationen der Darstellung sich jeweils erst aus einer Ver*a*nderung ergeben, die den Horizont des In-Selbigkeit-Seins übersteigt. Diese Transformation, die keine bloße Metamorphose und keine Variation innerhalb der Grenzen eines invarianten Formenkanons darstellt, sondern eine Trans-Formation herbeiführt, die die Form der Form und damit die Substanz auf ein Formloses, Informelles oder Afformatives öffnet, operiert über alle Gattungs- und Epochengrenzen hinweg mit einem Verfahren, das bei Hamann »musivisch, rhapsodisch« oder auch »kabbalistisch« heißt, sie operiert, ohne sich freilich auf sie zu beschränken, mit Centonen. Immer wieder als manieristisch oder dilettantisch denunziert, ›Übergangs-‹ oder gar ›Verfallsepochen‹ zugeordnet und als epigonal marginalisiert, ist die Cento-Technik zu Beginn des 20. Jahrhunderts in den Collagen von Braque, Picasso und Schwitters zum prägnantesten Medium der ›klassischen‹ Moderne, in den Montagen, wie sie von Benjamin an der neuen Architektur beschrieben und in seinen eigenen Texten geübt, von Joyce bis in die Mikrostruktur von Wörtern und Wendungen durchgesetzt, von Pounds »Cantos« und Dos Passos' Romanen auf große narrative Strukturen ausgedehnt worden ist, zu einem sowohl diskursiven wie nicht-diskursiven Rekomposi-

tions-Dispositiv größter Reichweite ausgebildet und um die Mitte des Jahrhunderts von Lévi-Strauss unter dem Begriff der *bricolage* als anthropologische Grundoperation erkannt worden. Sie verfährt nicht nach der Logik der Aussage, sondern nach der von Freud beschriebenen Protologik der Themenverdichtung und Affektverschiebung, nach einer Alterationslogik also, durch die der Sprach- und Welthintergrund zur Manövriermasse und die Welt darüber hinaus zu einer imprädikabel anderen wird. Unter Bedingungen kultureller Hybridisierung, regelloser Crossover-Bildungen, elektronisch erweiterter Hyper-Textualität, Hyper-Ikonizität und deshalb Hyper-Technizität wird der Gedanke unabweisbar, dass Sprache, Vernunft und Handeln nicht *more geometrico* oder *egometrico*, sondern *more centonico* strukturiert sind. Mitsein mit Anderem wird zu Anders-Sein und anders als Sein. Schon an Hamanns Centos wird deutlich, dass keine Ontologie – jede ist Contologie – ihre Bewegung fassen kann, jede durch diese Bewegung vielmehr in Heterontologie verwandelt wird, in Centologie und weiterhin Cent*a*logie.

31 Cf. dazu insbesondere die unapologetisch nüchterne Darstellung, eine der besten der Hamann-Literatur, von Henri Corbin: *Hamann, philosophe du Luthéranism*, geschrieben 1935, publiziert 50 Jahre später (Paris 1985).

32 Hamann nennt im selben Satz Luther »den deutschen Elias und Erneuerer des durch das Messen- und Mäusimgewand der babylonischen Baal entstellten Christentums«, und von sich selbst spricht er als von einem »christlich-protestantischen Leser in der Wüsten« (N III 405) – aber doch eben »in der Wüsten«, also nach der Entrückung jenes Elias und nur in der Begleitung des ihn überlebenden Parakleten *Scheblimini*. Des Weiteren schreibt Hamann: »Golgatha und Scheblimini waren also reine Schattenbilder des Christentums und Luthertums« (N III 407) – und macht damit deutlich, dass für ihn das Luthertum, aus dem Golgatha des Christentums hervorgegangen, sich auf ein bloßes »Schattenbild« des *Scheblimini* reduziert.

33 Ähnlich im *Fliegenden Brief*: »Was wäre die genauste, sorgfältigste Erkenntnis des Gegenwärtigen, ohne eine göttliche Erneuerung des Vergangenen, ohne eine Ahndung des Künftigen, wie Sokrates seinem Dämon verdankte. Was für ein Labyrinth würde das Gegenwärtige für den Geist der Beobachtung seyn, ohne den Geist der Weissagung und seine Leitfäden der Vergangenheit und der Zukunft.« (N III 398) Das Daimonion des Sokrates spricht, wie

Hamann gewusst haben dürfte, nicht nur lautlos, sondern als Hemmung und Versagung: Künftig ist, was die Fortsetzung des Gegenwärtigen verwehrt. Nur so kann es zu einer anderen Gegenwart kommen.

Recht ist eine Form. Bloßes Reden keine

1 Kant, Metaphysik der Sitten, Werke in zwölf Bänden, Bd. VIII (ed. Weischedel), Frankfurt a. M.: Insel Verlag 1956; p. 337 (AB 32–33). Im Folgenden wird die Fundstelle der Zitate nach dieser Ausgabe im Text angegeben.

2 L.c., p. 345–46.

3 Mit dieser Bemerkung wird die Unterscheidung aufgenommen und weiterentwickelt, die Aristoteles in *peri hermeneias* (17a) zwischen dem *logos apophantikos* und dem *logos semantikos* trifft. Dieser kann im Unterschied zu jenem nicht wahr oder falsch sein, weil in ihm keine Aussage über Seiendes intendiert ist. Kant erweitert diesen Gedanken einer Suspension epistemischer Verhältnisse durch die Suspension moralischer Verhältnisse (aufrichtig, unaufrichtig) und damit des Rechtsstatus und zugleich der ontologischen Position der Anderen, an die eine solche Rede ergeht.

4 Kant ist selbstverständlich nicht der erste und nicht der letzte unter den Rechtstheoretikern, die sich über die irreduzible und unaufgebbare Bedingung allen Rechts, die Sprache, mit ebenso großer Liberalität wie Vorsicht äußern. Unter den Kant vertrauten Autoren, die sich zum Verhältnis zwischen Lüge und Recht geäußert haben, ist vor allem Pufendorf zu nennen. Er widmet das ganze erste Kapitel des vierten von seinen »Acht Büchern vom Natur- und Völkerrecht« (deutsche Fassung von 1711) der Diskussion der Sprache und dessen, was in ihr relevant für das Recht ist, und legt in § IX dar, dass *nicht jede mit der Sache nicht überein stimmende Rede gleich so fort eine Lüge oder etwas schädliches* sei. Zu Kants rigoristischer Diskussion der intrikaten Fragen um das Verhältnis zwischen Sprache, Lüge und Recht siehe seine Antwort auf Benjamin Constant von 1797 »Über ein vermeintes Recht aus Menschenliebe zu lügen«. Lange nach Kant und in großer Distanz zu ihm untersucht Rudolph von Jhering in seiner Apologie der Höflichkeit im zweiten Band von »Der Zweck im Recht« (1877) die historische Entwicklung des Wahrheitsgesetzes, die Differenz zwischen dem Wahrheitsgebot im Recht und in der Moral und kommt zu einer noch generöseren Einschätzung des ›Rechts‹ auf List und Lüge als Pufendorf (cf. besonders pp. 442–494 der vierten Auflage, Leipzig

1905). Walter Benjamin verweist ausdrücklich auf den zweiten Band von Jherings Buch »Der Zweck im Recht« und notiert dazu: *(wichtig!)*. (Gesammelte Schriften, Bd. VI: »Notizen über »objektive Verlogenheit« I«; Suhrkamp: Frankfurt a. M. 1985; p. 61.)

5 L.c.

6 Jean-Jacques Rousseau, Œuvres complètes, III (Du contrat social, Écrits politiques); Pléiade, Paris: Gallimard 1964; p. 164.

Das Recht im Spiegel

1 Pierre Legendre: Vom Imperativ der Interpretation, Schriften I, ed. Georg Mein / Clemens Pornschlegel (Wien: Turia & Kant 2010), p. 112. – Der Eingangssatz lautet in seiner französischen Fassung in »Dominium Mundi. L'Empire du Management«, Paris: Mille et une nuits 2007; p. 22: *L'humain habite les Miroirs, matière première des civilisations.* – Das Zitat in dieser Passage ist dem Gedicht »Los espejos« von Jorge Luis Borges entnommen, deutsch in »Gedichte I« (Hanser Verlag: München 2006), pp. 215–217.

2 Cf. l.c., p. 67.

3 L.c., pp. 42, 58.

4 L.c., p. 54.

5 L.c., p. 54.

6 S. Freud: Massenpsychologie und Ich-Analyse, in: Gesammelte Werke Bd. XIII (S. Fischer: Frankfurt a. M. 1969), p. 106.

7 Legendre, l.c., p. 53.

8 L.c., p. 187.

9 L.c., p. 55.

10 Was hier als hyper-symbolische Bewegung charakterisiert wird, umfasst Elemente dessen, was Lacan in seinem *Discours de Rome* 1953 befremdlicherweise als »symbolische Ordnung« bezeichnet. Für diese Ordnung ist zweierlei konstitutiv: zum einen der Nichtgebrauch des »symbolischen Objekts« – den die Ethologie der Seeschwalben in der Tatsache aufgedeckt hat, dass diese Schwalben den Fisch, den sie einander auf ihrem Flug von Schnabel zu Schnabel reichen, nicht fressen –, zum anderen, den Bereich des animalischen Verhaltens überschreitend und den des menschlichen und damit der Geltung des »Gesetzes« eröffnend, die Benennung eines Abwesenden, deshalb Unnennbaren und alle Benennungen Suspendierenden. Diese beiden Konstituentien des ›Symbolischen‹ – das eine animalisch, das andere menschlich oder doch zumindest humanisierend – fasst Lacan in der eindrucksvollen Formel von einer *trace d'un néant*, der Spur eines Nichts, zusammen, in

der just das markiert wird, was sich jeder Markierung, jeder Bedeutung und jedem Gebrauch versagt. Allein die Aporie dieser Spur, dass sie Spur eines Nichts ist, auf Nichts verweist und nicht als Verweisung dient, macht sie frei, die Ordnung der Sprache und des menschlichen Verhaltens zu begründen.

Der Name des Vaters und des Gesetzes ist, von dieser Definition des ›Symbolischen‹ her verstanden, ein Antonym. Er ist der Name dessen, was als solches nicht nennbar und sprachlichen Intentionen entzogen ist, einer Strukturlücke, einer prinzipiellen, apriorischen Gebrauchs- und Bedeutungsverwehrung, eines Ausstands jedes Prinzips, jedes Gesetzes und jedes darauf begründbaren Rechts. Wenn es Spur eines Nichts ist, ist das Gesetz, wie Lacan es versteht, indessen auch das erste Nicht-Nichts. Es ist dieses Nicht-Nichts aber, entgegen allen setzungsphilosophischen Affirmationen und positivistischen Obsessionen, nur als Spiel mit dem Nichts, also als Spiel aus der Freiheit vom Nichts wie aus der Freiheit von seinem Gebrauch und seiner Bedeutung, *libéré de l'usage* und *libéré de l'hic et nunc*. Seine phonologische Minimalform ist das von Jakobson entdeckte *signe zero*. (Jacques Lacan: Ecrits; Seuil: Paris 1966; p. 272, 276, 279)

Symbolisch am Symbol ist für Lacan also allein das, was das Symbol suspendiert. Es ist, was er, um die geltenden Sprachspielkonventionen zu respektieren, so nicht nennt, das Hypersymbolische. Ihm kann ein Bild schlechterdings nicht korrespondieren, es wäre denn Bild eines Nichts oder Bild von der Verwehrung jedes Bildes.

Freistätte – Zum Recht auf Forschung und Bildung

1 Die Wendung *Freistätte der Wissenschaft* – zunächst hatte Humboldt geschrieben *Zufluchtsort der Wissenschaft* – wird in dem auf 1810 datierten Text »Über die innere und äussere Organisation der höheren wissenschaftlichen Anstalten in Berlin« auf die Akademie bezogen; da es von ihr aber heißt, sie sei *die höchste und letzte Freistätte der Wissenschaft und die vom Staat am meisten unabhängige Corporation*, ist für Humboldt auch die Hochschule eine solche *Freistätte*, wenngleich keine *höchste und letzte*. – Sein Text wird hier zitiert nach »Wilhelm von Humboldts Politische Denkschriften, Erster Band 1802–1810«, ed. Bruno Gebhardt (Berlin: B. Behr's Verlag 1903), hier: p. 258, 252. – Die Wendung *Einsamkeit und Freiheit* steht auf Seite 251.

2 Wie anders die Lage noch vor vierzig Jahren ausgesehen hat, zeigt

sich an der Antwort, die Niklas Luhmann beim Antritt seiner Bielefelder Professur auf die Frage nach seinen Forschungsprojekten geben konnte. *Mein Projekt lautete damals und seitdem: Theorie der Gesellschaft; Laufzeit: 30 Jahre; Kosten: keine.* (Die Gesellschaft der Gesellschaft; Frankfurt a. M.: Suhrkamp 1997; p. 11.)

3 »Ideen«, die sich darin erschöpfen, Reklame für sich selbst zu sein, sind Ideologie. Eine komplexere Fassung dieser Überlegung findet sich bei Adorno, der schreibt, dass *die Realität mangels jeder anderen überzeugenden Ideologie zu der ihrer selbst wird.* (Soziologische Exkurse; Frankfurt a. M.: Europäische Verlagsanstalt 1956; p. 179)

4 »Also sprach Zarathustra« (II, 19), nach Nietzsche: *Werke in drei Bänden* (ed. Karl Schlechta), München: Hanser Verlag 1966; p. 388.

5 Cf. Kant: Kritik der praktischen Vernunft, A 56.

6 BA 77. – In »Heterautonomien« bin ich dieser Unterscheidung und den mit ihr verbundenen Komplikationen von Kants Selbstsetzungs- und Selbstgesetzgebungs-Theorie weiter nachgegangen. Die hier skizzierten Überlegungen schließen nur punktuell an Kants Argumente an. Sie sind von diesen insbesondere dort unterschieden, wo Kant von der Setzung der Zweckbestimmungen des Willens durch sich selbst spricht, während ich von ihrer Aussetzung durch ihre Infragestellung in einem Selbst ausgehe, das a priori auf Anderes – und zunächst Anderes als den gewussten Willen – offen ist. Cf. »Heterautonomien« in: »Gewalt verstehen«, eds. Burkhard Liebsch, Dagmar Mensink; Berlin: Akademie Verlag 2003; pp. 157–202. Zum selben Problemkomplex bereits: »Das Versprechen der Auslegung« in: »Entferntes Verstehen«, Frankfurt a. M.: Suhrkamp 1998.

7 Humboldt lässt keinen Zweifel daran, *dass etwa nicht bloß die Art, wie er* [der Staat] *diese Formen und Mittel* [für die Wissenschaft] *beschafft, dem Wesen der Sache schädlich werden kann, sondern der Umstand selbst, dass es überhaupt solche äußere Formen und Mittel für etwas ganz Fremdes giebt, immer nothwendig nachtheilig einwirkt* […]. L.c. (Anm. 1), p. 252.

8 L.c. (Anm. 1), p. 251.

Kein Schweigeasyl – Bestechlichkeit ist keine Hoffnung (Celan)

1 Paul Celan, Die Gedichte aus dem Nachlaß (eds. Bertrand Badiou, Jean-Claude Rambach u. Barbara Wiedemann), Frankfurt a. M.: Suhrkamp Verlag 1997; p. 228.

2 Walter Benjamin, Franz Kafka. Zur zehnten Wiederkehr seines Todestages. In: Gesammelte Schriften, Bd. II 2 (Frankfurt a. M.: Suhrkamp Verlag 1977); p. 412.
3 L. c., p. 415.
4 Bert Brecht, mit dem Benjamin während der Vorarbeiten zu seinem Aufsatz lange Gespräche über Kafka geführt hat und dem er vermutlich die Druckfassung bald nach ihrer Publikation 1934 zugänglich gemacht hat, schreibt in einer gestrichenen Passage der ersten Niederschrift seiner »Mutter Courage und ihre Kinder« am Ende der dreißiger Jahre einen Satz, der nur ein Zitat aus diesem Kafka-Aufsatz sein kann, wenn er nicht dort bereits das Zitat einer Formulierung Brechts war. Dieser Satz ist derselbe, der fast dreißig Jahre später Celans Aufmerksamkeit erregt hat und dem die Eröffnungsverse seines Gedichts widersprechen. Er lautet bei Brecht: *die Bestechlichkeit ist unsre einzige Aussicht.* Celan kann Brechts Text nicht gekannt haben. Er wurde zum ersten Mal abgedruckt und ist hier zitiert nach: Bertolt Brecht – Große kommentierte Berliner und Frankfurter Ausgabe, Bd. 8 (bearbeitet von Klaus-Detlef Müller), Frankfurt a. M.: Suhrkamp 1992; p. 452.
5 L.c., p. 412.
6 L.c., p. 424.
7 L.c., p. 433.
8 Zur Datierung von Celans »Ein Blatt« cf. Paul Celan – Schneepart (ed. Heino Schmull), Tübinger Ausgabe, Frankfurt a. M.: Suhrkamp Verlag 2002; p. 97.
9 Paul Celan – Gesammelte Werke, Bd. 2 (Suhrkamp Verlag: Frankfurt a. M. 1983); p. 385, 545
10 Celans Wendung vom baumlosen Blatt könnte die Reminiszenz an ein Fragment von Kafka sein, in dem es heißt: *kraftlos wie das Blatt im Herbstwind sich von seinem Baume entfernt und überdies: ich war niemals an diesem Baume, im Herbstwind ein Blatt, aber von keinem Baum.* (Nachgelassene Schriften und Fragmente II; Frankfurt a. M.: Fischer Verlag 2002; p. 545)
11 Unter Celans Aufzeichnungen findet sich auch diese, datiert auf den 27. 3. 1962.: *»Parturiunt montes, nascitur ridiculus mus« … Doch wenn die Niederungen kreißen – was gebären sie? Riesenratten, Rattenriesen …* In: Paul Celan: *»Mikrolithen sinds, Steinchen«* – Die Prosa aus dem Nachlaß (eds. Barbara Wiedemann und Bertrand Badiou), Frankfurt a. M. 2005; p. 40.

The one right no one ever has

1 Der Text von Hannah Arendt wird zitiert nach *The Origins of Totalitarianism*, Neuausgabe, mit sämtlichen Vorworten; New York: Hartcourt Brace & Company 1979; 296. (Wenn nicht ausdrücklich anders vermerkt, beziehen sich alle Seitenreferenzen im Folgenden auf diese Ausgabe.)
2 298.
3 Hannah Arendt: *Elemente und Ursprünge totaler Herrschaft*, München 1986, 614.
4 296.
5 298.
6 299.
7 299.
8 298.
9 298.
10 298.
11 299.
12 301.
13 296.
14 297.
15 302.
16 300.
17 292. (Hervorhebung von W. H.)
18 295. (Hervorhebung von W. H.)
19 296.
20 Jacob Grimm: *Deutsche Rechtsaltertümer*, Bd. 2 (491); Leipzig 1899, repr. Darmstadt 1974, 1.
21 Zitiert nach C. B. Macpherson: *The Political Theory of Possessive Individualism. Hobbes to Locke*. Oxford UP 1962 [dt. 161]. – Zur Semantik der Begriffe *property* und *propriety* bemerkt Macpherson, dass sie im Englischen des 17. Jahrhunderts den gleichen Umfang hatten und ›austauschbar‹ waren [dt. 165].
22 John Locke: *Two Treatises on Government*; ed. Peter Laslett. Cambridge 1988, 287.
23 295.
24 301.
25 301.
26 301.
27 301.
28 301. – Es wäre wenig ergiebig, der Geschichte dieses »*volo ut sis*« im Werk von Hannah Arendt vor und nach dem Totalitarismus-

Buch nachzugehen. Wichtig ist die gespannte Verbindung, die diese zu einer anderen spätantiken Charakterisierung der Liebe unterhält, die mehrfach von Plotin gebraucht worden ist und durch ihn oder dessen Schüler Proklos zu Augustinus gelangt sein mag. Die plotinische Formel, immer wieder als Frage und selten als Konstatierung gefasst, definiert das Eine, Gute, Schöne – und definiert die Liebe – dadurch, dass sie gibt, was sie selbst nicht hat und nicht ist (z. B. *Enneaden* V 3, 15; VI 7, 15). Da so das Gute nicht als Selbst-Gegebenheit, nicht als *causa sui*, gedacht ist, steht es dem von Arendt zitierten augustinischen *»ut sis«* sehr nahe, zumal Arendt das *»volo«* nicht als ›wollen‹, sondern ›wünschen‹ deutet und den Wünschenden als prädikatlose Existenz denkt. In jüngerer Zeit, aber nach der Niederschrift von Arendts Text, wurde dieser Gedanke auf je verschiedene Weise aufgenommen und weitergedacht von Heidegger (*Unterwegs zur Sprache*, Pfullingen 1959; 192–94; *Zur Sache des Denkens*, Tübingen 1969; 1–25), Jankélévitch (*Philosophie première*, Paris 1954; 187–193), Lacan (*Ecrits*, Paris 1966; 618, 691) Blanchot (*L'attente, l'oubli*, Paris 1962; 112; *La communauté inavouable*, Paris 1983, 71), Jean-Louis Chrétien (*La voix nue*, Paris 1990; 259–74), Derrida (*Donner le temps*, Paris 1991, passim).